Gary Chapman / Randy Southern

Die 5 Sprachen der Liebe FÜR FAMILIEN

Francke

Über die Autoren:

Gary Chapman ist der Autor zahlreicher Bücher und als Experte für Beziehungsfragen international bekannt. Mit seinem New York Times-Bestseller „Die 5 Sprachen der Liebe", der in über 30 Sprachen übersetzt wurde, hat er einen neuen Schlüssel zur Kommunikation gefunden und ein Millionenpublikum erreicht. Zusammen mit seiner Frau Karolyn lebt er in North Carolina.

Randy Southern arbeitet als freier Autor und hat mehr als 50 Bücher verfasst. Er lebt mit seiner Familie in Mount Prospect, Illinois.

MIX
Papier aus verantwortungsvollen Quellen
FSC® C014138
FSC
www.fsc.org

Bibliografische Information der Deutschen Nationalbibliothek
Die Deutsche Nationalbibliothek verzeichnet diese Publikation in der Deutschen Nationalbibliografie; detaillierte bibliografische Daten sind im Internet über https://dnb.de abrufbar.

Vormals erschienen im Brunnen Verlag Gießen.

ISBN 978-3-86827-695-4

This book was first published in the United States by Northfield Publishing, 820 N. LaSalle Blvd., Chicago, IL 60610 with the title
The World's Easiest Guide to Family Relationships

Deutsch von Bettina Stippich
Umschlagbild: © iStockphoto.com / shapecharge
Umschlaggestaltung: Francke-Buch GmbH
Satz: DTP Brunnen
Printed in Czech Republic

www.francke-buch.de

INHALT

Anhang

Erster Teil

Die Beziehung zu *Ihrem Partner*

1 Bevor Sie *Ihr Ja-Wort* geben

„Wie stehen die Dinge mit Beatrice?“, fragte Thomas, als er sein Trikot auszog.

Richard zog den Reißverschluss seiner Sporttasche auf und seufzte. „Okay – nehme ich an.“

„Was bedeutet dann der Seufzer?“, fragte Thomas.

„Ich fange gerade an, an dieser Beziehung meine Zweifel zu haben, das ist alles“, entgegnete Richard.

Thomas stöhnte. „Ich dachte, du hättest gesagt, Beatrice wäre vielleicht die Richtige für dich. Du hattest sogar davon gesprochen, einen Ring zu kaufen, erinnerst du dich?“

„Ja, ja“, gab Richard zu, „doch ich fange an, in dieser Beziehung Dinge zu entdecken, die ich nicht mag.“

„Schon wieder das alte Lied“, murmelte Thomas.

„Nein, das stimmt nicht“, protestierte Richard. „Du hast gesagt, ich sei zu wählerisch, aber das bin ich nicht. Jedes Mal, wenn ich eine Beziehung beendet habe, hatte es einen triftigen Grund.“

„Genau“, sagte Thomas. „Wie damals, als du mit Sharon Schluss gemacht hast, weil sie beim Minigolf-Spielen zu viel redete.“

„Hey, ihretwegen habe ich in dem Spiel dreimal daneben getroffen“, erwiderte Richard.

„Oder als du Erin sitzen ließest, weil sie dich fragte, warum du so viele CDs besitzt“, fuhr Thomas fort.

„Ich sag’s dir, das sind die Leute, die alles unter Kontrolle haben wollen“, erklärte Richard. „Es fing mit einer harmlosen Frage an, doch am Ende hätte ich alle meine CDs auf dem Flohmarkt wiedergefunden, da bin ich mir sicher.“

„Und dann kam die Zeit, als du dir eine Zukunft mit Lori nicht mehr vorstellen konntest, wie sie eine niedrigere Sozialversicherungsnummer hatte als du“, fuhr Thomas fort.

„Meinst du nicht, dass es etwas merkwürdig war, dass ihre mit 302 anfängt, wenn unsere beiden mit 310 beginnen?“, antwortete Richard.

„Sie hat gesagt, sie sei jünger als ich. Wie kam es dann, dass sie acht Millionen Plätze im Sozialversicherungssystem überspringen konnte?"

„Ich bin nicht so blöd, darauf auch noch eine Antwort zu geben", entgegnete Thomas. „Was ist mit Beatrice nicht in Ordnung? Sie ist hübsch, geistreich und kreativ. Sie liebt Kinder, genau wie du. Sie liebt Golf, genau wie du. Sie kommt aus einem engen Familienzusammenhalt, genau wie du. Sie verkörpert alles, wonach du gesucht hast. Jetzt erkläre mir, warum du an dieser Beziehung zweifelst?"

„Ihr Silber", gab Richard zurück.

„Wie bitte?"

„Sie hat mich am Samstag zum Essen eingeladen", erklärte Richard, „und gerade, als ich den ersten Bissen zum Munde führte, fiel mir ein eingetrockneter Essensrest an meiner Gabel auf."

Thomas starrte ihn an.

„Was denkt sie eigentlich?", fuhr Richard fort, der Thomas' ungläubiges Staunen nicht bemerkte. „Soll ich ihr beweisen, dass ich sie trotz einer Nahrungsmittelvergiftung liebe? Ich war so angewidert, dass ich ihr während des Essens nicht einmal mehr in die Augen schauen konnte."

„Natürlich, angesichts eines so himmelschreienden Verbrechens sehe auch ich wenig Hoffnung für eure Beziehung", sagte Thomas.

„Hey, du kannst dich lustig machen, so viel du willst", sagte Richard, „aber du hast ja nicht auf diese Gabel schauen müssen."

Thomas schloss seinen Spind ab und ging zur Tür. „Du wirst mal eine Frau sehr glücklich machen", rief er über die Schulter, „indem du sie *nicht* heiratest."

*

Sie wundern sich wahrscheinlich, was ein Kapitel über Partnersuche* in einem Buch über Familienbeziehungen zu suchen hat. Aber irgendwo müssen Familien doch anfangen, oder? Eine Beziehung ist der logische Anfangspunkt für eine Diskussion über die Familie, weil viele Verhaltens-

* Der Einfachheit halber nennen wir durchgehend nur die männliche Form von Partner. „Partner" kann sich dabei auf Männer oder Frauen beziehen. Das Gleiche gilt für Zuhörer, Lehrer, Erzieher u.ä.

muster und die Dynamik, die man später in Familienbeziehungen findet, in der Zeit des anfänglichen Kennenlernens ihren Ursprung haben. Deshalb sollten wir ganz am Anfang ansetzen, irgendwo dort, wo die gemeinsame Geschichte eines Paares beginnt, das sich später das Ja-Wort gibt. Wenn Sie bereits Ihr Ja-Wort gegeben haben, lässt Sie dieses Kapitel nachträglich noch einmal ansehen, warum und auf welche Weise Sie beide damals eingestiegen sind – in eine lohnende und herausfordernde Partnerschaft.

VORGEGRIFFEN

- ♦ Gemeinsame Unernehmungen sind ein hervorragender Weg, sich auf die Ehe vorzubereiten.
- ♦ Für eine Beziehung ist es wichtig, gemeinsame Interessen zu verfolgen, den anderen attraktiv zu finden und die Eltern mit einzubeziehen.
- ♦ Die Ehe ist ein Prozess, in dem zwei Menschen eins werden. Deshalb ist es ratsam, sich mit jemandem zu befreunden, mit dem man daran arbeiten kann, eine Einheit zu erreichen.

Das Thema Partnersuche ist eindeutig zu umfangreich, um ihm in einem Kapitel gerecht zu werden. Wir werden uns deshalb auf vier spezifische Bereiche und ihre jeweiligen Auswirkungen auf die Ehe (und letztendlich auf die Beziehungen innerhalb einer Familie) konzentrieren:

- Warum man sich verabreden sollte
- Was man vermeiden sollte
- Worauf man beim Partner achten sollte
- Worauf man in einer Beziehung hinarbeiten sollte

Was Verabredungen bewirken können

Wenn man zwölf verschiedene Leute fragt, warum sie sich zu einem Rendezvous verabreden, erhält man zwölf verschiedene Antworten. Manche mögen tiefgründig sein („Ich möchte einen Seelenpartner finden"), andere mögen, nun ja, weniger tiefgründig sein („Ich möchte nicht allein ins Kino gehen"). Sich verabreden bedeutet für jeden etwas anderes. Die einen betrachten es als Hobby oder Zeitvertreib, die anderen meinen, es gehe um ihre ganze Zukunft. Manche genießen die Spannung einer Partnersuche, andere lehnen sie verächtlich als „Sport" ab.

Denen, die sich ernsthaft mit Partnersuche beschäftigen und in ihr mehr als nur den Zeitvertreib an einem Freitagabend sehen, bieten wir vier Gründe an, warum es sich lohnt, sich den Weg durch missglückte Versuche, gute Erfahrungen und Enttäuschungen zu bahnen.

a) Verabredungen vermitteln wertvolle Erfahrungen mit dem anderen Geschlecht

Wenn die Ehe eine Karriere wäre, wäre die Partnersuche das Praktikum dafür. Sie werden feststellen, dass man allein dadurch, dass man mit Menschen des anderen Geschlechts Zeit verbringt, die „Ausbildung" bekommt, die man braucht, um ein begehrter Heiratskandidat zu werden (genau wie ein gutes Praktikum Ihre Fachkenntnis verbessert, die Sie brauchen, um ein begehrter Kandidat für manche Arbeitsstellen zu werden). Je mehr Freizeit Sie mit jungen Männern oder jungen Frauen verbringen, desto sicherer werden Sie im Umgang mit ihnen werden. Und je sicherer Sie sind, desto lieber wird man sich mit Ihnen verabreden. Je lieber man sich mit Ihnen verabredet, desto größer sind Ihre Chancen auf dem „Heiratsmarkt".

Wenn Ihr Wissen über das andere Geschlecht vorwiegend aus den Jahren stammt, in denen Sie versucht haben, in der Familie mit einem einzigen Geschwisterkind des gleichen Geschlechts auszukommen, werden Sie durch Verabredungen die wahren Unterschiede, die ein einziges Chromosom machen kann, schätzen lernen. Gleichzeitig werden Verabredungen Ihnen zu der Erkenntnis verhelfen, dass sich Männer und Frauen sehr viel ähnlicher sind, als Sie vielleicht angenommen haben (oder zugeben wollten).

Die Freizeit mit Vertretern des anderen Geschlechts zu verbringen, ist ein guter Weg, sie ihres Mythos' zu berauben. Denn in Ermangelung einer realen persönlichen Erfahrung tendieren viele junge Männer und Frauen dazu, Klischees oder idealisierte Bilder des anderen Geschlechts in ihren Köpfen zu entwerfen. Der beste Weg, diese Stereotypen und idealisierten Vorstellungen zu zerstören und sie durch Vorstellungen zu ersetzen, die in der Realität verwurzelt sind, ist, regelmäßig mit Vertretern des anderen Geschlechts Kontakt zu haben.

Georgia, zum Beispiel, hatte ziemlich feste Vorstellungen davon, wie Männer sind und was sie von Frauen wollen, und zwar daher, wie ihr Vater ihre Mutter behandelte. Als sie anfing, sich zu verabreden, lernte sie junge Männer kennen, die überhaupt nicht wie ihr Vater waren. Sie machte sogar die Erfahrung, dass sie sich mit manchen Männern besser unterhalten konnte als mit ihren Freundinnen. Sie hatte noch keine ernsthafte Beziehung gehabt, aber jetzt wusste sie immerhin, dass sie dazu fähig war.

> *»Als ich Jean traf, fühlte ich, wie Gott seine Hand aus den Wolken streckte, mich an den Haaren zog und sagte: „Nimm diese hier, du Trottel.“«*
> Richard Atcheson

T.J. idealisierte einige Mädchen in seinem Jahrgang am College. Bei den Vorlesungen schweiften seine Gedanken ab und er träumte von diesen Studentinnen, die in seiner Phantasie zu perfekten Wesen wurden. Mit der Zeit hatte T.J. Gelegenheit, sich mit einigen von ihnen zu verabreden. Er entdeckte dabei, dass seine „Phantasiemädchen“ in Wirklichkeit reale Personen waren, mit den gleichen Eigenheiten, Schwächen und Fehlern, die jeder andere Mensch auch hat. Er fand auch heraus, dass es viel einfacher ist, sich mit einer realen Person zu unterhalten als mit einer Phantasiefigur.

Bilden Sie sich niemals ein, Sie könnten das andere Geschlecht einmal vollständig verstehen. Was man aus Verabredungen lernen kann, ist eine allgemeine Vorstellung davon, wie Männer und Frauen denken, was für sie wichtig ist und wie man am besten mit ihnen kommunizieren kann. All diese Informationen werden äußerst hilfreich sein, wenn Sie sich dafür entscheiden, Nägel mit Köpfen zu machen. Nennen Sie es eine Starthilfe für die Ehe.

b) Verabredungen helfen Ihnen, Ihre Persönlichkeit zu entwickeln und an sich zu arbeiten

Wenn Sie mit jedem Aspekt Ihrer Persönlichkeit völlig zufrieden sind, wenn Sie davon überzeugt sind, dass Sie nicht das Geringste bei sich ändern müssen, dann sollten Sie sich nicht verabreden. Denn der Prozess der Partnersuche hat – mehr als jede andere Art der Interaktion – die Tendenz, einige der, sagen wir, nicht ganz perfekten Aspekte unserer Persönlichkeit zu beleuchten.

Wenn Sie offen dafür sind, sich selbstkritisch zu betrachten – wie Sie reden, wie Sie zuhören, wie Sie in der Öffentlichkeit auftreten, wie Sie mit anderen umgehen –, werden Sie bei Ihren Verabredungen wahrscheinlich eine Fülle nützlicher Informationen sammeln. Der Schlüssel liegt darin, die Hinweise zu erkennen, die Ihnen Ihr Gegenüber gibt.

Keith, beispielsweise, gewann sein Selbstbewusstsein daraus, der Mittelpunkt jeder Party zu sein. Jeder mochte ihn (das glaubte er wenigstens), weil er immer für einen Spaß gut war. Als er eines Abends in einem Restaurant einer Kellnerin das Leben schwer machte, indem er vorgab, nicht lesen zu können, merkte er, dass die Sache dem Mädchen, das er eingeladen hatte, furchtbar peinlich war. Seine Freunde hatten ihn immer zu gewagten Streichen ermutigt, deshalb schockierte es ihn, dass jemand, mit dem er gerne zusammen war, durch sein Verhalten in Verlegenheit gebracht wurde. Seit jenem Abend versuchte er ganz bewusst, sich mehr zurückzuhalten und in Gesellschaft erträglicher zu sein.

Das soll nicht heißen, dass Sie Ihr Bild von sich einzig und allein aus den Vorlieben der Menschen beziehen sollten, mit denen Sie ausgehen. Verabredungen können Ihnen jedoch eine besondere Sicht von sich selbst vermitteln. Vielleicht werden Sie dadurch verstehen, warum sich die Leute Ihnen gegenüber so verhalten, wie sie es tun. Diese Erkenntnis wird wichtig sein, wenn Sie eine lebenslange Beziehung mit einem Ehepartner eingegangen sind.

c) Verabredungen sind eine Möglichkeit, das Leben eines anderen Menschen zu bereichern

Entspannen Sie sich: Das klingt zwar nach einer Talkshow, ist aber anders gemeint. Wir reden hier nicht von einem vorbildlichen Verhalten, an das sich der andere noch nach zwanzig Jahren erinnert („Menschen, die dem Leben anderer einen Sinn gegeben haben"). Wir sprechen von kleinen, alltäglichen Aufmerksamkeiten, die langfristig das Leben eines Menschen verändern können.

Catherine war eine introvertierte, linkische, gehemmte Studentin am College, als sie anfing, sich mit Jeff zu treffen. Von Anfang ihrer Beziehung an sagte Jeff ihr regelmäßig, wie hübsch sie sei. Er hörte ihr interessiert zu, wann immer sie den Mut fand, etwas zu sagen. Er lachte über ihre kaum vernehmbaren Witze. Er ließ sie spüren, dass sie wichtig war. Während ihrer acht Monate dauernden Freundschaft nahm Catherines Selbstbewusstsein enorm zu. Jeff half Catherine, aus ihrem Mauseloch zu kommen und ihre Begabungen zu entdecken. Die Freundschaft hielt zwar nicht länger, aber sie hatte große Auswirkungen auf Catherines Leben. Heute ist Catherine eine lebhafte, selbstbewusste und erfolgreiche Firmeninhaberin.

Man sollte jedoch nicht annehmen, dass Catherine die Einzige war, die von dieser Beziehung profitierte. Jeff sah, wie seine Komplimente und ermutigenden Worte Catherine aufblühen und ein anderer Mensch werden ließen. Er erkannte, dass er anderen Menschen helfen konnte, und das weckte in ihm das Verlangen, das auch weiterhin zu tun. Es liegt nahe, dass die Frau, die Jeff einmal heiraten wird, von dem, was er in der Beziehung mit Catherine lernte, ungemein profitieren wird.

Das heißt nichts anderes als das: Sie können den Menschen, mit denen Sie sich treffen, etwas Gutes tun, und diese können wiederum Ihnen etwas Gutes tun. Und wenn diese gegenseitige Unterstützung auch nicht immer zur Ehe führt, kann sie auf bescheidene Art doch ein Leben verändern.

d) Verabredungen können Ihnen helfen herauszufinden, welche Eigenschaften der Mensch haben soll, den Sie einmal heiraten wollen

Lassen Sie mich das ein für alle Mal klarstellen: Es gibt nicht den einzig Richtigen oder die einzig Richtige. Es wartet kein perfekter Mensch auf der Aussichtsterrasse des Empire State Buildings auf Sie, wie in „Schlaflos in Seattle“ oder „Die große Liebe meines Lebens“. Wenn Sie Ihre Vorstellung von Ihrem zukünftigen Ehepartner aus Hollywood-Streifen beziehen, dann tun Sie sich doch einen Gefallen und überdenken einmal Ihre Erwartungen.

Wenn Ihre Liste der Eigenschaften, die Sie von Ihrem Lebenspartner erwarten, Dinge wie „atemberaubend schön“, „unvorstellbar reich“, „umwerfend witzig“ oder „unglaublich erfolgreich“ einschließt, sollten Sie Ihre Pläne für die Hochzeitsreise noch einmal auf Eis legen. Sie werden eine lange Wartezeit vor sich haben.

»Ein Bräutigam ist ein Mensch, der immer noch nicht fassen kann, was aus einem harmlosen kleinen Flirt schließlich geworden ist.«
Verfasser unbekannt

Es spricht nichts dagegen, bei der Wahl des Ehepartners anspruchsvoll zu sein, solange dann noch irgendein menschliches Wesen den Ansprüchen genügen kann. Wenn Sie sich oft mit jemandem treffen, werden Sie herausfinden, welche Eigenschaften wirklich wichtig und welche nicht ganz so notwendig sind. Sie werden merken, mit welchen Menschen Sie harmonieren und mit welchen Sie aneinander geraten. Kurz, Sie werden ein Gespür dafür entwickeln, welche Eigenschaften Ihr zukünftiger Ehepartner unbedingt haben sollte.

Und wahrscheinlich werden Sie am Ende überrascht sein. Nur wenige Menschen heiraten letztendlich die Art von Person, die sie sich früher vorgestellt haben. Eigenschaften, die einmal wichtig erschienen, verlieren offensichtlich an Bedeutung, wenn man Menschen mit anderen, interessanteren Eigenschaften kennen lernt.

Geld beispielsweise wird nicht mehr so wichtig sein, und Ehrlichkeit könnte stattdessen auf der Ehepartner-Wunschliste erscheinen. Es kann auch sein, dass Sie bald nicht mehr jemanden heiraten wollen, der erfolgsorientiert ist, sondern stattdessen jemanden vorziehen, der Wert auf Familie legt. Je mehr Menschen Sie bei Ihrer Partnersuche treffen, desto klarer werden Sie sehen, wie Sie sich Ihren Lebenspartner wünschen. Kristins Vater war der Football-Star seines Colleges gewesen. Kristin wollte schon immer so einen Mann heiraten. Da sie an ihrer Schule und auf ihrem College Cheerleader war, verabredete sich Kristin ausschließlich mit Football- und Basketballspielern – bis kurz vor ihrem Abschluss. Da erkannte sie plötzlich, dass sie die Studenten in ihrem Fotografiekurs und im „Kreativen Schreiben" viel interessanter fand als die Sportler. Sie entdeckte, dass ihr Kreativität bei einem Mann viel wichtiger war als allgemeine Beliebtheit und Im-Mittelpunkt-Stehen.

Es ist nicht einfach, die Idealvorstellung vom „einzig Richtigen" aufzugeben. Wie abgeklärt Sie auch sein mögen – wahrscheinlich hegen Sie in einem Winkel Ihres Herzens doch die Hoffnung, genau den Menschen zu treffen, in den Sie sich Hals über Kopf verlieben werden und der alle Ihre Bedürfnisse und jedes Ihrer Kriterien erfüllen wird.

Je häufiger Sie sich verabreden, desto klarer wird Ihnen – zum Glück – werden, dass man nach perfekten Menschen wohl vergeblich sucht. Wenn Sie einmal zu dem Schluss gekommen sind, dass kein Mensch alle Wesenszüge und Eigenschaften in sich vereinigen wird, die Sie sich wünschen, werden Sie wohl oder übel eingrenzen müssen, was Ihnen wirklich bei den Menschen wichtig ist, mit denen Sie Ihre Zeit verbringen. Und das ist der erste Schritt zu einer gedanklichen Vorbereitung auf die Ehe.

In manchen Kulturen ist es unvorstellbar, dass sich ein junger Mann und ein Mädchen in der Öffentlichkeit treffen, um vielleicht eine Beziehung einzugehen. Es steht allein den Eltern zu, einen Partner für ihr Kind auszusuchen, und ihre Entscheidung ist endgültig. In solchen Kulturen kann es vorkommen, dass sich Braut und Bräutigam bei ihrer Hochzeit zum ersten Mal sehen. Dieses Vorgehen mag uns völlig veraltet erscheinen; tatsächlich hat es aber manche stabile Ehe hervorgebracht. Wir wollen damit den Weg der Partnerwahl durch die Eltern zwar nicht gutheißen, aber daran erinnern, dass es auch andere Wege gibt, den Lebenspartner zu finden.

Wie die meisten Menschen würden Sie wohl lieber Ihr Glück auf der Single-Party des örtlichen Gefängnisses versuchen, als Ihre Eltern entscheiden zu lassen, wer Ihr Lebenspartner sein soll. Verabredungen bleiben also, mit all den Enttäuschungen und Pannen, die damit verbunden sein können, die einzig durchführbare Option, um „die richtige Wahl" zu treffen.

Worauf man achten sollte

Nein, dies soll nicht der obligatorische Hinweis darauf sein, dass man sich bei Verabredungen immer in einer größeren Gruppe aufhalten und den Hintergrund jedes Menschen, mit dem man sich trifft, abchecken sollte. Der Sinn dieses Abschnitts ist es, auf einige vermeidbare Fehler bei der Partnersuche hinzuweisen, die die Chancen auf eine lebenslange Beziehung verringern könnten.

a) Der körperliche Aspekt der Beziehung sollte nicht im Vordergrund stehen

Wenn Sie schon lange auf der Suche nach einem Partner sind, haben Sie wahrscheinlich schon mehr als genug Gründe dafür gehört, warum es eine gute Idee ist, die körperliche Seite Ihrer Partnerschaft zu erkunden. Diese Gründe mögen unter anderem lauten:

- „Sex ist der natürliche Weg, unsere Liebe füreinander auszudrücken."
- „Wir müssen wissen, ob wir körperlich zusammenpassen."
- „Es ist der nächste logische Schritt in unserer Beziehung."

Gute Frage

? Wie kann ich Sex vermeiden, wenn die Versuchung so groß ist?

Legen Sie am Anfang Ihrer Beziehung gemeinsam Regeln fest und halten Sie sich daran. Sie müssen sicher sein, dass Ihr Partner genau weiß, wo Ihre Grenzen sind. Immer wenn Sie das Gefühl haben, dass gerade ein Grenze überschritten wird, sollten Sie einen Schritt zurückgehen und lieber das Zusammensein für den Tag beenden als die Grenze zu überschreiten.

Diese Vorschläge können Ihnen helfen, gemeinsame Grenzen festzulegen:

Ziehen Sie sich niemals in Gegenwart des anderen aus.

Gehen Sie niemals mit der Hand unter die Kleidung Ihres Partners.

Legen Sie sich niemals zusammen hin.

Erlauben Sie uns, einen Grund dafür zu nennen, Ihre diesbezüglichen Pläne zu verwerfen: Sex wird jeden anderen Bereich Ihrer Beziehung dominieren.

Wir müssen dazu noch nicht einmal in die Diskussion gegen Sex vor der Ehe einsteigen. Dabei gehen wir nicht auf Dinge wie eine Schwangerschaft oder Geschlechtskrankheiten ein. Auch nicht der Frage, ob häufig nicht Selbstwertprobleme eine große Rolle dabei spielen, dass Menschen vor der Ehe sexuell aktiv sind.

Wir wollen einfach die Erfahrung festhalten: Nachdem man sich in einer Beziehung körperlich nahe gekommen ist, verlieren Dinge wie das gegenseitige Kennenlernen, tief gehende Diskussionen und eine unbekümmerte Ausgelassenheit auf einmal stark an Bedeutung. Die Beziehung wird oft unausgewogen, weil Sex mehr und mehr Raum in der gemeinsamen Zeit des Paares einnimmt.

Leider ist das gewöhnlich kein Fehler, aus dem man lernen kann. Eine körperliche Begegnung kann man nicht rückgängig machen, selbst wenn man erkennt, das sie ein Fehler war. Nachdem gewisse Grenzen einmal überschritten sind, ist die Wahrscheinlichkeit hoch, dass sie wieder überschritten werden, und immer wieder.

Wenn Sie sich in Ihrer momentanen Beziehung bereits körperlich nahe gekommen sind oder wenn Sie merken, dass die Grenzen bald erreicht sind, sollten Sie Ihre Beziehung noch einmal thematisieren und strikte Regeln einführen, an die Sie sich beide halten sollen. Das kann heißen, dass man sich an anderen Orten trifft oder bei den Verabredungen andere Dinge tut. Es kann heißen, die Zeit der ungestörten Zweisamkeit zu reduzieren. Es kann heißen, die Art zu ändern, in der Sie und Ihr Partner sich körperlich ausdrücken – Streicheln bestimmter Zonen und Zungenküsse beispielsweise auszuschließen. Es kann heißen, öfter etwas mit anderen Paaren oder Gruppen zu unternehmen.

Was auch immer es bedeutet, die körperliche Seite Ihrer Beziehung unter Kontrolle zu halten – Sie sollten es tun.

b) Unternehmen Sie etwas mit verschiedenen Menschen

Sie haben wahrscheinlich schon oft genug herzerwärmende Geschichten von der „Liebe auf den ersten Blick" gehört („Mein Mann und ich haben uns in der sechsten Klasse kennen gelernt, waren in der Oberstufe und in der High School ständig zusammen und haben während unserer Studienzeit geheiratet. Keiner von uns hat jemals jemand anderes in Erwägung gezogen. Wir sind seit zweiundzwanzig Jahren glücklich verheiratet usw."). Was Sie vielleicht nicht so oft gehört haben, sind die weniger romantischen Versionen („Ich hatte solche Angst, keinen Mann zu finden, dass ich den Ersten heiratete, der Interesse an mir hatte. Ich bin jetzt seit fünf Jahren verheiratet, und obwohl ich meinen Mann liebe, frage ich mich oft, ob ich nicht doch einen Besseren gefunden hätte").

Wir erwähnten bereits, dass Verabredungen Ihnen wertvolle Erfahrungen im Umgang mit dem anderen Geschlecht vermitteln können. Wenn Sie jedoch Ihre Partnersuche auf ein oder zwei ernsthafte Beziehungen begrenzen, werden Sie nur Erfahrungen mit einem oder zwei

Menschen machen. Und Sie werden nicht wissen, was Sie verpassen, bevor es zu spät ist, um noch irgendetwas anderes zu unternehmen.

Gewöhnlich sind es Angst oder Unsicherheit, die Menschen dazu treiben, zu früh feste Beziehungen einzugehen. Sie befürchten: Wenn sie sich nicht sofort mit jemandem zusammentun, werden sie nie wieder eine andere Chance für eine Beziehung bekommen. Auch wenn eine feste Beziehung ein Gefühl von Geborgenheit vermittelt, wird dadurch doch Ihre Chance verringert, andere, nicht weniger interessante Vertreter des anderen Geschlechts zu treffen und kennen zu lernen – Menschen, die Ihnen vielleicht die Augen für tiefere und erfüllendere Möglichkeiten einer Beziehung öffnen könnten.

Wir schlagen nicht vor, dass Ihr Terminkalender vor Rendezvous' aus den Nähten platzen sollte oder dass Sie so viele Verabredungen wie möglich treffen sollten. Wir wollen vielmehr anregen, dass Sie die ganze Bandbreite an Möglichkeiten nutzen, die die Partnersuche bietet.

c) Lassen Sie sich nicht von romantischen Gefühlen irreführen

Denen, die bereits langfristige Beziehungen eingegangen sind, wollen wir in diesem Teil des Buches die rosafarbene Brille abnehmen.

Drei Tatsachen sind für jede Beziehung wichtig:

- Wir alle haben unsere Stärken und Schwächen. Unser Äußeres, unsere Begabungen, unser Hintergrund, unsere Persönlichkeit und unser Charakter sind nicht perfekt.
- Wenn wir jemandem auf romantische Art näher kommen, werden wir leicht seine Stärken überschätzen und seine Schwächen übersehen. („Bob ist nicht dumm. Er ist einfach nicht an Dingen interessiert, über die man nachdenken muss." „Ich verstehe es nicht, dass Barbara bei ihren Kollegen so unbeliebt ist. Sie merken nicht, dass Barbara ihnen doch nur helfen will, wenn sie ihnen sagt, was sie falsch machen.")
- Die Schwächen eines Menschen zu übersehen, wird letztlich gravierende Folgen haben. (Leider ist das ein Fehler, der im Nachhinein nur allzu offensichtlich wird.)

Wenn Sie glauben, dass Sie nicht in Gefahr sind, sich durch romantische Gefühle täuschen zu lassen, empfehlen wir Ihnen diese Übung: Fertigen Sie zusammen mit Ihrem Schatz eine Liste all der Dinge an, die Sie aneinander mögen. Wahrscheinlich werden Sie beide stundenlang die tausendfältigen Qualitäten des anderen niederschreiben, die ihn bzw. sie zu einem so besonderen Menschen machen. Wenn Sie damit fertig sind, machen Sie eine Liste der Dinge, die Sie aneinander nicht mögen oder die in Ihrer Partnerschaft problematisch werden könnten.

> *»Eine Frau kann einen Mann nur dann mit Erfolg verändern, wenn er noch ein Baby ist.«*
> Jakob Braude

Ja, schreiben Sie nur alles auf – das Gute, das Schlechte und das Hässliche.

Wie fühlten Sie sich dabei, die wenig schmeichelhaften Aspekte Ihres/Ihrer Liebsten zu Papier zu bringen? Fiel es Ihnen schwer, die schwachen Punkte des anderen zu finden? Fühlten Sie sich während der ganzen Übung unwohl? Wenn dem so ist, sind Sie möglicherweise von romantischen Gefühlen geblendet.

Im frühen Stadium der Partnersuche ist die romantische rosa Brille nicht unbedingt etwas Schlechtes. Irgendwie baut sie uns doch Brücken zueinander – zuerst. Später kann sie allerdings gefährlich sein. Früher oder später werden Sie die Tatsache akzeptieren müssen, dass Ihr Herzblatt nicht perfekt ist und Sie durchaus auf lange Sicht unglücklich machen kann.

Je eher Sie sich mit den vielen Stärken und Schwächen Ihres/Ihrer Liebsten auseinander setzen, desto wahrscheinlicher ist es, dass Ihre Beziehung auf Dauer halten wird. Auch wenn es zunächst nicht den Anschein haben mag: Eine gute Portion Nüchternheit ist besser für eine Beziehung als eine Menge romantischer Gefühle.

d) Glauben Sie nicht, dass „die Liebe immer siegt“!

Wie oft haben Sie schon gehört, dass jemand seine Beziehung mit den Worten verteidigte: „Solange wir uns lieben, ist alles andere nebensächlich.“ Fragen Sie jedes verlobte Paar, warum es heiraten will, und es wird Ihnen sagen: „Weil wir uns lieben.“

Doch was genau ist Liebe? Ist es das atemberaubende Gefühl, das Sie ergreift, wenn Sie einem bestimmten Menschen tief in die Augen sehen? Ist es Ihr allgemeiner Eindruck, dass Sie mit einem bestimmten Menschen in Ihrem Leben glücklicher sein werden als ohne ihn? Ist es ein Gefühl, das so tief ist, dass man es nicht mehr beschreiben kann?

Das sind Fragen, die Sie sich früher oder später stellen müssen. Wenn Sie das nicht tun, könnte es sein, dass Sie sich für den Rest Ihres Lebens an jemanden binden, nur weil Sie sich zu ihm hingezogen fühlen, und dann bitter enttäuscht werden.

Tatsache ist, dass Gefühle trügen können. (Wiederholen Sie das bitte zehnmal.) Sie kommen und gehen wie Stimmungen. Was passiert, wenn Sie in Gegenwart Ihres Liebsten nichts Besonderes mehr empfinden? Heißt das, dass Sie keine Liebe mehr für ihn haben? Sollten Sie dann die Beziehung fallen lassen und nach dem nächsten Menschen suchen, der Sie in einen Zustand der Erregung versetzt?

Verstehen Sie das nicht falsch: Dies ist keine Schmährede auf die Liebe. Körperliche Empfindungen spielen in jeder romantischen Beziehung eine große Rolle. Der Schlüssel liegt jedoch darin, diesen Empfindungen und Gefühlen in Ihrer Beziehung nicht zu viel Bedeutung zuzumessen. In anderen Worten: Folgen Sie nicht einfach Ihrem Herzen und gründen Sie Ihre Beziehung nicht allein auf romantische Gefühle. Gebrauchen Sie auch Ihren Verstand. Lassen Sie Gefühl und Verstand bei der Gestaltung Ihrer Partnerschaft zusammenarbeiten.

Worauf Sie bei Ihrer Partnerwahl achten sollten

Wie finden Sie nun einen zukünftigen Partner? Da wir wohl kaum in der Lage sind, Ihnen genaue Angaben zu Ihrem/Ihrer Zukünftigen zu machen, können wir Ihnen nur einige grundsätzliche Dinge nennen, die Sie berücksichtigen sollten.

a) Gemeinsamkeiten (Gemeinsame Interessen)

Nach einer alten Vorstellung werden zwei Menschen eins, wenn sie heiraten. Wenn Sie also „Ehe bauen“ wollen, sollten Sie dafür eine solide Grundlage legen. Ideal wäre, wenn diese Grundlage aus den

Dingen bestünde, die Sie beide gemeinsam haben – in geistlicher, geistiger, sozialer, körperlicher und kultureller Hinsicht.

Ohne die gemeinsame Basis kann nicht die Einheit entstehen, die für eine gute Ehe notwendig ist. Es wäre etwa so, als wollte man ein Gebäude sowohl aus Legosteinen als auch aus Holzbauklötzen konstruieren. Man könnte schon zu einem Resultat kommen, aber das wäre wenig standfest oder schön anzusehen.

Entscheidend in einer Zeit der Freundschaft ist es zu entdecken, was Sie mit Ihrem Partner gemeinsam haben, und dann zu entscheiden, ob das genug ist, um damit die Grundlage für eine lebenslange Beziehung zu legen. Zum Beispiel reicht es nicht aus, um darauf eine Beziehung aufzubauen, wenn Sie und Ihr Partner beide Spaghetti-Eis lieben und der Ansicht sind, dass Woody Allen als Regisseur überschätzt wird. Wenn Sie beide aus einem engen Familienzusammenhalt kommen, gerne verreisen und Sport treiben, sich lieber einen ruhigen Abend zu Hause machen, als ständig auf Achse zu sein, und beide aus dem christlichen Glauben leben, kann das eine hervorragende Basis für eine lebenslange Partnerschaft sein.

Familienaktion

✓ WISSEN SIE EIGENTLICH, wie Ihre Eltern sich kennen und lieben lernten? Machen Sie sich doch mit Ihren Eltern einmal einen schönen Nachmittag. Laden Sie sie in die Eisdiele ein und verwöhnen Sie sie mit Birne Hélène und Milch-Shakes. Fragen Sie sie über die Zeit, als sie sich ineinander verliebt haben. (Überlegen Sie sich am besten schon vorher ein paar Fragen.) Diese Fragen können einschließen: Was fandet ihr aneinander anziehend? Welche Unterschiede habt ihr während dieser Zeit aneinander entdekkt? Wie seid ihr mit diesen Unterschieden umgegangen?

Das will nicht heißen, dass Sie und Ihr Partner in der Persönlichkeit und im Lebensstil überall übereinstimmen sollten. Die Unterschiede zwischen Ihnen beiden werden sich als genauso wichtig für den Erfolg Ihrer Beziehung herausstellen wie die Gemeinsamkeiten. Doch in Ihrer Beziehung sollte es von Anfang an Ihr Hauptanliegen sein, Gemeinsamkeiten zu finden, auf die Sie aufbauen können.

b) Schönheit

Sie möchten jemanden heiraten, den Sie attraktiv finden. Das mag zunächst eine ganz selbstverständliche Vorstellung sein, genauso wie: „Sie suchen eine Arbeit, die ordentlich bezahlt wird." Doch denken Sie daran, dass es um jemanden für *Sie* geht.

Warten Sie nicht auf das Supermodel oder auf den begehrtesten Mann der Stadt. Suchen Sie jemanden, mit dem Sie sich wohl fühlen. Denken Sie daran, dass Attraktivität mit der Zeit zunehmen kann – genauso wie Hässlichkeit. Charakter, Einstellungen, Intelligenz und andere Eigenschaften können auch einen ganz unauffällig aussehenden Menschen attraktiv machen oder auch den bestaussehenden Menschen hässlich erscheinen lassen.

Andere mögen versuchen, Sie davon zu überzeugen, dass Sie „etwas Besseres verdient haben", aber warum sollte das für Sie wichtig sein? Für Sie sollte allein wichtig sein, dass Sie denjenigen oder diejenige attraktiv finden – nicht nur oberflächlich, sondern als ganzen Menschen. Denken Sie daran, dass Sie mit diesem Menschen von nun an vielleicht vierzig Jahre zusammenleben werden! Sie sollten deshalb sicher gehen, dass Sie jemanden finden, den Sie bis zum Ende gerne anschauen und um sich haben.

c) Moralvorstellungen

Gleiche Moralvorstellungen sind absolut wesentlich für eine langfristige Beziehung. Es wäre ideal, wenn Sie und Ihr zukünftiger Partner erst in der Ehe das wunderbare Geheimnis der Sexualität entdecken würden. Leider leben wir nicht in einer idealen Welt. Die Statistik weist darauf hin, dass es wahrscheinlich ist, dass einer von Ihnen oder Sie beide vor der Ehe mindestens einmal sexuelle Erfahrungen gemacht haben.

Wenn das Ideal für Sie nicht mehr erreichbar ist, sollten Sie anstreben, ganz offen und ehrlich zu sein, das heißt nichts für sich zu behalten und alle Karten auf den Tisch zu legen. Reden Sie während der Verlobungszeit mit Ihrem zukünftigen Ehepartner über Ihre sexuelle Vorgeschichte. Vertrauen Sie ihm, dass er Ihnen vergeben und Sie annehmen wird, so wie Sie sind, und nicht so, wie er Sie haben möchte. Wenn es Ihrem Partner schwer fällt, Sie ganz anzunehmen, sollten Sie Ihre Beziehung noch einmal überdenken.

Natürlich sollte dies auf beiden Seiten geschehen. Ihr zukünftiger Ehepartner sollte mit Ihnen auch über seine sexuelle Vorgeschichte sprechen und Ihnen die Chance geben, ihm zu vergeben und ihn so anzunehmen, wie Sie es sich auch für sich wünschen. Und wenn Sie ihn nicht so annehmen können, sollten Sie in Ihrer Beziehung vielleicht eine langsamere Gangart einlegen.

Zugegebenermaßen ist dieser Austauschprozess so riskant wie wichtig. Es besteht immer die Gefahr, dass einer von Ihnen schockiert reagiert („Du hast was getan? Mit dem?"). Problematisch ist auch, wenn eine Unausgewogenheit besteht. Wenn die Zusammenfassung der sexuellen Aktivitäten des einen wesentlich umfangreicher ist als die des anderen, könnte es in der Beziehung Spannungen geben. Trotzdem sind das Dinge, mit denen man sich beschäftigen sollte, bevor man sich lebenslang an jemanden bindet.

Sie brauchen nicht nur die Vergebung und Annahme Ihres potenziellen Lebenspartners, sondern müssen sich auch selbst vergeben und annehmen. Sie müssen lernen, die Vergangenheit zu überwinden. Wenn Sie auf Grund früherer Erfahrungen eine negative Einstellung zum Sex haben, sollten Sie sich vor der Ehe damit auseinander setzen, sonst kann das die körperliche Beziehung zu Ihrem Mann oder Ihrer Frau belasten. Dabei nehmen Sie vielleicht sogar die Hilfe eines Beraters oder Ihres Pastors in Anspruch. Denn die Ehe ist auch unter optimalen Bedingungen noch eine große Herausforderung.

Ebenso wichtig ist es, dass Sie Ihre beiderseitigen Wertvorstellungen kennen lernen und sich damit auseinander setzen. Wie will ich mich anderen gegenüber verhalten? Wie offen bin ich? Was gilt für mich als gut, was schlecht in meinem Umgang mit Menschen? Wie ist bei mir das Verhältnis zwischen Wahrheit und Liebe? Wie will ich Konflikte regeln? Was mache ich, wenn mich jemand verletzt hat? Was haben Geld und Besitz für mich für einen Wert? Wie gehe ich damit um?

Wer sich hier früh über Gemeinsamkeiten und Unterschiede klar wird und sich mit unterschiedlichen Denkweisen auseinander setzt, wacht nicht erst auf, wenn das Ende der romantischen Gefühle da ist. Diese Vorstellungen sind ganz sicher für ein Gelingen der Ehe genauso entscheidend wie die Gefühle.

d) Eltern

Es ist nicht zu bestreiten: Ohne Ihre Eltern wären Sie nicht, wer Sie heute sind – der Mensch, in den sich Ihr Schatz verliebt hat. Genauso wenig wäre Ihr Schatz ohne seine Eltern der Mensch, in den Sie sich verliebt haben. Wenn Sie sich entschließen zu heiraten, ist es deshalb wichtig, den Segen und den Rat Ihrer beider Eltern einzuholen. Beziehen Sie sie in Ihre Partnerschaft mit ein.

Wir meinen hier nicht den von jungen Männern gefürchteten Satz: „Ich möchte um die Hand Ihrer Tochter anhalten." Wir reden davon, dass Sie Ihre Vorhaben von vornherein Ihren Eltern mitteilen. Dass Sie sie weiterhin auf dem Laufenden halten. Dass Sie Ihre Zukunftspläne mit Ihren Eltern besprechen. Wir reden davon, dass Sie Ihren Eltern erklären, was Sie an Ihrem Partner so lieben, dass Sie glauben, Sie könnten Ihr Leben mit ihm teilen. Wir reden davon, dass Sie ihnen Ihre finanzielle Perspektive darlegen (sobald Sie eine Vorstellung davon haben). Wir reden davon, dass Sie ihnen sagen, was Ihnen beiden im Glauben wichtig ist. Dass Sie ihnen darlegen, warum Sie diese Beziehung für genau richtig halten.

Wenn alles glatt geht, werden die Eltern nur allzu froh sein, Sie beide loszuwerden – pardon, Ihnen ihren Segen zu geben. Wenn sie das jedoch nicht tun, sind Sie es ihnen, sich selbst und Ihrem Partner schuldig, anzuhören, was Ihre Eltern zu sagen haben. Ihre Einwände mögen ein Schlag ins Gesicht sein, aber sie sollten sorgfältig geprüft werden. Wie wir schon sagten – Liebe kann auch den vernünftigsten Menschen blind machen. Wenn Ihre Eltern oder die Ihres Partners einen Warnschuss abgeben, könnte dahinter stehen, dass sie Ihre Beziehung anders beurteilen, als Sie es bisher taten. Eltern können wertvolle Unterstützung, Ermutigung und Wegweisung in Krisenzeiten der Ehe geben. Deshalb ist es keine gute Idee, sie von Anfang an vor den Kopf zu stoßen.

Einheit macht glücklich

Wenn das eigentliche Ziel der Partnersuche die Ehe ist – was ist dann das eigentliche Ziel der Ehe? Das scheint doch eine nahe liegende Frage zu sein, oder? Versuchen Sie, darauf eine Antwort zu finden.

Fragen Sie erst Ihren Partner danach und dann auch einmal Ihre Eltern, die Eltern Ihres Partners usw. Wahrscheinlich werden Sie viele verschiedene Antworten erhalten, unter anderem: Sex, die Gesellschaft eines anderen, Liebe, Familie, gesellschaftliche Anerkennung, wirtschaftliche Vorteile und Sicherheit.

Das Meiste davon, wenn nicht alles, kann aber auch außerhalb der Ehe erreicht werden. Also muss noch mehr dahinter stecken – ein grundlegendes, umfassendes Bedürfnis, das nur in einer ehelichen Beziehung erfüllt werden kann.

Wir erwähnten bereits, dass die Ehe eine Institution ist, in der zwei Menschen eins werden. (Darin liegt das eigentliche Ziel der Ehe.) Ob wir uns dessen bewusst sind oder nicht – wir wurden mit dem Bedürfnis nach Einheit geschaffen. Durch die Ehe kann dieses Bedürfnis gestillt werden.

Gute Frage

? Wenn „zwei eins werden", heißt das, dass ich mich in der Ehe völlig aufgeben muss?

Überhaupt nicht. Damit ist keine Einheit gemeint, die Ihre Persönlichkeit ausradiert. Gemeint ist vielmehr eine Einheit, die Sie dazu befreit, Ihrer beider Unterschiedlichkeit auszudrücken, jedoch gleichzeitig völlig mit dem Partner eins zu sein. Sie haben die Freiheit, ganz Sie selbst zu sein und all das zu entdecken, was in Ihnen als Mann oder Frau an Möglichkeiten steckt.

Die Einheit, die in der Ehe entsteht, umfasst alle Lebensbereiche. Die Ehe ist nicht nur eine körperliche Beziehung. Es geht auch nicht nur darum, seelische Unterstützung zu geben und zu empfangen. Es ist die Vereinigung zweier Leben auf jeder Ebene – der geistigen, gesellschaftlichen, spirituellen, emotionalen und körperlichen Ebene.

Leider entdecken viele Ehepaare spät, dass der Prozess, bei dem zwei Menschen eins werden, mit dem Hochzeitstag nicht automatisch abgeschlossen ist. Um Einheit zu erreichen, muss man hart und ausdauernd dafür arbeiten.

Wenn Sie in Erwägung ziehen zu heiraten, sollten Sie Ihren zukünftigen Ehepartner fragen: „Welche Gründe haben wir dafür, dass wir glauben, wir könnten zu einer Einheit finden?" Diese Frage sollte Sie anregen, sich auf eine Entdeckungsreise zu begeben: Sie sollten die intellektuellen, gesellschaftlichen, körperlichen und geistlichen Bereiche Ihres Lebens erforschen, um herauszufinden, ob Sie genug Gemeinsamkeiten haben, um daraus eine solide Grundlage für Ihre Zukunft zu bauen. Hier einige Tipps, wie Sie diese Bereiche mit Ihrem Partner prüfen können.

a) Das gleiche geistige Niveau

Nehmen Sie sich miteinander Zeit, um über die Themen, die Sie momentan bewegen, und Ihre wichtigsten Lebensbereiche zu reden. Diskutieren Sie miteinander über die Bücher und Zeitungsartikel, die Sie gerade gelesen haben. Reden Sie über Ihr Lieblingsprogramm im Fernsehen und über Kinofilme und erklären Sie Ihrem Partner, warum Sie sie mögen. Solche Diskussionen werden Ihnen Anhaltspunkte dafür geben, welche Art von geistiger Auseinandersetzung Sie suchen. Wenn Jane beispielsweise erklärt, dass sie ein Buch deshalb ausgesucht hat, weil der Autor in der Lage war, mit Hilfe von elliptischen narrativen Strukturen eindrückliche Romanfiguren zu erschaffen, und Steve erklärt, dass er das Buch, das er gerade gelesen hat, deshalb genommen hat, weil es nicht sehr umfangreich ist und er in Englisch am Gymnasium am nächsten Tag ein Referat darüber halten muss, kann man mit einiger Sicherheit sagen, dass sie auf der geistigen Ebene nicht übereinstimmen.

Auch wenn das nicht unbedingt einen Keil in die Beziehung treibt, ist es doch ein Hindernis, das bedacht werden sollte.

Familienaktion

✓ EIN GUTES MITTEL, um auf seine eigenen Stärken und Schwächen aufmerksam zu werden, ist, andere darum zu bitten, sie Ihnen zu zeigen. An einem Abend soll jeder in der Familie zwei Stärken und einen Schwachpunkt jedes Familienmitglieds auf separate Zettel schreiben (für jeden drei Zettel, gekennzeichnet mit dem Namen). Nachdem man alle Zettel eingesammelt und sortiert hat, soll der linke Nachbar des Betreffenden erst seine Stärken, dann seine Schwäche vorlesen. Diese Übung wird Ihnen dabei helfen, in Erinnerung zu behalten, dass sowohl Sie als auch Ihr Freund oder Ihre Freundin Stärken haben, die Sie bewundern, und Schwächen, die Sie akzeptieren müssen, wenn die Beziehung langfristig Bestand haben soll.

Es ist möglich, mit jemandem glücklich zu werden, dessen IQ mehrere Punkte weniger hat. Aber es spricht doch vieles dafür, dass es zum Gelingen einer Ehe beiträgt, wenn man auf einem ähnlichen geistigen Niveau mit seinem Ehepartner kommunizieren kann. Um es freiheraus zu sagen: Man möchte seine Bemerkungen nicht jedes Mal vereinfachen müssen, um überhaupt verstanden zu werden.

Wenn Sie nicht sicher sind, wie Sie Ihre geistige Ebene mit der Ihres Partners vergleichen können, dann ist es vielleicht gut, das gleiche Buch zu lesen und nachher miteinander darüber zu reden. Oder Sie lesen jeden Tag einen Zeitungsartikel und diskutieren Sie über seine Tragweite. Das wird Ihnen viel darüber verraten, wie weit Sie auf der geistigen Ebene übereinstimmen und in Zukunft darauf aufbauen können.

b) Übereinstimmung im Freizeitbereich

Wir haben alle verschiedene Interessengebiete. Die Frage ist: Wie verschieden dürfen sie sein? Hier sind einige Fragen, die Sie einander stellen können, um herauszufinden, wo Ihre Interessen liegen.

- „Wie wichtig ist dir der Sport?“
- „In wie vielen Vereinen engagierst du dich?“
- „Wie viel Zeit verbringst du damit, an Wettkämpfen teilzunehmen oder dafür zu trainieren?“
- „Wie viele Stunden in der Woche verbringst du vor dem Fernseher?“
- „Welche Art von Musik magst du?“
- „Was sind deine Hobbys?“
- „Bist du gerne auf Partys oder anderen gesellschaftlichen Anlässen? Wenn ja, auf welcher Art von Anlässen?“
- „Hast du ähnliche Vorlieben in deiner Freizeit wie ich?“

Das sind Fragen, die man einfach beantworten muss, weil die meisten Menschen ihre Vorlieben und Interessen nach der Hochzeit nicht ändern.

Sie und Ihr Partner können Ihre Einheit auf diesem Gebiet vorbereiten, indem Sie in Ihren Interessengebieten zusammenwachsen, bevor Sie heiraten. Finden Sie heraus, ob Sie lernen können, an manchen Interessengebieten Ihres Partners auch Freude zu haben.

Fangen Sie bewusst an, Ihren Horizont zu erweitern, und bitten Sie Ihren Partner, dasselbe zu tun. Probieren Sie Dinge aus, an denen Sie vorher nie interessiert waren. Wenn Sie merken, dass Sie die Art Ihres Partners, sich zu amüsieren, nicht teilen können, könnte das ein Hinweis darauf sein, dass Sie nicht zusammenpassen. Denken Sie daran: Das Ziel der Ehe ist die Einheit. Irgendwann müssen Sie sich die Frage stellen: „Werde ich mit meinem Partner den Rest meines Lebens glücklich sein, wenn er seine gegenwärtigen Hobbys nicht ändert?“

Behalten Sie in Erinnerung, dass die Ehe Probleme im Blick auf die Freizeitgestaltung zwischen Ihnen und Ihrem Partner nicht aufhebt, sondern zunehmen lässt.

c) Geistliche Einheit

Dies ist einer der am wenigsten berücksichtigten, aber wichtigsten Bereiche, in dem Sie unbedingt übereinstimmen müssen. Die spirituelle Seite Ihres Lebens und des Lebens Ihres Partners hat Auswirkungen auf jeden anderen Lebensbereich – angefangen beim Umgang mit Geld über die Einstellung zu Schmerz und Leid bis hin zu Ihren Erwartungen für die Zukunft.

Es geht hier nicht um Gottesdienstbesuche oder den Glauben an eine höhere Macht. Wir reden nicht von einem Glaubensbekenntnis. Es geht darum, dasselbe Ziel anzustreben und von denselben geistlichen Prinzipien geleitet zu werden. Stimmen Sie mit Ihrem Partner in Glaubensdingen überein? Unterstützen Sie einander im Glaubenswachstum oder bewegen Sie sich langsam aber sicher in entgegengesetzte Richtungen?

Wenn Sie die beiden letzten

Gute Frage

? Sollten Christen jemanden heiraten, der nicht ihren Glauben teilt?

Nein. Die Tatsache, dass jemand sich Christ nennt, bedeutet gewöhnlich, dass er beschlossen hat, die Nachfolge Jesu Christi zur wichtigsten Sache in seinem Leben zu machen. Ein Ehepartner, der diese Priorität nicht teilt, könnte es möglicherweise leid werden, in der Ehe immer an zweiter Stelle zu kommen, nach Jesus Christus. Die Spannungen, die aus der unterschiedlichen Lebensbasis entstehen, können der Beziehung ernsthaft schaden.

Fragen mit „nein“ beantwortet haben, sollten Sie die Prioritäten für Ihre Ehe überdenken. Die geistliche Seite Ihres Lebens (und Ihres Partners) ist der Fels, auf den Ihre ganze Beziehung gebaut werden sollte. Vielleicht kommen Sie und Ihr Partner aus verschiedenen religiösen Hintergründen. Bedenken Sie, dass der unterschiedliche Glaube Auswirkungen auf die Erziehung Ihrer Kinder (welche Kirche, welcher Glaube?) und auf die zukünftigen religiösen Familientraditionen haben wird. Gestehen Sie sich und Ihrem Partner ein, wie wichtig die spirituelle Dimension ist.

d) Harmonie im körperlichen Bereich

Sie würden es wahrscheinlich nicht für schwer halten, eine körperliche Einheit mit Ihrem Partner zu erreichen. (Und wirklich ist das größere Problem für die meisten Paare, sich der körperlichen Einheit vor der Ehe zu enthalten.) Sie werden dann eine erste Basis für körperliche Einheit haben, wenn Sie und Ihr Partner sich körperlich anziehend finden.

Womit Sie sich auseinander setzen sollten, ist, wie man auf dieser Grundlage aufbaut. Um darauf einzugehen, verweisen wir auf die anderen Ausführungen zum Thema „Einheit“ in diesem Kapitel. Körperliche (bzw. sexuelle) Einheit kann man nicht von einer Einheit in emotionaler und geistlicher Hinsicht sowie einer Übereinstimmung im Freizeitbereich trennen. Die Probleme, die im sexuellen Bereich der Ehe entstehen können, haben fast immer ihre Wurzeln in einem dieser anderen Bereiche. Tatsächlich gibt es eine mangelnde körperliche Übereinstimmung bei einem Ehepaar selten. Das Problem liegt in anderen Bereichen, es kommt nur in der Sexualität zum Ausdruck.

Natürlich kann es in einer Ehe konkrete körperliche Einschränkungen geben. Um sicher zu sein, dass Sie in Ihrer Beziehung später keine körperlichen Probleme haben werden, sollten Sie und Ihr Partner einander ganz bewusst alle körperlichen Behinderungen oder Beeinträchtigungen mitteilen, die nicht sofort sichtbar sind. Wenn Sie so viel verbindet, dass Sie eine langfristige Partnerschaft anstreben, sollte eine solche Information für Sie beide kaum von Bedeutung sein. Sie und Ihr zukünftiger Ehepartner sollten gewillt sein, den anderen so zu akzeptieren, wie er ist („Ich finde es hübsch, dass du einen Leberfleck in der Form von Hamburg auf dem Rücken hast!“).

Bevor Sie dann wirklich heiraten, sollten Sie vielleicht als einen Auffrischungskurs über den Intimbereich der Ehe zusammen ein Buch lesen. Seit dem Sexualkundeunterricht in der achten Klasse haben Sie wahrscheinlich eine ganze Menge Fehlinformationen über Sex aufgeschnappt. Überprüfen Sie die Tatsachen noch einmal anhand eines guten Buches. (Wenn Sie eine Empfehlung brauchen: Ed und Gaye Wheat: „*Hautnah*", Asslar, 12. Auflage 2001.) Es ist wichtig, dass Sie Ihren eigenen Körper und seine Funktionen verstehen, genauso wie den Körper Ihres Ehepartners.

Partnersuche leicht gemacht

Nicht jedem liegt die aktive Partnersuche. Wenn Sie etwas unsicher sind, wie Sie tief gehende und sinnvolle Beziehungen entwickeln können, können Ihnen die folgenden fünf Tipps vielleicht helfen.

a) Treten Sie in Erscheinung

Wenn Sie junge Männer oder junge Frauen kennen lernen wollen, müssen Sie sich an die Orte begeben, wo Sie mit ihnen in Kontakt kommen können. Wenn Sie von Natur aus kein geselliger Typ sind, müssen Sie dafür schon einige Energie aufbringen. Klar – einen Partner zu finden, kann schwer sein. Wenn Sie jedoch nichts unternehmen, wird es unmöglich sein, jemanden zu finden.

Anstatt die bekannten und oft deprimierenden Single-Treffpunkte aufzusuchen, sollten Sie vielleicht etwas lockerer an die Sache herangehen. Parks, Sportveranstaltungen, kirchliche Aktivitäten und (glauben Sie's oder nicht) Bibliotheken sind hervorragend dafür geeignet, Vertreter des anderen Geschlechts zu treffen und kennen zu lernen. Das soll nicht heißen, dass Sie anfangen sollten, dort die Zeitschriftenabteilung zu umkreisen wie ein Adler auf Beutesuche. Am richtigen Ort zur richtigen Zeit zu sein, ein freundliches Lächeln auf den Lippen zu haben und ein ansprechendes Verhalten an den Tag zu legen, ist gewöhnlich genug, um den Ball ins Rollen zu bringen.

b) Entwickeln Sie Gelassenheit

Wenn Sie auf der Universität waren, kennen Sie wahrscheinlich die „Torschlusspanik", die Single-Studentinnen im letzten Semester befällt, wenn ihnen bewusst wird, dass sie demnächst den größten „Partnermarkt" ihres Lebens verlassen werden. Als Reaktion auf diese Panik fangen sie an, mit Männern auszugehen, die sie ein Jahr zuvor niemals in Erwägung gezogen hätten – in einer letzten Gewaltanstrengung, jemanden zu finden, mit dem sie in die ungewisse Zukunft gehen können.

Man kann in jedem Alter von diesem Panikgefühl ergriffen werden. Verschiedene Dinge können es auslösen, zum Beispiel die Hochzeit eines Freundes oder ein romantischer Fernsehfilm. Man fängt an, sich zu fragen, ob man jemals einen Partner finden wird. Die daraus resultierende Depression kann dazu führen, dass man Entscheidungen trifft, die man später bereut.

Ein anderes Problem ist, dass eine Torschlusspanik ziemlich offensichtlich ist – und selten attraktiver macht. Man tendiert dazu, jemanden zu meiden, der etwas zu sehr darauf aus ist, einen Partner zu finden.

Die Partnersuche sollte nie zur Hauptsache in Ihrem Leben werden. Gehen Sie vielfältigen Interessen nach. Treten Sie in Erscheinung, indem Sie Zeit dort verbringen, wo sich Vertreter des anderen Geschlechts aufhalten, aber bedrängen Sie niemanden. Lassen Sie den Dingen Zeit, sich natürlich zu entwickeln, und das werden sie dann auch.

c) Analysieren Sie Ihre Beziehung regelmäßig

Wenn Sie eine Freundschaft haben, wo noch offen ist, was daraus werden könnte, sollten Sie von Zeit zu Zeit die Gelegenheit ergreifen, sie zu bewerten. Heutzutage findet man in jeder Zeitschrift Eignungstests für Paare. Beginnen Sie damit, so einen Test mit Ihrem Partner zu machen. Ihr Ziel sollte nicht unbedingt sein, ein für alle Mal festzulegen, ob Sie beide zusammenpassen oder nicht, sondern Ihnen Gesprächsstoff zu liefern. Jede Art von Diskussion, die sich aus solch einem Testergebnis ergibt, wird Ihrer Beziehung gut tun.

d) Sprechen Sie mit Menschen, denen Sie vertrauen

Vielleicht sind Sie vor Liebe blind, wenn es um Ihren Partner geht. Aber die Menschen, die Sie am besten kennen, sind es mit Sicherheit nicht. Geben Sie Ihren Freunden und Ihrer Familie die Erlaubnis, offen über Ihren Partner zu reden. Nehmen Sie sich ihre Kommentare zu Herzen, ohne ihnen zu unterstellen, dass sie Hintergedanken hätten und Ihre Beziehung beenden wollten. Hören Sie zu, was sie zu sagen haben. Versuchen Sie dabei nicht, das Verhalten Ihres Partners zu erklären oder zu entschuldigen.

e) Beenden Sie die Beziehung, wenn es Zeit ist

Sie sollten wissen, wann es Zeit ist, sich von jemandem zu trennen. Wenn Sie zu der Erkenntnis kommen, dass es für Sie und Ihren Partner keine Zukunft gibt, denken Sie daran, dass man besser früher als später eine Beziehung beendet.

Gute Frage

? Wie beendet man eine Beziehung am besten?

Direkt und ehrlich. Reden Sie nicht um den heißen Brei herum und verdrehen Sie nicht die Tatsachen, um die Gefühle des anderen nicht zu verletzen. Wenn Ihnen etwas an dem anderen liegt, schulden Sie es ihm, genau zu erklären, warum Sie glauben, dass die Beziehung für Sie keine Zukunft hat.

TEST

Glauben Sie, dass Sie ein Experte auf dem Gebiet der Partnersuche sind?
Dieser Test wird zeigen, wie viel Sie wissen.

1. Es ist keine gute Idee, Verabredungen im Hinblick auf die Partnerwahl zu treffen, um ...
   a) mit Vertretern des anderen Geschlechts umgehen zu lernen,
   b) das Leben anderer Menschen zu bereichern,
   c) das Wochenende interessanter zu gestalten,
   d) die eigene Persönlichkeit zu entwickeln.

2. Welches Verhalten wird einen negativen Effekt auf Ihre Beziehung haben?
   a) Zu viel Zeit im Gespräch darüber zu verbringen, was Ihnen wichtig ist,
   b) die körperliche Seite der Beziehung in den Mittelpunkt zu stellen,
   c) zu versuchen, viele verschiedene Dinge gemeinsam zu tun,
   d) geistliche Elemente in die Beziehung aufzunehmen.

3. Welcher der folgenden Aspekte ist bei der Partnersuche am wichtigsten?
   a) Gemeinsame Interessen,
   b) Kochkünste,
   c) ein gemeinsames Konto,
   d) genetische Veranlagungen.

4. Was ist kein Zeichen von Einheit in der Ehe?
   a) In der Lage zu sein, ein Gespräch miteinander zu führen,
   b) sich auf das Tennis-Doppel mit einem befreundeten Paar am nächsten Wochenende zu freuen,
   c) zusammen bei einer kirchlichen Veranstaltung mitzuwirken,
   d) die gleichen Essensreste zu vertilgen.

5. Welche dieser Strategien wird wohl am ehesten Ihre Chancen auf dem Heiratsmarkt erhöhen?
   a) Ein paar Jahre hinzuzufügen oder abzuziehen, wenn Sie Ihrem Gegenüber Ihr Alter mitteilen, je nachdem, mit wem Sie reden,
   b) ein T-Shirt mit der Aufschrift „Ich bin Single und warte auf Sie!“ zu tragen,
   c) bei Ihren ersten Verabredungen Ihre Eltern mitzubringen,
   d) Zeit in Parks, bei kirchlichen Veranstaltungen, Sportveranstaltungen und an anderen öffentlichen Orten zu verbringen.

Antworten, denen wir zustimmen: 1c), 2b), 3a), 4d), 5d).

2 Probleme im Paradies

Als das Telefon klingelte, nahm Anne sofort den Hörer ab.

„Hallo, Schwesterchen, hier ist Liz“, vernahm sie die vertraute helle Stimme. „Ich wollte mich nur mal erkundigen, wie es um das Eheglück der frisch Vermählten steht.“

„Was für ein Zufall“, erwiderte Anne. „Ich habe mich auch gerade gefragt, wo das wohl geblieben ist.“

„Aha“, sagte Liz. „Wo liegt das Problem?“

„Also“, fing Anne an, „entweder ist Phil von Mächten aus dem Weltall verzaubert worden oder er hat einen mir bisher unbekannten Zwillingsbruder, mit dem ich jetzt lebe, seit wir aus den Flitterwochen zurück sind.“

„Das ist doch erst vier Monate her“, meinte Liz. „Hat sich Philipp denn so verändert?“

„Es ist unglaublich“, erwiderte Anne. „Es ist so, als ob man jemandem eine Arbeitsstelle gegeben hat und dann herausfindet, dass er im Vorstellungsgespräch die ganze Zeit etwas vorgespielt hat.“

„Was meinst du damit?“

„Er ist nicht im Geringsten so, wie ich gedacht habe“, erklärte ihr Anne. „Als wir miteinander ausgingen, erzählte mir Philipp zum Beispiel ständig, dass er Sport liebt. Ich dachte, dass er damit meinte, wir würden mehrere Male in der Woche zusammen Tennis oder Badminton spielen, wenn wir verheiratet sind. Es war mir nicht klar, dass er damit meinte, er würde jede Nacht mit seinem Bruder in unserem Keller sitzen, Computerfußball spielen und Wettbewerbe im Traktorziehen anschauen – oder was sie um drei Uhr morgens eben im Sportfernsehen bringen.“

„O nein.“

„Du sagst es“, erwiderte Anne. „Und weißt du noch, wie er mir – bevor wir verheiratet waren – immer meinen Rücken massiert hat und mit mir Hand in Hand spazieren gegangen ist?“

„Ja.“

„Klasse, dann habe ich das nicht nur geträumt“, sagte Anne. „Ich war mir nicht mehr so sicher, weil mir dieser gesamte Teil unserer Beziehung wie ein Traum vorkommt.“

„Hast du mit ihm darüber gesprochen?“, fragte Liz.

„Und ob“, erwiderte Anne. „Wir hatten vor einigen Tagen einen Riesenkrach darüber, wessen Bedürfnisse am meisten ignoriert werden.“

„Was sagte er denn?“, fragte Liz.

„Er hat gesagt, dass ich mich über die Dinge, die er im Haushalt tut, nie ‚anerkennend‘ äußere“, entgegnete Anne. „Aber was will er denn? Soll ich jedes Mal wild Beifall klatschen, wenn er eine Glühbirne auswechselt?“

„Sprichst du manchmal mit Freundinnen über dein Problem, die selbst verheiratet sind?“, fragte Liz.

„Na klar“, war Annes Antwort, „mit fast allen.“

„Und was sagen sie?“

„Sie sagen: ‚Willkommen in der Ehe!‘“

*

VORGEGRIFFEN

- Die Realität der Ehe erfüllt im seltensten Falle die Erwartungen der Paare, die sich darauf einlassen – eine Tatsache, die eine Menge Enttäuschungen und Frustrationen mit sich bringen kann.
- Die Menschen sprechen unterschiedliche „Sprachen der Liebe“, das heißt, dass sie sich in bestimmten Ausdrucksformen der Liebe finden, in anderen aber nicht.
- Der Schlüssel dazu, die Liebe in Ihrer Ehe lebendig zu halten, ist, die Liebessprache Ihres Partners zu lernen.

Was ist passiert?“ Das ist gewöhnlich die Frage, die sich viele Paare nach wenigen Monaten des erhofften, aber ausbleibenden ehelichen Glücks stellen. Sie erleben die Wirklichkeit des Ehelebens – oder ihre Version davon – als wesentlich weniger strahlend, romantisch und erfüllend, als sie es sich vorgestellt hatten. Das ist ein häufiges Problem und es kann ernsthafte Folgen haben, wenn man nichts unternimmt.

Leider können Gefühle der Enttäuschung und Frustration, die von unerfüllten vorehelichen Erwartungen herrühren, einer jungen, verletzlichen Beziehung schaden. Das Gute ist jedoch, dass diese Gefühle meist vorübergehen. Paare, die an ihrer Beziehung arbeiten, können die Enttäuschung und Frustration überwinden und ein für beide erfüllendes Zusammenleben erreichen.

Große Erwartungen

Wenn Sie lernen wollen, mit Enttäuschungen und Frustrationen in Ihrer Beziehung umzugehen, sollten Sie als Erstes erkennen, woher diese Gefühle kommen. In vielen Beziehungen sehen die Partner von dem Zeitpunkt an, wo ihre Beziehung ernsthaft wird und sie sich auf die Ehe vorbereiten, das „Zusammensein" als das letztendliche Ziel der Beziehung. Diese Einstellung drückt sich in Sätzen aus wie:

- „Alles wird anders sein, wenn wir erst verheiratet sind."
- „Ich kann es nicht erwarten, bis wir die ganze Zeit zusammen sein können."
- „Wird es nicht toll, wenn wir uns nicht mehr jeden Abend ‚Auf Wiedersehen' sagen müssen?"

Körperliche Nähe wird mit einer Vertrautheit in der Beziehung gleichgesetzt. In anderen Worten lautet diese Vorstellung: Das Zusammenleben wird ein Paar automatisch näher zusammenbringen. Das klingt so wie die Behauptung, dass man allein durch den Aufenthalt in einem Schulgebäude schon klüger wird. Dieses Ergebnis wird man nur erreichen, wenn man sich entsprechend anstrengt.

Es wird sich etwas verändern

Die Leute, die fragen: „Warum ist plötzlich alles anders als zu der Zeit, als wir uns kennen gelernt haben?", erkennen nicht, dass das anfängliche Hochgefühl der Verliebtheit in einer Beziehung die Ausnahme und nicht die Regel ist. Überwältigende Gefühle und leidenschaftliche Liebeserklärungen sind am himmelhochjauchzenden Anfang einer Beziehung ganz in Ordnung. Die Realität hat es jedoch an sich, dass sie uns in den Rücken fällt und uns aus unseren romantischen Träumen holt.

Wenn Sie verheiratet sind und sich wundern, dass sich vieles verändert hat, kommen drei Möglichkeiten in Frage:

a) Sie haben sich nicht gut genug kennen gelernt, bevor Sie heirateten

Füllen Sie in Gedanken die Lücken aus:

„Wenn ich gewusst hätte, dass mein Ehepartner so .... ist, hätte ich mir zweimal überlegt, ob ich ihn/sie heirate."

„Ich kann nicht fassen, dass mein Ehepartner .... Er/sie hat so etwas früher nie getan, als wir uns kennen lernten."

Kommt Ihnen das bekannt vor? Wenn Ihnen bestimmte Wesenszüge oder Verhaltensweisen Ihres Ehepartners zuvor nicht aufgefallen sind, sollten Sie sich fragen:

> *»Romantische Liebe ist eine Illusion. Die meisten Menschen entdecken diese Wahrheit am Ende einer Liebesaffäre oder dann, wenn uns das Feuer der Liebe in die Ehe lockt und dann erlischt.«*
> Thomas Morus

Habe ich während unserer Kennenlern- und Verlobungszeit meine Augen vor den Fehlern und Schwächen meines Partners verschlossen? Habe ich in meiner Verliebtheit bewusst meinen gesunden Menschenverstand ausgeschaltet?

Hat mir mein Ehepartner etwas vorgespielt, damit ich glauben sollte, dass er ein anderer Mensch ist als in Wirklichkeit? Wenn ja – wie konnte ich darauf so leicht hereinfallen?

Gab es während der ersten Zeit unserer Beziehung Auffälligkeiten im Verhalten meines Partners, die ich hätte beachten müssen? Warum habe ich sie damals als unwichtig abgetan?

Was würde mein Ehepartner dazu sagen, dass ich von unserer Beziehung enttäuscht und frustriert bin?

Die Persönlichkeit eines Menschen verändert sich nicht über Nacht. Wahrscheinlich ist Ihr Ehepartner nicht viel anders, als er in der ersten Zeit Ihrer Beziehung war. Die Wesenszüge oder Verhaltensweisen, von denen Sie sagen, dass sie sich im Zusammenleben verändert haben, gehörten wahrscheinlich schon lange vor Ihrer Hochzeit zu ihm. Das bedeutet, dass Sie Hinweise darauf entweder nicht beachtet haben oder ignorieren wollten.

Und mehr werden wir dazu nicht schreiben. Der Sinn dieses Kapitels ist es nicht, Ihnen vorzuwerfen, dass Sie die falsche Entscheidung getroffen haben, als Sie heirateten. Nachdem Sie diese Fragen bedacht haben, haken Sie sie ab und vergessen Sie sie! Es besteht keine Notwendigkeit, sich mit vergangenen Fehlern aufzuhalten – vor allem, wenn Sie sich dafür entschieden haben, Ihre Beziehung gegenwarts- und zukunftstauglich zu machen. Das Wissen um frühere Fehler kann für Sie ein Anhaltspunkt zur Lösung des Problems sein, aber es wird Ihre Situation nicht verändern. Es ist einfach so, dass Sie immer noch mit jemandem verheiratet sind, der Ihnen Enttäuschungen und Frustrationen bereitet hat.

Um diese Enttäuschungen zu überwinden, schauen Sie am besten nach vorne und nicht nach hinten. Anstatt sich nach dem Menschen zu sehnen, den Sie meinten geheiratet zu haben (ein Mensch, der – nebenbei bemerkt – nur in Ihren Träumen und Vorstellungen existiert), sollten Sie lernen, den Menschen, den Sie in Wirklichkeit geheiratet haben, anzunehmen und zu lieben.

Das heißt nicht, dass Sie das Unentschuldbare (wie etwa körperlichen oder seelischen Missbrauch) entschuldigen oder unakzeptable Einstellungen (wie Rassismus) akzeptieren sollen. Doch anstatt Ihren Ehepartner zu dem Menschen machen zu wollen, den Sie sich bei der Hochzeit vorgestellt haben, ist es eine bessere Strategie, mit der Person leben und reden zu lernen, die er tatsächlich ist.

Die Chancen stehen gut dafür, dass Ihr Ehepartner trotz seiner himmelschreienden Unzulänglichkeiten doch auch einige positive Eigenschaften besitzt! Konzentrieren Sie sich auf diese Eigenschaften. Drücken Sie Ihre Wertschätzung aus. Bauen Sie anhand der positiven Wesenszüge Ihres Ehepartners Ihre Ehe neu auf. Lassen Sie die Vergangenheit ruhen.

b) Sie unterschätzen die Herausforderung des Zusammenlebens

Wenn Sie mit dem Glauben in die Ehe gingen, dass man zwei Leben mühelos unter einen Hut bringen kann, müssen Sie als Erstes Ihre

Erwartungen herunterschrauben. In Wahrheit werden durch das Zusammenziehen nach der Hochzeit oft genau so viele Probleme geschaffen wie gelöst. Es ist schwer, zusammen unter einem Dach leben zu lernen. Denken Sie daran, dass Sie neben den Umzugskisten auch noch andere Dinge mit in die Ehe schleppen, vor allem dann, wenn Sie und Ihr Partner schon eine Weile allein gelebt haben. Je mehr Zeit Sie hatten, Ihre eigenen Vorlieben und Gewohnheiten im Alltag zu entwickeln, desto schwerer ist es, diese mit denen eines anderen Menschen unter einen Hut zu bringen – selbst wenn dieser andere Mensch Ihr Ehepartner ist.

> *»Liebe stirbt nur, wenn sie nicht weiterwachsen kann.«*
> Pearl S. Buck

Wenn Sie dem noch die Aufgabe hinzufügen, mit Ihrem Ehepartner ein gemeinsames Leben aufzubauen, wird deutlich, welch ungeheurem Druck eine junge, noch wenig stabile Ehe ausgesetzt ist. Es ist etwas ganz anderes, sich im Studentenwohnheim eine Zeit lang ein Zimmer zu teilen oder in einer Wohngemeinschaft zu leben, wo man sich dafür entscheiden kann, die etwas störenden Eigenschaften und merkwürdigen Angewohnheiten der Mitbewohner bis zum Ende des Semesters oder bis zum Auslaufen des Mietvertrags zu ignorieren. Hier geht es um Ihren Lebenspartner, um denjenigen, an den Sie sich bis zu Ihrem Tod gebunden haben.

Ob es Ihnen gefällt oder nicht – Sie müssen einen Weg finden, bis dahin zusammen zu leben. Natürlich ist das leichter gesagt als getan, vor allem wenn ...

- ... er schnarcht wie ein Holzfäller,
- ... sie die Zahnpastatube in der Mitte ausdrückt,
- ... er einen romantischen Abend am liebsten bei McDonald's verbringt,
- ... sie zu jedem Song im Radio aus voller Kehle den falschen Text singt,
- ... er seine Fußnägel vor dem Fernseher schneidet und sie auf dem Wohnzimmertisch liegen lässt,
- ... sie mindestens zweimal in der Woche Hamburger zum Mittagessen serviert.

Der Schlüssel, um mit solchen Ärgernissen umgehen zu lernen, liegt darin, sie im richtigen Verhältnis zu anderen, wichtigeren Dingen zu sehen. Lassen Sie es nicht zu, dass in Ihrer Beziehung Kleinigkeiten zu großen Problemen werden. Bedenken Sie, dass das Problem nicht Zahnpastatuben, einfallslose Mahlzeiten oder andere Mängel im Haushalt sind – es ist Ihre unzulängliche Kommunikation mit Ihrem Ehepartner. (Glück für Sie, dass die folgenden fünf Kapitel dieses Buches Ihnen konkrete Möglichkeiten an die Hand geben, wie Sie Ihre Kommunikation mit Ihrem Ehepartner verbessern können.)

c) Sie haben seit Ihrer Hochzeit nichts mehr für Ihre Ehe getan

Viele Paare betrachten die Hochzeit als Ziel ihrer Beziehung. Sie unternehmen eine ganze Menge, um sich bis zu ihrer Hochzeit in einer intakten Beziehung zu befinden. Dann lehnen sie sich zurück und warten auf die Erfüllung des Satzes: „Und sie lebten glücklich bis an ihr Lebensende."

So funktioniert Ehe nicht. Wenn Sie glauben, Sie könnten Ihre Ehe durch Nichtstun am Leben erhalten, sind Sie schon in Schwierigkeiten. Die Hochzeit ist der erste Schritt, nicht der Letzte. Wenn Ihre Ehe langfristig funktionieren soll, müssen Sie genauso viel Zeit, Energie und Anstrengung in Ihre Beziehung investieren, wie Sie es vor der Hochzeit getan haben.

> *»Liebe ist der Zustand, in dem das Glück eines anderen Menschen ausschlaggebend für Ihr eigenes ist.«*
> Robert A. Heinlein

Der beste Weg, die Liebe am Leben zu erhalten, ist zu lernen, mit Ihrem Ehepartner über Ihre Gefühle zu sprechen und sie ihm deutlich zu zeigen, und zwar auf eine Art und Weise, die ihm viel bedeutet.

Wo ist unsere Liebe geblieben?

Es mag erstaunen, dass die Menschen in unserer Ratgeber-besessenen, von den Medien geprägten Gesellschaft das Problem haben, die Liebe in ihren Beziehungen lebendig zu halten. Schließlich mangelt es wohl kaum an Orten, wo man sich Rat holen kann. Sehen Sie sich das

Nachmittagsprogramm im Fernsehen an. Gehen Sie in der Buchhandlung zum Regal der „Beziehungsratgeber“. Blättern Sie an einem Kiosk die Zeitschriften durch. Sie werden mehr Strategien, Tipps, Methoden, Regeln und Hinweise zum Thema „Beziehungen“ finden, als Sie jemals anwenden könnten.

„Machen Sie sich rar – und Ihr Ehepartner wird sich nach Ihnen sehnen!“

„Aromatherapie – Wie Sie durch Düfte Ihre Beziehung verbessern.“

„Getrennter Urlaub wird für Ihre Ehe Wunder wirken.“

„Erneuern Sie Ihr Eheversprechen und Ihre Liebe wird sich erneuern.“

„Kindermund tut Wahrheit kund – Fragen Sie Ihre Kinder, was in Ihrer Beziehung schief läuft.“

„Schönheitsoperationen – Ihr Mann wird sich ganz neu in Sie verlieben.“

Sicher können einige Methoden und Ratschläge Ihre Ehe in manchen Bereichen verbessern. Das Problem ist jedoch, dass die meisten Tipps und Vorschläge, die Sie in Büchern und Zeitschriften finden, einem fundamentalen Fehler unterliegen, der wirkliche Veränderungen in einer Beziehung unmöglich macht: Meistens wird davon ausgegangen, dass „Liebe“ für jeden dasselbe bedeutet. Um genauer zu sein: Es wird angenommen, dass Liebe immer auf dieselbe Art ausgedrückt werden sollte, damit man glücklich wird. Die Alltagserfahrung zeigt aber, dass das keineswegs der Fall ist. In Wirklichkeit zeigen Menschen Liebe auf verschiedene Art. Ja, mehr noch: Was für den einen richtig ist, kann für den anderen falsch sein. Wir haben alle einen unterschiedlichen Geschmack bei Autos, Filmen und Musik. Warum sollte das nicht auch für die Liebe gelten?

Sprechen Sie dieselbe Sprache?

Es ist eine Tatsache, dass die Menschen verschiedene „Sprachen der Liebe“ sprechen. Die meisten wachsen mit der Sprache ihrer Eltern und ihrer Familie auf, sei es Deutsch, Englisch, Türkisch oder eine andere Sprache. Diese Sprache ist dann unsere „Muttersprache“, die Sprache, in der wir uns am wohlsten fühlen. Wenn wir einen anderen

Menschen treffen, der dieselbe Muttersprache spricht, können wir mit ihm problemlos reden, ohne dass uns Sprachbarrieren daran hindern.

Wenn wir hingegen jemanden treffen, der eine andere Muttersprache spricht – etwa Chinesisch –, wird die Kommunikation sehr viel schwieriger. Im schlimmsten Fall müssen wir uns darauf beschränken, auf Dinge zu zeigen, zu nicken oder den Kopf zu schütteln, „mit Händen und Füßen" zu reden, um uns verständlich zu machen.

Kommunikation ist auch unter solchen Umständen möglich, aber nicht ohne peinliche Situationen, Frustrationen und Missverständnisse.

Dasselbe gilt für die „Sprachen der Liebe". Eine „Sprache der Liebe" (wir werden Ihnen die fünf Liebessprachen vorstellen) ist ein Weg, auf dem wir einem anderen Menschen unsere Liebe zeigen können. Die Sprache der Liebe, die Sie verwenden (und auf die Sie ansprechen) kann sich so stark von der Ihres Partners unterscheiden wie Chinesisch von Deutsch. Wenn Sie also versuchen, ihm etwas in Ihrer Sprache mitzuteilen, könnte Ihr Partner in seiner Sprache etwas ganz anderes verstehen.

Leider können weder Ehrlichkeit noch Aufrichtigkeit etwas an dieser Tatsache ändern. Es kommt nicht darauf an, wie edel Ihre Motive sind, wenn Sie sich mit Ihrem Partner unterhalten – wenn Sie Ihre Botschaft nicht in eine Sprache übersetzen, die Ihr Partner versteht, werden Sie ihm damit kaum etwas Gutes tun.

Gute Frage

? Gibt es nur eine Art der Ausdrucksweise für jede Sprache der Liebe?

Ganz und gar nicht. Innerhalb jeder Sprache gibt es hundert, vielleicht sogar tausend verschiedener, individueller Ausdrucksweisen. Nur Ihre eigene Phantasie setzt Grenzen für die unendlichen Möglichkeiten, Liebe zu zeigen.

Die fünf großen Sprachen der Liebe – ein kurzer Überblick

Die Sprachen der Liebe können in fünf Kategorien zusammengefasst werden:

- Anerkennung
- Gemeinsame Zeit
- Geschenke
- Praktische Hilfe
- Körperkontakt

Wir werden uns mit jeder dieser Liebessprachen in den Kapiteln 3-7 ausführlich beschäftigen. Für das Verständnis dieses Kapitels soll hier nur ein kurzer Überblick gegeben werden:

Anerkennung

Manche Menschen zeigen ihre Liebe vor allem durch Komplimente und Anerkennung und möchten die Liebe anderer auch auf diese Weise erfahren. Bemerkungen wie „du siehst heute toll aus!“ oder: „Ich finde es klasse, wie du andere zum Lachen bringen kannst!“ fallen unter diese Kategorie.

Gemeinsame Zeit

Für manche Menschen ist eine ungeteilte Aufmerksamkeit der richtige Weg, Liebe zu geben und zu empfangen. Wenn sie mit ihren Partnern zusammen sind, sind sie auch wirklich anwesend – nicht nur körperlich, sondern auch geistig. Das bedeutet, dass sie sich wiederum geliebt fühlen, wenn ihr Partner ihnen eine Zeit der ungeteilten Aufmerksamkeit einräumt – und sei es auch nur für zwanzig Minuten.

Geschenke

Manche Menschen geben und empfangen Liebe gerne durch Geschenke. Das will nicht heißen, dass sie materialistisch geprägt sind, denn die Geschenke müssen nicht teuer sein. Was ihnen wichtig ist, ist ein sichtbarer Ausdruck der Liebe, etwas, das sie in den Händen halten können und das ihnen „beweist", dass ihr Partner an sie gedacht hat.

Praktische Hilfe

Manche Menschen drücken ihre Liebe dadurch aus, dass sie etwas ganz Konkretes tun, das ihrem Partner das Leben leichter macht. Sie selbst möchten Liebe auf dem gleichen Weg erfahren. Zu diesen kleinen Liebesdiensten gehören zum Beispiel das Kochen einer Mahlzeit, das Putzen des Badezimmers oder das Reparieren eines kaputten Geländers.

Körperkontakt

Manche Menschen möchten Liebe durch Körperkontakt geben und empfangen, sei es durch Küssen, Streicheln, Umarmen oder Händehalten.

Keine dieser Sprachen ist besser oder erstrebenswerter als eine andere. Wenn Sie jemand sind, dem „Gemeinsame Zeit" viel bedeutet, haben Sie nicht weniger Liebe als jemand, der sich auf dem Weg der Zärtlichkeit mitteilt. Alle fünf Sprachen sind legitime Ausdrucksformen der Liebe. Das bedeutet, dass keiner von uns das Recht hat, die Liebessprache eines anderen zu belächeln, nur weil sie für ihn selbst eine „Fremdsprache" ist.

> *»Wenn du liebst, willst du etwas tun. Du willst etwas opfern. Du willst dienen.«*
> Ernest Hemingway

Noch wichtiger ist es zu wissen, dass alle diese Sprachen erlernbar sind. Die Fremdheit jeder dieser Sprachen kann überwunden werden. Wenn Sie Ihre Liebe am ehesten durch Geschenke zeigen, Ihr Partner aber die Sprache der praktischen Hilfe spricht, gibt es dennoch Hoffnung für Ihre Beziehung. Diese Kommunikationsbarriere lässt sich in der Tat überwinden. Man muss sich nur ein wenig – pardon! – *mächtig* ins Zeug legen.

Sprachkünste

Das Erste, was Sie tun sollten, um die Sprachbarrieren in Ihrer Beziehung zu überwinden, ist, die Liebessprache herauszufinden, die Sie hauptsächlich verwenden. Wie ging es Ihnen, als Sie sich die fünf Sprachen der Liebe das erste Mal durchlasen? Sprang Ihnen eine der fünf gleich ins Auge? Kam Ihnen etwas bekannt vor? Dann war das wahrscheinlich die Sprache, in der Sie hauptsächlich Ihre Liebe ausdrücken.

Wenn keine der fünf Sprachen Sie spontan angesprochen hat, dann denken Sie über diese Fragen nach, mit denen Sie „Ihre" Liebessprache herausfinden können:

- Welche Dinge, die Ihr Partner tut oder unterlässt, verletzen Sie am meisten?
- Worum haben Sie Ihren Partner bisher am häufigsten gebeten?
- Wie zeigen Sie Ihrem Partner gewöhnlich, dass Sie ihn lieben?

Die Auseinandersetzung mit jeder dieser Fragen kann Ihnen über Ihre „Muttersprache der Liebe" Aufschluss geben.

a) Welche Dinge, die Ihr Partner tut oder unterlässt, verletzen Sie am meisten?

Manchmal ist es hilfreich, die negativen Verwendungsformen von Liebessprachen zu betrachten, um die konkrete Liebessprache eines Menschen herauszufinden. Wenn Sie zum Beispiel jedes Mal am Boden zerstört sind, wenn Ihr Partner Sie kritisiert oder verurteilt, könnten Sie in der Liebe die Sprache der Anerkennung sprechen.

Denn wenn Ihr Partner „Ihre" Liebessprache in einer negativen Weise verwendet – wenn er genau das Gegenteil dessen tut oder sagt, was Sie sich wünschen –, wird es Sie tiefer verletzen, als es sonst der Fall wäre. Es ist außerordentlich schwer, der Tatsache ins Auge zu sehen, dass es Ihr Partner nicht nur versäumt, Ihnen in Ihrer Liebessprache Gutes zu tun, sondern dass er sie sogar unabsichtlich gegen Sie verwendet und Sie verletzt.

Wenn Sie sich zurückgewiesen fühlen, weil Ihr Partner darauf besteht, während des Essens fernzusehen statt sich mit Ihnen zu unterhalten, könnte Ihre Sprache der Liebe die Gemeinsame Zeit sein.

Wenn es Sie traurig macht oder Eifersucht in Ihnen weckt, wenn

Ihre Kollegen Karten, Blumen oder andere Geschenke von ihren Partnern bekommen, könnte es sein, dass Sie sich als Liebesbeweis Geschenke wünschen.

Wenn Sie es problematisch finden, dass vor allem Sie für die Hausarbeit zuständig sind, und wenn Sie darunter leiden, dass Ihr Partner keinerlei Anstalten macht, Ihnen zu helfen, könnte Ihre Sprache der Liebe die der praktischen Hilfe sein.

Wenn Sie sich wie ein Aussätziger fühlen, weil Ihr Partner nie zärtlich zu Ihnen ist, könnte der Körperkontakt Ihre „Muttersprache der Liebe“ sein.

Wenn Ihr Ehepartner Sie in letzter Zeit weder verletzt oder gekränkt hat, sollten Sie eine der anderen Fragen beantworten, um „Ihre“ Liebessprache herauszufinden.

> **Gute Frage**
>
> **? Ich genieße Sexualität sehr und sehne mich nach körperlicher Nähe. Kann es sein, dass ich die Liebessprache des Körperkontakts spreche?**
>
> Viele Menschen, vor allem Männer, verwechseln ihr Verlangen nach Sex mit dem Wunsch nach Nähe. Bei den Männern hat starkes Verlangen nach Geschlechtsverkehr eine körperliche Ursache. Doch weil ein körperliches und ein emotionales Bedürfnis zwei verschiedene Dinge sind, sollten Männer nicht automatisch annehmen, dass der Körperkontakt ihre vorrangige Liebessprache ist. Als Schnelltest, um herauszufinden, ob dies Ihre Liebessprache ist, lesen Sie weiter unter „Zärtlichkeit – was darunter (nicht) zu verstehen ist“, in Kapitel 7.

b) Worum haben Sie Ihren Partner bisher am häufigsten gebeten?

Worum Sie Ihren Partner bitten, könnte über die Liebessprache, die Sie hauptsächlich verwenden, Aufschluss geben. Wenn Sie Fragen stellen wie: „Gefällt es dir, wie ich die Wohnzimmermöbel umgestellt habe?“, oder: „Sieht unser Auto nicht toll aus, nachdem ich es gewaschen und gewachst habe?“, dann könnte es sein, dass Sie sich „Anerkennung“ als Ausdruck der Liebe wünschen.

Wenn Sie Ihren Partner bitten, etwas früher von der Arbeit nach Hause zu kommen, das Fernsehen während des Essens auszuschalten oder Abendspaziergänge mit Ihnen zu machen, sehnen Sie sich vielleicht nach „Gemeinsamer Zeit“.

Wenn Sie Ihrem Partner versteckte Hinweise darauf geben, dass Sie sich etwas Besonderes zum Geburtstag oder zu einem anderen Anlass wünschen, könnten „Geschenke" für Sie der wichtigste Ausdruck von Liebe sein.

Wenn Sie Ihren Partner regelmäßig darum bitten, Ihnen beim Abwasch, bei der Wäsche oder bei der Gartenarbeit zu helfen, könnte für Sie „Praktische Hilfe" die Sprache der Liebe sein.

Wenn Sie Ihren Partner oft um eine Rückenmassage bitten oder auf Spaziergängen am liebsten Hand in Hand gehen, möchten Sie Liebe vielleicht vor allem durch Körperkontakt erfahren.

Notieren Sie die Dinge, um die Sie Ihren Ehepartner bitten, um herauszufinden, ob Sie dabei Ihre Liebessprache entdecken. Wenn das nicht funktioniert, könnten Sie die Dinge aus einem anderen Blickwinkel betrachten. Überlegen Sie: Beklagt sich Ihr Partner über bestimmte Dinge, die Sie immer wieder von ihm einfordern?

Sie wissen ja: Wenn Sie eine Bitte nur oft genug wiederholen, wird sie Ihrem Partner irgendwann ziemlich auf die Nerven gehen. Das ist nur menschlich. Denken Sie also an den letzten Streit mit ihm. Erinnern Sie sich daran, dass Sätze wie die folgenden fielen?

„Wenn du noch einmal von .... anfängst, dann werde ich wahnsinnig!"

„Du denkst nur an ....!"

„Warum kannst du nicht einmal auf die guten Seiten unserer Beziehung schauen, anstatt dich immer über Dinge wie .... zu ärgern!"

Füllen Sie in Gedanken die Lücken aus. Vielleicht entdecken Sie dabei „Ihre" Sprache der Liebe. Wenn Sie etwas so wichtig finden, dass Ihr Partner Ihnen vorwirft, deswegen immer zu nörgeln, könnte das der Schlüssel zu der Liebessprache sein, die Ihnen am meisten bedeutet. (Nachdem Sie diese Liebessprache ausfindig gemacht haben, werden Sie darüber lachen, dass Sie ausgerechnet durch die Vorwürfe Ihres Partners herausgefunden haben, was Sie wirklich brauchen.)

Wenn Sie in letzter Zeit keine hilfreichen Auseinandersetzungen mit Ihrem Partner hatten oder sich nicht daran erinnern können, konkrete Dinge von ihm eingefordert zu haben, dann könnten Sie auf der Suche nach Ihrer eigenen Liebessprache der folgenden Frage nachgehen.

c) Wie zeigen Sie Ihrem Partner gewöhnlich, dass Sie ihn lieben?

Es liegt nahe, dass Sie auf die Weise geliebt werden wollen, wie Sie auch Ihren Partner lieben. Wenn Sie ihm oft Komplimente machen und ihn oft ermutigen, sehnen Sie sich vielleicht selbst nach Anerkennung.

Wenn Sie sich bewusst Zeit für Ihren Partner nehmen, egal, wie Ihr Terminkalender aussieht, wünschen Sie sich wahrscheinlich, dass auch er Ihnen seine Liebe durch „Gemeinsame Zeit" zeigt.

Wenn Sie es genießen, Ihrem Partner kleine, aber feine Geschenke zu machen – Dinge, die zu ihm passen und von denen Sie wissen, dass er sich darüber freut –, könnte die Liebessprache der „Geschenke" die Ihre sein.

Wenn Sie sich vorgenommen haben, Ihrem Partner konkret zu helfen– sei es mit der Zubereitung seiner Lieblingsmahlzeiten, mit der Instandhaltung seines Autos oder einer aufgeräumten Wohnung –, ist es wahrscheinlich, dass auch Sie gerne durch „praktische Unterstützung" geliebt werden wollen.

> *»Die Ehe ist vergleichbar mit einer Violine, aus der erst wunderbare Melodien erklingen und die dann in einer Zimmerecke verstaubt.«*
> Jacob Braude

Wenn Sie es genießen, die Hand auf die Schulter Ihres Partners zu legen, ihm mit Zärtlichkeit und Streicheleinheiten Gutes zu tun oder auf Spaziergängen seine Hand zu halten, liegt es nahe, dass die „Zärtlichkeit" Ihre „Muttersprache der Liebe" ist.

Sich öffnen

Wenn Sie einmal „Ihre" Sprache der Liebe gefunden haben, sollte Ihr nächster Schritt sein, sich mit Ihrem Partner darüber zu unterhalten. Notieren Sie diese Liebessprache auf einem Zettel und schreiben Sie die anderen vier Sprachen der Liebe darunter, geordnet nach Ihrer persönlichen Präferenz. Wenn Sie damit fertig sind, schreiben Sie auf, welche Liebessprache Ihrer Meinung nach die Ihres Partners ist. Wenn Sie wollen, können Sie darunter die anderen Liebessprachen nach ihrer (angenommenen) Wichtigkeit für Ihren Partner ordnen.

Nehmen Sie sich Zeit, mit Ihrem Partner über Ihre jeweiligen Liebessprachen zu sprechen. Zeigen Sie ihm die Listen, die Sie gemacht haben, und bitten Sie ihn, Ihnen zu sagen, ob Sie ihn richtig eingeschätzt haben. Unterhalten Sie sich ausführlich darüber, was Ihre Liebessprache über Sie verrät und welche Ausdrucksformen der Liebe Sie sich von Ihrem Ehepartner wünschen.

Familienaktion

✓ WENN SIE VATER EINES KLEINKINDES SIND und Ihrer Frau etwas Gutes tun wollen, dann bieten Sie ihr doch an, sich einen Tag um das Kind zu kümmern! Gönnen Sie Ihrer Frau eine Zeit des Alleinseins, die sie sicher nötig hat. Geben Sie ihr die Möglichkeit, sich zu entspannen und zur Abwechslung etwas für sich selbst zu tun.

Eine neue Sprache lernen

Wie wäre es damit, die Liebessprache Ihres Partners zu lernen? Lassen Sie ihn ebenfalls die drei oben genannten Fragen beantworten. Wenn Ihr Partner dazu keine Zeit oder Lust hat, können Sie trotzdem seine Liebessprache herausfinden, damit Sie ihm Ihre Liebe so deutlich wie möglich zeigen können. Stellen Sie Ihrem Partner die Fragen b) und c): „Worum bittest du mich am häufigsten? Wie zeigst du mir gewöhnlich, dass du mich liebst?“

Seine Antworten werden Anhaltspunkte für seine Liebessprache sein, die Auswirkungen auf Sie hat. Lesen Sie außerdem die Abschnitte in den Kapiteln 3-7, die Hinweise auf die Liebessprache Ihres Partners geben (z.B. S. 105): „Wie Sie herausfinden, ob Ihr Ehepartner Geschenke liebt“), in denen die Person beschrieben wird, die die Sprache der „Geschenke“ spricht).

Nachdem Sie mit Ihrem Partner Ihre beiden Liebessprachen identifiziert haben, fängt die Arbeit erst richtig an. Nun müssen Sie lernen, diese Sprachen zu sprechen. Die Kapitel 3-7 werden Ihnen die Informationen geben, die Sie dafür brauchen. Bevor Sie diese Kapitel lesen, betonen wir jedoch noch einmal, wie wichtig es ist, die Liebessprache des Ehepartners einwandfrei zu beherrschen.

Der beliebteste Einwand gegen diesen Lernprozess lautet etwa so: „Anerkennung zu geben (oder eine andere der fünf Grundsprachen der Liebe zu sprechen) liegt mir einfach nicht." Es ist nicht schwer, die Logik in dieser Aussage zu erkennen. Wenn Sie es nie geübt haben, Liebe auf eine bestimmte Weise auszudrücken, haben Sie natürlich Hemmungen, es das erste Mal zu versuchen.

Aber es liegt auf der Hand, dass Sie Ihr anfängliches Misstrauen überwinden können. Es mag Ihnen nicht liegen, Liebe auf eine bestimmte Art auszudrücken – na und?

Wenn wir alle uns beschränken würden, nur die Dinge zu tun, die uns liegen, die wir gerne tun oder mit denen wir vertraut sind, würden wir unseren Horizont nie erweitern, nie etwas riskieren, nie etwas lernen und uns niemals weiterentwickeln. Unerfahrenheit oder Ungewohntheit sind keine legitimen Entschuldigungen für Passivität. Es wird eine Herausforderung für Sie sein, die Liebessprache Ihres Partners zu lernen. Sie können sich dieser Herausforderung stellen oder vor ihr zurückschrecken.

Es geht hier nicht um Raumfahrt, und Sie brauchen auch kein Diplom in Psychologie oder Linguistik, um zu lernen, sich in der Liebessprache auszudrücken, die Ihrem Partner am wichtigsten ist.

Wenn die primäre Liebessprache Ihres Partners die „Anerkennung" ist, machen Sie ihm einfach ein ehrliches Kompliment.

Wenn die Liebessprache Ihres Partners die „Gemeinsame Zeit" ist, sollten Sie den Fernseher ausschalten und ihm für etwa eine halbe Stunde Ihre ganze Aufmerksamkeit widmen.

Gute Frage

? Ich kann nicht behaupten, dass ich in einer intakten Beziehung lebe. Ich fürchte, dass sie mir keine Hinweise auf meine „Muttersprache der Liebe" geben kann. Kann ich irgendetwas anderes tun, um herauszufinden, welche es ist?

Versuchen Sie, sich Ihren idealen Partner vorzustellen. Denken Sie nicht an seine äußere Erscheinung – hier geht es nicht um ein Phantasiebild. Fragen Sie stattdessen: „Wie würde mich ein idealer Partner behandeln? Was würde er tun, um mich glücklich zu machen?" Die Antworten, die Ihnen dazu einfallen, werden Ihnen bestimmt Aufschluss darüber geben, welches „Ihre" Liebessprache ist.

Wenn die Liebessprache Ihres Partners das „Schenken und Beschenktwerden“ ist, dann kaufen Sie ihm etwas, das ihm gefällt.

Wenn die Liebessprache Ihres Partners die „Praktische Hilfe“ ist, dann putzen Sie das Badezimmer für ihn.

Wenn die Liebessprache Ihres Partners der „Körperkontakt“ ist, dann massieren Sie seinen Rücken.

So machen Sie Ihre ersten Schritte in der Kommunikation mit Ihrem Partner, indem Sie mit ihm in „seiner“ Liebessprache reden.

Vielleicht ist es am Anfang für Sie ungewohnt. Vielleicht fühlen Sie sich etwas gehemmt. Vielleicht klappt es nicht so, wie Sie gedacht haben. Das macht nichts. Tun Sie es einfach.

Gute Frage

? Was kann ich tun, wenn mein Partner nicht daran interessiert ist, meine „Muttersprache der Liebe" zu entdecken?
Gehen Sie mit gutem Beispiel voran. Versuchen Sie so viel wie möglich über seine Liebessprache herauszufinden, und lassen Sie ihn dann wissen, wie Sie seine Sprache in Ihrer Ehe verwenden und Ihre Liebe ihm gegenüber ausdrücken wollen. Früher oder später wird Ihrem Partner die radikale Veränderung in Ihrem Verhalten auffallen, und vielleicht entscheidet er sich dafür, den gleichen Weg einzuschlagen.

Vier Tipps für eine lebendige Beziehung

Die Kapitel 3-7 im ersten Teil werden Ihnen die Informationen geben, die Sie für das Lernen einer der fünf Sprachen der Liebe brauchen. Wenn Sie einmal die „Muttersprache der Liebe“ Ihres Partners herausgefunden haben, können Sie sich auf das Kapitel konzentrieren, das von ihr handelt. Dies soll ein Nachschlagewerk sein. Sie brauchen nicht alle fünf Kapitel zu lesen. Anschließend blättern Sie vor zu Kapitel 1 im zweiten Teil.

Wenn Sie zwischen zwei Liebessprachen schwanken, die beide auf Ihren Partner zutreffen könnten, dann kann es sein, dass Ihr Partner „zweisprachig“ ist: Er empfängt Liebe durch zwei Sprachen. Vielleicht hat er auch nur eine einzige Sprache der Liebe, aber Sie sind sich nicht im Klaren, welche von zwei bestimmten Sprachen es ist. In beiden Fällen lesen Sie die Kapitel über die beiden Liebessprachen, die in Frage kommen.

Wenn Sie in der Zwischenzeit die folgenden vier Ratschläge beachten, werden Sie leichter auch nach Ihren Flitterwochen Ihre Liebe lebendig halten.

a) Bleiben Sie im Gespräch

Sie werden in Ihrer Beziehung an einen Punkt kommen (und Sie werden in Ihrer Beziehung nicht nur an *diesen* Punkt kommen), an dem Sie in Versuchung geraten, sich zu fragen: „Warum soll ich mir überhaupt noch die Mühe machen, meinem Partner meine Gefühle mitzuteilen oder zu versuchen, an unseren Unterschieden zu arbeiten?", und Ihre Gedanken und Gefühle für sich zu behalten. Begehen Sie nicht diesen Fehler! Wenn die Kommunikation einmal eingeschlafen ist, ist es sehr schwierig, sie wieder in Gang zu bringen.

Sie werden eine ganze Menge Geduld und Durchhaltevermögen brauchen, um die Kommunikation mit Ihrem Partner aufrechtzuerhalten. Es werden Zeiten kommen, in denen Sie das Gefühl haben, dass Sie bei dem Versuch, sich mitzuteilen, gegen die Wand rennen. Nehmen Sie eine Aspirin und fahren Sie fort dagegenzurennen. Irgendwann wird sich Ihre Arbeit auszahlen.

Nehmen Sie niemals an, dass Schweigen oder Gleichgültigkeit besser sind als ein Konflikt. Das stimmt nicht! So lange Sie sich mit Ihrem Partner auseinander setzen und aktiv versuchen, Ihre Probleme zu lösen, gibt es Hoffnung für Ihre Ehe.

b) Stellen Sie Ihre Ehe nicht aufs Abstellgleis

Wenn Sie ein viel beschäftigter Mensch sind, könnten Sie in Versuchung geraten, Ihre Ehe aufs Abstellgleis zu schieben, damit Sie mehr Zeit und Energie für andere Dinge zur Verfügung haben. Der Gedankengang, der zu dieser Entscheidung führt, ist folgender: „Ich weiß, dass meine Ehe stark genug ist, um etwas Vernachlässigung zu überleben. Nachdem ich .... habe, werde ich meinen Partner wieder zur Priorität Nr. 1 in meinem Leben machen."

Diesem Gedanken müssen Sie unbedingt widerstehen. Zum einen kann Vernachlässigung eine Ehe sehr viel schneller zerstören, als Sie vielleicht denken. Wenn Sie bereit sind, sich wieder Ihrem Partner zuzuwenden, könnte er nicht mehr an Ihnen interessiert sein! Zum anderen könnten Sie in die Gefahr geraten, Ihre Ehe immer wieder aufs Abstellgleis zu schieben – und sie dort zu lassen.

c) Entdecken Sie bei Ihrem Partner neue, liebenswerte Seiten

Wir sprachen in diesem Kapitel bereits über das Problem, dass der Partner nach der Hochzeit oft ein ganz anderer Mensch zu sein scheint. Jedoch haben wir uns ausschließlich mit der negativen Seite dieses Phänomens befasst. Die andere Seite ist, dass Ihr Partner positive Wesenszüge, bemerkenswerte Eigenschaften oder verborgene Talente besitzt, von denen Sie nichts ahnten. Machen Sie diese guten Seiten Ihres Partners ausfindig. Übersehen Sie seine kleinen Fehler und lästigen Angewohnheiten. Suchen Sie nach dem Guten in Ihrem Partner.

d) Schaffen Sie Dinge aus dem Weg, die sich zwischen Sie stellen könnten

Manche Dinge können sich wie ein Keil zwischen Sie und Ihren Partner drängen und Sie auseinander bringen. Der gröbste und gefährlichste Keil, den Sie loswerden müssen, ist der Stolz. Sie müssen sich vor allem von der Art Stolz trennen, die Sie davon abhält, sich bei Ihrem Partner zu entschuldigen oder in einem Konflikt den ersten Schritt auf ihn zuzugehen. Es ist der Stolz, der harmlose Missverständnisse zu langfristigen Problemen werden lässt. Den Stolz aus Ihrem Umgang mit Ihrem Partner auszuklammern, kann für Ihre Ehe Wunder wirken.

Andere mögliche Keile, vor denen man sich hüten sollte, sind negative Einmischung von Freunden und Familie, ein überfüllter Terminkalender und Gleichgültigkeit. Sie werden wahrscheinlich nicht alle Keile aus Ihrer Beziehung entfernen können, aber Sie können sich von genügend vielen verabschieden, damit Ihre Liebe wachsen kann.

TEST

Halten Sie sich für einen Experten darin,
die Liebe lebendig zu halten?
Mit diesem Test können Sie Ihr Wissen einschätzen.

1. Was passiert, wenn Paare die Ehe als das Ziel ihrer Beziehung betrachten?
   a) Sie geben dreimal so viel Geld für ihre Hochzeit aus als Paare, die etwas anderes als das Ziel ihrer Beziehung betrachten.
   b) Sie leben meist glücklich bis an ihr Lebensende.
   c) Sie versäumen es, nach ihrer Hochzeit an ihrer Beziehung weiter zu arbeiten.
   d) Sie stornieren normalerweise ihre Hochzeitsreise.

2. Was bedeutet es, dass Menschen verschiedene Sprachen der Liebe sprechen?
   a) Niemand sollte erwarten, dass seine „Liebesbedürfnisse" von einem anderen Menschen erfüllt werden können.
   b) Wahre Nähe ist unerreichbar.
   c) Eine Beziehung kann nur funktionieren, wenn zwei Menschen dieselbe „Muttersprache der Liebe" sprechen.
   d) Was für den einen Menschen ein Ausdruck von Liebe ist, ist es für einen anderen nicht unbedingt auch.

3. Welche der folgenden ist keine der fünf Sprachen der Liebe?
   a) Blinder Gehorsam
   b) Anerkennung
   c) Praktische Hilfe
   d) Geschenke

4. Welche dieser Methoden wäre die beste, um „Ihre" Sprache der Liebe herauszufinden?
   a) Die Eltern zu befragen, wie Sie als Kind waren.
   b) Sich der Dinge bewusst zu werden, um die Sie Ihren Partner am häufigsten bitten.

c) Eine Talkshow zum Thema „Beziehungen“ anzuschauen.
d) Ihren Partner zu fragen, welche Liebessprache er am liebsten verwendet.

5. Welches ist die beste Strategie, um eine Liebessprache zu lernen, die für Sie ungewohnt ist oder in der Sie sich unsicher fühlen?
a) Probieren Sie sie erst aus, wenn Sie absolut sicher sind, dass Sie sie sprechen können.
b) Probieren Sie sie bei einem Freund oder einem Familienmitglied aus, bevor Sie sie gegenüber Ihrem Partner verwenden.
c) Sorgen Sie dafür, dass Ihr Partner weiß, wie ungemütlich Ihnen dabei zumute ist.
d) Probieren Sie sie einfach aus!

Antworten: 1c), 2d), 3a), 4b), 5d).

3 Auf die *richtigen Worte* kommt es an

Sprache der Liebe Nummer 1: Anerkennung

„Ist dir aufgefallen, dass Ralf seiner Karen den ganzen Abend Komplimente gemacht hat?“, fragte Julie.

„Sie waren die Gastgeber auf der Party“, erwiderte Mark, als er das Auto aus der Einfahrt der Familie Brown steuerte. „Sie mussten einen guten Eindruck machen. Sonst hätten die Gäste hinterher darüber geredet, ob in ihrer Ehe alles in Ordnung ist.“

„Ich hatte nicht das Gefühl, dass sie bloß einen guten Eindruck machen wollten“, sagte Julie. „Es sah aus, als ob Karen immer so wäre. Sie muss ein netter Mensch sein.“

„Ich sage dir, dass du aus einem einzigen Abend keine Rückschlüsse ziehen kannst“, betonte Mark. „Vielleicht hatte Ralf etwas falsch gemacht und wollte es nun wieder gutmachen.“

„Ich hörte, wie er Sammy erzählte, wie gut Karen kochen kann“, fuhr Julie fort. „Etwas später war ich dabei, als er Sue sagte, dass sie eine tolle Mutter ist.“

„Und danach sah ich ihn auf dem Wasser des Swimmingpools wandeln, um mehr Holzkohle zu holen“, fügte Mark hinzu.

„Ich will ja gar nicht sagen, dass er perfekt ist“, gab Julie zurück. „Ich meine ja nur, dass es nett sein muss, von seinem Mann manchmal Komplimente und ermutigende Worte zu hören.“

„Du siehst in diesem Kleid richtig gut aus“, schlug Mark vor.

Julie starrte ihn an.

„Was denn“, protestierte er. „Ich meine es ernst. Ich wollte es dir den ganzen Abend sagen, ich kam bloß nicht dazu.“

Julie hielt ihre Hand neben sein Gesicht, so dass er nicht zu ihr gucken konnte. „Also schön, Mister Ehrlich: Welche Farbe hat denn dieses Kleid, das mir so gut steht?“

Mark erstarrte für eine Sekunde. „Ähm, blau?"
„Es ist grün."
„Oh", sagte Mark. „Nun ja ... dein Haar sieht wunderbar aus."
„Gib's auf", sagte Julie. „Du hast dich schon verraten."

*

Stellen Sie sich vor, Sie sind ein treuer Fan von Borussia Dortmund und sitzen im Stadion beim Finale der Champions League. (Wenn Sie zufällig tatsächlich ein treuer Fan der Borussen sind, tut es uns Leid, wenn dieses Beispiel Salz in offene Wunden streut.)

Es steht eins zu eins unentschieden. Aber ihr gefährlichster Spieler, Sonny Sayso, ist an der Reihe. Elfmeter. (Die Personen in diesem Beispiel sind frei erfunden. Jede Ähnlichkeit ist rein zufällig.)

„Los, Sonny, hau ihn rein!", schreien Sie, als er an seinen Platz geht. Sayso lächelt etwas, als er sich bereitmacht.

Der Schiedsrichter pfeift.

Sayso tritt ein paar Schritte zurück. Sein Lächeln ist erloschen.

„Sonny, du bist der beste Schütze in der Liga!", brüllen Sie. „Ich weiß, dass du es kannst!"

Sayso schaut in Ihre Richtung, lächelt breit und nickt. Dann holt er zum Schuss aus.

Der Ball fliegt unhaltbar für den gegnerischen Torwart ins Netz. Sonny Sayso hat in der Geschichte der Champions League den vielleicht besten Schuss abgegeben.

Als er sich umdreht, zeigt Sonny in Ihre Richtung und legt die Hand auf seine Brust. Danke, aus tiefstem Herzen!

Die Dortmunder gewinnen die Champions League, und zwar deswegen, weil Sie zur rechten Zeit die richtigen Worte gebrüllt haben.

VORGEGRIFFEN

- ♦ Ihre anerkennenden Worte können Ihrem Partner zu helfen, seine Fähigkeiten zu erkennen.
- ♦ Anerkennung kann im alltäglichen Zusammenleben mit Ihrem Partner durch Freundlichkeit ausgedrückt werden – besonders während Krisenzeiten.
- ♦ Ihren Ehepartner um etwas zu bitten – und ihm eben nicht zu sagen, was er zu tun und zu lassen hat –, ist ein hervorragender Weg, ihm mitzuteilen, was er Ihnen bedeutet.

Finden Sie es absurd zu glauben, dass ein paar Worte von Ihnen solche dramatischen Auswirkungen haben können? In diesem Beispiel mag es unrealistisch erscheinen. (Also machen Sie sich nicht zu viele Hoffnungen, wenn Sie Fan der Borussen sind.) In Ihrer Beziehung zu Ihrem Ehepartner ist diese Vorstellung jedoch ganz und gar nicht absurd. Anerkennende und ermutigende Worte, die Sie zur rechten Zeit aussprechen, tragen in sich das Potenzial, das Leben Ihres Ehepartners zu verändern.

> *»Ich kann zwei Monate von einem guten Kompliment leben.«*
> Mark Twain

„Parlez-vous amour?"

Bevor wir uns mit der Anerkennung beschäftigen, lassen Sie uns einen Schritt zurückgehen und uns eine gesunde eheliche Beziehung vorstellen. Sie müssen wissen, dass es hauptsächlich fünf Sprachen der Liebe gibt, die die Menschen sprechen – und damit fünf Wege, auf denen sie Liebe zeigen und verstehen.

Anerkennung ist eine dieser Sprachen. Die anderen sind:

- Gemeinsame Zeit
- Geschenke
- Praktische Hilfe
- Körperkontakt

Wir werden jede dieser Sprachen in den folgenden Kapiteln ausführlich behandeln. Sie sollten herausfinden, auf welche Sprache Ihr Partner anspricht, und diese Sprache beherrschen lernen. Denn nicht jeder spricht und versteht die gleiche Sprache.

Dieses Kapitel ist für die geschrieben, deren Partner am stärksten auf anerkennende und ermutigende Worte reagieren. Wenn Ihr Partner dazu gehört, finden Sie hier die nötigen Informationen, wie Sie seine Sprache lernen können.

Woran Sie sehen können, ob Ihr Partner anerkennende Worte liebt

Beachten Sie das Verb in der Überschrift. Jeder Erwachsene – und jeder verheiratete Mensch – genießt es und braucht es, ermutigende Worte zu hören. Doch wenn „Anerkennung" seine Muttersprache der Liebe ist, wird er es *lieben,* Worte der Anerkennung, Ermutigung und Freundlichkeit zu hören. Ihr Partner wird sich sogar nach diesen Worten sehnen. Solche Worte drücken den Gedanken „Ich liebe dich" einfach und doch elegant aus. Sie wirken auf die Seele Ihres Partners wie eine liebevolle Umarmung.

Einen Hinweis darauf, dass Anerkennung die Liebessprache Ihres Ehepartners ist, gibt unter anderem folgendes Verhalten:

- Ihr Partner reagiert offen und positiv auf Ihre Worte, vielleicht mit einem breiten Lächeln, mit einem herzlichen Dankeschön oder sogar manchmal mit Tränen der Dankbarkeit.
- Ihr Partner unterstützt und bestätigt Sie oder macht Ihnen regelmäßig Komplimente. Vielleicht geht er dabei davon aus, dass seine Liebessprache auch die Ihre ist.
- Ihr Partner scheint sehr verletzt zu sein, wenn Sie sarkastisch sind oder spitze Bemerkungen machen. Er zieht sich nach (scheinbar) „bedeutungslosen" Kränkungen zurück oder zeigt noch lange danach kein Interesse an körperlicher oder seelischer Nähe.
- Ihr Partner reagiert immer heftig auf kritische, verurteilende Worte.

Denken Sie daran, dass alle Menschen anerkennende Worte brauchen und sich darüber freuen. Doch wenn dies die Liebessprache Ihres Partners ist, sollten Sie, wann immer es Ihnen möglich ist, noch einige Zugaben geben.

Wo die Ermutigung zu Hause ist

Alle Menschen – egal, wie „cool" und selbstsicher sie erscheinen mögen – haben Bereiche, in denen sie sich unsicher fühlen. Uns fehlt der Mut, und gerade das hindert uns daran, das zu erreichen, was wir gerne erreichen wollen – und was wir manchmal erreichen müssen.

An der Stelle ist es hilfreich, einen ermutigenden Partner zu haben. Das passende Mut machende Wort zur rechten Zeit kann Ihrem Partner den nötigen Mut geben, um wichtige Schritte im Leben zu tun.

Ist es nicht ein ziemlich überwältigender Gedanke, dass Sie die Fähigkeit haben, in Ihrem Partner den Mut zu wecken, etwas zu erreichen oder zu überwinden, das er nie für möglich gehalten hätte? Das sollte man nicht auf die leichte Schulter nehmen.

Die folgenden beiden Beispiele zeigen, wie die passenden Worte der Anerkennung und der Ermutigung dem Partner dabei helfen können, seinen Begabungen gemäß zu leben.

Nancys Geschichte

Für Nancy ist das Schreiben mehr eine Leidenschaft als ein Hobby. Kurze Zeit hatte sie erwogen, Journalistin zu werden, als sie ihr Examen machte. Doch als ihre ersten Artikel von zwei verschiedenen Zeitschriften abgelehnt wurden, gab sie die Idee auf. Die Jahre vergingen und Nancy konzentrierte sich darauf, zusammen mit ihrem Mann Peter ihre Kinder großzuziehen. Als die Kinder jedoch älter wurden, musste sie immer wieder ans Schreiben denken. Immer wenn sie ein paar Stunden für sich hatte, verkroch sie sich im Gästezimmer und schrieb etwas für sich auf.

> *»Ein Schulterklopfen ist nur ein paar Rückenwirbel von einem Tritt in den Hintern entfernt, aber seine Wirkung ist hundertmal größer.«*
> Royal Neighbor

Eines Abends fand Peter, der Nancys Schreibkünsten früher nie viel Beachtung geschenkt hatte, einen der Texte, an denen sie gearbeitet hatte. Nachdem er ihn gelesen hatte, lief er zu ihr in die Küche. „Nancy, du kannst hervorragend schreiben!“, sagte er. „Dieser Text sollte veröffentlicht werden! Du kannst mit Worten Bilder malen, die sich mir sofort einprägen. Du hast einen faszinierenden Stil. Du musst das an eine Zeitschrift schicken!“

Nancy brachte ein „Danke“ hervor, bevor sie sich wieder der Spülmaschine zuwandte. Ihr Herz füllte sich mit Stolz und sie fasste einen Entschluss. In den Jahren, die auf diese Ermutigung folgten, veröffentlichte sie mehrere Artikel und ein Buch. Alles, was sie gebraucht hatte, waren ein kleiner Schubs und einige Mut machende Worte, um sie auf den Weg zur persönlichen Erfüllung zu bringen.

Ritas Geschichte

Eines Tages fragte Rita ihren Mann: „Was hältst du davon, wenn ich mich diesen Herbst zu einem Kurs anmelde, um abzunehmen?“

Patrick, ihr Mann, dachte einen Augenblick nach und sagte dann: „Wenn du dich dazu entschlossen hast, wirst du es schaffen! Wenn du dich einmal zu etwas entschlossen hast, dann ziehst du es auch durch. Ich werde dich dabei unterstützen. Mach dir über die Kosten keine Gedanken. Wenn es dir viel bedeutet, werden wir das Geld schon auftreiben.“

Mit Patricks Worten im Hinterkopf rief Rita bei der Kursleitung an.

Heute ist sie fünfundfünfzig Pfund leichter, dank ihrer Entschlossenheit und Willenskraft – und ein paar ermutigenden Worten von ihrem Mann.

Ritas Beispiel bringt uns auf einen wichtigen Punkt. Sie können nicht so tun, als wollten Sie Ihren Partner ermutigen, wenn Sie ihn nur zu etwas bringen wollen, was *Sie* wollen. Stellen Sie sich zum Beispiel vor, Patrick wäre zu Rita gekommen und hätte gesagt: „Ich denke, du wärst richtig gut im Abnehmen. Ich wette, du könntest bis zum nächsten Sommer mindestens fünfzig Pfund abnehmen, wenn du wolltest.“

Meinen Sie, dass Rita Ermutigung aus diesen Worten gehört hätte? Wahrscheinlich nicht. Sie hätte vor allem Unzufriedenheit herausgehört. („Du solltest fünfzig Pfund verlieren, bevor du die Sommerkleider aus dem Schrank holst, Dickerchen.“) Anstatt sie aufzubauen, hätten Patricks Worte sie vermutlich verunsichert.

> *»Worte haben Macht: sie können über Leben und Tod entscheiden.«*
> Sprüche 18,21

Ihren Partner zu ermutigen hilft ihm, Interessen nachzugehen, die er bereits hat. Sie können nicht entscheiden, was Ihr Partner tun soll, und sich dann darauf konzentrieren, ihn auf diesen Gebieten anzustacheln. Das nennt man Manipulation, nicht Ermutigung.

Nur wenn Ihr Partner wirklich Gewicht verlieren will (oder etwas anderes tun will), können Sie ihn oder sie darin bestärken. Wenn der

Wunsch danach nicht da ist, werden Ihre Worte wie Nörgeln klingen. Anstatt Ihren Partner zum Handeln zu ermutigen, werden Sie ihm nur ein Schuldgefühl vermitteln. Am Ende werden diese Worte Ablehnung ausdrücken, nicht Liebe.

> **Familienaktion**
>
> ✓ WARUM ÜBERTRAGEN SIE NICHT AUCH IHREN KINDERN die Aufgabe der Anerkennung? Wetten, dass sie positive Eigenschaften und Wesenszüge bei Ihrem Ehepartner entdecken, die Sie übersehen haben? Die Beteiligung Ihrer Kinder könnte ganz neue Möglichkeiten eröffnen, wie Anerkennung vermittelt werden kann.

Eine feste Grundlage

Um Ihrem Partner Mut zu machen, müssen Sie zuerst erfahren, was ihm oder ihr wirklich wichtig ist. Es reicht nicht zu raten, in welchen Bereichen Ihr Partner Ermutigung braucht. Sie können Ihren Partner auch nicht dazu zwingen, alle Arbeit für Sie zu tun. („Sag mir nur, wo du Anerkennung brauchst, und ich gebe sie dir.") Sie müssen aktiv am Leben Ihres Partners teilnehmen, um zu lernen, sich in ihn hineinzuversetzen. Sie müssen lernen, die Welt aus seiner Perspektive zu sehen.

Aufrichtige, Mut machende Worte drücken aus: Ich weiß, wer du bist. Du bist mir wichtig und ich bin da, um dir zu helfen. Ermutigung ist der Weg zu zeigen, dass Sie an Ihren Partner und an seine Fähigkeiten glauben. Es ist eine Möglichkeit, Ihrem Partner Anerkennung und Lob zukommen zu lassen.

Wenn Sie unsere Vorschläge in den letzten beiden Abschnitten als Gefühlsduselei betrachten oder wenn es Ihnen peinlich ist, dass Sie bisher nicht daran gedacht haben, Ihrem Partner diese Art von Ermutigung zu geben, dann geben Sie jetzt nicht auf. Vielleicht liegen Ihnen Mut machende Worte nicht. Wenn Sie in Ihrer Kindheit selten ermutigt wurden, mögen Sie sich dabei unwohl fühlen, anderen Menschen, sogar Ihrem Partner, Mut zu machen. Und wenn in Ihrer Ehe meist kritische Worte fallen, wird es noch schwieriger sein, die Dinge zu ändern.

Die gute Nachricht ist: Jede Anstrengung, mit der Sie Ihren Partner ermutigen wollen, wird es wert sein, dass Sie sich zwischendurch dabei unwohl fühlen. Sie werden umwerfende Ergebnisse sehen, die Ihre Beziehung verändern werden.

Freundlichkeit zahlt sich aus

Anerkennung sollte in Ihrer Ehe im Idealfall die Regel sein und nicht die Ausnahme. Sie können Ermutigung nicht wie einen Feuerlöscher handhaben, den Sie herausholen, wenn er nötig gebraucht wird, und dann wieder wegstellen. Es reicht nicht, ein paar ermutigende Worte herauszubringen, sich selbst für Ihr anerkennendes Verhalten auf die Schulter zu klopfen und dann zur Tagesordnung überzugehen.

Anerkennende Worte, die Sprache der Liebe Nummer 1, kann (und sollte) auf verschiedene Art und in verschiedenen Situationen angewandt werden. Anerkennung drückt sich nicht nur in Ihren konkreten, ermutigenden Worten aus, sondern auch in der Art, wie Sie mit Ihrem Partner jeden Tag umgehen.

In Ihrem Zuhause soll eine Atmosphäre entstehen, in der Anerkennung und Ermutigung offen ausgedrückt werden können. Wenn der Großteil der Kommunikation mit Ihrem Partner aus belanglosen, nörgelnden und kritischen Bemerkungen besteht, wird es, wenn Sie plötzlich die Sprache der Anerkennung sprechen, wahrscheinlich eine Weile dauern, bis Ihr Partner Sie ernst nimmt.

> *»Eine freundliche Antwort vertreibt den Zorn, aber ein kränkendes Wort lässt ihn aufflammen.«*
> Sprüche 15,1

Ein Schlüssel zu einer Atmosphäre der Anerkennung in Ihrer Ehe ist Freundlichkeit – nicht nur in dem, was Sie sagen, sondern auch darin, wie Sie es sagen. Schauen Sie sich zum Beispiel diese Äußerung an: „Ich hoffe, dass du dich morgen mit deinen Freunden gut amüsierst!"

Wenn Sie das mit einem viel sagenden Grinsen sagen oder mit einem ironischen Unterton, werden Ihre Worte wahrscheinlich nicht als Ausdruck von Liebe und Aufrichtigkeit verstanden werden, und zwar aus einem nahe liegenden Grund: Hinter den Worten stünde keine Freundlichkeit.

Genauso können Sie sogar die negativsten Gefühle – Ihren Schmerz, Ihr Leid, ja Ihren Zorn – freundlich mitteilen. Eine Feststellung wie:

„Ich fühle mich enttäuscht und etwas verletzt, weil du dir am Wochenende etwas vorgenommen hast, ohne mit mir darüber zu sprechen“, kann, wenn sie ehrlich und freundlich gemacht wird, ein Ausdruck der Liebe sein.

Jemand, der etwas wie: „Ich fühlte mich enttäuscht und verletzt“ sagt, möchte von seinem Partner verstanden werden. Dadurch, dass ein Mensch seine Gefühle mitteilt, unternimmt er Schritte, um Nähe zu erzeugen. Er sucht eine Möglichkeit, über eine Verletzung zu sprechen, um davon geheilt zu werden.

Freundlichkeit ist kein Mittel, mit dem man einen Konflikt *vermeidet,* sondern ein Werkzeug, um den Konflikt zu *bewältigen.* Ein Konflikt, der auf liebevolle und freundliche Art angegangen wird, kann für eine Beziehung gesund sein.

Machen Sie das Richtige!

Es geht letztlich darum, mitten im Konflikt an der richtigen Stelle die richtige Entscheidung zu treffen. Wenn Ihr Partner anfängt, vor Wut zu kochen und zum verbalen Schlag auszuholen, können Sie auf zwei Weisen antworten. (In Wirklichkeit gibt es wahrscheinlich tausend Möglichkeiten, darauf zu antworten, doch im Sinne dieses Kapitels beschränken wir uns auf zwei.) Sie können entweder mit Ihren eigenen hitzigen Worten Öl ins Feuer gießen und den Konflikt explodieren lassen – oder Sie können Ihrem Partner ein freundliches Wort und ein offenes Ohr anbieten.

Wählen Sie die zweite Option!

Es ist nicht einfach, die zweite Möglichkeit zu wählen, vor allem wenn Sie von Natur aus ehrgeizig oder davon überzeugt sind, dass Sie Recht haben und Ihr Partner im Unrecht ist. Begraben Sie die Vorstellung, dass es in jedem Konflikt einen Gewinner und einen Verlierer gibt. Wenn es um die Beziehung zu Ihrem Ehepartner geht, sollte es in jedem Konflikt immer zwei Gewinner geben.

Anstatt auf defensive Art zuzuhören, während sich Ihr Partner Luft macht, und darauf zu warten, dass er etwas Falsches sagt, so dass Sie dann über ihn herfallen können wie ein Anwalt, der einen Zeugen vor Gericht zur Schnecke macht, sollten Sie versuchen, einfühlsam zuzuhören. Behandeln Sie die Worte Ihres Partners als wichtige Information über seine Gefühlslage. Lassen Sie Ihren Partner offen über seine Verletzungen und seinen Zorn reden und unterbrechen Sie ihn nicht. Tun Sie Ihr Bestes, um sich in Ihren Partner hineinzuversetzen und die Situation mit seinen Augen zu sehen. Teilen Sie Ihrem Partner mit, wie Sie ihn verstehen. Teilen Sie ihm Ihre Sicht seiner Gefühle mit und warten Sie darauf, dass er Ihnen rückmeldet, ob Sie mit Ihrer Annahme Recht hatten.

> *»Wahre Freundlichkeit setzt die Fähigkeit voraus, sich in Freud und Leid anderer Menschen hineindenken zu können.«*
> André Gide

Wenn Ihr Partner erkennt, dass Sie sich wirklich Mühe geben, ihn zu verstehen, wird sich der ganze Tonfall des Streits verändern. Anstatt dass jeder den anderen als Feind sieht und versucht, den Streit für sich zu gewinnen und das letzte Wort zu haben, werden Sie einander als Partner in einem Team betrachten können, die zusammenarbeiten, um ihre Beziehung zu verbessern.

Blick zurück im Zorn

Freundlichkeit geht Hand in Hand mit Vergebung. Hier ist eine Neuigkeit für Sie: Verheiratete Paare tun nicht immer das, was ihrer Beziehung oder einander gut tut. Tatsächlich sind sie in ihren Worten und ihrem Verhalten manchmal ziemlich verletzend. Das Problem ist, dass diese Verletzungen nicht ungeschehen gemacht werden können.

Wenn Sie derjenige sind, der für eine Verletzung verantwortlich gemacht werden kann, können Sie es nur vor Ihrem Partner zugeben und mit ihm einig sein, dass es falsch war. Danach können Sie ihn um Vergebung bitten und den Entschluss fassen, das gleiche verletzende Verhalten in Zukunft nicht zu wiederholen. Alles andere liegt in der Hand Ihres Partners.

Dasselbe gilt auch anders herum. Wenn Ihr Partner Sie verletzt hat, es eingesehen und Sie um Vergebung gebeten hat, können Sie ihm entweder vergeben oder sich an ihm rächen. Wenn Sie sich für Vergeltung entscheiden, werden Sie anfangen, Wege zu ersinnen, es ihm zurückzugeben oder ihn für sein falsches Verhalten „bezahlen" zu lassen. In diesem Fall machen Sie sich selbst zum Richter und Ihren Partner zum Verbrecher.

Es liegt auf der Hand, dass dann innere Nähe zwischen den Partnern unmöglich wird. Nur wenn Sie sich dafür entscheiden, Ihrem Partner ganz und gar zu vergeben, können Sie sich wieder nah sein.

Es ist erstaunlich, wie viele Menschen sich dafür entscheiden, sich jeden neuen Tag von der Vergangenheit kaputtmachen zu lassen. Sie bestehen darauf, die Fehler der Vergangenheit mit in die Gegenwart zu nehmen. Auf diese Weise zerstören sie sich 365 Tage im Jahr (und 366 in einem Schaltjahr). Die Zerstörung beginnt mit Worten wie diesen:

- „Ich kann immer noch nicht fassen, dass du das getan hast."
- „Ich werde niemals vergessen, dass du ..."
- „Ich weiß nicht, wie du da sitzen kannst, als ob alles in Ordnung wäre."
- „Ich weiß nicht, ob ich dir jemals vergeben kann."

Sehen Sie in diesen Sätzen viel Liebe? Sehen Sie irgendetwas in ihnen, das eine Ehe verbessern könnte?

Die Vergangenheit ruhen lassen

Der beste Weg, mit vergangenen Fehlern umzugehen, ist, sie Vergangenheit sein zu lassen. Was immer passiert ist, ist eben passiert. Es schmerzt. Es könnte immer noch schmerzen. Doch genug ist genug. Sie können Ihre Beziehung nicht als Geisel festhalten, während Sie oder Ihr Partner versuchen, das unendlich hohe Lösegeld dafür zu bezahlen. An einem bestimmten Punkt müssen Sie die Verletzungen der Vergangenheit loslassen – für immer.

Sie können die Vergangenheit nicht ausradieren, aber Sie können sie als Geschichte akzeptieren. Sie können sich dafür entscheiden, sich von den Fehlern der Vergangenheit zu befreien. Vergebung ist nicht etwas, das Sie fühlen müssen. Es ist etwas, wofür Sie sich entscheiden. Vergebung ist eine Entscheidung, Gnade zu zeigen und sich zu weigern, Ihrem Partner etwas übel zu nehmen. Vergeben ist ein Ausdruck von Liebe – wenn Sie es richtig machen.

> *»Welche Kraft hätte die Liebe ohne die Vergebung? Durch Vergebung kann eine Tat ungeschehen gemacht werden. Wo gibt es das sonst?«*
> William Carlos

Denken Sie daran, dass es Ihnen um Einfühlungsvermögen, Freundlichkeit und Anerkennung geht. Wenn Sie Ihrem Partner vergeben wollen, ist es kein ermutigendes Verhalten, wenn Sie nach einem tiefen Seufzer ein ärgerliches „Ich vergebe dir" herausquetschen.

Eine bessere Möglichkeit wäre: „Ich liebe dich. Du bist mir wichtig und ich entscheide mich dafür, dir zu vergeben. Obwohl ich mich immer noch verletzt fühle, werde ich nicht zulassen, dass das, was passiert ist, zwischen uns steht. Ich hoffe, dass wir aus dieser Erfahrung lernen können. Du bist mein Mann/meine Frau, und zusammen gehen wir weiter."

Welchen besseren Weg gibt es, um einen Konflikt zu lösen, als durch einen ganzen Berg anerkennender und ermutigender Worte?

Auf Anfrage

Um eine von Anerkennung geprägte Atmosphäre in Ihrer Beziehung zu erhalten, müssen Sie und Ihr Partner den richtigen Weg finden, einander Ihre Bedürfnisse und Wünsche mitzuteilen. Um die besten Ergebnisse zu erzielen, sollten Sie dafür sorgen, dass diese Bedürfnisse und Wünsche nicht als Forderungen oder Manipulation verstanden werden.

Denn wenn Sie etwas von Ihrem Partner fordern oder ihn manipulieren wollen, damit Sie bekommen, was Sie wollen, ändern Sie das Kräfteverhältnis in Ihrer Beziehung. Sie sind nun nicht länger gleichberechtigte Partner. Nein, Sie übernehmen eine Elternrolle und machen Ihren Partner zu einem Kind. Wenn Sie anfangen, diese Rollenverteilung zu übernehmen, werden Sie sich mehr und mehr auseinander bewegen.

Wenn Sie jedoch lernen, Ihre Wünsche als Bitten auszudrücken und Ihrem Partner keine Befehle zu geben, sondern ihm Vorschläge zu machen, werden Sie feststellen, dass es für Sie beide der bessere Weg ist. Vergleichen Sie einmal die beiden folgenden Herangehensweisen.

Ein Mann sagt zu seiner Frau:

a) „Ein Arbeitskollege erzählte mir, dass seine Frau jeden Sonntag einen Kuchen zaubert. Ich sagte ihm, dass er mich ja einmal einladen könnte. Auf diese Weise käme ich auch einmal in den Genuss eines selbst gebackenen Kuchens."

b) „Weißt du, worauf ich so richtig Lust habe? Auf einen deiner tollen Apfelkuchen! Meinst du, du hättest die Zeit, mir diese Woche einen zu backen?"

Im ersten Beispiel drückt der Ehemann seine Wünsche ironisch und beleidigend aus. Die unausgesprochene Forderung in seiner Aussage ist, dass seine Frau so wie die Frau seines Kollegen sein sollte. Das ist keine gute Art, Nähe zu erzeugen.

Im zweiten Beispiel hilft der Mann seiner Frau zu erkennen, wie sie ihm Liebe zeigen kann. Er riskiert Zurückweisung und eine peinliche Situation, um ihr seinen Wunsch mitzuteilen – er unternimmt etwas, um Nähe aufzubauen.

Vergleichen Sie die weiteren Beispiele:

c) „Hast du vor, die Dachrinne an diesem Wochenende zu reinigen, oder soll ich schon mal einen Termin für die Montage einer neuen ausmachen, wenn die hier unter dem Gewicht der Blätter bricht?"

d) „Darf ich dich trotz deines vollen Terminkalenders darum bitten, dir an diesem Wochenende die Zeit zu nehmen und die Dachrinne zu reinigen?"

Gute Frage

? Wenn Anerkennung und Ermutigung in einer Beziehung so wichtig sind, warum kommen sie dann in vielen Ehen kaum vor?
Es ist eine Sache der Gewohnheit. Wenn die Kommunikation mit Ihrem Partner erst einmal eingefahren ist, ist es sehr schwierig, etwas zu ändern. Und je mehr es sich die Menschen in ihren Gewohnheiten bequem gemacht haben, umso weniger sind sie motiviert, neue Kommunikationsmuster zu lernen.

Im ersten Beispiel äußert die Frau ihren Wunsch durch Nörgeln und Ironie, ohne an Nähe oder Anerkennung zu denken. Im zweiten Beispiel zeigt sie ihre Liebe dadurch, dass sie einen Wunsch formuliert.

Sie gibt ihrem Mann die Möglichkeit zu zeigen, wo seine Prioritäten liegen, indem sie auf seinen vollen Terminkalender Bezug nimmt.

Tyrannen und Liebende

Wenn Sie Ihren Partner um etwas bitten, erkennen Sie zugleich seinen Wert und seine Fähigkeiten an. Sie vermitteln ihm, dass er die Fähigkeit hat, etwas zu tun, das für Sie bedeutsam und wichtig ist.

Wenn Sie Forderungen stellen, werden Sie zum Tyrannen und verhalten sich nicht wie ein Liebender. Ihr Partner wird sich durch Ihre Einstellung herabgesetzt und nicht bestätigt fühlen. Eine Bitte lässt Ihrem Partner die Wahl. Er kann entscheiden, ob er darauf eingeht oder nicht. Das macht letztlich die Bedeutung der Bitte aus.

Indem er auf Ihre Bitte eingeht, vermittelt Ihnen Ihr Partner, dass Sie ihm wichtig sind, dass er Sie respektiert und bewundert und dass er Ihnen einen Gefallen tun möchte. Sie können durch eine Forderung keine Liebe bekommen. Ihr Partner gehorcht Ihnen vielleicht, aber das ist kein Ausdruck von Liebe. Wahrscheinlich drückt es eher Furcht, Schuldgefühl oder ein anderes Gefühl aus.

Gute Frage

? Was kann ich tun, um im Ermutigen besser zu werden?
Sammeln Sie anerkennende Worte, die Sie irgendwo hören oder lesen, in einem Notizbuch. Wenn Sie einen Artikel oder ein Buch über die Liebe lesen, schreiben Sie sich einiges, was Ihnen bemerkenswert erscheint, auf. Wenn Sie hören, wie jemand etwas Positives über einen anderen sagt, schreiben Sie es in Ihr Notizbuch. Mit der Zeit werden Sie eine ganze Liste mit Formulierungen gesammelt haben, um die Liebe zu Ihrem Partner in Worte zu fassen.

Anerkennung leicht gemacht

Nicht jeder ist zum Mutmachen geboren. Wenn Sie unsicher sind, wie Sie Anerkennung in Ihre Ehe einbeziehen, können Sie sich an den folgenden zehn Vorschlägen orientieren.

a) Verwenden Sie einfache Worte

Vielleicht geraten Sie in Versuchung, Ihr Lob in blumige Sprache zu kleiden und mit poetischen Gefühlsbeteuerungen „auszuschmücken“ (bei manchen Leuten auch „Glückwunschkarten-Syndrom“ genannt). Sie sollten dieser Versuchung widerstehen, es sei denn, Sie sprechen immer in blumiger und poetischer Sprache. Egal wie normal und untauglich Ihnen Ihre Worte erscheinen mögen – Ihr Partner wird erkennen, dass sie von Herzen kommen, und deshalb werden sie ihm umso mehr bedeuten.

Sie sollten sich mit Ihrer Anerkennung immer nur auf einen Bereich konzentrieren. Wenn Sie einmal gesehen haben, welche Wirkung Ihre Ermutigung auf Ihren Partner hat, sind Sie vielleicht versucht, Ihrem Partner in allen Bereichen seines Lebens großzügig Anerkennung zu spenden. Das könnte letztendlich mehr Schaden anrichten als Gutes bewirken.

Sie sollten Ihren Partner auch nicht überfordern, indem Sie zu viele Möglichkeiten aufzeigen. Lassen Sie ihn sich auf einen einzigen Lebensbereich konzentrieren, an dem er arbeiten kann. Wenn Ihr Partner dieses Ziel erreicht hat, können Sie nach einem anderen Gebiet suchen, auf dem Sie ihm Mut machen können.

b) Seien Sie ehrlich

Die meisten Paare, die eine Zeit lang zusammengelebt haben, wissen, wann man ehrlich ist und wann etwas vorgespielt wird. Wenn Sie Ihren Partner wirklich bestätigen wollen, müssen Sie es auf eine offene und ehrliche Art tun.

Den Partner in seinem Vorhaben zu bestärken, heißt nicht, zu lügen oder zu übertreiben, damit er sich besser fühlt („Wenn du jetzt anfängst zu trainieren, könntest du der erste Mann über vierzig sein, der olympisches Gold im 100-m-Lauf holt“). Wenn Sie nicht ehrlich sind, wird man es merken – was hat es also für einen Sinn?

> *»Die Schmeichelei ist eine Wortverdreherin und nicht mit der Ehrlichkeit verwandt.«*
> Sir Thomas Browne

Um wirklich wertvolle Anerkennung geben zu können, sollte man einige Überlegungen anstellen. Sie sollten nicht nur die Wünsche Ihres

Partners kennen, sondern auch eine Vorstellung davon haben, wo seine Begabungen liegen. Ihre anerkennenden Worte sollten Ihren Partner ermutigen und inspirieren. Sie sollten ihm aber kein unerreichbares Ziel vor Augen halten.

Ehrlichkeit heißt auch, seine Versprechen wahr zu machen. Wenn Sie Ihrem Partner versprechen, dass Sie ihn bei seinem Vorhaben unterstützen werden, sollten Sie auch durchhalten. Anerkennung ist kein einmaliger aufmunternder Vortrag, sondern eine Verpflichtung, dem Partner zu helfen, seiner Begabung gemäß zu leben – eine Verpflichtung, die jeden Tag gilt.

c) Konzentrieren Sie sich auf Ihren Partner und nicht auf sich selbst

Wenn Ihrem Partner unwohl dabei ist, dass er im Zentrum der Aufmerksamkeit steht, wird er vielleicht versuchen, Sie ins Rampenlicht zu ziehen und Ihnen Komplimente und Anerkennung zuteil werden zu lassen. Es ist auch denkbar, dass Ihr Partner so überrascht und überwältigt von Ihren ermutigenden Worten ist, dass er in lange Lobes- und Dankeshymnen ausbricht.

Auch wenn es zu einer anderen Zeit angebracht sein mag, dass Sie gelobt werden, ist es doch an diesem Punkt nicht hilfreich. Bei der Anerkennung geht es nicht um Sie, sondern um Ihren Partner. Wenn Sie merken, dass Ihr Partner versucht, das Gespräch auf Sie zu lenken, dann drehen Sie den Spieß am besten wieder um und reden über seine Fähigkeiten.

Wenn Sie dies beiläufig und unaufdringlich tun, helfen Sie Ihrem Gegenüber, sein anfängliches Gefühl des Unbehagens zu überwinden und das anzunehmen, was Sie ihm mitteilen wollen.

d) Unterlassen Sie zweifelhafte Komplimente

Wenn Sie sich bei der Vorstellung unwohl fühlen, Mut zu machen (oder sogar bei der Vorstellung, ehrlich zu sein), könnten Sie in Versuchung geraten, dabei Witze zu reißen oder Ihre Worte mit Sarkasmus oder Ironie zu tränken.

- „Jetzt hast du fast zwei ganze Tage damit zugebracht, diese Stofftasche zu nähen. Ich bewundere deine Willenskraft."
- „Ich denke, du solltest Buchbinderei zu deinem Hobby machen. Es kann auch nicht schlimmer werden als deine Torten-Dekorationsphase."
- „Wieder die Schulbank zu drücken ist eine tolle Idee von dir – dann habe ich endlich unser Sofa für mich alleine."

Kommentare wie diese mögen Sie harmlos finden, aber sie sind es nicht. Sie können in Wirklichkeit mehr schaden als nützen. Wenn Sie Ihre Anerkennung in billige Witze oder Ironie hüllen, müssen Sie damit rechnen, dass Ihr Partner das, was Sie sagen, nicht annimmt. Denken Sie daran, dass Sie als Antwort gerne ein herzliches Lächeln sehen wollen, nicht ein befangenes Kichern.

e) Handeln Sie aus uneigennützigen Motiven

Wenn Sie Ihre Anerkennung mit persönlichen Hintergedanken äußern, sollten Sie es lieber ganz bleiben lassen. Jede Ermutigung, die Sie äußern, sollte aus dem Wunsch geboren sein, Ihren Partner glücklich und zufrieden zu sehen. Das ist alles. Erwarten Sie keine Gegenleistung.

Sie sollten Anerkennung niemals als Mittel der Manipulation benutzen. Denken Sie daran: Es geht nicht darum, was Sie wollen oder was Ihr Partner Ihrer Meinung nach tun soll. Es geht um Ihren Partner und um seine Fähigkeiten.

> *»Manche Leute machen ein Kompliment so, als ob sie auf eine Quittung warten.«*
> Kin Hubbard

Seien Sie nicht enttäuscht, wenn Ihr Partner nicht so reagiert, wie Sie es sich vorgestellt haben. Denken Sie daran – jeder Mensch reagiert anders auf Komplimente und Mut machende Worte. Natürlich wäre es schön, wenn Ihr Gegenüber kinoreif in Tränen ausbrechen oder in Ohnmacht fallen würde – am besten mit einem Streichorchester im Hintergrund. Aber seien Sie nicht enttäuscht, wenn Sie stattdessen einen verwirrten Blick oder ein misstrauisches: „Was meinst du damit?", ernten.

Das ist besonders wichtig, wenn Sie und Ihr Partner Neulinge auf dem Gebiet der Anerkennung sind. Wenn es Ihrem Wesen nicht entspricht, Mut zu machen, können Sie es Ihrem Partner wohl kaum vorwerfen, wenn er am Anfang verwirrt ist. Wenn er sich einmal daran gewöhnt hat, wird er positiver darauf reagieren.

f) Behalten Sie Ihre Gefühle nicht für sich

Warum sollten Sie der Einzige sein, der weiß, was für einen tollen Ehepartner er hat oder wofür Sie ihn für fähig halten? Erzählen Sie es in Ihrer Familie, Ihren Freunden und Nachbarn. Ja, lassen Sie sich von Ihrem Partner dabei überraschen, wie Sie Gutes über ihn sagen. Oder lassen Sie es ihn von anderen hören.

Erzählen Sie den Leuten aus Ihrem Bekanntenkreis, die nichts für sich behalten können, dass Ihr Partner Anerkennung und Lob verdient. („Daniel ist wirklich geschäftstüchtig und fleißig. Er wäre bestimmt sehr erfolgreich, wenn er sich entschließen würde, ins Geschäft einzusteigen.") Natürlich sollten Sie nichts sagen, das Ihrem Partner peinlich wäre. Es soll auch nicht so aussehen, als ob Sie andere Leute hinzuziehen, um ihn dazu zu bringen, etwas zu tun. Wenn man darauf achtet, kann „anerkennender Tratsch" sehr nützlich sein, um jemanden zu ermutigen.

Wenn Sie die Möglichkeit haben, können Sie außerdem in Erwägung ziehen, Ihren Partner vor anderen zu loben. Wenn Sie selbst öffentlich für eine Leistung in Ihrem Beruf oder in einer ehrenamtlichen Tätigkeit gewürdigt werden, könnten Sie Ihre Anerkennung mit Ihrem Partner teilen und Ihrem Partner dafür danken, dass er Sie auf jedem Schritt Ihres Weges unterstützt hat.

g) Halten Sie Ihre Augen und Ohren offen

Sie können nie wissen, wann sich eine gute Möglichkeit ergibt, Ihren Partner zu ermutigen. Deshalb ist es wichtig, immer darauf vorbereitet zu sein. Achten Sie auf einen Hinweis im Gespräch, der Aufschluss darüber geben könnte, dass Ihr Partner erwägt, ein langfristiges Ziel zu verfolgen oder auch nur seine eigene Bequemlichkeit zu überwinden.

Stellen Sie sich vor, dass Ihr Partner beim Abendessen sagt: „Meine Schwester versucht, mich dazu zu überreden, dass ich mich für einen

Malkurs anmelde. Ich habe sie für verrückt erklärt." Das ist ein ziemlich deutlicher Hinweis. Wenn Sie sich auf so eine Situation vorbereitet haben, können Sie diesen Hinweis aufgreifen und Ihrem Partner erklären, warum auch Sie der Ansicht sind, dass er zu einem Malkurs bestimmt das nötige Talent hätte.

Wenn Sie Ihrem Partner wirklich Bestätigung geben wollen, dann seien Sie zu jeder Zeit darauf vorbereitet, ermutigende Worte für ihn zu finden.

> *»Für einen ausgeglichenen Menschen ist nichts undenkbar und nichts unmöglich, wenn er damit wichtige Bedürfnisse erfüllen und der Entfaltung des Lebens dienen kann.«*
> Lewis Mumford

h) Legen Sie eine Liste an

Spontane Ermutigung – Ermutigung, die aus Ihrem Herzen kommt – mag wie ein romantisches Ideal erscheinen, aber es ist kein sehr praktisches Konzept. In Wirklichkeit ist es leider so, dass Sie unter dem Druck und der Hektik des Alltags viele Möglichkeiten, Ihren Partner zu ermutigen und zu bestätigen, einfach verpassen.

Wenn Sie Ideen haben, in welchen Dingen Sie Ihren Partner ermutigen können, schreiben Sie sie vielleicht am besten auf, in den Worten, wie Sie sie sagen wollen. Nehmen Sie die Liste immer wieder zur Hand, damit Sie die Ideen gut in Erinnerung behalten.

i) Schreiben Sie Ihre Gedanken auf

Liefern Sie Ihrem Partner das „Beweismaterial" für Ihre Anerkennung und Ihr Lob. Dabei sollten Sie keine Glückwunschkarte nachahmen. Die Idee ist, dass Sie einen Brief an Ihren Partner schreiben, in dem Sie für ihn Ihre Gedanken über seine Stärken und Fähigkeiten ausdrücken. Damit können Sie ihm etwas geben, auf das er sich immer wieder stützen kann, wenn er es braucht.

In diesem Zusammenhang heißt es immer wieder: „Ich kann mich nicht gut ausdrücken." Die Antwort lautet immer gleich: Übung. Formulieren Sie Ihre Gefühle immer wieder neu, bis sie genau richtig ausgedrückt sind. Genau so, als ob Sie den Jahresbericht für Ihre Firma verfassen oder eine wichtige Präsentation für einen Kunden vorbereiten würden, sollten Sie sich anstrengen, Ihre Liebe und Ermutigung für Ihren Partner auf Dauer schriftlich festzuhalten. Eigentlich sollten Sie sogar mehr Energie in Ihren Brief investieren. Schließlich landen Geschäftsberichte doch irgendwann im Papierkorb und Präsentationen werden vergessen, aber Ihre gut formulierten Worte der Bestätigung werden das Leben Ihres Partners verändern.

Familienaktion

✓ SIE KÖNNEN IHRE KINDER AM BESTEN SO ERMUTIGEN: Wenn Sie beobachten, wie ihnen etwas gelingt, sagen Sie ihnen, wie viel es Ihnen bedeutet! Sie sehen beispielsweise, wie Ihre ältere Tochter ihrem jüngeren Bruder bei den Hausaufgaben hilft. Wenn der richtige Zeitpunkt dafür gekommen ist, nehmen Sie Ihre Tochter beiseite und sagen etwas wie: „Dein Bruder kann froh sein, so eine Schwester zu haben. Ich bin stolz darauf, wie du ihm hilfst, wenn er Probleme hat."

Wo sollte man anfangen?

Wenn Sie ein Grünschnabel in Sachen Anerkennung sind, haben Sie vielleicht jetzt den Eindruck, dass Sie mit Informationen zugeschüttet wurden. Sie werden sich vor allem fragen, was Sie mit all dem anfangen sollen. Vielleicht haben Sie festgestellt, dass 1) Ihr Partner von etwas Ermutigung profitieren könnte, und 2) Sie der richtige Mensch sind, ihm diese Ermutigung zu geben.

Was nun?

In welchen Bereichen sollen Sie Anerkennung ausdrücken? Was sollen Sie sagen? Was können Sie tun, um Ihre Unbeholfenheit und Ihr Unbehagen bei Ihren ersten Ermutigungsversuchen zu mindern?

Natürlich gibt es keine Strategie, die für alle Paare gilt. Was den einen Partner zu Tränen rührt, wird bei einem anderen Brechreiz hervorrufen. Wie Sie schließlich Anerkennung ausdrücken, hängt von Ihren konkreten Lebensumständen und der konkreten Beziehung mit Ihrem Ehepartner ab.

Es gibt jedoch einige allgemeine Bereiche, in denen man anfangen könnte, seinen Partner zu ermutigen. In diesem Abschnitt schauen wir uns vier der beliebtesten Bereiche an. Wir werden uns außerdem mit einigen Beispielen für Lob und Anerkennung befassen, die Sie für Ihre eigene Situation verwenden oder umformulieren können. Diese vier Bereiche eignen sich am besten dazu, Anerkennung zu äußern:

- Aussehen
- Lebenseinstellung
- Intelligenz
- Fähigkeiten

a) Aussehen

Die „politisch Korrekten" halten es wahrscheinlich für oberflächlich, der außeren Erscheinung eines Menschen besondere Aufmerksamkeit zu widmen. Aber glauben Sie im Ernst, dass Ihr Partner es Ihnen übel nehmen würde, wenn Sie ihm ein ehrliches Kompliment über sein Aussehen machen?

Hier einige Beispiele von anerkennenden Äußerungen über das Aussehen:

- „Wow." (Ja, Sie haben richtig gelesen, nur „wow". Sie werden überrascht sein, wie effektiv ein einziges Wörtchen der Anerkennung sein kann, wenn es zum richtigen Zeitpunkt gesagt wird – zum Beispiel, wenn sich Ihr Partner für einen festlichen Anlass umgezogen hat.)
- „Du hast unglaublich schöne Augen. Das war das Erste, was mir an dir auffiel, als wir uns trafen, und es fällt mir immer noch jeden Tag auf." (Sie können hier auch „Nase", „Lächeln", „Zähne", „Haar", „Muskeln" oder etwas anderes einsetzen, je nach dem Aussehen Ihres Partners.)
- „Wie viel Kilo hast du abgenommen? Du siehst toll aus!" (Das ist ein besonders durchschlagendes Kompliment, wenn Ihr Partner gerade etwas trägt, was ihm früher zu klein war. Wenn Ihr Partner gar nicht abgenommen hat, verwenden Sie diese Sätze lieber nicht!)

b) Lebenseinstellung

Das ist wahrscheinlich die am wenigsten offensichtliche Kategorie. Doch wenn Sie mit jemandem verheiratet sind, der eine großartige Einstellung zum Leben hat, jemandem, der das Leben genießt und anderen auch dazu verhilft – warum sollten Sie diese Eigenschaft nicht unterstützen? Auf diese Weise könnten Sie das tun:

- „Ich weiß nicht, was ich tun würde, wenn du nicht zu Hause auf mich warten würdest. Wie anstrengend mein Tag auch war – du weißt immer, wie du mich aufheitern kannst!"
- „Ich hoffe, dass unsere Kinder das Leben einmal so lieben wie du."
- „Ein Kollege hat mich heute gefragt, ob ich nicht in sein Golfteam kommen will. Sie treffen sich jeden Samstagmorgen zum Spielen. Aber ich sagte ihm, dass ich mit niemandem lieber den Samstagmorgen verbringe als mit dir. Es würde mir einfach nicht so viel Spaß machen, den ganzen Tag mit anderen Leuten zusammen zu sein, wenn wir beide etwas Gemeinsames unternehmen könnten." (Natürlich passt hier jegliche Einladung, die Sie ausschlagen, sei es zum Bowling oder zum Shopping mit Freunden.)

c) *Intelligenz*

Ihr Partner muss nicht „belesen" sein, um intelligent zu sein. Manche der klügsten und weisesten Menschen waren nicht sehr gebildet. Wenn Ihr Partner ein Mensch ist, zu dem andere gehen, wenn sie einen Rat oder eine Lösung für ein Problem suchen, sollten Sie versuchen, diese gute Eigenschaft in ihm zu unterstützen. Sie könnten das etwa so machen :

- „Könntest du mir .... erklären?" (Die Lücke können Sie in Gedanken mit etwas füllen, das in den Bereich fällt, in dem Ihr Partner Experte ist. Ihren Partner darum zu bitten, Ihnen etwas zu erklären, ist ein guter Weg, seine Intelligenz anzuerkennen – natürlich nur, wenn Sie wirklich etwas von ihm lernen wollen. Denken Sie daran, dass „heiße Luft" nicht als Anerkennung gilt.)
- „Ich befürchte, dass bald sämtliche Freunde unserer Kinder vor unserer Tür Schlange stehen, damit sie dir Fragen zu ihren Hausaufgaben stellen können!"
- „Du könntest als Teilnehmer bei ‚Wer wird Millionär?' ziemliches Aufsehen erregen. Du solltest dich dort bewerben!"

d) *Fähigkeiten*

Jeder ist in irgendeinem Bereich gut. Manche Menschen sind in vielen verschiedenen Dingen gut. Wenn Sie sich Zeit nehmen, Ihren Partner zu beobachten, werden Sie erstaunt sein, wie viele Dinge er meistert.

Das kommt Ihnen zugute, denn es gibt Ihnen genug Stoff für Ihre Anerkennung. So können Sie zum Beispiel die Fähigkeiten Ihres Partners anerkennen:

- „Ich kann kaum glauben, dass jemand, der so gut in .... ist, gleichzeitig so gut .... kann.“ (Suchen Sie nach zwei verschiedenen Fähigkeiten, die Ihr Partner beherrscht, und verdoppeln Sie so die Effektivität Ihrer Anerkennung.)
- „Ich habe dich heute Morgen in der Kirche beobachtet und festgestellt, dass du wirklich gut Fremden das Gefühl geben kannst, dass sie willkommen sind.“
- „Es ist mir ein Rätsel, wie du es schaffst, so gelassen zu bleiben, wenn du unter Druck gerätst. Ich bewundere das an dir.“

Denken Sie daran, dass das nur Vorschläge sind, die Sie in Erwägung ziehen sollten, während Sie Ihre eigenen Strategien zur Ermutigung entwerfen. Die Bestätigung, die Sie schließlich Ihrem Partner geben, sollte einzigartig sein und von Herzen kommen.

TEST

Halten Sie sich für einen Experten in Sachen Anerkennung und Ermutigung? Mit diesem Test können Sie feststellen, wie viel Sie aus dem dritten Kapitel behalten haben.

1. Welcher der folgenden Begriffe beschreibt keine Liebessprache?
   a) Anerkennung
   b) Gemeinsame Zeit
   c) Körperkontakt
   d) Ratespiele

2. Was ist das Wichtigste, das Worte der Anerkennung in einer Ehe erreichen können?
   a) Sie rufen Mut und Entschlossenheit hervor und drücken Liebe und Wertschätzung aus.

b) Sie zwingen Ihren Partner dazu, immer „gut drauf" zu sein.
c) Sie beeindrucken die Schwiegereltern.
d) Sie bilden ein Verhaltensmuster, in dem die Ehepartner einander Komplimente und Gefälligkeiten „schulden".

3. Welcher der folgenden Vorschläge wird Ihnen am ehesten helfen, einen Konflikt mit Ihrem Partner zu bewältigen?
a) Eine freundliche Einstellung bewahren, die sogar die intensivste Konfrontation entschärfen kann.
b) Über alles lachen, was Ihr Partner sagt, damit er die Situationskomik versteht.
c) Die Probleme in einer Talkshow ausbreiten, damit Sie davon geheilt werden.
d) Den anderen beschimpfen – die schnellste Lösung aller Probleme.

4. Welcher der folgenden Vorschläge ist keine gute Idee, wenn Sie Ihren Partner bestätigen und ermutigen wollen?
a) Drücken Sie Ihre Anerkennung einfach und direkt aus.
b) Erwarten Sie am Anfang keine aufregenden Veränderungen.
c) Schreiben Sie Ihre Gedanken auf.
d) Stellen Sie einen Therapeuten an, der es für Sie tut.

5. Was sollten Sie tun, wenn sich Ihr Partner bei Ihren anerkennenden Worten unbehaglich fühlt?
a) Nehmen Sie Kontakt zu einem Scheidungsanwalt auf.
b) Bewahren Sie Ihre Ermutigung für Ihre Kinder und andere Familienmitglieder auf, die dankbar dafür sind.
c) Fahren Sie fort, ihn zu ermutigen, vielleicht mit etwas mehr Zurückhaltung.
d) Sagen Sie etwas besonders Kritisches oder Beleidigendes, so dass Ihr Partner einsieht, dass er Bestätigung und Ermutigung nötig hat.

Antworten: 1d), 2a), 3a), 4d), 5c).

4 TEA FOR TWO

Sprache der Liebe Nummer 2: Gemeinsame Zeit

„Hast du auch manchmal das Gefühl, dass wir nur Zimmergenossen sind, die sich zuwinken, wenn sie kommen und gehen?", fragte Melanie.

Alan seufzte hinter seiner Zeitung. „Wenn das jetzt schon wieder eine Diskussion über das Thema ‚Wir verbringen keine Zeit miteinander' wird, dann sag's mir gleich, damit ich den früheren Zug zur Arbeit nehmen kann."

„Es geht nicht darum, nur Zeit zusammen zu verbringen", berichtigte Melanie ihn. „Es geht darum, eine intensive Zeit miteinander zu verbringen."

„Intensive Zeit", schnaubte Alan. „Schon wieder einer dieser Psycho-Begriffe, die Verfasser von Beziehungsratgebern reich machen und bei jedem anderen Schuldgefühle auslösen."

„Warum hast du Probleme damit, eine intensive Zeit mit mir zu verbringen?", fragte Melanie.

„Der Ausdruck ist mir zu subjektiv", erwiderte Alan. „Wer entscheidet denn überhaupt, ob die Zeit, die wir miteinander verbringen, ‚intensiv' ist oder nicht? Gibt es da Richtlinien? Das würde ich gerne mal wissen, denn was ich unter intensiver Zeit verstehe, könnte dir nichts bedeuten, und umgekehrt."

„Warum musst du die Dinge so kompliziert machen?", seufzte Melanie. „Intensive Zeit ist gemeinsame Zeit. Das heißt, dass Paare etwas zusammen tun. Punkt."

„Nein, das kann nicht alles sein", sagte Alan. „Da ist doch wieder ein Haken. Du behauptest doch immer, dass die Zeit, die wir zusammen verbringen, nicht wirklich ‚gemeinsam' ist."

„Wann haben wir denn das letzte Mal Zeit miteinander verbracht?", fragte Melanie.

„Nun, wenn du dich erinnerst", entgegnete Alan, „haben wir gestern Abend gute zwanzig Minuten miteinander verbracht."

Melanie versuchte, sich an den vorhergehenden Abend zu erinnern. Dann verdrehte sie die Augen, als ihr klar wurde, was Alan meinte. „Es zählt nicht als gemeinsame Zeit, wenn wir nach der Fernbedienung suchen!“, schrie sie.

„Siehst du, was ich meine“, konterte Alan. „Da ist immer ein Haken bei der Sache!“

*

Viele Menschen, vor allem die Realisten unter uns, zucken zusammen, wenn sie das Wort „Zweisamkeit“ hören. Sie stellen sich eine Szene aus einem alten Cary-Grant-Film vor, in einem Restaurant bei Kerzenschein, mit schnulzigen Geigen im Hintergrund, geistreicher Unterhaltung und langen, bedeutungsvollen Blicken. Um genau zu sein: Sie bekommen dabei Zahnschmerzen. Wenn ihr Partner dann nach einer „besonderen“ Zeit der Zweisamkeit ruft, ist ihre erste Reaktion, zu schaudern und zu protestieren. Sie sind sich nicht ganz sicher, was „gemeinsame Zeit“ mit sich bringt, und sie sind auch nicht besonders wild darauf, es herauszufinden.

VORGEGRIFFEN

- „Gemeinsame Zeit“ kann langfristig die tiefsten Bedürfnisse Ihres Partners stillen.
- Wenn Sie „gemeinsame Zeit“ mit Ihrem Partner verbringen, kann das konkret heißen, dass Sie Gesellschaftsspiele spielen oder am Wochenende zelten gehen – die Dinge zu tun, die für Sie beide etwas Besonderes sind.
- Einen festgelegten Termin zu verschieben oder abzusagen, um mit Ihrem Partner zusammen sein zu können, ist einer der besten Wege, um ihm Ihre Liebe durch „gemeinsame Zeit“ zu zeigen.

Das ist schade, denn in Wirklichkeit muss „Gemeinsame Zeit“ nicht romantischer sein als das gemeinsame Lösen eines Kreuzworträtsels. Wenn Sie das überrascht, lesen Sie weiter. Sie könnten dabei herausfinden, dass intensive Zeiten dafür geeignet sind, das Feuer in Ihrer Ehe wieder zu entfachen.

Gemeinsame Zeit ist eine der fünf Muttersprachen der Liebe, die die Menschen sprechen – eine von fünf Arten, wie Liebe ausgedrückt und empfangen werden kann. (Das Konzept der Liebessprachen wird in Kapitel 2 ausführlich erklärt.) Die anderen vier Liebessprachen sind ...

- Anerkennung
- Geschenke
- Praktische Hilfe
- Körperkontakt

> *»Das, was uns am meisten kostet, ist unsere Zeit.«*
> Theophrast

Es ist eine Tatsache, dass nicht jeder auf dieselbe Liebessprache anspricht. Die Ausdrucksformen, die Ihnen viel bedeuten, können Ihrem Partner gleichgültig sein, und umgekehrt. Wenn also eine gesunde, wachsende eheliche Beziehung Ihre erste Priorität ist, müssen Sie herausfinden, welches die Muttersprache der Liebe Ihres Partners ist, und dann diese Sprache lernen.

Erinnern Sie sich daran, dass Sie sich die Liebessprache Ihres Partners nicht aussuchen können. Sie können Ihren Partner auch nicht überreden, eine andere Liebessprache zu wählen. Wenn also die gemeinsame Zeit die vorrangige Liebessprache Ihres Partners ist und Ihre nicht, dann müssen Sie in den sauren Apfel beißen und lernen, wie Sie ihm diese besondere Zeit einräumen können.

Woran Sie erkennen können, ob sich Ihr Partner „Gemeinsame Zeit" wünscht

An einem bestimmten Punkt ist es sinnvoll, dass Sie und Ihr Partner sich zusammensetzen und ganz konkret über Ihre beiden Muttersprachen der Liebe reden. Wenn Sie schon den Verdacht hegen, dass intensive Zeit die vorrangige Liebessprache Ihres Partners ist, dann gibt es einige Dinge, auf die Sie achten können, um sicher zu sein.

Wenn Ihr Partner Sie beispielsweise geradeheraus fragt, ob Sie mehr Zeit mit ihm verbringen könnten, ist das sicherlich ein guter Hinweis darauf, dass seine Liebessprache die gemeinsame Zeit ist. Leider sprechen die meisten Menschen ihre Bedürfnisse nicht so direkt aus, so dass Sie auf andere Anhaltspunkte achten müssen.

Wenn sich Ihr Partner beispielsweise über die Anzahl an Stunden, die Sie in der Woche arbeiten, oder über die Art, wie Sie die Abende oder Wochenenden verbringen, besonders aufregt oder ärgert, könnte er Sie damit darauf hinweisen, dass er mehr gemeinsame Zeit mit Ihnen braucht.

Sie sollten noch eine andere Möglichkeit in Erwägung ziehen. Steht Ihr Partner immer zur Verfügung und hat er immer Zeit für Sie, wenn Sie ihn brauchen? Wenn dem so ist, will er Ihnen vielleicht auf diese Weise vermitteln, dass er sich dasselbe von Ihnen wünscht.

Um es noch einmal zu sagen: Nichts kann ein offenes Gespräch mit Ihrem Partner über seine Liebessprache ersetzen. Doch wenn Sie in Ihrer Ehe auf den einen oder anderen dieser Hinweise stoßen, sollten Sie sich über die Sprache der gemeinsamen Zeit Gedanken machen.

Beliebte Ausreden ...

Lassen Sie uns offen reden. Wenn Sie das Bedürfnis Ihres Partners nach intensiver Zeit erfüllen wollen, werden Sie reichlich Zeit, Energie, Hingabe und Ehrgeiz investieren müssen. Das trifft vor allem dann zu, wenn Sie nicht dieselbe Liebessprache wie Ihr Partner sprechen.

Wenn Sie selbst kein großes Bedürfnis nach gemeinsamer Zeit haben, mag es sein, dass Sie die Bedürfnisse Ihres Partners unter „Vorhaben im Rentenalter" abspeichern und zur Tagesordnung übergehen. Erlauben Sie uns deshalb, einige der beliebtesten Ausreden der Leute zu nennen, die keine Zeit mit ihrem Partner verbringen wollen.

a) Meine Zeit ist kostbar

Manchmal scheint es so, als ob der Tag nicht genug Stunden hat, um die Büroarbeit zu erledigen, die Kinder dazu zu bringen, ihre Aufgaben zu machen, den Haushalt zu bewältigen und kirchliche und soziale Aufgaben zu erfüllen – ganz zu schweigen von essen, schlafen, duschen und rasieren.

Bei einem so vollen Zeitplan kann Ihnen die Vorstellung, zusätzliche zwanzig oder dreißig Minuten zu erübrigen, so realistisch vorkommen, wie einen 100-Euro-Schein in Ihrer Jackentasche zu finden. Auch wenn Sie nicht abgeneigt sind, mehr Zeit mit Ihrem Partner zu verbringen, wird Ihr Terminkalender es Ihnen schlichtweg nicht erlauben.

b) Alles ist gut so, wie es ist

Wenn Sie sich selbst nicht nach Zweisamkeit sehnen, können Sie leicht das große Bedürfnis, das Ihr Partner danach hat, unterschätzen. Dazu kommt der angeborene Widerstand gegen eine Änderung unserer Gewohnheiten und unseres Verhaltens, den die meisten von uns haben. So passiert es leicht, dass man sich auf eine bestimmte Umgangsform mit seinem Partner festlegt. Wenn sich etwas einmal eingespielt hat, ist es sehr schwer wieder zu ändern.

Vielleicht erkennen Sie ein Problem in Ihrer Beziehung nicht, weil Sie mit Ihrem Partner gut auskommen – das heißt, weil Sie nicht jeden Abend mit ihm streiten. Vielleicht gehen Sie einfach davon aus, dass die Kommunikation in Ihrer Ehe „super" ist – vor allem, wenn Ihr Partner Ihre Bedürfnisse erfüllt.

c) Jede Minute, die wir zusammen verbringen, zählt als gemeinsame Zeit

„Warum wird so viel Wirbel darum gemacht?", fragen Sie vielleicht. „Wenn ich mich mit meinem Partner im selben Zimmer aufhalte, sind wir zusammen. Und wenn wir zusammen sind, kann man von gemeinsamer Zeit sprechen. Warum sollten wir uns das verderben lassen und eine unnatürliche Art der Zweisamkeit erzwingen?"

Auf den ersten Blick scheinen das überzeugende Argumente dafür zu sein, den Status quo in Ihrer Beziehung aufrechtzuerhalten. Lassen Sie uns nun einen zweiten Blick darauf werfen.

... und warum man sie nicht verwenden sollte

Wenn Sie denken, dass Ihre Gründe gegen das bewusste Einräumen von gemeinsamer Zeit legitim sind, sollten Sie sie noch einmal überdenken. Und zwar aus diesen Gründen:

a) Einen „zu vollen" Terminkalender gibt es nicht

Es kann sein, dass Sie viel beschäftigt sind, vielleicht auch zu beschäftigt, aber es wird immer Lücken in Ihrem Terminkalender geben.

Sehen Sie die Nachrichten oder eine andere Fernsehsendung? Lesen Sie Zeitung? Machen Sie Gymnastik? Sind Sie Mitglied im Sportverein? Nehmen Sie Mahlzeiten ein? Wenn Sie mindestens eine dieser Fragen mit Ja beantwortet haben, haben Sie Zeit, die Sie mit Ihrem Partner verbringen können. Niemand wird so gefordert, als dass er nicht regelmäßig zwanzig oder dreißig Minuten in seinem täglichen Zeitplan einräumen könnte. Das bedeutet, dass Sie nicht zu beschäftigt sind, um sich Zeit für Ihren Partner zu nehmen.

b) Eine Unterbrechung des Alltagstrotts wird Ihnen gut tun

Erinnern Sie sich daran, wie es war, als Sie und Ihr Partner frisch befreundet waren und jeden Tag neue Seiten aneinander entdeckten – so dass Sie umso verliebter waren? Wenn Sie sich entschließen, regelmäßig eine intensive Zeit mit Ihrem Partner einzuplanen, kann Ihre Beziehung wieder so spannend werden wie damals.

> *»Männern sind ihre Frauen deshalb gleichgültig, weil sie jederzeit in Reichweite sind.«*
> Ovid

Denken Sie darüber nach, wie Sie damals an Ihre Beziehung herangingen. Wenn es Ihnen so ging wie den meisten anderen Paaren im Liebesrausch, versuchten Sie bestimmt, so viel Zeit wie nur irgend möglich mit Ihrem Liebsten bzw. Ihrer Liebsten zu verbringen.

Was hat sich verändert? Haben Sie schon alles, was man über Ihren Partner erfahren kann, herausgefunden? Ist er Ihnen weniger wichtig als damals? Wenn Sie diese Fragen beide verneinen, bedeutet das, dass es immer noch Dinge gibt, die Sie an Ihrem Partner entdecken können, und Dinge, die Sie ihm von sich selbst zeigen können. Die gemeinsame Zeit ist der richtige Weg dafür.

c) Sie glauben nicht, wie oft Sie Ihrem Partner weniger geben, als Sie ihm geben könnten!

Wenn Sie Ihre Ehe aus der Sicht eines Außenstehenden betrachten würden, wären Sie besorgt über das, was Sie sähen? Leicht hält man seinen Partner für selbstverständlich. Schließlich gehen Sie davon aus, dass, wenn Sie sich in der Beziehung gut fühlen, es Ihrem Partner auch so geht. Die Vorstellung, dass die Bedürfnisse Ihres Partners nicht erfüllt werden könnten, kommt Ihnen gar nicht in den Sinn.

Deshalb kann es sein, dass Sie mit Ihrem Partner zusammen sind, aber ihm nicht richtig zuhören. Oder Sie geben Ihrer Arbeit oder Ihrer ehrenamtlichen Tätigkeit mehr Raum als Ihrem häuslichen Leben. Sie könnten dabei das Interesse verlieren, Ihren Partner näher kennen zu lernen. Und obwohl Sie nicht wirklich wollen, dass so etwas passiert, kann es den negativen Einfluss, den es auf Ihre Ehe hat, nicht ändern.

Das Problem liegt dann darin, dass Sie sich zu wenig auf Ihren Partner konzentrieren. Solche Nichtbeachtung ist aus vielerlei Gründen falsch. Lassen Sie uns mit den offensichtlichsten Gründen beginnen:

- *So ein Verhalten ist unhöflich.* Wenn Sie jemanden ständig beleidigen, ignorieren oder für selbstverständlich nehmen möchten – warum sollte Ihr Lebenspartner dieser Mensch sein? Wenn Sie außerdem wissen, dass sich Ihr Partner nach gemeinsamer Zeit mit Ihnen sehnt, finden Sie es dann nicht ziemlich niederträchtig, dieses Bedürfnis zu ignorieren?
- *So ein Verhalten zeigt, dass falsche Prioritäten gesetzt wurden.* Wenn Ihnen Vorabend-Serien und Computerspiele wichtiger sind als ein gemeinsamer Abend mit Ihrem Partner, sollten Sie sich fragen, warum das so ist. Wenn Sie merken, dass Sie sich mehr um Ihre Freizeitaktivitäten kümmern als um Ihre Ehe, ist es Zeit für eine umfangreiche Neubewertung Ihrer Prioritäten.
- *So ein Verhalten wird Ihrer Ehe auf Dauer schaden.* Ihr Partner merkt, wenn Sie ihn nicht beachten oder ihm nicht richtig zuhören. (Würde es Ihnen nicht auch so gehen?) Denken Sie, dass er es witzig findet oder spielend damit fertig wird? Natürlich nicht. Jeder Augenblick, in dem er nicht beachtet wird, ist für ihn ein Schlag ins Gesicht – und es ist ein kleiner Riss, den Ihre Beziehung dadurch erhält. Und wenn auch ein oder zwei solcher kleiner Risse Ihre Beziehung nicht in Gefahr bringen werden, kann es sie letztlich zerstören, wenn Sie Ihren Partner auf Dauer zu wenig beachten.

Jetzt wissen Sie, weshalb gemeinsame Zeit für Ihre Ehe so wichtig ist. Kommen wir nun zum Wie.

Was Sie über Menschen, die sich gemeinsame Zeit wünschen, wissen sollten

Erstens erleben die Menschen, deren Muttersprache der Liebe die gemeinsame Zeit ist, Liebe vor allem in Gemeinschaft. Wir meinen hier nicht nur Anwesenheit und körperliche Nähe, sondern körperliche und emotionale Zugewandtheit. Zusammen in einem Haus zu sein oder bei einer Mahlzeit beisammenzusitzen, ist nicht unbedingt das, wonach sich diese Menschen sehnen.

> **Familienaktion**
>
> ✓ WENN SIE KINDER HABEN, können Sie auch sie in die Aufgabe, Zeit für Ihren Partner zu finden, mit einbeziehen. Bitten Sie sie, Ihnen dabei zu helfen, eine halbe Stunde hier und zwanzig Minuten dort für Ihren Partner einzuräumen. Bitten Sie ältere Kinder, ob sie auf die kleineren aufpassen können, wenn das möglich ist. Wahrscheinlich werden Ihre Kinder es spannend finden, in Ihre Pläne eingeweiht zu werden.

Zweitens kann sich wirkliche Gemeinschaft erst durch ungeteilte Aufmerksamkeit einstellen. Nils und Lara spielen beispielsweise jeden Dienstagabend Badminton im gemischten Doppel. Sie gewinnen nicht besonders oft, aber Leistung zählt hier nicht. Ihnen ist wichtig, dass sie Zeit miteinander verbringen, in einem Team spielen und einander anfeuern. Für sie ist ein gemeinsames Interesse wie Badminton ein Weg, einander zu zeigen, dass sie sich etwas bedeuten, dass sie es genießen, zusammen zu sein, und dass sie gerne Dinge gemeinsam tun.

Menschen, deren Muttersprache die gemeinsame Zeit ist, fühlen sich zurückgewiesen, wenn ihre Partner ...

- sich nach ihrer Arbeit mit anderen Leuten verabreden,
- während des Gesprächs auf das Fernsehen schielen,
- ein geplantes Zusammensein verschieben oder absagen, weil ihnen „etwas dazwischen gekommen ist".

Drittens sind den Menschen, die wertvolle Zeit mit ihrem Partner allem anderen vorziehen, tiefe Gespräche und besondere Aktivitäten gleichermaßen wichtig.

Ein gutes Gespräch führen

Vielleicht die besten und tiefsten Zeiten mit Ihrem Partner werden nicht mehr erfordern als miteinander zu reden. Doch um ein gutes und intensives Gespräch entstehen zu lassen, müssen Sie wissen, was zu tun ist.

Ein gutes Gespräch ist ein Dialog, in dem Sie und Ihr Partner Ihre Erfahrungen, Gedanken, Gefühle und Wünsche in einem freundlichen Zusammenhang äußern, ohne unterbrochen zu werden. Wenn die Muttersprache der Liebe Ihres Partners die gemeinsame Zeit ist, wird er sich nach so einem Gespräch sehnen. Es ist wesentlich für seine eigene Zufriedenheit.

Der erste Schritt, diese Art von Kommunikation zu erleichtern, hat weniger damit zu tun, Gespräche anzufangen, als damit, sie richtig in Gang zu bringen. Konzentrieren Sie sich darauf, Ihren Partner aus der Reserve zu locken und ihm verständnisvoll zuzuhören. Stellen Sie Fragen, aber nicht auf eine irritierende oder herausfordernde Art, sondern mit dem ehrlichen Wunsch, die Gedanken und Gefühle Ihres Partners zu verstehen.

Sie sollten sich dabei auch von schlechten Angewohnheiten verabschieden, die jeden Dialog zur Strecke bringen können. Wenn Sie nicht sicher sind, was wir damit meinen, lesen Sie diese Beispiele:

a) Gute Ratschläge

Wenn Sie zu der Sorte Mensch gehören, die Probleme „in den Griff bekommen" müssen, werden Sie doppelt so hart daran arbeiten müssen, tiefe Gespräche sich entfalten zu lassen. Sie werden Ihre natürliche Veranlagung unter Kontrolle halten müssen.

Während Ihrer tiefen Gespräche wird Ihr Partner wahrscheinlich mit Ihnen über Frustrationen, Verletzungen, Fragen und Zweifel sprechen. Das ist nicht – wiederholen Sie bitte: nicht – der Moment, in dem Sie alle Antworten auf seine Probleme aus dem Ärmel schütteln sollen. Wenn Ihr Partner mit Ihnen über persönliche Rückschläge spricht, wird er so gut wie immer Sympathie und Verständnis suchen, keine Antworten. Ob Sie nun tatsächlich eine Ahnung haben oder nicht – Ihr Partner wird sich wahrscheinlich nicht über Ihren Rat freuen.

Wenn Ihr Partner Sie hingegen ausdrücklich um eine Stellungnahme bittet, indem er etwa fragt: „Wie soll ich deiner Meinung nach handeln?“, dann sollten Sie ihm selbstverständlich Ihre Gedanken und Ihre Meinung mitteilen. Lassen Sie Ihrer Genialität dann ruhig freien Lauf. Wenn Sie aber nicht dazu eingeladen werden, sollten Sie lieber Ihren Mund halten und die Ohren spitzen.

> *»Eine gute Unterhaltung ist so anregend wie schwarzer Kaffee, und es ist genauso schwer, danach einzuschlafen.«*
> Anne Morrow Lindbergh

b) Einsilbige Antworten

Auch wenn ich damit das Risiko eingehe, mich wie Ihr Deutschlehrer in der neunten Klasse anzuhören: Das Beste, was man über ein Gespräch lernen kann, ist, jede Frage mit einem ganzen Satz zu beantworten. Antworten wie „Ja“, „Nein“ oder „Gut“ sind keine Hilfe für das weitere Gespräch. Sie sind Sackgassen, in denen der Dialog zum Stillstand kommt. („Das weiß ich nicht“ ist zwar grammatikalisch gesehen ein ganzer Satz, fällt jedoch in die Kategorie der einsilbigen Antworten.)

Vergleichen Sie die folgenden kurzen Wortwechsel:

Patrizia: Wie war die Arbeit heute?
Nick: Gut.

Patrizia: Wie war die Arbeit heute?
Nick: Es fing wirklich gut an, aber dann wurde es von Stunde zu Stunde scheußlicher.

Im ersten Wortwechsel wurde die Unterhaltung gleich „abgewürgt“. Nicks einsilbige Antwort ließ Patrizia wenig Möglichkeit, mit dem Gespräch fortzufahren („Gut ... inwiefern?“). Im zweiten Wortwechsel gab Nick Patrizia mehrere Möglichkeiten anzuknüpfen („Was ist heute Morgen passiert?“ „Wann ging es ‚den Bach runter‘?“ „Wie geht es dir jetzt?“).

c) Unpassender Humor

Wir meinen hiermit nicht unanständige Witze (obwohl die natürlich auch dafür bekannt sind, Gespräche abzuwürgen). Wir meinen unangebrachtes Sprücheklopfen, gedankenlosen Sarkasmus, absurde Schlussfolgerungen und schwer verständliche Anspielungen, die nur dazu dienen, von der Sache abzulenken.

Humor ist auf jeden Fall willkommen und wird geschätzt, wenn die Unterhaltung es verlangt. Doch Humor um seiner selbst willen dient nur der eigenen Eitelkeit und widerspricht dem Geist einer guten Unterhaltung.

Wenn Sie einmal die Kunst, ein gutes Gespräch zu führen, gemeistert haben, werden Sie feststellen, dass Sie fast jede Situation zur gemeinsamen Zeit machen können.

Wie man ein guter Zuhörer wird

Viele Menschen müssen das Zuhören erst lernen. Es ist keine Fähigkeit, die ihnen leicht fällt. Das heißt nicht unbedingt, dass diese Menschen egoistisch sind, aber vielleicht wirken sie so.

Zuhören lernen ist mit dem Erlernen einer Fremdsprache vergleichbar. Die Übung macht den Meister. Wenn Ihnen das Zuhören nicht leicht fällt, können Sie die folgenden praktischen Vorschläge als „Starthilfe“ nehmen:

- *Halten Sie Blickkontakt.* Wenn Sie Ihren Partner direkt anschauen, während er spricht, wird er nicht nur den Eindruck haben, dass er Ihre ungeteilte Aufmerksamkeit besitzt, sondern Ihnen auch helfen, nicht an andere Dinge zu denken.
- *Beenden Sie das, was Sie gerade tun.* Denken Sie daran, dass gemeinsame Zeit eine Zeit der ungeteilten Aufmerksamkeit sein soll. Wenn Sie fernsehen, die Zeitung lesen oder etwas anderes tun, während Ihr Partner mit Ihnen spricht, können Sie sich nicht darauf konzentrieren, was er sagt – auch wenn Sie von Ihrer Fähigkeit überzeugt sind, mehrere Dinge gleichzeitig zu tun.
- *Wenn Sie gerade etwas erledigen, was Sie zu Ende bringen müssen, sagen Sie es Ihrem Partner ganz ehrlich.* Lassen Sie ihn wissen, dass das, was er Ihnen zu sagen hat, für Sie wichtig ist – so wichtig,

dass Sie dabei nicht von etwas anderem abgelenkt werden möchten. Geben Sie Ihrem Partner einen Anhaltspunkt, wann Sie ihm wieder Ihre volle Aufmerksamkeit zuwenden können, und fragen Sie ihn, ob Sie sich später unterhalten können. Wenn Sie Ihre Bitte so formulieren, wird Ihr Partner sie wahrscheinlich gerne erfüllen.

> **Gute Frage**
>
> **? Und wenn ich nicht wirklich daran interessiert bin, worüber mein Partner redet? Soll ich Interesse vortäuschen oder meinem Partner die Wahrheit sagen?** Wenn eine Sache für Ihren Partner von Interesse ist, sollten Sie irgendwie versuchen, ein eigenes Interesse daran zu entwickeln. Das kann man durch Fragen erreichen. Wenn Sie genügend Fragen stellen und genug Energie darauf verwenden, eine Sache zu verstehen, wird sie auch für Sie interessant – ohne dass Sie schauspielern müssen.

- *Lernen Sie die Gefühle hinter den Worten Ihres Partners zu entdecken.* Wenn Sie diese Gefühle benennen können, fragen Sie Ihren Partner, ob Ihr Eindruck richtig ist. Sie könnten beispielsweise sagen: „Ich habe den Eindruck, dass du dich über deinen Chef ärgerst, weil er von dir mehr erwartet als von deinen Kollegen." Damit geben Sie Ihrem Partner die Möglichkeit, sich über seine Gefühle klar zu werden („Nein, ich bin weniger ärgerlich als frustriert"). Sie haben dadurch auch die Möglichkeit, Ihre Fähigkeit, zuzuhören, unter Beweis zu stellen.
- *Achten Sie auf die Körpersprache.* Wenn Sie nur auf die Worte Ihres Partners achten, werden Sie mindestens 50 Prozent seiner Kommunikation verpassen. Die Körpersprache – die Bewegungen, die wir beim Sprechen machen – können genauso viel über einen Menschen verraten wie seine Worte. Wenn die Worte, die Sie vernehmen, positiv sind, aber mit einer geballten Faust, zitternden Händen oder verdrehten Augen ausgesprochen werden, tun Sie wahrscheinlich gut daran, der Körpersprache mehr Beachtung zu schenken.
- *Unterbrechen Sie nicht.* Beißen Sie sich auf die Zunge, halten Sie die Luft an, tun Sie, was immer Sie tun müssen, damit Sie dem Drang widerstehen, Ihren „Senf" zu den Aussagen Ihres Partners dazuzugeben. Denken Sie daran, dass das Anliegen des guten Zuhörers nicht darin besteht, zu zeigen, wie weise oder witzig er ist, oder zu bewei-

sen, wie viel er über das Gesprächsthema bereits weiß. Ihr Ziel ist es, die Gedanken und Gefühle Ihres Partners zu entdecken. Der beste Weg, das zu tun, ist, ihm Ihre ganze, ungeteilte Aufmerksamkeit zu schenken. (Und vergessen Sie nicht, dass eigenes Reden immer Ihre Konzentration schwächt.)

Wie man lernt, sich mitzuteilen

Abgesehen davon, dass Sie Ihrem Partner sorgfältig zuhören sollen, gibt es noch einen Bestandteil guter Gespräche, den Sie meistern müssen: offen von sich selbst zu sprechen („Selbstoffenbarung"). Sphinxen sind keine guten Gesprächspartner.

Wenn Sie von Natur aus zurückhaltend sind und Ihre Gedanken und Gefühle lieber für sich behalten, müssen Sie lernen, sich gegenüber Ihrem Partner zu öffnen. Denken Sie daran, dass innere Nähe und Einheit die Kennzeichen einer gedeihenden Beziehung sind. Und Sie können Nähe und Einheit nicht erreichen, wenn Ihr Partner immer rätseln muss, was Sie gerade denken oder fühlen.

Der erste Schritt dazu, ein guter Gesprächspartner zu werden, ist, sich seiner eigenen Gefühle bewusst zu werden. Wenn Sie es nicht gewohnt sind, Ihre Gefühle auszudrücken, bemerken Sie den Wechsel Ihrer Gefühle vielleicht häufig gar nicht.

> *»Durch Unklarheit und Unausgesprochenes sind auf dieser Welt schon viele unglücklich geworden.«*
> Fjodor Dostojewski

Um dem abzuhelfen, können Sie einiges unternehmen. Tragen Sie den Tag über ein kleines Notizbuch bei sich und lassen Sie Ihre Uhr alle drei Stunden piepen. Wenn Sie das Geräusch hören, fragen Sie sich: „Welches Gefühl oder welche Stimmung habe ich in den letzten drei Stunden empfunden und was genau hat dieses Gefühl verursacht?" Schreiben Sie das Gefühl in Ihr Notizbuch und auch die Umstände, die es hervorriefen.

Wenn Sie das dreimal am Tag tun, haben Sie drei Gefühle, über die Sie reden können. Manche Gefühle können einfach und offensichtlich sein („Dieser Kerl im BMW, der mich auf der Straße abgedrängt hat, hat mich

Gute Frage

? Gibt es ein Minimum an Zeit, die ich für eine Unternehmung oder ein Gespräch einplanen sollte, damit es als gemeinsame Zeit gilt?
Nein, solange Sie Ihre Prioritäten richtig gesetzt haben. Wenn Sie zum Beispiel den ganzen Tag in Konferenzen sind und nur eine zehnminütige Mittagspause haben, wird es Ihrem Partner gut tun, wenn Sie ihn fragen, ob Sie ihn während dieser Zeit anrufen könnten. Allein die Tatsache, dass Sie in dieser Situation an ihn denken, ist von Bedeutung und nicht, wie viel Zeit Sie letztlich miteinander verbringen.

total wütend gemacht“), andere können komplexer sein („Als ich von der Frau hörte, deren Vater wegen einer Herzattacke plötzlich tot umfiel, fing ich an, mich wegen der Beziehung zu meinem Vater schuldig zu fühlen und mir Sorgen zu machen“).

Nach ein paar Wochen, in denen Sie sich Ihrer Gefühle mehr und mehr bewusst werden, brauchen Sie Ihre „Gehhilfe“ vielleicht nicht mehr und können auf das Notizbuch verzichten.

Das Gute an der „Selbstoffenbarung“ ist nicht nur, dass Sie sich dadurch Ihrer eigenen Gefühle und Stimmungen bewusst werden, die Ihr Leben tagtäglich bestimmen, sondern auch, dass Sie Ihrem Partner das Gefühl des Angenommenseins vermitteln, wenn Sie ihm Ihre Gedanken und Gefühle mitteilen.

Aktivitäten, die die gemeinsame Zeit fördern

Eine gute Unterhaltung ist wichtig, aber nicht der einzige Bestandteil der gemeinsamen Zeit, um den Sie sich kümmern müssen. Da sind auch noch gemeinsame Aktivitäten. Wir erwähnten in diesem Kapitel bereits einige solcher Aktivitäten.

Gemeinsame Aktivitäten können alles einschließen, was Sie oder Ihr Partner gerne tun. Wenn Sie sich zum ersten Mal damit beschäftigen, gemeinsame Zeiten einzubauen, sollten Sie sich am besten zuerst nach den Interessen Ihres Partners richten. Auf diese Weise widerstehen Sie der Versuchung, Ihren Partner einfach zu den Aktivitäten „mitzuschleppen“, die Sie gerne erleben („Ich spiele eine Runde Tennis. Du kannst solange auf dem Gelände herumlaufen.“)

In gleicher Weise sollten Sie auch vermeiden zu bestimmen, was während Ihrer gemeinsamen Zeit passiert. Zwingen Sie Ihren Partner nicht dazu, Ihre Bedingungen zu akzeptieren, damit Sie Zeit für ihn übrig haben („Wenn du mit mir Zeit verbringen willst, sollten wir zu einem Fußballspiel gehen. Ich werde bestimmt nicht den ganzen Abend mit Smalltalk auf dem Sofa verbringen.“)

Das ist wichtig: Wenn Sie Ihrem Partner erlauben, eine Aktivität auszusuchen, müssen Sie auch mitmachen. Egal wie blöd Sie seinen Vorschlag finden – geben Sie ihm eine Chance. Und wenn Sie sich für etwas entscheiden, sollten Sie es dann auch durchhalten. Seien Sie nicht mit halbem Herzen oder widerwillig dabei und schauen Sie nicht auf die Uhr. Sie sollten Ihrem Partner nicht den Eindruck vermitteln, dass er sich glücklich schätzen darf, dass Sie Zeit für ihn haben. Lassen Sie es nicht aussehen, als ob Sie wichtigere Dinge opfern, um ihn zufrieden zu stellen. Lassen Sie Ihren Partner vielmehr wissen, dass Sie es genießen, Zeit mit ihm zu verbringen, und dass Sie gerne Mittel und Wege finden würden, um noch mehr Zeit miteinander zu verbringen.

Natürlich kann es immer sein, dass Ihr Partner keine bestimmte Aktivität im Auge hat (oder dass er zögert, seine Wünsche zu äußern, weil er Ihre Reaktion fürchtet). Ihr Partner möchte vielleicht sogar, dass Sie die Planung für die Freizeitbeschäftigungen übernehmen (zumindest zu Beginn dieser neuen Phase Ihrer Beziehung). In diesem Fall sollten Sie selbst einige Vorschläge für gemeinsame Unternehmungen machen. Vielleicht kann Ihnen dieses Buch dabei helfen.

So viele Möglichkeiten – und so wenig Zeit

Wir erwähnten in diesem Kapitel bereits einige Aktivitäten für Ihre gemeinsamen Zeiten der Zweisamkeit. Hier finden Sie sieben weitere, die Sie in Erwägung ziehen, wählen oder verwerfen können. Es sollen nur Starthilfen sein, Ideen, um Ihre eigene Kreativität zu fördern. Wenn die richtigen Dinge für Sie dabei sein sollten – gut! Wenn nicht, können Sie sie auf Ideen bringen, die genau richtig für Sie und Ihren Partner sind.

- *Bepflanzen Sie zusammen ein Blumen- oder Gemüsebeet.* Das regelmäßige Jäten, Bewässern und Ernten, das ein Garten braucht, wird Ihnen und Ihrem Partner immer wieder Gelegenheit bieten, eine „fruchtbare" Zeit miteinander zu verbringen.

- *Starten Sie das Projekt, Ihr Zuhause zu verschönern.* Tapezieren Sie Ihre Küche, gestalten Sie Ihr Badezimmer neu, kaufen Sie einen neuen Kleiderschrank oder verschönern Sie etwas anderes in Ihrer Wohnung – als Team. Behalten Sie bei Pannen Ihren Sinn für Humor. Dann werden Sie bestimmt amüsante Anekdoten und Erinnerungen an diese gemeinsame Zeit im Gedächtnis behalten.
- *Spielen Sie ein Gesellschaftsspiel.* Scrabble, „Siedler" oder ein anderes Spiel kann das Zusammengehörigkeitsgefühl fördern. Die Spannung des Wetteiferns, kombiniert mit natürlichen Gesprächsmöglichkeiten, machen Gesellschaftsspiele zu einer guten Möglichkeit, gemeinsame Zeit miteinander zu verbringen.
- *Waschen Sie zusammen Ihr Auto.* Während Sie arbeiten, könnten Sie abwechselnd zum Besten geben, was Ihnen bei Autofahrten schon alles passiert ist. Wenn Sie fertig sind, benutzen Sie doch einfach Schlauch und Eimer zu einer Wasserschlacht!
- *Gehen Sie auf die Jagd nach Antiquitäten.* Wenn echte Antiquitäten für Sie unerschwinglich sind, könnten Sie Ihr Glück auf einem Flohmarkt versuchen. Sie werden überrascht sein, wie viel Spaß man zusammen beim Entdecken von „alten Schätzchen" (und Kitsch) haben kann. Zumindest wird der „Hey, so was hatte ich auch mal!"-Faktor für interessante Erinnerungen und Gespräche sorgen.
- *Gründen Sie einen Buchclub.* Wechseln Sie sich damit ab, Bücher auszusuchen, die von Ihnen beiden gelesen werden, und legen Sie ein realistisches Datum fest, an dem Sie damit fertig sein wollen. Diskutieren Sie dann jedes Buch miteinander. Dabei soll jeder die Chance haben zu erklären, was ihm daran gefallen hat und warum.
- *Gehen Sie zusammen einkaufen.* Sie werden überrascht sein, wie Sie sich am Brotregal näher kommen können und welche Unterhaltungen man am Kühlregal haben kann. Es könnte zum Beispiel sein, dass Sie darauf kommen, was Sie als Kind gern gegessen und was Sie damals gehasst haben.

Wenn Ihnen manche dieser Ideen etwas gewöhnlich vorkommen, hat das einen Grund. Gemeinsame Aktivitäten müssen nicht immer superaufregend oder kreativ sein. Wenn Sie Ihre Vorstellung von gemeinsamen Aktivitäten ausweiten, werden Sie feststellen, dass so gut wie alles dazu gehören kann.

Es ist nicht unbedingt wichtig, was Sie tun. Wichtig ist, warum Sie Zeit miteinander verbringen. Das Ziel ist, eine Erfahrung miteinander zu teilen und Ihren Partner wissen zu lassen, dass Sie Zeit mit ihm verbringen wollen.

Unvergessliche Momente

Ein Nebeneffekt der gemeinsamen Zeit ist, dass Sie damit gemeinsame Erinnerungen schaffen. Jahre später können Sie zusammen auf die Dinge zurückblicken, die Sie gemeinsam getan haben, und erneut Freude und Gemeinschaft spüren. „Weißt du noch ...

- ... als wir während einer Wanderung auf ein Bärenjunges und seine Mutter stießen?“
- ... als wir versucht haben, das Badezimmer zu tapezieren, ohne die geringste Ahnung zu haben, wie man das macht?“
- ... als wir einen ganzen Nachmittag damit zugebracht haben, auf einem alten Grammophon Schlager aus den 30er Jahren anzuhören?“
- ... als wir nach einem Gewitter zum Strand liefen und Dutzende Seepferdchen und andere Meerestiere fanden?“
- ... als wir im Freizeitpark zusammen Achterbahn fuhren?“

Gute Frage

? Woher weiß ich, ob etwas eine gute Aktivität ist oder nicht?

Eine gute gemeinsame Aktivität sollte drei wesentliche Kriterien erfüllen:
Zumindest einer von Ihnen hat Lust dazu.
Der andere ist bereit mitzumachen.
Sie beide wissen, warum Sie sich dazu entschlossen haben – um Ihrer Liebe in Ihrem Zusammensein Ausdruck zu geben.

Die Worte „Weißt du noch...?“, mit denen man beginnt, sich ein gemeinsames Abenteuer zu erzählen, rufen alte Erinnerungen wach und können im Alter für Wärme und Liebe zwischen Ihnen beiden sorgen. (Natürlich werden Ihre Kinder und Enkel es bald leid sein, diese Geschichten wieder und wieder zu hören, aber das ist ihr Problem.) Als zusätzlicher Bonus kann dieser Erinnerungsschatz auf langweiligen Partys über Jahre hinweg für Gesprächsstoff sorgen.

Qualität gegen Quantität

Bevor wir dieses Kapitel abschließen, möchten wir eine letzte Warnung geben. Wenn Zeit bei Ihnen Mangelware ist, könnten Sie versucht sein, Ihrem Partner die „Überbleibsel" Ihres Terminkalenders zu geben und das damit zu rechtfertigen, dass Qualität und nicht Quantität das Wichtigste sei.

Aber Quantität ist auch wichtig. Ja, zwanzig Minuten ununterbrochenen Zusammenseins mit Ihrem Partner sind gut – aber dreißig Minuten sind besser. Verbringen Sie nicht Ihren Tag damit, zu rätseln, wie viel gemeinsame Zeit Sie sich leisten können. Verbringen Sie Ihren Tag damit, sich zu überlegen, wie Sie die Gesellschaft Ihres Partners am besten genießen können.

»Das Beste am Leben ist das Gespräch, und der größte Erfolg ist das Vertrauen, das vollkommene Einverständnis zwischen zwei Menschen.«
Ralph Waldo Emerson

Wie man das Beste aus der gemeinsamen Zeit macht

Wenn Sie es damit ernst meinen, Ihrem Partner mehr Zeit zu widmen, haben Sie eine Vielzahl an Möglichkeiten zur Verfügung. Hier sind fünf abschließende Tipps und Gedächtnisstützen, die Ihnen helfen sollen, es richtig zu machen.

a) Fangen Sie langsam an

Wenn Ihnen die Idee der gemeinsamen Zeit neu ist, sollten Sie nicht versuchen, gleich alles verändern zu wollen. Fangen Sie mit zehn Minuten am Tag an, vielleicht in Form eines gemeinsamen Morgenspaziergangs. Steigern Sie diese Zeit auf zwanzig Minuten (vielleicht mit einem zusätzlichen Spaziergang am Abend). Wenn es schon eine lange Zeit her ist, dass Sie mit Ihrem Partner eine intensive gemeinsame Zeit verbracht haben, brauchen Sie vielleicht einen ganzen Tag, um sich wieder aneinander zu gewöhnen und sich in der Gegenwart des anderen wohl zu fühlen.

> **Familienaktion**
>
> ✔ WENN SIE KINDER HABEN, wird sich das Gespräch ganz natürlich um sie drehen, wenn Sie mit Ihrem Partner zusammen sind. Das ist bis zu einem bestimmten Grad in Ordnung. Achten Sie jedoch darauf, dass Sie Ihre Aufmerksamkeit nicht ausschließlich auf Ihre Kinder richten. Versuchen Sie, über Dinge zu reden, die Ihr Partner außerhalb seiner Elternrolle wichtig oder interessant findet.

b) Nehmen Sie den Druck heraus

Der Grund, warum viele Menschen vor gemeinsamer Zeit zurückschrecken, ist, dass sie sich unter Druck fühlen, alles richtig machen zu müssen, besonders romantisch zu sein oder zumindest die richtigen Dinge zu tun und zu sagen. Daher kommen sie sich während solch einer Zeit unnatürlich vor und fühlen sich unwohl.

Wenn Sie beide es schaffen, die Situation zu entlasten und realistische Erwartungen für eine gemeinsame Zeit zu formulieren, haben Sie einen großen Schritt in die richtige Richtung getan.

c) Sorgen Sie für Überraschungen

Erlauben Sie es sich nicht, in die Falle der Gewohnheit zu tappen und für Ihren Partner immer dasselbe zu tun.

Wechseln Sie sich damit ab, für Überraschungen zu sorgen, den anderen an „geheimnisvolle Orte“ zu führen (seien es Kegelbahnen oder Malkurse), ihn in merkwürdige, aber interessante Gespräche zu verwickeln („Wenn du für einen Tag Superman wärst, was würdest du tun?“) oder andere ungewöhnliche (aber auf keinen Fall peinliche) Dinge mit ihm zu tun.

d) Übertreffen Sie ab und zu sich selbst

Sie werden nicht immer die Zeit haben, gemeinsame Aktivitäten im Voraus zu planen, doch ab und zu wird es Ihnen gelingen. Nutzen Sie diese Gelegenheiten. Überlegen Sie sich Fragen, die Ihren Partner zum Reden bringen. Reservieren Sie einen Tisch in einem besonderen Restaurant. Lassen Sie Ihren Partner durch Ihre Planung wissen, dass Ihnen die gemeinsame Zeit wichtig ist.

Der Schlüssel zu einer intensiven Zeit zu zweit – seien es Gespräche oder Aktivitäten – ist Entspannung. Und Entspannung entsteht erst mit der Zeit. Je mehr Zeit Sie im intensiven Zusammensein mit Ihrem Partner verbringen, je entspannter – und schöner – wird Ihre wertvolle Zeit werden.

TEST

Wenn Sie annehmen, dass Sie ein Experte darin sind, Ihrem Partner wertvolle Zeit einzuräumen, dann können Sie Ihr Wissen hier unter Beweis stellen.

1. Welche der folgenden Aussagen ist kein Hinweis darauf, dass die vorrangige Liebessprache Ihres Partners die wertvolle Zeit ist?
   a) „Wir sollten uns für dieses Wochenende einen Babysitter suchen und etwas zusammen unternehmen – nur wir zwei."
   b) „Würde es dir etwas ausmachen, mir zu erklären, wie lange du diese 80-Stunden-Wochen noch durchziehen willst?"
   c) „Wirke ich in dieser Hose dick?"
   d) „Ich habe mir den Terminkalender für Samstag ganz frei gehalten, damit ich dir helfen kann, das Badezimmer zu renovieren."

2. Was ist unbedingt Bestandteil eines guten Gesprächs?
   a) Nachfragen
   b) Unpassende Witze
   c) Einsilbige Antworten
   d) Ratschläge
3. Was ist keine empfehlenswerte Strategie, um ein guter Zuhörer zu werden?
   a) Blickkontakt zu halten.
   b) Auf Körpersprache zu achten.
   c) Dinge beiseite zu legen, die man gerade tut.
   d) Alles zu wiederholen, was der Partner sagt.

4. Was sollte derjenige, der gerade redet, nicht tun?
   a) Sich seiner Gefühle bewusst werden.
   b) Seine Gefühle dem Partner mitteilen.
   c) Dem Partner über den Mund fahren, weil er nicht dasselbe empfindet.
   d) Dem Partner dadurch, dass er seine Gefühle zeigt, vermitteln, dass er ein besonderer und geliebter Mensch ist.

5. Welche der folgenden Aussagen trifft auf gute gemeinsame Aktivitäten nicht zu?
   a) Sie werden Erinnerungen schaffen, von denen Sie und Ihr Partner den Rest Ihres Lebens zehren können.
   b) Je eher Sie damit aufhören, umso mehr Bedeutung werden sie haben.
   c) Sie sollten Dinge einschließen, die entweder Sie oder Ihr Partner – oder am besten Sie beide – gerne tun.
   d) Der Sinn ist, Ihnen dabei zu helfen, Ihrem Partner durch wertvolle Zeit Liebe auszudrücken.

Antworten: 1c), 2a), 3d), 4c), 5b).

5 Kleine Liebesbeweise

Sprache der Liebe Nummer 3: Geschenke

„Stefanie war heute wieder im Büro“, sagte Anne, als sie die Grillhähnchen aus der Tüte holte. „Du glaubst nicht, wie braun sie ist.“

„Im Februar?“, fragte Charlie.

„Ja“, sagte Anne. „Erinnert du dich, dass ihr Mann ihr zum Hochzeitstag eine Reise nach Hawaii geschenkt hat?“

„Ach ja“, entgegnete Charlie, jetzt mit ausdrucksloser Stimme.

„Steffi trug das schönste Diamantarmband, das ich jemals gesehen habe“, fuhr Anne fort.

„Tatsächlich?“, fragte Charlie mit derselben unbeteiligten Stimme.

„Sie sagte, dass ihr Mann es ihr geschenkt hat, als sie sich auf einem Helikopterflug die Vulkane der Insel ansahen“, erklärte Anne.

„Auch nicht übel“, murmelte Charlie.

„Und als sie von ihrer Reise zurückkamen, fand Stefanie ihre Küche frisch renoviert vor, und ihr Haus war geschmückt.“

Charlie verdrehte angewidert die Augen, doch so, dass Anne es nicht sah. „War das irgendein besonderer Hochzeitstag?“, fragte er. „Vielleicht die Silberhochzeit oder so?“

„Nein“, entgegnete Anne. „Sie haben zwei Wochen nach uns geheiratet.“

Keiner von ihnen sagte noch etwas. Anne Antwort hing in der Luft wie ein übler Geruch.

Nach etwa einer Minute griff Charlie in seine Essenstüte. „Ich habe dir übrigens eine extra Portion gebratenen Reis und ein Mandelplätzchen mitgebracht“, bot er ihr hoffnungsvoll an.

„Vielen Dank, wie aufmerksam von dir“, murmelte Anne.

*

In jedem Freundeskreis gibt es ein Paar wie Stefanie und ihr Mann, das für andere alle Bemühungen zunichte macht, weil es durch seine großartigen Geschenke die Latte so unerreichbar hoch legt. Sie kennen solche Leute: der Mann, der seine Frau mit kostspieligen Geschenken überschüttet, und die Frau, die diese Geschenke in der Öffentlichkeit zur Schau trägt, behängt wie ein Weihnachtsbaum.

VORGEGRIFFEN

- Geschenke und ähnliche Liebesbeweise helfen vielen Menschen, sich ganz tief geliebt zu fühlen.
- Was ein Geschenk symbolisiert, ist für den Empfänger wichtiger als das Geschenk selbst.
- Um Ihrem Partner etwas zu schenken, das ihm viel bedeutet, müssen Sie auf seine Bedürfnisse und Wünsche achten.

Vielleicht ist es Ihnen gleichgültig, wenn wieder mit einem Geschenk geprotzt wird, vielleicht fühlen Sie sich davon abgestoßen oder Sie sind neidisch – je nachdem, in welcher Stimmung Sie gerade sind. Abgesehen davon, wie Sie sich angesichts solcher Prestigekäufe fühlen – es kann sehr wohl sein, dass diese Paare eine wichtige Entdeckung im Blick auf ihre Liebessprachen gemacht haben. (Wenn Sie spendablen Ehepartnern andere Motive unterstellen, ist das Ihre Sache.)

Es ist nicht zu leugnen, dass viele Menschen Geschenke als Ausdruck der Liebe verstehen. Ihre Liebessprache ist das Empfangen und Geben von Geschenken.

Kann man Liebe kaufen?

Wenn Sie nicht die Sprache der Geschenke sprechen, könnte es sein, dass Sie die Idee des „Schenkens als Ausdruck von Liebe“ nicht mögen und diese Vorstellung im Blick auf Ihre Beziehung problematisch finden. Wenn Sie das Konzept richtig ärgert, werden Sie vielleicht sogar die Rolle des Moralapostels ergreifen. Argumente wie: „Die Liebe meines Partners ist nicht käuflich!“, oder: „Mein Partner liebt mich dafür, wie ich bin, und nicht dafür, was ich ihm kaufe!“, können sehr überzeugend klingen, wenn sie nur mit viel Entrüstung und moralischem Eifer vorgebracht werden.

Alle Gegenargumente dieser Welt spielen jedoch letztlich keine Rolle, wenn Sie mit jemandem verheiratet sind, der Liebe auf dem Weg des Schenkens empfängt. Ob es Ihnen gefällt oder nicht – seine Liebessprache hat die gleiche Berechtigung wie Ihre.

> **Gute Frage**
>
> **Wie kann ich meinen Partner wissen lassen, dass meine Muttersprache der Liebe die der Geschenke ist, ohne habsüchtig zu klingen?**
> Würdigen Sie bewusst jedes noch so kleine Geschenk Ihres Partners, auch wenn es nur eine Pizza oder eine Karte zum Hochzeitstag ist. Teilen Sie ihm mit, wie wichtig Ihnen auch die Geschenke sind, die nur wenig kosten. Wenn Sie das oft genug tun, wird Ihr Partner bald merken, dass sichtbare Liebesbeweise mit Ihrer Zufriedenheit und Ihrem Glück zusammenhängen.

Die Geschenke, über die wir in diesem Kapitel sprechen, sind keine Bestechungsmittel, sondern einfach ein Ausdruck, dass Sie an Ihren Partner denken. Sie symbolisieren, dass Ihnen Ihr Partner wichtig genug ist, um ihm etwas zu basteln oder zu kaufen, das ihn glücklich macht.

Auch wenn Sie es sich nicht eingestehen wollen: Der Impuls zu schenken ist seit unserer Kindheit tief in uns verankert. Haben Sie jemals für Ihre Mutter ein Sträußchen Blumen gepflückt, als Sie klein waren? Warum taten Sie das? Sie hatten bestimmt keine Hintergedanken dabei. Sie wollten einfach Ihre Mutter glücklich machen. (Die Tatsache, dass Ihre Mutter wahrscheinlich nicht so erfreut war, dass ihr Blumenbeet dabei zerrupft wurde, spielt hier keine Rolle.) Dieselbe Haltung sollte Sie leiten, wenn Sie Ihren Partner beschenken.

Die Liebessprachen im Überblick

Die Sprache der Geschenke ist eine der fünf grundlegenden Sprachen der Liebe, die die Menschen sprechen. Das heißt, dass Menschen Liebe auf verschiedene Arten ausdrücken. Es gibt außerdem noch die folgenden anderen vier Sprachen:

- Anerkennung
- Gemeinsame Zeit
- Praktische Hilfe
- Körperkontakt

Auf S. 42 finden Sie eine Einführung in die fünf Liebessprachen. Um dieses Kapitel zu verstehen, brauchen Sie nur zu wissen, dass nicht jeder dieselbe „Muttersprache der Liebe“ hat. In der Tat ist es wahrscheinlich, dass Sie und Ihr Partner verschiedene Liebessprachen sprechen. Die Dinge, bei denen es Ihnen „warm ums Herz“ wird, könnten Ihren Partner kalt lassen. Das bedeutet nicht, dass Sie nicht zusammenpassen, aber es ist ein Hindernis für Ihre Kommunikation.

Gute Frage

? Worin besteht der Unterschied zwischen jemandem, dessen vorrangige Liebessprache die der Geschenke ist, und jemandem, der nur deshalb die Beziehung eingegangen ist, um den Partner auszunutzen?
Ein Mensch, der die Sprache der Geschenke spricht, achtet vor allem auf die Liebe, die der Anlass des Geschenks war. Jemand, der nur auf Geld aus ist, achtet vor allem auf den Preis des Geschenks. Ein Mensch, der die Sprache der Geschenke spricht, würde sich besonders über etwas Kleines, Persönliches freuen, wie eine selbst gebastelte Karte. Ein habgieriger Mensch würde dagegen fragen: „Was soll ich denn damit anfangen?"

Wie Sie herausfinden, ob Ihr Ehepartner Geschenke liebt

Jemanden mit Geschenken zu überschütten, der gar nicht die Sprache der Geschenke spricht, kann eine ziemlich kostspielige Zeitverschwendung sein. Damit Sie einen so teuren Fehler vermeiden, haben wir für Sie eine Liste mit Fragen zusammengestellt, mit denen Sie herausfinden können, ob Ihr Partner sich von Ihnen besonders geliebt fühlt, wenn Sie ihn beschenken.

a) Wie reagiert Ihr Partner auf die Geschenke, die er erhält?

Wenn Ihr Partner jedes Mal ehrlich begeistert ist, wenn Sie ihm ein Geschenk machen – sei es zu Weihnachten, zum Geburtstag, zum Hochzeitstag oder zu einem anderen Anlass –, könnte das ein Hinweis darauf sein, dass er in diesen Geschenken mehr sieht, als es reine Materialisten tun würden.

b) Wie oft redet Ihr Partner über Geschenke, die andere Leute bekommen haben?

Wir beziehen uns hier nicht unbedingt auf Eifersuchtsäußerungen („Ich wünschte, ich würde auch einmal zu einem Wochenendtrip nach Paris eingeladen!"). Wir reden von der Einstellung, die Ihr Partner zu Geschenken an seine Freunde und Verwandten zeigt. Wenn Ihr Partner sich über die Geschenke, die andere bekommen haben, aufrichtig mitfreut, könnte das ein Zeichen sein, dass er ein besonderes Feingefühl für Geschenke hat.

Gute Frage

? Mein Partner war mit meinen Geschenken meistens unzufrieden. Was soll ich tun?

Sie sollten Ihrem Partner helfen zu entdecken, welche der anderen vier Sprachen der Liebe seine ist, denn es ist sicherlich nicht die der Geschenke. Jemand, der in den Geschenken, die er erhält, die Liebe erkennt, wird kaum unzufrieden mit ihnen sein – es sei denn, sie wurden mit den falschen Motiven geschenkt, zum Beispiel um den anderen zu manipulieren (den eigenen Willen durchzusetzen) oder aus Pflichtgefühl (das aus einer falschen Einstellung resultiert, die Ihr Partner schnell erkennen wird).

c) Wie oft beschenkt Ihr Partner Sie?

Wenn Ihr Partner Ihnen gegenüber besonders großzügig ist – wenn er sich anstrengt, Dinge zu finden und zu erwerben, die Sie mögen –, könnte das bedeuten, dass er sich dieselbe Aufmerksamkeit von Ihnen wünscht.

d) Wie wichtig ist Ihrem Partner sein Ehering?

Wenn Ihnen das merkwürdig vorkommt, bedenken Sie: Die Ringe werden am Ende der Trauung als Zeichen der Liebe getauscht. In diesem Sinne ist der Ehering Ihres Partners das wichtigste Symbol Ihrer Liebe für ihn. Wenn Ihr Partner sehr großen Wert auf solche Symbole legt, wird er mit seinem Ehering ganz besonders sorgfältig umgehen.

Die Sprache der Geschenke lernen

> **Familienaktion**
>
> ✓ DIE BIBEL SAGT: „Erziehe dein Kind schon in jungen Jahren – es wird die Erziehung nicht vergessen, auch wenn es älter wird" (Sprüche 22,6). Dieses Konzept kann besondere Bedeutung für einen Partner haben, der die Liebessprache der Geschenke spricht. Wenn Sie Ihren Kindern von klein auf beibringen, wie wichtig es ist, nahe stehenden Menschen kleine und große Geschenke zu machen, werden sie ein großzügiges und liebevolles Verhalten einüben, von dem Ihr Partner möglicherweise noch sein ganzes Leben lang profitieren wird.

Wenn Sie von Natur aus kein Mensch sind, der gerne gibt, oder wenn Sie als Kind nicht oft Geschenke bekamen, sollte das keine Auswirkungen auf Ihr eigenes Familienleben haben. Sehen Sie es so: Sie haben die Möglichkeit, die Bedürfnisse Ihres Partners (oder Ihrer Familie) auf eine Weise zu erfüllen, die Ihnen nicht vergönnt war. Und Sie können Unwissenheit nicht als Entschuldigung vorschieben, denn Schenken ist eine der Liebessprachen, die am leichtesten zu lernen sind.

Wenn Sie die Sprache des Schenkens lernen, denken Sie immer daran, dass die Einstellung des Gebers genauso wichtig ist wie das Geschenk selbst. Ein fabrikneuer Mercedes, der nicht von Herzen geschenkt wird, wird einem Menschen, der die Sprache der Geschenke spricht, weniger bedeuten als ein kleines Buch, das aus der richtigen Haltung heraus geschenkt wird. (Natürlich wird denen, die andere Liebessprachen sprechen, ein Mercedes eine ganze Menge bedeuten – aber das steht hier nicht zur Debatte.)

So merkwürdig es auch scheinen mag, ist es doch möglich, sich gleichzeitig großzügig und verletzend zu verhalten. Sie können durch die scheinbar gute Tat des Schenkens Ihren Partner beschuldigen („Wir können uns das hier eigentlich nicht leisten, aber weil du Geschenke ja so gerne magst – bitte"), Ärger ausdrücken („Hier, damit du endlich den Mund hältst!") und Herablassung („Ich werde dir ein nagelneues Geschenk geben, wenn du mich mal anlächelst") oder andere Gefühle zeigen – allein durch eine kaum merkliche Änderung des Tonfalls oder der Körpersprache.

Falsche Gründe für das Schenken

Sie sollten wissen, warum Sie Geschenke machen, bevor Sie überhaupt damit anfangen. Um das zu verstehen, müssen Sie zuerst einige der falschen Motive für das Schenken erkennen. Drei der beliebtesten, aber falschen Gründe fürs Schenken sind:

- Einen Ersatz für aufrichtige Liebe und Zuneigung anzubieten.
- Mit anderen Schenkenden zu wetteifern.
- Sich den Ruf als großzügiger Mensch verschaffen zu wollen.

Lassen Sie uns einen Blick auf die Probleme werfen, die in diesen Motiven liegen.

a) Geschenke sind kein Ersatz für Liebe

Manche Menschen benutzen Geschenke, um die Auseinandersetzung mit ihrem Partner zu vermeiden. Nach einem Streit oder Konflikt kaufen sie Geschenke, um den Konflikt so schnell wie möglich zu bereinigen. Auch wenn ihr Partner Lob oder Anerkennung braucht, benutzen sie Geschenke dazu, ihre Gefühle mitzuteilen – damit sie nicht „zu persönlich" werden müssen. Die Ergebnisse solch falscher Großzügigkeit sind kaputte Beziehungen und Paare, die nicht wissen, wie sie sich öffnen können.

> *»Liebe ist der Zustand, in dem das Glück eines anderen Menschen wesentlich für das eigene ist.«*
> Robert A. Heinlein

Geschenke müssen immer in Verbindung mit einem persönlichen Austausch mit Ihrem Partner stehen und niemals an seiner Stelle. Sie wollen Ihrem Partner ja nicht nur Knochen vorwerfen, um ihn stillzuhalten – Sie versuchen, ihm Ihre Liebe auf die tiefste Art mitzuteilen, die Sie kennen.

b) Geschenke sind kein Mittel, um mit Freunden oder Bekannten zu konkurrieren

Hören Sie auf, an die lieben Nachbarn zu denken. Es geht hier nicht darum, in einem Wettstreit der Geschenke um Anerkennung in der Nachbarschaft zu buhlen. („Richard hat seiner Frau gerade eine neue

Geschirrspülmaschine gekauft. Wenn ich meiner Frau keinen neuen Geschirrspüler und Trockner kaufe, sehe ich alt aus.“) Wenn Sie Schenken mit Leistungsdenken kombinieren, haben Sie Probleme in zweierlei Hinsicht.

Erstens wird Ihr Partner wissen, was Ihr tatsächliches Motiv für Ihre Geschenke ist. Deshalb werden Sie seine Bedürfnisse nicht erfüllen können und es am Ende auch noch mit ihm verscherzen. Anstatt sich geschätzt und geliebt zu fühlen, wird Ihr Partner ahnen, dass Sie auf seine Kosten Ihren Lebensstil verbessern wollen.

> *»Kostbare Geschenke sehen armselig aus, wenn die Geber sich als lieblos herausstellen.«*
> Nach William Shakespeare

Zweitens kann das Wetteifern mit den lieben Nachbarn eine teure Angelegenheit werden, vor allem, wenn die Nachbarn zufällig eine Gehaltsklasse höher liegen. Das Schlimmste bei so einem Wettstreit ist, dass er nie aufhört. Wenn Sie nicht zur Vernunft kommen, könnte es sein, dass Sie tief in Schulden enden.

c) Geschenke sind kein Weg, um sich einen guten Ruf zu sichern

Viele Menschen schenken, um ihr eigenes Selbstwertgefühl aufzubauen. Ihre Motivation ist, dass sie als großzügige Menschen bekannt sein wollen. Sie sollten nie vergessen, dass sich das Schenken – zumindest im Zusammenhang von Liebessprachen und Familienbeziehungen – nicht um Sie dreht. Es geht dabei um Ihren Partner – genauer gesagt darum, Ihrem Partner die Liebe zu zeigen, die er braucht. Sobald Ihr Partner den Verdacht hegt, dass es Ihnen beim Schenken genauso um Sie selbst geht wie um ihn, ist der Zauber des Geschenks dahin.

Daher sollten Sie vermeiden, dass an Geschenke Bedingungen geknüpft werden. Wenn man gibt, sollte man keine Gegenleistung erwarten. Beklagen Sie sich nicht darüber, die einzige großzügige Person in der Familie zu sein. Fragen Sie nicht: „Was hast du für mich in letzter Zeit getan?“ Machen Sie einfach ein Geschenk.

Die richtigen Gründe für das Schenken

Wenn Sie gerne schenken möchten, können Sie es auch gleich aus den richtigen Gründen tun.

Das heißt Sie sollten Geschenke machen, weil ...

- Sie wissen, worüber sich Ihr Partner freut,
- Sie wissen, was Ihr Partner braucht,
- Sie Ihre Liebe auf eine Weise äußern möchten, die Ihrem Partner viel bedeutet.

Warum sind diese Gründe besser oder löblicher als die vorhergehenden? Lassen Sie sie uns genauer betrachten.

a) Schenken Sie, weil Sie wissen, worüber sich Ihr Partner freut

Sie können nur herausfinden, worüber sich Ihr Partner freut, wenn Sie ihn fragen. Und gerade dadurch, dass Sie Ihrem Partner die Möglichkeit geben, Ihnen seine Vorlieben mitzuteilen, drücken Sie Ihre Liebe zu ihm aus. Sie zeigen Ihrem Partner damit, dass Sie echtes Interesse an ihm haben und ihn glücklich machen wollen. Wenn Sie etwas unternehmen, damit seine Wünsche erfüllt werden, ist das für Ihren Partner wie „die Sahne auf dem Kuchen". Ihre Geschenke werden zum greifbaren Ausdruck Ihres Wunsches, Ihren Partner glücklich zu machen.

Es bedarf gar nicht großer Anstrengung. In der Tat sind es oft nur ein oder zwei Fragen („Warum magst du Blumen so gerne?", „Warum spielst du so gerne Golf?"), die Ihnen genug Informationen geben.

b) Schenken Sie, weil Sie wissen, was Ihr Partner braucht

Noch wichtiger als die Wünsche Ihres Partners sind seine Bedürfnisse. Wenn Ihr Partner in einem bestimmten Bereich zu kämpfen hat, in einer schwierigen Lage ist, oder wenn es ihm an wichtigen Dingen mangelt, können Sie vielleicht manche dieser Nöte erleichtern, indem Sie ihm im passenden Moment ein gut durchdachtes Geschenk machen.

Manche Geschenke sind so praktisch, dass sie kaum als Geschenk angesehen werden. Wenn Sie Ihrem Partner zum Beispiel eine neue

Thermoskanne schenken, die er mit zur Arbeit nehmen kann, oder eine neue Sonnenbrille, die er tragen kann, wenn er bei den Fußballspielen Ihrer Kinder zuschaut, erscheint Ihnen das vielleicht gar nicht als etwas, was in einem Kapitel wie diesem erwähnt werden sollte. Doch tatsächlich ist all das, was aus der richtigen Haltung heraus gegeben wird, ein Geschenk. Und wenn ein Geschenk zufällig ein praktisches Bedürfnis Ihres Partners erfüllt, umso besser.

> *»Was aus Pflichtgefühl geschenkt wird, ist wertloses Gold.«*
> James Russell Lowell

c) Schenken Sie, weil Sie Ihre Liebe auf eine Weise äußern möchten, die Ihrem Partner wichtig ist

Wenn Ihr Partner die Liebessprache der Geschenke spricht, können Sie das nicht ändern. Sie müssen sich also entscheiden, ob Sie Ihrem Partner geben wollen, was er braucht. Wenn Sie entschieden haben, dass das Glück und die Zufriedenheit Ihres Partners es wert sind, Ihre Zeit, Ihre Energie und Ihr Geld zu beanspruchen, lesen Sie weiter.

Praktische Überlegungen zum Schenken

Wenn Sie sich Ihrer Motive bewusst geworden sind, ist es an der Zeit, an die praktische Seite des Schenkens zu denken. Die folgenden fünf Tipps helfen Ihnen vielleicht bei Ihrem Vorhaben, Ihrem Partner immer wieder das zu schenken, was er braucht.

a) Halten Sie Augen und Ohren offen

Im Idealfall stammen die Ideen für Ihre Geschenke von Ihrem Partner, ob ihm das bewusst ist oder nicht. Wenn Sie es lernen, genau hinzuhören, was er sagt, selbst wenn Sie abgelenkt werden, werden Sie auf der Suche nach dem richtigen Geschenk wertvolle Hinweise erhalten.

Das will nicht heißen, dass Sie immer einen Wink mit dem Zaunpfahl erhalten („Ich wünschte, jemand würde mir so etwas kaufen"). Manches

Mal werden Sie „zwischen den Zeilen lesen" müssen. Wenn Ihr Partner beispielsweise von seiner Kindheit erzählt, sollten Sie auf Dinge achten, die ihn wehmütig werden lassen – sie könnten zum Anlass für ein besonderes Geschenk werden.

Ein Geschenk muss nicht besonders beeindruckend oder weltbewegend sein. Wenn Ihr Mann beispielsweise darüber klagt, dass er bei der Arbeit immer Hunger hat, könnten Sie das zum Anlass nehmen, um ihm am nächsten Tag ein besonderes Frühstück zur Arbeit mitzugeben. Sogar mit einem Müsliriegel können Sie ein Bedürfnis Ihres Partners stillen und ihm damit Ihre Liebe zeigen.

Gute Frage

? Ich bin im Allgemeinen so beschäftigt, dass ich nicht sicher bin, ob ich mich später an die Dinge erinnern kann, die mein Partner im Gespräch erwähnt hat. Was soll ich tun?
Leisten Sie sich ein gutes Notizbuch und einen Stift und tragen Sie es so oft wie möglich bei sich. Gewöhnen Sie es sich an, Geschenkideen aufzuschreiben, wenn Sie Ihnen in den Sinn kommen. Wenn Sie eine ganze Liste an Ideen beisammen und einige von ihnen umgesetzt haben, schreiben Sie auf, wie die Geschenke bei Ihrem Partner angekommen sind. Sie können die gesammelten Informationen dazu verwenden, Ihre Schenk-Strategien immer weiter zu verbessern.

b) Überwinden Sie Ihre Hemmungen

Manche Menschen vermeiden deshalb das Schenken, weil sie fürchten, ein Geschenk auszusuchen, dass sich als unbrauchbar oder ungewollt herausstellt. Sie rechtfertigen ihre Einstellung mit Gründen wie: „Was bringt ein Geschenk, das entweder umgetauscht wird oder in einer Schublade verschwindet und nie benutzt wird?" Sie geben ihren Hemmungen mehr Raum als ihrer Großzügigkeit.

Es ist jedoch wichtig, in Erinnerung zu behalten, dass diese Art der Argumentation wenig Berechtigung hat, wenn es um Ihren Partner geht. Sehen Sie: Wenn die vorrangige Liebessprache Ihres Partners das Empfangen von Geschenken ist, heißt das, dass er jedes ehrlich gemeinte Geschenk von Ihnen schätzen wird. Wenn Sie sich also wirklich bemühen, Ihre Liebe durch Geschenke auszudrücken, kann das nicht schief gehen.

c) Denken Sie unkonventionell

Ihre begrenzte Vorstellungskraft sollte dem Erlernen der Liebessprache Ihres Partners nicht im Weg stehen. Wenn Sie Ihre Definition von einem Geschenk erweitern, werden Sie entdecken, wie einfach es ist zu schenken. Eine Tafel Schokolade, eine selbst gemachte Karte, eine Pizza, ein Buch aus der Bücherei, eine Bahnfahrt in die nächste Stadt oder ein Paar neue Turnschuhe können hervorragende Geschenke sein, wenn sie aus der richtigen Motivation gegeben werden.

Nehmen wir zum Beispiel die Pizza. Sie haben eine Pizza vielleicht nie für ein erstklassiges Geschenk gehalten. Wahrscheinlich sind Sie auf Ihrem Weg zu einer Geburtstagsfeier noch nie bei einer Pizzeria vorbeigegangen, um eine als Geschenk verpackte Salamipizza zu besorgen. Und wahrscheinlich haben Sie in Ihrem Leben schon Dutzende (oder Hunderte) von Pizzas mit nach Hause gebracht, ohne auch nur eine von ihnen als „Geschenk“ zu betrachten. Aber versuchen Sie, eine Pizzabestellung von einer anderen Seite zu sehen. Für einen Partner, der schon zwanzig andere Mahlzeiten in der Woche vorbereitet, gekocht und serviert hat, ist eine Pizza am Freitagabend sicherlich ein willkommenes Geschenk. Es ist nicht nur ein kleines Fest für die Geschmacksnerven, sondern bedeutet auch Erholung von der Küchenarbeit.

Hier ein warnendes Wort: Übertreiben Sie nicht, indem Sie versuchen, aus Dingen Geschenke zu machen, die keinesfalls Geschenke sein sollen („Ich habe dir diese Packung Backpulver gekauft, damit ...“). Es gibt einen feinen Unterschied zwischen einem kreativen, sparsamen Geber und einem faulen Geizhals.

d) Denken Sie praktisch

Es ist nichts daran auszusetzen, ein Diamant-Armband oder einen Rosenstrauß zu verschenken, wenn Ihr Geldbeutel das hergibt. Aber denken Sie daran, dass nicht jedes Geschenk für Ihren Partner ein „romantisches“ Geschenk im herkömmlichen Sinne sein muss. Natürlich wird man eher Silberschmuck als einen neuen Teppichboden als Geschenk zum fünfundzwanzigsten Hochzeitstag empfehlen, aber das heißt nicht, dass ein Teppichboden kein Liebesbeweis für einen Partner ist, der sich schon Jahre lang nach einem neuen im Wohnzimmer sehnt.

Vergessen Sie nicht, dass das Beschenken weniger mit der allgemeinen Vorstellung von „Romantik“ als mit der Erfüllung der realen Bedürfnisse und Wünsche Ihres Partners zu tun hat. Schrecken Sie deshalb nicht davor zurück, einen neuen Berberteppich zu kaufen, wenn Sie annehmen, dass es Ihren Partner glücklich macht.

e) Nutzen Sie Ihre Begabungen

Dies sollten Sie sich merken: Menschen, deren hauptsächliche Liebessprache das Empfangen von Geschenken ist, lieben immer, immer die persönliche Note. Alles, was Sie selbst entwerfen, basteln oder bauen, wird für Ihren Partner von besonderer Bedeutung sein.

Wenn Sie die besondere Begabung haben, mit Holz zu arbeiten oder das Haus zu reparieren, oder wenn Sie eine künstlerische Ader haben, wird Ihnen die Tür zum Schenken weit offen stehen. Wenn Sie ...

- neue Küchenschränke bauen und anbringen können,
- ein Badezimmer renovieren und umgestalten können,
- ein Kunstwerk kreieren können,

besitzen Sie die Fähigkeit, Ihrem Partner greifbare Liebesbeweise zu geben, die er verwenden und bewundern kann und die ihm über Jahre hinweg Kraft und Inspiration geben.

> *»Das einzig wahre Geschenk ist ein Teil deiner selbst.«*
> Ralph Waldo Emerson

Jede Fähigkeit kann für das Schenken nützlich sein. Es ist nur etwas Phantasie und Anstrengung nötig. Wenn Sie gerne schreiben, könnten Sie versuchen, ein Tagebuch über Ihre Gedanken und Gefühle für Ihren Partner zu führen. Wenn Sie musikalisch sind, könnten Sie ein Lied komponieren oder eine Kassette mit den Liedern aufnehmen, die Ihr Partner gerne mag. Wenn Sie ein Organisationstalent sind, könnten Sie versuchen, die Unterlagen Ihres Partners in Ordnung zu bringen. Die Möglichkeiten sind unerschöpflich – beziehungsweise sie werden nur durch Ihre Vorstellungskraft begrenzt.

Geschenkideen

Wenn Sie Schwierigkeiten haben, genau das richtige Geschenk für Ihren Partner zu finden – es geht nicht nur Ihnen so! Hier sind einige Ideen, mit denen andere Paare Erfolg hatten. (Die Namen haben wir geändert.) Mit etwas Phantasie können Sie vielleicht einige Ideen abändern und für sich nutzen. Noch besser wäre, wenn diese Anregungen Sie dazu inspirieren würden, selbst Ideen zu entwickeln.

Andre

Kurze Zeit nach der Hochzeit entschloss sich Andre, damit anzufangen, sein Kleingeld zu sparen, damit er eines Tages etwas Schönes für seine Frau davon kaufen könnte. Mehr als fünf Jahre lang sammelte er regelmäßig seine überzähligen Münzen in einem riesigen Glas hinten in seinem Kleiderschrank. Er beschloss, das Geld nicht zu zählen, bis das Glas voll war. Dafür brauchte er über fünf Jahr. Mit der Hilfe einiger Freunde schleppte er das Glas zu einer Bank, wo er erfuhr, dass er über 900 Dollar gespart hatte. Ohne das enge Familienbudget zu belasten, konnte Andre seine Frau mit der wunderschönen Halskette aus Diamanten und Saphiren überraschen, die sie schon mehrmals im Schaufenster eines Juweliers bewundert hatte.

Tina

In einem Gespräch mit ihrer Schwiegermutter erfuhr Tina, dass das Kindheitsidol ihres Mannes Ron Santo gewesen war, ein Baseballspieler, der für die von ihrem Mann geliebten Chicago Cubs angetreten war. Tina kannte sich bei Baseball nicht aus, aber sie wusste, dass ihr Mann gerne an seine Kindheit zurückdachte, deshalb behielt sie den Namen im Gedächtnis.

An einem Samstag, als ihr Mann ein Spiel der Cubs im Radio verfolgte, hörte sie, wie einer der Kommentatoren als „Ron Santo“ vorgestellt wurde. Plötzlich hatte sie eine Idee. Ohne ihrem Mann etwas zu verraten, fuhr sie beim nächsten Heimspiel der Cubs von ihrem Haus in einem Vorort von Chicago zum Stadion. Nachdem sie dem Aufsichtspersonal des Stadions ihren Wunsch vorgetragen hatte, wurde sie in die

Kabine der Kommentatoren geführt, wo sie den früheren Helden ihres Mannes bat, einen Baseball für ihn zu signieren. Stellen Sie sich die Überraschung ihres Mannes vor, als er in der Radioübertragung des Spiels von Ron Santo persönlich gegrüßt wurde!

> *»Ein Geschenk, das mit einem freundlichen Gesicht überreicht wird, ist ein doppeltes Geschenk.«*
> Thomas Fuller

Michael

Michael wollte seiner Frau etwas schenken, das sie in ihrem neuen Büro aufhängen konnte, deshalb machte er mit Fingerfarben Abdrucke von den Händen ihrer Kinder. Zusammen mit den Kindern malte er für jeden Abdruck einen farbigen Hintergrund. Dann kaufte er einen Rahmen für die Abdrucke. Diese Bilder hängen nun direkt hinter dem Schreibtisch seiner Frau, und sie wird von ihren Kunden immer wieder darauf angesprochen.

Miriam

Miriam hatte eine Idee, als sie sah, wie ihr Mann auf ein Bild seines Vaters auf dem Kaminsims starrte. Ihr Schwiegervater hatte fast ein Jahr zuvor den Kampf gegen Krebs verloren, und es war offensichtlich, dass sein Todestag ihrem Mann mehr bedeutete, als Miriam bisher angenommen hatte. Sie erinnerte sich daran, wie sie vor Jahren die Babyalben ihrer Kinder angelegt hatte, und es kam ihr in den Sinn, dass sie das auch für ihren Mann tun könnte. Miriam setzte sich mit ihrer Schwiegermutter und allen Geschwistern ihres Mannes in Verbindung und bat sie um Fotos und andere Andenken an ihren Schwiegervater. Dann klebte sie diese Bilder, Zeitungsartikel und anderen Dokumente in ein Album und gab ihm den Titel: „Ein erfülltes Leben". Als sie es ihrem Mann gab, sah sie ihn zum zweiten Mal in den fünfzehn Jahren, die sie ihn kannte, weinen.

Jacob

Ohne es seiner Frau zu sagen, rief Jacob drei ihrer besten Freundinnen an und lud sie ein, zu einer Filmnacht mit seiner Frau in ihr Haus zu kommen. Er lieh zwei Filme aus, von denen er wusste, dass seine Frau sie mögen würde, füllte Popcorn in eine riesige Schale und Getränke in den Kühlschrank und stellte verschiedene Süßigkeiten auf den Tisch, um Kinoatmosphäre zu erzeugen. Als seine Frau von ihren Besorgungen nach Hause kam, war Jacob gerade dabei, seinen kleinen Sohn ins Auto zu setzen, um woanders zu übernachten, damit sich seine Frau mit ihren Freundinnen einen schönen Abend machen konnte.

Sheila

Seitdem Sheila ihren Mann und seine Freunde bei einem Wochenend-Urlaub beobachtet hatte, wie sie stundenlang einen Mini-Basketballkorb mit Bällen bewarfen und dabei wie alberne Teenager lachten und wetteiferten, suchte sie nach dem gleichen Spiel für ihre Garage, als Überraschung für ihren Mann. Nach monatelangem Stöbern auf Flohmärkten und in Sportgeschäften fand Sheila schließlich in einer Auktion im Internet. Sheila erntete dafür nicht nur die Dankbarkeit und Bewunderung ihres Mannes, sondern auch den Titel „Die coolste Frau der Welt“, den ihr die Freunde ihres Mannes verliehen, die jetzt fast jede Woche vorbeikamen, um Mini-Basketball zu spielen.

Familienaktion

✓ DIE MEISTEN KINDER malen und basteln gerne. Mit etwas Vorbereitung könnten Sie zusammen mit Ihren Kindern verschiedenartige Karten, Basteleien, Bilder und abstrakte Darstellungen für Ihren Partner kreieren, die ihm die Liebe seiner Familie zeigen. Denken Sie daran, alles mit Namen und Datum zu versehen, wenn Sie die Dinge aufheben wollen.

Karla

Als Karlas Mann in einen anderen Bundesstaat versetzt wurde, erzählte er ihr, dass unter den Dingen, die er jetzt am meisten vermissen würde, die Steaks aus dem Steh-Imbiss an der nächsten Straßenecke waren. Karlas Mann bezeichnete sich als einen Experten in Sachen Steaks und konnte schwören, dass das Geheimrezept für die

Barbecuesoße, die man an der kleinen, unscheinbaren Imbissbude bekam, das Beste war, was er jemals probiert hatte.

Nach etwa einem Jahr im neuen Zuhause beschloss Karla, dass sie für ihren Mann etwas Besonderes tun wollte. Also rief sie die Imbissbude an und erreichte, dass sie ihr über Nacht zwölf Steaks in ihre neue Wohnung lieferten.

Als ihr Mann am nächsten Tag von der Arbeit kam und sah, was auf dem Tisch stand, glänzten seine Augen wie die eines Achtjährigen am Weihnachtsabend. Am Ende aß er vier Tage lang nur diese Steaks. Und jeder Bissen war für ihn ein Genuss.

Jonathan

In den zwanzig Jahren seit ihrem Abitur hatte Jonathans Frau etwa dreißig Kilo abgenommen. Weil sie mit ihrer Familie kurz nach dem Schulabschluss weggezogen war, hatte sie jedoch nie die Möglichkeit gehabt, ihren alten Freunden – und denen, die sie immer gehänselt hatten – zu zeigen, wie sie sich verändert hatte.

Als sie nun die Einladung zur Zwanzigjahrfeier ihrer Abiturklasse erhielt, versuchte sie, gelassen zu bleiben. Aber Jonathan wusste, wie viel ihr die Feier bedeutete. Er begleitete sie auf der Fahrt. Am Abend vor dem Klassentreffen ging er zur Rezeption ihres Hotels und machte mit Hilfe des Telefonbuchs ein paar Überraschungstermine für seine Frau fest. Als Erstes buchte er für sie einen Massagetermin am nächsten Morgen, um ihre Spannung und Nervosität zu mildern. Dann plante er einen Einkaufsbummel mit ihr zu einer Boutique in der Stadt, wo seine Frau ein wunderschönes Kleid für das Treffen fand. Und schließlich gelang es ihm, einen Termin in einem teuren Friseursalon festzumachen.

Man braucht nicht extra zu erwähnen, dass Jonathans Frau ihre früheren Mitschüler und Mitschülerinnen überraschte. Sie sagte Jonathan später, dass dies der schönste Tag ihres Lebens gewesen war – abgesehen von ihrer Hochzeit und den Geburten ihrer beiden Kinder. „Jetzt weiß ich, wie sich Cinderella auf dem Ball gefühlt haben muss“, erklärte sie ihm.

TEST

Halten Sie sich für einen Experten in Sachen Geschenke? In diesem Test können Sie Ihr Wissen testen.

1. Welche der folgenden Fragen wird Ihnen wahrscheinlich am wenigsten helfen zu entscheiden, ob Ihr Partner die Liebessprache der Geschenke spricht?
   a) Wie reagiert mein Partner, wenn er Geschenke bekommt?
   b) Wie ärgerlich wird mein Partner, wenn ein Geschenk umgetauscht werden muss?
   c) Wie oft redet mein Partner über Geschenke, die andere Leute bekommen haben?
   d) Wie oft macht mein Partner mir Geschenke?

2. Warum ist einem Menschen, dessen vorrangige Liebessprache die der Geschenke ist, der Ehering so wichtig?
   a) Der Ehering ist wahrscheinlich das teuerste Geschenk, das er in seinem Leben erhalten hat.
   b) Der Ehering ist ein Symbol für die Liebe seines Partners.
   c) Der Ehering erinnert ihn an die vielen Geschenke, die er zum Hochzeitstag bekam.
   d) Der Ehering ist ein Glücksbringer, der Scheidung und Unglück von der Ehe fern halten soll.

3. Was sollten Sie vor allem anderen in Erinnerung behalten, wenn Sie die Sprache des Schenkens lernen?
   a) Die innere Einstellung zählt genauso viel wie das Geschenk selbst.
   b) Wenn Sie weniger als fünfzig Euro für ein Geschenk bezahlen, entfernen Sie besser das Preisschild.
   c) Ein richtiges Geschenk sollte immer Geschenkband und Schleife haben.
   d) Die Anzahl der Geschenke ist nicht wichtig, sondern deren Gesamtsumme in Euro.

4. Welches ist ein guter Grund, Ihrem Partner ein Geschenk zu machen?
   a) Um zu emotionale Gespräche und Konflikte zu vermeiden.
   b) Um die Freunde und Nachbarn dumm aussehen zu lassen.
   c) Um Ihrem Partner einen sichtbaren Beweis Ihrer Liebe zu geben.
   d) Um in den Augen Ihres Partners gut dazustehen.

5. Welcher der folgenden Ratschläge ist nicht sehr hilfreich, wenn es darum geht, Ihren Partner zu beschenken?
   a) Halten Sie immer Augen und Ohren für gute Geschenkideen offen.
   b) Überwinden Sie Ihre Hemmungen.
   c) Setzen Sie Ihre Begabungen ein.
   d) Kaufen Sie nur Markenartikel.

Antworten: 1b), 2b), 3a), 4c), 5d).

6 Jeden Tag *eine gute Tat*

Sprache der Liebe Nummer 4: Praktische Hilfe

Janet kam zur Tür herein und sah ihren Mann Jimmy mit einem breiten Lächeln im Wohnzimmer stehen.

„Überraschung!", rief Jimmy mit einer dramatischen Handbewegung.

„Was ist denn jetzt los?", fragte Janet, während sie Tasche und Schirm ablegte.

Jimmy nickte mit dem Kopf in Richtung Küche. „Fällt dir irgendetwas in unserem Haus auf?"

Janet sah sich um. Sie erblickte die Turnschuhe und die Jogginghose, die im Flur herumlagen, den dunklen Fleck auf dem Wohnzimmerteppich von Jimmys verschütteter Cola und die braunen Schlieren an der Verandatür, die von seinem missglückten Bauvorhaben am Wochenende zeugten. „Nein, nicht wirklich", erwiderte sie langsam.

Jimmy ging in die Küche und stützte sich demonstrativ auf der Spüle auf. „Fällt dir jetzt etwas auf?", sagte er.

„Du ... hast den Abwasch gemacht?", riet Janet.

„Ich habe nicht nur ‚abgewaschen'", sagte Jimmy mit demselben breiten Grinsen. „Ich habe das Geschirr wirklich geschrubbt! Ich habe dazu anderthalb Stunden gebraucht, aber ich ..."

„Anderthalb Stunden?", rief Janet aus. „Ist das dein Ernst?"

„Ja, warum?"

„Wir reden vom Frühstücksgeschirr, oder?", fuhr Janet fort. „Niemand ist eingebrochen, hat hier ein Galamenü gekocht und dann das ganze Geschirr für dich zum Abspülen dagelassen, oder?"

Jimmy starrte sie einen Augenblick an, bevor er ein gepresstes „Nein" herausbrachte.

„Hat irgendjemand alle unsere Töpfe und Pfannen benutzt, um damit Karamell zu kochen, und sie dann stehen gelassen?", fragte Janet.

„Nein, es war nur das Frühstücksgeschirr", gab Jimmy mit zusammengebissenen Zähnen zu. „Ich bin einfach gründlich, okay?"

„Das muss ich auch sagen", stimmte Janet zu. „Anderthalb Stunden. Hast du vielleicht vorher und nachher Fotos von jedem einzelnen Stück Silber gemacht?"

„Das ist wohl der Dank, den man bekommt, wenn man im Haushalt helfen will", sagte Jimmy gekränkt.

„Es tut mir Leid", sagte Janet mit einem Lächeln. „Ich weiß, dass du mir helfen wolltest, und ich freue mich darüber."

„Das hört sich schon besser an", erwiderte Jimmy, endlich zufrieden. „Ich hab's gern getan."

„Aber wirklich", fuhr Janet mit einem ungläubigen Kichern fort, „anderthalb Stunden? Hast du vielleicht die Zinken der Gabeln mit Zahnseide gereinigt?"

*

VORGEGRIFFEN

- Viele Menschen sehen es als Liebesbeweis an, wenn ihre Partner ihnen in praktischen Dingen helfen.
- „Praktische Hilfe" kann eine ganze Menge einschließen: vom Kochen einer Mahlzeit bis zum Entrümpeln der Garage, vom Ausführen des Hundes bis zum Zusammenharken der Blätter im Garten.
- Alles, was nötig ist, um die Liebessprache der Hilfsbereitschaft zu lernen, ist der Wunsch, Ihrem Partner Liebe zu geben, und die Bereitschaft, „sich die Hände schmutzig zu machen".

Wie gehen Sie in Ihrer Ehe mit Aufgaben im Haushalt um? Werden die täglichen Pflichten mehr oder weniger gerecht zwischen Ihnen und Ihrem Partner aufgeteilt? Haben Sie beide sich geeinigt, wer für welche Aufgaben zuständig ist? Sind Sie beide zufrieden damit, wie die Arbeit im und um das Haus erledigt wird?

Was wäre, wenn wir Ihrem Partner dieselbe Frage stellten? Würden wir ähnliche Antworten bekommen – oder ein amüsiertes Kichern? Für einige Paare sind die täglichen Pflichten im Haushalt eine Quelle ständigen Ärgers und Streits. In ihrer Beziehung gibt es Konflikte zuhauf darüber, wer für was verantwortlich ist und warum manche Aufgaben nie erledigt werden.

Das ist schade, denn diese Paare werden vielleicht nie merken, dass sie Möglichkeiten verpassen. Denn für manche Leute sind einfache Liebesdienste, „normale" Tätigkeiten im Haushalt – wie Rasenmähen, Bettenmachen und Katzenklo-Reinigen – großartige Möglichkeiten, Liebe auszudrücken.

> *»Nichts steigert den Wert einer Sache so wie ein Opfer, das wir dafür bringen.«*
> George Santayana

Wenn Sie also die täglichen Pflichten als „Stein des Anstoßes" oder als „notwendiges Übel" betrachten, stehen die Chancen genau 1:5, dass Sie die Muttersprache der Liebe Ihres Partners ignorieren.

Praktische Hilfe ist eine der fünf Liebessprachen der Menschen, einer von fünf Wegen, auf denen Menschen Liebe ausdrücken und empfangen. Die anderen fünf Sprachen der Liebe sind:

- Anerkennung
- Gemeinsame Zeit
- Geschenke
- Körperkontakt

Es ist nun einmal so, dass nicht jeder dieselbe Liebessprache spricht. In der Tat werden in den meisten Ehen verschiedene Sprachen der Liebe gesprochen. Deshalb kann es sein, dass die Dinge, die Ihnen Geborgenheit und Zufriedenheit geben, von Ihrem Partner gar nicht beachtet werden, und umgekehrt. Es liegt auf der Hand, dass diese Unterschiede zu einem Beziehungsproblem werden können, wenn man sich nicht mit ihnen auseinander setzt. Deshalb müssen Sie die Herausforderung annehmen, die „Sprachbarriere" zwischen Ihnen und Ihrem Partner zu überbrücken und zu lernen, Ihre Liebe Ihrem Partner gegenüber in einer Form auszudrücken, die er versteht und über die er sich freut.

Wenn die Muttersprache der Liebe Ihres Partners die „praktische Hilfe" ist, werden Sie ein Gefühl dafür bekommen müssen, welche Dinge Sie in und um das Haus tun können, um damit Ihrem Partner Ihre Liebe und Ihr Bestreben, ihn glücklich zu machen, mitzuteilen. Sie müssen lernen, wie Sie ihm Ihre Hilfsbereitschaft so zeigen können, dass sein Leben dadurch verändert wird.

Gute Frage

? Ich hasse es, Arbeiten im Haushalt zu übernehmen und die Aufgaben zu erfüllen, über die sich mein Partner sicherlich freuen würde. Ich bin für diese Art von Arbeit einfach nicht geschaffen. Gibt es Alternativen, die meinem Partner genauso viel bedeuten würden?
Wahrscheinlich nicht. Doch etwas müssen Sie im Gedächtnis behalten. Ihr Partner weiß bestimmt genau, dass Sie Haushaltspflichten hassen. Wenn Ihr Partner Sie nun dabei sieht, wie Sie ihm helfen, wird die Wirkung auf ihn umso größer sein. Je mehr Sie bereit sind, sich zu überwinden, desto bedeutungsvoller wird Ihre Dienstleistung sein. Am besten beißen Sie in den sauren Apfel, tun die Arbeit und lassen Ihren Partner davon profitieren.

Signale des Partners richtig deuten

Als Erstes müssen Sie sichergehen, dass die vorrangige Liebessprache Ihres Partners wirklich die „praktische Hilfe“ ist. Sie können das Badezimmer solange putzen oder die Hecken solange schneiden, bis Ihre Enkelkinder im Rentenalter sind – wenn Ihr Partner die Sprache der „praktischen Hilfe“ nicht versteht, werden Ihre Bemühungen nichts fruchten, zumindest nicht in Ihrer Beziehung.

Glücklicherweise können Sie mit etwas Anstrengung so einen langfristigen Fehler vermeiden. Wenn Sie herausfinden wollen, ob die Liebessprache Ihres Partners die praktische Hilfe ist, müssen Sie nur drei Fragen beantworten.

a) Wie oft bittet Ihr Partner Sie, im Haushalt zu helfen?

Wir fangen gleich mit dem offensichtlichsten Hinweis an. Wenn Ihr Partner Sie bittet, Ihnen einen Gefallen zu tun, und dieser Gefallen Dinge einschließt wie die Schrankwand abzustauben, eine Badezimmerkachel zu ersetzen oder andere Aufgaben und Pflichten im Haushalt zu übernehmen, ist es ziemlich wahrscheinlich, dass Sie mit jemandem verheiratet sind, dessen Muttersprache der Liebe die praktische Hilfe ist.

Im Extremfall werden Sie die wiederholt geäußerten Bitten Ihres Partners als Nörgeln empfinden. Wenn Sie jedoch verstanden haben, dass diese Bitten mit seiner konkreten Liebessprache zusammenhängen und nicht durch eine Unzufriedenheit mit Ihnen oder den Drang,

Ihren Terminkalender mit Hausarbeit aufzufüllen, ausgelöst wurden, können Sie Konflikte vermeiden, die andernfalls einen Keil in Ihre Ehe treiben könnten.

Dann können Sie anfangen, eine Strategie zu entwickeln, mit der Sie Ihre Liebe durch praktische Unterstützung zeigen. Anstatt abzuwarten, dass Ihr Partner Sie um etwas bittet, können Sie die Initiative ergreifen und diese Dinge erledigen – bevor Ihr Partner die Möglichkeit hat, Sie zu fragen.

b) Wie dankbar ist Ihr Partner, wenn Sie im Haushalt mitarbeiten?

Vielleicht neigt Ihr Partner dazu, jedes Mal Beifall zu klatschen, wenn Sie eine Glühbirne auswechseln. Vielleicht vergießt Ihr Partner jedes Mal Freudentränen, wenn er eine saubere Kloschüssel erblickt. Vielleicht scheint Ihr Partner auch einfach nur dankbar und erfreut zu sein, wenn Sie den Abfall wegbringen. Es spielt keine Rolle, auf welche Weise Ihr Partner seine Zufriedenheit zum Ausdruck bringt. Einzig wichtig ist, dass er Sie bewusst wissen lässt, verbal oder nonverbal, dass er Ihre Hilfe anerkennt.

Wenn das auf Ihren Partner zutrifft, ist es wahrscheinlich, dass er großen Wert auf praktische Hilfe legt. Die Formen der Anerkennung, die Ihr Partner gewählt hat und die Sie vielleicht schon unter „Höflichkeit“ oder „Überreaktion“ abgehakt hatten, könnten tatsächlich subtile Versuche Ihres Partners sein, Sie dazu anzuregen, dieselben Aufgaben immer wieder zu erledigen.

c) Wie gewissenhaft ist Ihr Partner in Haushaltsdingen?

Viele Menschen, die die Sprache der praktischen Hilfe sprechen, sind besonders gewissenhaft in der Erledigung der Hausarbeit für ihren Partner. Man könnte sogar sagen, dass sie es sich zur Gewohnheit gemacht haben, genau das Verhalten an den Tag zu legen, das sie sich von ihrem Partner wünschen.

> *»Der Applaus eines einzigen Menschen ist in seiner Wirkung nicht zu unterschätzen.«*
> Samuel Johnson

Wenn Ihr Partner durch die Wohnung wirbelt wie ein „wild gewordener Handfeger" und wenn er im Haushalt ein strenges Regiment führt, ist anzunehmen, dass er auf Hilfeleistungen Ihrerseits freudig reagieren wird.

> *»Ein Gedanke, auf den keine Handlung folgt, zählt nicht viel, und eine Handlung, die nicht aus einem Gedanken hervorgegangen ist, ist gar nichts wert.«*
> Georges Bernanos

Natürlich ist das gemeinsame Gespräch der beste Weg, die konkrete Liebessprache des Partners herauszufinden. Bis sich eine Möglichkeit dazu ergibt, können Sie Informationen darüber sammeln, indem Sie einfach darauf achten, was Ihr Partner sagt und tut.

Drei armselige Ausreden

Im Gegensatz zur Sprache der Anerkennung und der Sprache des Körperkontakts liegt nichts Romantisches oder besonders Feinfühliges in der Sprache der praktischen Hilfe. Verglichen mit den anderen Liebessprachen könnte diese Sprache irgendwie unscheinbar und – um ganz ehrlich zu sein – langweilig wirken. Sie werden nicht viele Karten zum Hochzeits- oder Valentinstag finden, auf denen Leute abgebildet sind, die Wäsche zusammenlegen oder Mülleimer leeren. In der Tat kann es passieren, dass die praktische Hilfe nicht als vollwertige Liebessprache betrachtet wird, weil sie scheinbar so wenig romantisch ist.

Hier sind drei der beliebtesten Ausreden der Menschen, die sich vor der praktische Hilfe drücken wollen:

a) „Ich habe keine Zeit dazu"

Wir leben in einer geschäftigen Welt. Zwischen Arbeit und Freizeit, zwischen sozialen und kirchlichen Aufgaben und den Sportveranstaltungen der Kinder bleibt oft nur wenig Zeit. Ein kurzer Blick in Ihren Terminkalender wird wahrscheinlich bestätigen, dass Sie einfach keine Zeit haben, etwas so Gewöhnliches und Unwichtiges zu tun, wie die Dachrinnen zu reinigen.

Natürlich werden Sie Ihre Entschuldigung nicht genau so formulieren. Mit etwas Geschick werden Sie Ihren Partner vielleicht sogar davon überzeugen, dass Sie sich wünschten, Sie hätten die Zeit für Aufgaben im Haushalt, und dass Sie es sogar genießen würden, mit Ihren Händen zu arbeiten und zu spüren, dass Sie wirklich etwas leisten. Wenn Sie sich genug Mühe geben, könnten Sie sogar sich selbst davon überzeugen, bevor Sie Ihre Aufmerksamkeit wieder den wirklich „wichtigen" Dingen zuwenden – Dingen, die es eher „verdienen", Ihre wertvolle Zeit in Anspruch zu nehmen.

Abgesehen davon, wie voll Ihr Terminkalender ist, gibt es eine unausweichliche Wahrheit, der Sie ins Auge blicken müssen: Den Dingen, die Ihnen wichtig sind, räumen Sie Zeit ein. Über Prioritäten wird nicht geredet, Prioritäten werden gelebt. Sie können nicht einfach sagen, dass Ihnen etwas wichtig ist, und es dann dabei belassen. Sie zeigen, wie wichtig es Ihnen ist, indem Sie sich Zeit dafür nehmen.

Nehmen wir hier einmal an, dass Ihr Partner auf Ihrer Prioritätenliste ziemlich hoch oben rangiert. Daraus folgt, dass Sie sich Zeit für Ihren Partner nehmen. Und wenn Ihr Partner jemand ist, der Liebe vor allem durch praktische Hilfe empfängt, wissen Sie, welche Konsequenzen das für Sie hat. Es heißt, dass Sie Zeit finden müssen, um die einfachen und unwichtigen Aufgaben zu erledigen, die Ihrem Partner so viel bedeuten.

b) „Es ist nicht meine Aufgabe"

Das ist der Trick mit der alten Rollenverteilung. Diese Entschuldigung kann am besten so zusammengefasst werden: „Ich tue .... nicht, weil es nicht zu meinen Aufgaben gehört." Sie können die Leerstelle mit allen Aufgaben füllen, um deren Erfüllung Sie gebeten werden, von „Geschirr spülen" bis zu „den Goldfisch füttern".

> *»Ein Gefallen, der von Herzen kommt, ehrt den, der ihn tut, genauso wie den, dem zuliebe er getan wird.«*
> Richard Steele

Manchmal beruht diese Aufgabenzuweisung auf der konservativen Sicht von Mann und Frau („Das ist Frauensache" bzw. „Männersache"), manchmal beruht sie auf einer bestimmten Rollenverteilung in der Familie („Meine Aufgabe ist es, genug Geld zu verdienen, um die

Familie zu ernähren. Die Aufgabe meiner Partnerin ist es, das Haus in Ordnung zu halten und sich um die Kinder und Haustiere zu kümmern.“).

Je „traditioneller“ sich Ihre Eltern während Ihrer Kindheit verhalten haben, desto eher werden Sie in Ihrer eigenen Ehe in Versuchung geraten, die konservative Einstellung als Ausrede zu benutzen. Wenn Ihr Vater derjenige war, der „das Brot verdient“ hat, und Ihre Mutter für Haus und Kinder verantwortlich war, halten Sie diese Rollenverteilung vielleicht generell für den „richtigen“ Weg für eine Familie.

In unserer schnelllebigen Gesellschaft ist es jedoch so, dass die Modelle und Verhaltensmuster von früher wenig oder keine Relevanz für die Familien von heute haben. Haben Sie einmal einen jener Filmen gesehen, wie sie in den 50er-Jahren beliebt waren? Die Väter dort waren völlig aufgeschmissen, wenn ihre Frauen zu einer Blinddarm-Operation ins Krankenhaus mussten. Wie man Babys badet und wickelt und wo in der Küche die Töpfe sind, war ihnen ein Rätsel. Ihre Frauen erzogen in Wahrheit die Kinder allein wie eine ledige Mutter, weil ihre Männer sich zu Hause kaum engagierten, fast nie Zeit mit den Kindern verbrachten und sie anscheinenden hauptsächlich brauchten, um „Kinder zu haben“. (So verpassten sie unglaublich viel im Leben ihrer Kinder!)

Es geht in diesem Zusammenhang nämlich gar nicht darum, was nun Ihre „Aufgabe“ ist, sondern ob es

Gute Frage

? Sie warnen vor Rollenklischees. Meinen Sie damit, dass es falsch ist festzulegen, welche Aufgaben ich erledige und für welche mein Partner verantwortlich ist?

Nein, gar nicht. Jeder Mensch auf dieser Erde hat ganz besondere Begabungen. Es ist in der Tat so, dass Sie manches besser oder effizienter tun können als Ihr Partner. Auf der anderen Seite gibt es einige Dinge, die Ihr Partner besser und effizienter erledigen kann. Damit Ihr Haushalt gut läuft, sollten Sie zusammen mit Ihrem Partner überlegen, wie Sie Ihre besonderen Gaben, Stärken und Fertigkeiten so einsetzen können, dass die ganze Familie davon profitiert. Wir sind allerdings der Meinung, dass Sie darauf achten sollten, dass Klischees und persönliche Vorlieben nicht darüber entscheiden, was Sie im und um das Haus tun oder nicht tun wollen.

Ihnen wichtig ist, Ihrem Partner auf eine Weise, die ihm viel bedeutet, Ihre Liebe mitzuteilen. Wenn Sie das wirklich für wichtig halten, müssen Sie in Kauf nehmen, dass die Linien zwischen den verschiedenen „Verantwortungsbereichen“ in Ihrem Haushalt verwischt werden und Sie plötzlich Dinge tun, die gar nicht zu „Ihren“ Aufgaben gehören.

c) „Mein Partner kann das besser als ich“

Manche Menschen nennen ihre eigene Unerfahrenheit als Grund, ihrem Partner nicht helfen zu müssen. Ihre Argumentation lautet so: „Was macht es für einen Sinn, wenn ich versuche, etwas zu tun, was ich wahrscheinlich gar nicht kann? Außerdem kann mein Partner das zehnmal schneller und besser als ich.“

Andere wiederum gehen noch einen Schritt weiter und schieben die Verantwortung ihren Eltern in die Schuhe. Sie rechtfertigen sich etwa so: „Meine Mutter und mein Vater haben alles für mich getan, als ich klein war. Deshalb habe ich nie gelernt, zu kochen, zu bügeln oder Dinge im Haushalt zu reparieren.“

Das Gute ist jedoch, dass auf diesem Gebiet für keinen Menschen Hopfen und Malz verloren ist. Es mag eine Zeit dauern, bis Sie ein Gefühl für manche Dinge bekommen haben, und es kann sein, dass auf dem Weg dorthin Pannen passieren (wenn Sie aus Versehen die weiße Wäsche und die Buntwäsche zusammen in die Waschmaschine gestopft haben), aber mit genügend Durchhaltevermögen und Entschlossenheit werden Sie schließlich die Art von praktischer Hilfe leisten, die das Leben Ihres Partners verändern kann.

Diese drei beliebten Ausreden, die dann eingesetzt werden, wenn man sich vor der praktischen Unterstützung drücken will, können Sie noch um weitere ergänzen, aber auch diese werden wenig stichhaltig sein – vor allem, wenn Sie daran denken, wie gut es Ihrer Ehe tun wird, wenn Sie mit Ihrem Partner in „seiner“ Liebessprache kommunizieren können.

Warum praktische Unterstützung so wichtig ist

Wenn Sie Ihre Liebe durch praktische Hilfe ausdrücken wollen, schließt das mit ein, dass Sie wissen, was Ihren Partner freuen würde.

Familienaktion

✓ SIE KÖNNEN AUCH IHRE KINDER dazu veranlassen, Ihrem Partner ihre Liebe durch praktische Hilfe mitzuteilen. Wenn Sie in Ihrer Familie das Prinzip haben, dass die Kinder ihr Taschengeld als Lohn für die Verrichtung bestimmter Aufgaben bekommen, sollten Sie genau festlegen, welches Kind für welche Aufgabe verantwortlich ist. Ihr Kind soll also genau wissen, für welche Aufgabe es bezahlt wird. Wenn diese Aufgaben einmal klar zugeteilt sind, sollten Sie jedes Kind ermutigen, eine weitere Aufgabe pro Woche zu übernehmen, und zwar freiwillig, ohne Bezahlung – als Liebesdienst für Ihren Partner.

Sie müssen eine Ahnung davon haben, was in Ihrem Partner vorgeht und wie viel ihm Ihre praktische Unterstützung bedeutet.

Als Erstes müssen Sie verstehen, dass es hier nicht um den „Sauberkeitsfimmel" Ihres Partners geht, sollte Ihr Partner tatsächlich zu übertriebener Sauberkeit neigen. Bevor Sie die Liebessprache der praktischen Hilfe begriffen hatten, hatten Sie Ihren Partner wahrscheinlich in Verdacht, Sie zu erpressen, damit Sie den Speicher fegen oder den Hund ausführen. Aber schließlich erfährt Ihr Partner Liebe durch praktische Dinge – ist es dann nicht verständlich, dass er sich zurückgewiesen fühlt, wenn diese Dinge nicht getan werden? Und wer möchte gerne, dass sein Partner sich zurückgewiesen fühlt?

Mit der Zeit werden Sie verstehen, dass es nicht die Hilfeleistung selbst ist, die für Ihren Partner wichtig ist. Denn praktische Hilfe erfordert

- Nachdenken
- Planen
- Zeit
- Anstrengung.

Und es ist die Bereitschaft, diese Dinge auf sich zu nehmen, die Ihrer praktischen Unterstützung Bedeutung verleiht. Wenn Sie das verstanden haben, ist es nicht schwer zu erkennen, dass praktische Hilfe, wenn sie mit einer positiven Einstellung verbunden ist, Ausdruck der Liebe sein kann.

Zu Ihren Diensten!

Wenn Sie ein Neuling in dieser bestimmten Liebessprache sind – keine Sorge! Liebe in praktischen Dingen zu zeigen erfordert nicht viel geistige Vorbereitung. In der Tat ist alles, was wirklich vonnöten ist, die Bereitschaft, „sich die Hände schmutzig zu machen".

Wenn Sie es ernst damit meinen, Ihren Partner praktisch zu unterstützen, gibt es schier unendliche Möglichkeiten. Es wird in Ihrem Haushalt bestimmt nicht an Dingen mangeln, die erledigt werden müssen. Zehn Tipps geben wir Ihnen mit auf den Weg, wie Sie wirklich wertvolle praktische Hilfe leisten.

a) Vergessen Sie nie, was bei praktischer Unterstützung am wichtigsten ist: die richtige Einstellung

Die Haltung, mit der Sie an Ihre praktischen Liebesdienste herangehen und mit der Sie sie ausführen, wird entscheidend dafür sein, wie Ihr Partner sie versteht und darauf reagiert. Deshalb ist es wichtig, dass Sie von Anfang an die richtige Einstellung haben.

Niemand ist der Meinung, Sie müssten bei der Arbeit pfeifen oder verzückt lächeln, damit Ihre Hilfe an Bedeutung gewinnt. Doch an einige Dinge sollten Sie denken, damit Sie Fehler vermeiden – Ihrem Partner zuliebe.

Zunächst sollten Sie Ihren Partner nicht unbedingt an die anderen Dinge erinnern, die Sie in der Zeit genauso gut hätten machen können. Es ist eine Sache, einen Samstagnachmittag damit zu verbringen, einen Baumstumpf aus dem Garten zu entfernen. Es ist eine ganz andere Sache, wenn Sie dabei unentwegt Dinge sagen wie: „Ich wünschte, ich wäre heute Morgen zum Sport gegangen", oder: „Ich sollte eigentlich meine Produktpräsentation für Montag vorbereiten." Es kann nicht der Sinn Ihrer Arbeit sein, dass sich Ihr Partner Ihnen gegenüber verpflichtet fühlen muss, sondern Sie wollen ihn ja glücklich machen. Und Sie können das nur erreichen, wenn Ihre Handlungen von der richtigen Einstellung begleitet werden.

Außerdem sollten Sie bei der Erledigung einer Aufgabe nicht die Haltung vermitteln: „So sollte das eigentlich gemacht werden!" Das ist vor allem dann wichtig, wenn Sie etwas tun, das zum Verantwortungsbereich Ihres Partners gehört, also eine Aufgabe, die normalerweise Ihr Partner tut. Selbst wenn Sie der Meinung sind, dass Sie es besser können, sollten Sie Ihre Gedanken für sich behalten. Verrichten Sie Ihre Aufgabe bescheiden und mit Respekt für die Arbeit, die Ihr Partner tut.

»Das Dienen ist etwas Wunderbares, aber nur, wenn es freudig, aus ganzem Herzen und aus freien Stücken getan wird.«
Pearl S. Buck

b) Drücken Sie Ihre Anerkennung aus

Wenn es gewöhnlich Ihre Partnerin ist, die den Großteil der Hausarbeit verrichtet, könnten Ihnen die Versuche, durch praktische Hilfe Liebe weiterzugeben, ein für alle Mal die Augen öffnen. Es kann leicht passieren, dass man die alltägliche Bewältigung des Haushalts für selbstverständlich hält, vor allem, wenn Ihre Partnerin diese Dinge effizient erledigt. Sie wissen vielleicht gar nicht, wie viel Zeit, Energie und Anstrengung nötig sind, um den Status quo im Haushalt aufrechtzuerhalten.

Mit Erfahrungen aus erster Hand werden Sie einsehen, wie viel Arbeit der Haushalt mit sich bringt. Wenn das der Fall ist, würden Sie Ihrer Partnerin ein großes Geschenk machen, wenn Sie ihr Ihre Entdeckungen mitteilten.

Gewöhnen Sie es sich an, sich Ihrer Partnerin gegenüber über die vielen verschiedenen Dinge, die sie tagtäglich erledigt, bewundernd zu äußern. („Ich weiß nicht, wie du den ganzen Haushalt schaffst und trotzdem die Kinder jeden Tag pünktlich zu ihren Terminen bringst.") Zeigen Sie Ihr Verständnis für die beschwerlichen Seiten mancher Arbeiten. („Ich bewundere deine Energie und Geduld, mit der du jeden Tag aufs Neue die Kleidung zusammenlegst und in den Schrank räumst.") Entschuldigen Sie sich, wenn Sie die Arbeit Ihrer Partnerin gelegentlich für selbstverständlich gehalten haben. („Ich hatte keine Ahnung, wie schwer es ist, einen Haushalt zu führen, und deshalb habe ich deine Fähigkeiten unterschätzt.")

c) Fragen Sie einfach: „Was kann ich für dich tun?"

Nachdem Sie die Entscheidung getroffen haben, Ihren Partner praktisch zu unterstützen, müssen Sie sich die Frage stellen: „Was soll ich als Erstes machen?“ Die Wahrscheinlichkeit ist recht hoch, dass Ihnen etwas einfallen wird, das jedoch auf der aktuellen Prioritätenliste Ihres Partners nur auf Platz 16 oder 17 rangiert. Deshalb ist es so wichtig, dass Sie ab und zu Ihren Partner entscheiden lassen, was Sie für ihn tun können.

Vorsicht: Wenn Ihr Partner es gewohnt ist, die Hausarbeit und ähnliche Arbeiten selbst zu verrichten, ist er vielleicht versucht, Ihr Angebot aus Höflichkeit oder Bequemlichkeit abzulehnen. Wenn das geschieht, heißt das nicht, dass Sie aus dem Schneider sind. Sie dürfen nicht einfach mit den Achseln zucken, den Kopf schütteln und sagen: „Ich hab's ja versucht“, während Sie sich aus dem Staube machen. Lassen Sie Ihren Partner wissen, dass Sie es ernst meinen, dass Sie ihm Ihre Liebe durch praktische Hilfe mitteilen wollen. Finden Sie heraus, über welche Art von Unterstützung er sich wirklich freuen würde, und dann legen Sie einfach los.

Ihren Partner um seine Meinung zu fragen, nimmt zwar den Überraschungseffekt, aber zumindest wissen Sie und Ihr Partner, woran Sie sind. Und das ist die Hauptsache.

d) Schrecken Sie nicht vor unangenehmen Aufgaben zurück

Ihre Bereitschaft, auch Dinge zu übernehmen, die für Sie schwierig oder unangenehm sind, wird Ihren Partner mit aller Wahrscheinlichkeit stark beeindrucken. Denn es ist eine Sache, freiwillig den Tisch zu decken. Eine ganz andere Sache ist es, sich bereit zu erklären, die Sofa-

Gute Frage

? Ich habe das Gefühl, dass mein Partner das, was ich für ihn tue, für selbstverständlich hält. Was kann ich tun, um das zu ändern?

Es ist für Sie und Ihren Partner wichtig, dass Sie in Ihrer Ehe nicht zum „Fußabtreter" werden. Wenn Sie das Gefühl haben, dass Ihr Partner Ihre Arbeit als selbstverständlich betrachtet, teilen Sie Ihrem Partner so bald wie möglich mit, dass Sie anderer Meinung sind. Fragen Sie ihn, ob er mit der Arbeit zufrieden ist, die Sie im und um das Haus verrichten. Erklären Sie ihm, wie frustrierend es ist, wenn man nie ein Wort der Anerkennung für seine Arbeit erhält. Geben Sie Ihrem Partner die Möglichkeit zu erklären, warum er Ihre Arbeit bisher übersehen hat.

kissen und den Berberteppich zu schrubben, nachdem Ihr Kind die Spaghetti und den Fruchtsaft vom Mittagessen wieder von sich gegeben hat.

Schließlich ist es nun einmal so: Irgendjemand muss die Toilette putzen. Jemand muss die Windschutzscheibe Ihres Autos waschen. Jemand muss das Katzenklo leeren oder hinter dem Hund herputzen. Wenn Sie keine Haushaltshilfe haben, sind die zwei Kandidaten, die für diese Aufgaben in Frage kommen, Sie und Ihr Partner. Und wenn Sie sich weigern, diese Pflichten zu erledigen, muss das wohl Ihr Partner machen. Und welche Lösung wäre wohl die beste, wenn Sie Ihrem Partner sagen wollen, dass Sie ihn lieben?

e) Übersehen Sie nicht die Kleinigkeiten

Natürlich ist praktische Hilfe nicht immer unangenehm oder besonders anstrengend. Es gibt Hunderte von kleinen, aber wichtigen Dingen, die Sie in nur ein paar Minuten tun können, um Ihrem Partner das Leben zu erleichtern. Die meisten sind es nicht einmal wert, auf einer Prioritätenliste festgehalten zu werden, aber Ihr Partner wird Ihnen trotzdem dafür dankbar sein.

Wenn Sie zum Beispiel wissen, dass Ihr Partner das Auto nach Ihnen benutzen wird, könnten Sie den Sitz schon in seine Position bringen und den Radiosender einstellen, den Ihr Partner am liebsten hört. (Noch besser wäre es, die Lieblingskassette Ihres Partners einzulegen.) Oder wenn Sie sehen, dass Ihr Partner im Stress ist, um noch rechtzeitig zur Arbeit zu kommen, könnten Sie ihm die Sachen bereitlegen, die er braucht, bevor er das Haus verlässt, wie Schlüssel, Sonnenbrille, Jacke und andere wichtige Dinge.

> *»Die guten Taten, die für uns eine Kleinigkeit sind, können für andere sehr wertvoll sein.«*
> Homer

Solche Taten werden nur einen kleinen Teil Ihrer Zeit in Anspruch nehmen, aber Sie werden nachhaltig zeigen: Sie denken immerzu daran, dass es Ihrem Partner gut geht.

f) Streben Sie nicht nach Ehre und Anerkennung

Erinnern Sie sich daran, dass Sie als Kind eine Aufgabe so gut gemacht haben und mit den Ergebnissen so zufrieden waren, dass Sie es Ihren Eltern einfach zeigen mussten? Wenn Sie ein Neuling in der praktischen Unterstützung Ihrer Partnerin sind, kann es sein, dass Sie einen ähnlichen Mitteilungsdrang haben. Wenn Sie nach zwanzig Minuten kräftigen Schrubbens eine strahlende Toilettenschüssel vor sich sehen, könnte Ihr erster Impuls sein, Ihrer Partnerin zu suchen, sie an der Hand zu nehmen und zu sagen: „Sieh dir an, was ich geschafft habe!“

Widerstehen Sie diesem Drang. Erstens geht es bei der praktischen Hilfe nicht um Sie. Wenn Sie Ihr Ego pflegen wollen, müssen Sie das woanders tun. Bei der praktischen Unterstützung geht es darum, dass Sie Ihrer Partnerin Ihre Liebe zeigen.

Zweitens ist es gar nicht so unwahrscheinlich, dass Ihrer Partnerin dieselbe Aufgabe schon hundert Mal genauso gut getan hat, ohne auch nur einmal dafür Beifall zu erheischen. Sie werden sich also nur selbst damit beschämen, wenn Sie die Aufmerksamkeit auf etwas lenken, dass im Großen und Ganzen eigentlich ziemlich unwesentlich ist.

Verrichten Sie stolz Ihre Aufgabe – und vermeiden Sie, so weit es geht, viel „Trara“ und Selbstzufriedenheit.

g) Lassen Sie sich gelegentlich von Ihrem Partner dabei überraschen, wie Sie eine Aufgabe erledigen

Sie möchten nicht, dass Ihre Hilfe gar nicht wahrgenommen wird. Schließlich ist es unwahrscheinlich, dass Ihr Partner durch Ihr Handeln Liebe empfangen wird, wenn er gar nicht merkt, was Sie tun.

Deshalb sollten Sie gelegentlich – bitte wiederholen: gelegentlich – einen Dienst so verrichten, dass Ihr Partner darauf aufmerksam wird. Zum Beispiel könnten Sie bewusst einen Termin am Wochenende absagen, damit Sie etwas erledigen können, das Ihrem Partner am Herzen liegt. Oder Sie könnten zu Ihrem Partner sagen: „Ich habe an diesem Abend vier Stunden Zeit. Was soll ich für dich in dieser Zeit tun?“

Ersparen Sie Ihrem Partner alles theatralische Getue. Versuchen Sie nicht, durch lautes Seufzen oder Stöhnen seine Aufmerksamkeit zu erregen. Denken Sie daran, dass Ihr Ziel nicht ist, dass Ihr Partner sich schuldig fühlt oder Sie bemitleidet. Sie sollen Ihrem Partner helfen zu erkennen, was Sie für ihn tun, damit er sich von Ihnen geliebt fühlt.

h) Machen Sie Ihre Aufgabe vernünftig

Wenn Sie Ihrem Partner noch nicht oft geholfen haben, liegt es nahe, dass Ihr Partner auch beeindruckt sein wird, wenn Sie Ihre Arbeit nur 75-prozentig machen. Allein die Tatsache, dass Sie aktiv werden, um ihm zu helfen, könnte für ihn ausreichen, um ein unvollkommenes Ergebnis zu entschuldigen.

Das ist aber kein Grund, sich nicht richtig anzustrengen. Wenn Sie Ihren Partner praktisch unterstützen wollen, müssen Sie Ihre Sache auch gut machen. In anderen Worten: Machen Sie alles 150-prozentig!

Anstatt die Garage nur auszufegen, könnten Sie ihr beispielsweise eine Generalüberholung verpassen. Abhängig vom Zustand Ihrer Garage könnte das heißen, dass Sie den ganzen Krimskrams durchgehen, der sich über die Jahre in Kisten und auf Regalen angesammelt hat, das wegwerfen, was nicht gebraucht wird, und das ordnen, was Sie behalten wollen. Eine Generalüberholung könnte auch beinhalten, dass Sie die Ölflecken vom Boden schrubben. Es könnte bedeuten, dass Sie ein neues Regalsystem aufbauen, Ihre alte Garagentür ersetzen und Haken an die Decke montieren, um die Fahrräder dort aufzuhängen. Die Säuberung einer Garage ist mehr als ein paar Kisten herumzuschieben und dazwischen zu fegen.

Wenn Ihnen das etwas übertrieben erscheint, sollten Sie sich zwei Fragen stellen:

- Wie viel ist „zu viel", wenn es darum geht, meinem Partner meine Liebe zu zeigen?
- Warum sollte ich mich mit einem „Danke" meines Partners zufriedengeben, wenn ich ein „Toll!" ernten kann?

i) Gehen Sie vorausschauend mit Ihrem Eigentum um

Vielleicht ist Ihnen das alte Sprichwort bekannt: „Vorbeugen ist besser als Heilen." Dieses Prinzip lässt sich durchaus auf Arbeiten und Pflichten im Haushalt anwenden. In der Tat ist das, was Sie unternehmen, damit kein Durcheinander entsteht oder zusätzliche Arbeit für

Ihren Partner anfällt, schon von sich aus eine praktische Hilfeleistung.

Vorbeugendes Haushalten kann Ihnen ein gutes Stück Disziplin, vielleicht auch einige Änderungen des Lebensstils abverlangen. Doch wenn Sie es sich zur Gewohnheit machen, alles immer wieder aufzuräumen, Ihre Kleidung zusammenzulegen, das Geschirr vom Tisch zu räumen und alles, was in Ihrer Macht steht, zu tun, um Ihren Haushalt ordentlich und funktional zu halten, wird Ihr Partner Ihre Bemühungen sicher bemerken. Und darum geht es ja, nicht wahr?

> *»Mein größtes Vergnügen ist es, wenn ich heimlich eine gute Tat tue und dann dafür sorge, dass sie zufällig bemerkt wird.«*
> Charles Lamb

k) Schränken Sie Ihre Möglichkeiten für praktische Hilfe nicht ein

Es gibt mehr Aufgaben und Pflichten, die in Haus und Garten erledigt werden müssen, als Sie sich vorstellen können. Warum versuchen Sie Ihr Glück nicht bei so vielen wie möglich? Am Ende dieses Kapitels bieten wir Ihnen eine unvollständige Liste möglicher Dienstleistungen an, die Sie für sich in Erwägung ziehen können (alle auf unterschiedliche Weise anstrengend und unangenehm ...).

- Kochen Sie etwas Schönes.
- Decken Sie vor dem Essen den Tisch.
- Räumen Sie den Tisch ab und spülen Sie das Geschirr.
- Reinigen Sie mit dem Staubsauger die Teppiche in Ihrem Haus.
- Putzen Sie die Toilette.
- Scheuern Sie Badewanne und Waschbecken.
- Reinigen Sie den Abfluss der Dusche.
- Putzen Sie die Spiegel.
- Putzen Sie die Fenster.
- Putzen Sie Autoscheiben und Stoßstange.
- Saugen Sie die Autopolster.
- Wechseln Sie Ihrem Baby die Windeln.
- Stauben Sie die Schlafzimmermöbel ab.
- Reparieren Sie die Scharniere einer defekten Tür.

- Stapeln Sie Kaminholz auf.
- Räumen Sie Ihr Medikamentenschränkchen auf.
- Entrümpeln Sie Ihren Speicher und werfen Sie alten Plunder weg.
- Reinigen Sie das Katzenklo.
- Schneiden Sie die Hecken und Büsche in Ihrem Garten.
- Mähen Sie den Rasen.

Denken Sie daran, dass der Schlüssel zu erfolgreicher praktischer Hilfe *das ehrliche Bemühen* ist. Auch wenn Sie sich im Haushalt gar nicht auskennen, wird die Tatsache, dass Sie sich bemühen, Ihrer Partnerin das Leben leichter und angenehmer zu gestalten, sie nicht unberührt lassen und ihre Anerkennung finden.

TEST

Halten Sie sich für einen Experten darin, Ihrem Partner praktische Liebesdienste zu erweisen?
In diesem Test werden Sie sehen, wie viel Sie wissen.

1. Welche der folgenden Fragen wird Ihnen am wenigsten dabei helfen zu entscheiden, ob die Muttersprache der Liebe Ihres Partners die praktische Hilfe ist?
   a) Wie oft bittet mich mein Partner darum, ihm im Haushalt zu helfen?
   b) Wie dankbar ist mein Partner, wenn ich Arbeiten im Haus verrichte?
   c) Wie gründlich ist mein Partner in Haushaltsdingen?
   d) Wie viele Pausen legt mein Partner ein, wenn er die Wohnung putzt?

2. Welche der folgenden Aussagen ist keine beliebte Ausrede, wenn es darum geht, praktische Hilfe zu vermeiden oder zu vernachlässigen?
   a) „Ich habe keine Zeit dazu."
   b) „Es ist nicht meine Aufgabe."
   c) „Mein Partner kann das besser als ich."
   d) „Es muss doch gar nichts gemacht werden."

3. Was sollte man über Menschen wissen, deren vorrangige Liebessprache die praktische Hilfe ist?
   a) Wirklich wichtig ist ihnen, dass ihr Partner Gedanken, Planung, Zeit und Anstrengung in seine praktische Hilfe investiert.
   b) Sie sind doch alle nur Sauberkeitsfanatiker.
   c) Sie mögen es, ihren Partner zu erpressen, damit er ihnen Folge leistet.
   d) Sie sollten sich eine andere Liebessprache suchen.

4. Welche der folgenden Ratschläge ist nicht hilfreich, wenn Sie Ihrem Partner in praktischen Dingen helfen wollen?
   a) Seien Sie bereit, auch die unangenehmen Aufgaben zu tun.
   b) Sie brauchen nicht 100-prozentig zu arbeiten, wenn Ihr Partner nicht hinschaut.
   c) Streben Sie nicht nach Ehre und Anerkennung.
   d) Fragen Sie Ihren Partner gelegentlich: „Was kann ich für dich tun?"

5. Welche der folgenden Aussagen trifft nicht auf praktische Hilfe zu?
   a) Vorbeugendes Haushalten ist genauso wichtig wie alle anderen Arbeiten im Haushalt.
   b) Kleinere Hilfsaktionen bedeuten genauso viel wie größere.
   c) Es ist die Liebessprache, die am schwersten zu lernen ist.
   d) Diese Liebessprache zählt genauso viel wie „Anerkennung" oder „Körperkontakt".

Antworten: 1d), 2d), 3a), 4b), 5c).

7 Aus nächster Nähe

Sprache der Liebe Nummer 5: Körperkontakt

Leon stolperte in die Küche und blinzelte ins helle Sonnenlicht.

„Guten Morgen, Schlafmütze“, begrüßte ihn Wanda. „Der Kaffee ist fertig, und die Brötchen stehen auf dem Tisch.“

„Danke, Schatz“, murmelte Leon und legte seine Arme um sie.

Wanda blieb unbeweglich stehen. Dann gab sie ihm einen kurzen Klaps auf den Rücken und wand sich aus seiner Umarmung.

Leon tat, als ob er eine Stoppuhr in der Hand hätte. „Diesmal hast du 2,8 Sekunden ausgehalten“, verkündete er. „Das ist bisher deine persönliche Bestzeit.“

„Fang nicht schon am frühen Morgen damit an“, sagte Wanda und nahm eine Schöpfkelle vom Haken, „sonst wirst du gleich Opfer dieses Mordinstruments.“

„Was war denn diesmal das Problem?“, fragte Leon. „Hat mein Deo versagt? Ist mein morgendlicher Mundgeruch Schuld? Oder hat deine ‚sensible Haut‘ überreagiert?“

„Es gibt kein Problem“, fuhr Wanda ihn an. „Ich habe einfach nicht das Bedürfnis, andere Menschen 24 Stunden am Tag zu berühren.“

„Willst du damit sagen, dass ich das tue?“, fragte Leon.

Wanda atmete tief durch. „Ich kann dazu nur sagen, dass ich keinen Schritt gehen kann, ohne dass du entweder meine Schultern reibst, deinen Arm um mich legst, mich kitzelst oder mich umarmst.“

„Du hast Recht“, erwiderte Leon mit vorgespieltem Ernst. „Diese Dinge gehören nicht in eine Ehe. Die Leute werden noch denken, dass wir uns tatsächlich lieben!“

„Das meine ich ja gar nicht!“, protestierte Wanda. „Ich frage mich nur: Ist es nicht möglich, seine Liebe zu zeigen, ohne den anderen immer zu umarmen, zu küssen, zu streicheln oder ihn auf eine andere Art zu berühren?“

„Meine Frau, die unverbesserliche Romantikerin“, murmelte Leon und verdrehte die Augen. Er gab vor, einen Moment nachzudenken, und sagte dann: „Ich halte es für eine gute Idee, eine formale Vereinbarung zu treffen, in der wir die spezifischen Details unserer Liebe genauestens festhalten."

„Mach dich nicht über mich lustig", warnte Wanda ihn.

„Wir könnten diese Vereinbarung sogar mit Handschlag besiegeln", fuhr Leon fort. „Natürlich nur, wenn du damit einverstanden bist."

„Bist du nun fertig?", fragte Wanda.

„Fast", erwiderte Leon. „Wir könnten auch ein System der Verwarnung in unsere Beziehung einführen, wie im Fußball. Zum Beispiel die ‚Gelbe Karte' für eine nicht genehmigte Umarmung, oder so etwas. Wie hört sich das an?"

Wanda schüttelte den Kopf. „Mir scheint, du brauchst bei deinem ‚Körperkontakt'-Problem keine Hilfe – dir ist nämlich nicht mehr zu helfen!"

VORGEGRIFFEN

- Wenn Sie mit Ihrem Partner in Körperkontakt treten, sei es durch spielerisches Schulterklopfen, Küssen, Umarmen oder Streicheln, kann das für Ihren Partner ein sehr wichtiger Ausdruck von Liebe sein.
- Menschen, deren Muttersprache der Liebe der Körperkontakt ist, haben ein emotionales Bedürfnis danach, ihren Partner zu berühren. Diese Liebessprache sollte jedoch nicht mit dem starken körperlichen Drang nach Geschlechtsverkehr verwechselt werden.
- Durch Gespräche finden Sie am besten heraus, wie Sie Ihrem Partner durch Zärtlichkeit die Liebe geben können, die er braucht. Sie sollten mit ihm darüber reden, was ihm gut tut und was nicht.

*

Dass Liebe durch Körperkontakt weitergegeben wird, ist nichts Neues. Entwicklungspsychologen wissen schon lange, dass Babys, die auf den Arm genommen, gedrückt, geschaukelt und geküsst werden, ein stabileres Gefühlsleben entwickeln als Babys, die selten berührt werden.

Wir neigen allerdings dazu zu vergessen, dass manche Menschen ein immer gleich bleibendes Bedürfnis nach spürbarer Liebe haben. Zärtlichkeit hat auf sie den gleichen Effekt wie Anerkennung, Zweisamkeit, Geschenke oder praktische Hilfe auf andere. Körperkontakt erfüllt ihr tiefstes Bedürfnis nach Liebe. Ohne Zärtlichkeit fühlen sich diese Menschen ungeliebt und abgelehnt.

Wenn solch ein Mensch jemanden heiratet, der die Liebessprache des Körperkontakts nicht versteht, wird es in seiner Ehe zu einigen Problemen kommen.

Douglas' Geschichte

Douglas wuchs in einem Zuhause auf, in dem es kaum Zärtlichkeit gab. Sein Vater, ein von Natur aus distanzierter Mann, neigte nicht dazu, seine Gefühle zu zeigen. Douglas erinnerte sich daran, dass sein Vater ihn bei ein oder zwei Anlässen – seinem Studienabschluss und seiner Hochzeit – durch einen Händedruck beglückwünscht hatte. Abgesehen davon konnte sich Douglas an wenig oder keinen Körperkontakt mit seinem Vater erinnern. Sein Vater versuchte einfach, jegliche Art von Berührung zu vermeiden.

> *»Alle Gedanken, alle Leidenschaften, alle Freuden – was auch immer diesen vergänglichen Körper bewegt, zeugt alles von der Liebe und nährt ihre heilige Flamme.«*
> Samuel Taylor Coleridge

Im Vergleich mit Douglas' Mutter hätte man seinen Vater jedoch fast als anschmiegsamen Menschen bezeichnen können. Sie schien alle Arten von Körperkontakt zu verabscheuen. Während seines Studiums erfuhr Douglas von einer Cousine, dass seine Mutter möglicherweise als junges Mädchen vergewaltigt worden war. Douglas hatte nie die Gelegenheit, seine Mutter vor ihrem Tod danach zu fragen. Doch im Nachhinein erkannte er, dass das wirklich der Fall gewesen sein könnte. Das Verhalten seiner Mutter erinnerte ihn an das Verhalten von Opfern sexuellen Missbrauchs. Natürlich hatte Douglas in seiner Kindheit keine Ahnung von der Vergangenheit seiner Mutter gehabt. Er wusste nur, dass sie sich im Gegensatz zu anderen Müttern nichts aus Umarmungen und Küssen machte.

Auf diesem Hintergrund überrascht es nicht, dass Douglas sich bei Körperkontakt und sichtbaren Ausdrucksformen von Liebe und

Zuneigung unwohl fühlt. Das heißt nicht, dass er sonderbar ist. Er trägt keine Gummihandschuhe, wenn er jemanden anfasst, und wäscht sich danach auch nicht die Hände. Er ist nur von Natur aus reserviert. Er vermeidet Berührung und erwartet von anderen dasselbe.

Carolyns Geschichte

Carolyn wuchs in einem Zuhause auf, das von Zärtlichkeit geprägt war. Ihr Vater war einer der Männer, die an Weihnachten gelegentlich völlig fremde Menschen umarmen, wenn sie von der Weihnachtsstimmung überwältigt werden. (Das war, bevor man von Dingen wie sexueller Belästigung sprach.) Zu der Zeit fand man sein Benehmen ungewöhnlich und etwas direkt, aber nie unangebracht. Gewöhnlich gingen die Menschen, die er umarmt hatte, mit einem Lächeln auf den Lippen davon.

Carolyns Mutter war auch kein schüchternes Mauerblümchen. Alle Kinder in der Nachbarschaft nannten sie „Mama". Wenn sie in der richtigen Stimmung war, begrüßte sie Kinder und Erwachsene gleichermaßen mit Umarmungen, Schulterklopfen, Haarewuscheln und manchmal sogar spielerischen Fußtritten.

Wie Sie sich vielleicht vorstellen können, übertrug sich die Art ihrer Eltern, ihre Liebe durch Zärtlichkeit auszudrücken, auf Carolyn. Deshalb ist Carolyn eine sehr berührungsfreudige Person. Im Gespräch hält sie gewöhnlich den Arm ihres Gegenübers fest oder berührt seine Schulter, wenn sie etwas besonders betonen will. In der Kirche und an anderen öffentlichen Orten kann es leicht passieren, dass sie jemanden umarmt oder ihm ermutigend auf die Schulter klopft. Ihre Freunde necken sie damit, dass sie überlegen, sich eine Ritterrüstung zuzulegen, um ab und zu vor ihren „Angriffen" geschützt zu sein.

Als Douglas und Carolyn zusammenkamen

In der Tat hat Amor einen ausgeprägten Sinn für Humor – und liebt die feine Ironie. Es ist kaum zu glauben – aber in ihrer Studienzeit verliebten sich Douglas and Carolyn ineinander. Ein Jahr nach ihrem Abschluss heirateten sie.

In den ersten sechs Monaten wurden sie auf einige Probleme in ihrer Beziehung aufmerksam. Wollen Sie raten, welches die Wurzel ihrer Probleme war? Wir geben Ihnen zwei Hinweise. Douglas sagte Carolyn, dass er sich von ihrem ständigen Bedürfnis nach Zärtlichkeit „erdrückt" fühlte. Carolyn sagte Douglas, dass sie sich von ihm abgelehnt fühlte und seine „Kälte" ihr gegenüber nicht mehr ertrug.

Wenn Sie annehmen, dass Douglas und Carolyn deshalb miteinander Probleme hatten, weil sie verschiedene Liebessprachen sprechen, haben Sie voll und ganz Recht. Wenn Sie annehmen, dass Carolyns Liebessprache die Zärtlichkeit ist und Douglas eine andere Liebessprache spricht, haben Sie wieder ins Schwarze getroffen. Und wenn Ihnen diese Situation bekannt vorkommt, lesen Sie weiter.

Was Sie über die Sprachen der Liebe wissen sollten

Bevor wir uns näher mit dem Thema „Körperkontakt" beschäftigen, lassen Sie uns einen kurzen Blick auf die Liebessprachen im Allgemeinen werfen. Es gibt fünf Sprachen der Liebe, fünf Methoden, mit denen Menschen ihrem Partner ihre Liebe zeigen und mit denen sie Liebe empfangen. Körperkontakt ist eine dieser Liebessprachen. Die anderen vier sind ...

- Anerkennung
- Gemeinsame Zeit
- Geschenke
- Praktische Hilfe

Nicht jeder spricht oder versteht dieselbe Liebessprache. Es ist sogar ziemlich wahrscheinlich, dass Sie nicht dieselbe Liebessprache sprechen wie Ihr Partner. Um Ihrer Beziehung willen sollten Sie deshalb die „Muttersprache der Liebe" Ihres Partners herausfinden und sie einwandfrei beherrschen lernen.

Dieses Kapitel ist für die Menschen gedacht, deren Partner auf Körperkontakt ansprechen. Wenn Ihr Partner dazugehört (oder wenn Sie den Verdacht haben, dass er dazugehört), lesen Sie weiter. Sie werden die Informationen finden, die Sie brauchen, um damit anzufangen, seine Sprache zu lernen.

Spricht Ihr Partner die Sprache des Körperkontakts?

Natürlich müssen Sie als Erstes sicher wissen, dass Ihr Partner die Sprache des Körperkontakts spricht. Das herauszubekommen, wird voraussichtlich nicht besonders schwierig sein. Körperkontakt ist wahrscheinlich die offensichtlichste aller Liebessprachen. Wenn Ihr Partner seine Liebe vorrangig durch Körperkontakt ausdrückt, wissen Sie wahrscheinlich schon Bescheid. Wenn Sie jedoch unsicher sind, können Sie sich die folgenden drei Fragen stellen, um zu einem Ergebnis zu kommen.

Familienaktion

✓ SIE KÖNNEN AUS DER ART, wie Ihr Partner mit Ihren Kindern umgeht, darauf schließen, welches seine Muttersprache der Liebe ist. Wenn Ihr Partner gerne mit den Kindern herumtobt, mit ihnen Ringkämpfe veranstaltet, sie kitzelt, umarmt oder abklatscht, ist das vielleicht seine Art, ihnen seine Liebe zu zeigen. Die Art, wie Ihr Partner mit Ihren Kindern umgeht, wird sie übrigens langfristig darin prägen, wie sie ihren zukünftigen Partnern gegenüber Liebe ausdrücken und empfangen.

a) Wie sehr sucht Ihr Partner Körperkontakt?

Wenn Ihr Partner glücklich ist – zeigt er es Ihnen durch eine Umarmung oder ...? Berührt er Sie absichtlich, wenn er mit Ihnen spricht? Neigt Ihr Partner dazu, Ihnen spontan den Rücken zu massieren? Balgt er sich gerne oder kitzelt er Sie gerne?

Wenn Sie mindestens eine der Fragen mit Ja beantwortet haben, ist der Körperkontakt wahrscheinlich die Muttersprache der Liebe Ihres Partners.

b) Wie oft beklagt sich Ihr Partner darüber, dass er sich Ihnen nicht nahe fühlt?

Die Menschen, die die Sprache des Körperkontakts sprechen, setzen Zärtlichkeit mit Kommunikation und Berührung mit innerer Nähe gleich. Wenn Ihr Partner also oft sagt, dass er eine Distanz zwischen Ihnen spürt oder dass es zwischen Ihnen nicht „funkt", könnte er sich auf mangelnden Körperkontakt beziehen. Sie können dann sicher sein, dass Ihr Partner Liebe generell durch Zärtlichkeit erfährt.

c) Wie verhält sich Ihr Partner, wenn er keine Zärtlichkeit empfängt?

Wenn Sie merken, dass sich Ihr Partner zurückzieht oder sich zunehmend gereizt und distanziert verhält, nachdem Sie eine Zeit lang keinen Körperkontakt hatten, ist das ein guter Hinweis darauf, dass „seine" Liebessprache der Körperkontakt ist. Diese Abwesenheit von Zärtlichkeit zeigt sich vor allem nach einer langen Dienstreise oder nach erhitzten Auseinandersetzungen, wenn Sie nicht mehr miteinander reden.

Denken Sie daran: Wenn Körperkontakt Ihrem Partner neue Energie gibt – wie es bei den meisten Menschen der Fall ist, die diese Liebessprache sprechen –, heißt das auch, dass ihn die Abwesenheit von Zärtlichkeit erschöpft.

Zärtlichkeit und Sex

Viele Leute, vor allem Ehefrauen, sehen sich die Liste der fünf Liebessprachen an, entdecken das Wort „Zärtlichkeit" und sagen: „Aha! Mein Partner scheint sich immerzu Sex zu wünschen, dann muss das wohl seine Muttersprache der Liebe sein!" Diese Schlussfolgerung ist jedoch nicht unbedingt richtig.

Um die Liebessprache Ihres Partner zu identifizieren, sollten Sie zuerst seine körperlichen von seinen emotionalen Bedürfnissen trennen. Bei Männern hat der starke Drang nach Geschlechtsverkehr körperliche Ursachen. Die Männer wurden mit einem natürlichen Bedürfnis nach sexueller Erleichterung geschaffen. Männer sind so gemacht, dass ihnen Sex notwendig erscheint.

Mit dem emotionalen Bedürfnis, das über eine Liebessprache gestillt werden kann, meinen wir nicht Sex oder die Zärtlichkeit, die damit verbunden ist. Wenn Sie sich mit diesem Punkt noch schwer tun – wenn Sie sich nicht sicher sind, ob Zärtlichkeit die Muttersprache der Liebe Ihres Partners ist –, beantworten Sie die folgenden Fragen:

- Genießt es Ihr Partner, mit Ihnen Händchen zu halten?
- Mag es Ihr Partner, wenn er von Ihnen auf liebevolle, aber nichtsexuelle Art und Weise gestreichelt und liebkost wird?
- Mag es Ihr Partner, wenn er umarmt wird?
- Mag es Ihr Partner, zu küssen und geküsst zu werden – als Ausdruck von Zuneigung, und nicht im sexuellen Vorspiel?

Wenn Sie mindestens eine dieser Fragen mit Nein beantwortet haben, ist Zärtlichkeit vielleicht doch nicht die vorrangige Liebessprache Ihres Partners – abgesehen von dem natürlichen Bedürfnis seines Körpers.

Mein Partner spricht die Sprache des Körperkontakts

Wenn die Liebessprache Ihres Partners der Körperkontakt ist, gibt es einige Dinge, die Sie darüber lernen müssen, wie er Körperkontakt erlebt. Ob er es in Worte fassen kann oder nicht – das Denken Ihres Partners kann wahrscheinlich am besten so zusammengefasst werden: Das, was ich bin, drückt sich in meinem Körper aus. Wenn du mit meinem Körper liebevoll umgehst, durch gezielte zärtliche Berührungen, zeigst du mir deine Liebe.

Es ist genauso wichtig, die Kehrseite dieses Denkens zu verstehen, die Meinung, die so zusammengefasst werden kann: Wenn du meinem Körper Kontakt verweigerst, ihn ignorierst oder meidest, dann verweigerst, ignorierst und meidest du mich.

Es ist nicht übertrieben zu sagen, dass allein der Körperkontakt die Ehe eines Menschen, der die Liebessprache der Zärtlichkeit spricht, entweder fördern oder zerstören kann. Dieser Mensch nimmt die Gefühle, die durch eine Umarmung – oder die Verweigerung einer Umarmung – mitgeteilt werden, viel intensiver wahr als durch die Worte „Ich liebe dich“ oder „Ich hasse dich“. Gleichermaßen wird ein körperlicher Ausdruck von Zorn, zum Beispiel ein Schubs oder eine Ohrfeige, einen Menschen, der die Sprache des Körperkontakts spricht, viel stärker betreffen.

Sexuelle Untreue, die jede Beziehung schädigen wird, wäre für einen Ehepartner, der die Sprache des Körperkontakts spricht, besonders traumatisch. Er müsste nicht nur den Betrug und die Unehrlichkeit des Partners verarbeiten, die mit dem Seitensprung einhergingen, sondern sich zusätzlich mit der Tatsache auseinander setzen, dass sein Partner jemandem körperliche Liebe gezeigt hat, während er sie ihm vorenthielt.

> *»Wer könnte dort innige Liebe vermuten, wo sie nicht offen gezeigt wird?«*
> John Donne

Man kann den folgenden Schluss daraus ziehen: Wenn Sie für die finanzielle Sicherheit und den materiellen Wohlstand Ihres Partners sorgen und ihm anregende Gespräche, kontinuierliches Lob und Ermutigung bieten, ihm aber den Körperkontakt vorenthalten, nach dem sich Ihr Partner sehnt, werden ihm diese anderen Dinge letztlich nichts bedeuten. Ihr Partner wird nur die Zurückweisung spüren, die aus der Verweigerung von Zärtlichkeit spricht.

Wie funktioniert unser Körper?

Für diejenigen, die im Biologieunterricht geschlafen haben, werden wir nun einen kurzen Auffrischungskurs über bestimmte Funktionen des menschlichen Körpers geben. (Und natürlich werden Sie darüber wieder in einem Test befragt werden. Deshalb schlafen Sie besser nicht wieder ein!) Unsere Haut enthält Millionen kleiner Rezeptoren, die, wenn sie berührt oder gedrückt werden, über das Nervensystem Impulse ans Gehirn senden. Das Gehirn verarbeitet und interpretiert dann diese Impulse und ermöglicht es uns, den Gegenstand, der uns berührt hat, als heiß oder kalt, glatt oder scharf, hart oder weich zu erkennen. Wir werden die Art der Berührung als schmerzhaft oder angenehm empfinden und als liebevoll oder gefährlich interpretieren.

Wenn Sie das verstanden haben, können wir fortfahren.

Diese Rezeptoren sind nicht gleichmäßig über den Körper verteilt. Sie treten vielmehr gehäuft auf. Das Ergebnis ist, dass bestimmte Zonen des Körpers sensibler sind als andere. Je mehr Gefühlsnerven sich an einem Ort ballen, desto sensibler ist diese Körperzone. Die Zungenspitze, die Fingerspitzen und die Nasenspitze gehören zu den sensibelsten Zonen des Körpers. Die Schultern sind im Allgemeinen der am wenigsten sensible Bereich.

Was hat all dieses wissenschaftliche Gerede für Sie zu bedeuten? Nun, Ihr Partner hat Millionen von Gefühlsnerven. Das heißt, dass Sie ihm Ihre Liebe an so gut wie jedem Fleck seines Körpers zeigen können. Das eröffnet einen ganz neuen Spielraum, nicht? Es bedeutet, dass Sie sich nicht immer auf zwei oder drei Bereiche seines Körpers beschränken müssen. Dass Sie kreativ sein und verschiedene Arten von Berührung an verschiedenen Stellen seines Körpers ausprobieren können.

Zärtlichkeit – was darunter (nicht) zu verstehen ist

Nicht alle Arten von Berührung werden die gleiche Wirkung haben. Manche Arten des Körperkontakts werden Ihren Partner zwangsläufig mehr erfreuen als andere. Natürlich ist der einzige Weg herauszufinden, was Ihrem Partner gefällt und was nicht, ihn selbst zu fragen. Schließlich ist er derjenige, dem Sie Ihre Liebe zeigen wollen.

Überlassen Sie es Ihrem Partner, Sie darin anzuleiten, was er als liebevolle Berührung und was als störend oder unangenehm empfindet. Nennen Sie es, wenn Sie wollen, das Erlernen seines „Liebesdialekts". Sie wissen bereits, dass Körperkontakt seine Liebessprache ist. Nun ist es an der Zeit, Ihre Kommunikation zu verfeinern.

Wenn Ihnen Ihr Partner zu verstehen gibt, dass bestimmte Berührungen für ihn störend oder unangenehm sind, dann lassen Sie sie weg.

Gute Frage

? Als wir frisch verheiratet waren, wollten mein Partner und ich uns immerzu berühren. Jetzt haben wir kaum noch Körperkontakt. Was führt dazu, dass sich Paare im Hinblick auf Zärtlichkeit voneinander entfernen?

Meistens sind es Hektik und Gleichgültigkeit. Wie die meisten Menschen haben Sie sicher einen vollen Terminkalender und sind so beschäftigt mit vielfältigen Verpflichtungen, dass Sie keine Zeit haben, Ihren Partner mit Zuneigungsbezeugungen zu überschütten, so wie es ihm (oder Ihnen) gefallen würde. Oft ist auch Gleichgültigkeit schuld, ein Mangel an Interesse an dem, was Ihr Partner denkt oder tut. Wenn es Ihnen mehr oder weniger egal ist, was Ihr Partner braucht, werden Sie wahrscheinlich mit Zärtlichkeiten nicht freigebig und kreativ sein.

Vielleicht verstehen Sie nicht, warum Ihr Partner sie unangenehm findet, aber das ist nicht wichtig. Es kommt nur darauf an, dass Sie die Wünsche Ihres Partners respektieren.

> **Gute Frage**
>
> **? Als Kind wurde ich missbraucht. Nun bereitet es mir Probleme, berührt zu werden und andere zu berühren. Wie kann ich lernen, meinem Partner, dessen Liebessprache der Körperkontakt ist, Liebe zu zeigen, ohne mich dabei schlecht zu fühlen?**
> Sie sollten unbedingt mit einem Therapeuten darüber sprechen, damit Sie den Schmerz und das Leid verarbeiten können, die durch den Missbrauch entstanden sind. Wenn Sie das nicht tun, werden Sie nicht in der Lage sein, Ihrem Partner die Art von Liebe zu geben, nach der er sich sehnt – zumindest nicht so, dass Sie sich dabei wohl fühlen. Und wenn Sie sich nicht wohl fühlen, wird sich Ihr Partner wahrscheinlich auch nicht wohl fühlen.

Wenn Sie denken, dass wir die Dinge zu eng sehen, betrachten Sie es einmal so: Wenn Sie darauf bestehen, Ihren Partner so zu berühren, dass es ihm missfällt, werfen Sie nicht nur das ganze Konzept der Liebessprachen über Bord, sondern Sie vermitteln ihm genau das Gegenteil von Liebe. Was Sie Ihrem Partner dann mitteilen, ist, dass Ihnen seine Bedürfnisse mehr oder weniger egal sind. Schlimmer noch: Sie teilen ihm mit, dass Sie nicht unbedingt etwas dagegen haben, ihm unangenehme Gefühle zu bereiten. Wenn Ihnen etwas an einer gesunden Beziehung liegt, ist dies das Letzte, was Sie ihm sagen wollen.

Den richtigen Zeitpunkt finden

Vincent musste durch eine bittere Erfahrung dazulernen. Sein Vater hatte seine Liebe seinen Kindern durch Kitzeln gezeigt. Wenn Vincents Vater abends nach Hause kam, jagte er seine drei Söhne durch das Haus, bis er sie gefangen hatte. Dann hielt er sie fest und kitzelte sie, bis sie nach Luft schnappten. Zwischen Lachanfällen schrien die Jungen: „Nein!" und „Hilfe!", aber ihr Vater ließ nicht locker, bis er genug hatte.

Weil sie ein solches Verhalten gewöhnt waren, dachten Vincent und seine Brüder nicht über das Kitzeln nach. Sie freuten sich nicht gerade darauf, aber es kümmerte sie auch nicht besonders.

Als Vincent Angela heiratete, brachte er diese Vorstellungen, wie man seine Liebe zeigt, mit in die Ehe. Immer, wenn Angela besonders schutzlos wirkte, schnappte Vincent sie und kitzelte sie, bis sie nach Luft rang. Er dachte, dass das ein netter Weg sei, ihr seine Liebe zu zeigen.

Angela dagegen fürchtete Vincents „Kitzelangriffe", wie sie es nannte. Sie versuchte, ihn anzuschreien, um ihn dazu zu bringen, sie in Ruhe zu lassen, sie rief um Hilfe oder blieb ganz still – sie versuchte alles, was ihr in den Sinn kam, um ihn zum Aufhören zu bewegen. Aber nichts half. Vincent konnte nicht verstehen, warum sich Angela über etwas aufregte, das ihm ganz natürlich erschien.

An einem Nachmittag passierte beim Kitzeln etwas, das Vincent hinterher sehr bereute. Er hatte Angela von hinten gepackt, so wie er es gewöhnlich tat, wenn er sie kitzelte. Dieses Mal versuchte sich Angela aus seinem Griff zu winden, anstatt sich wie sonst wehrlos zu Boden fallen zu lassen. Vincent ließ nicht los, ihr Arm wurde verdreht und mit einem krachenden Geräusch aus dem Schultergelenk gekugelt.

Auf dem Weg ins Krankenhaus versuchte Vincent, sich zu entschuldigen, aber Angela weigerte sich, ihm zuzuhören. Sie starrte nur aus dem Autofenster und schluchzte. Als er erklären musste, was vorgefallen war, sah die Krankenschwester in der Notaufnahme ihn misstrauisch an – genau so, wie sie wahrscheinlich alle gewalttätigen Ehemänner ansah, mit denen sie zu tun hatte. Vincent befürchtete schon, dass ihn die Polizei verhören würde, aber Angela gelang es, die Ärzte davon zu überzeugen, dass Vincents Schilderung des Unfalls tatsächlich der Wahrheit entsprach.

Vincent kitzelt Angela nun nie mehr, aber die beiden haben es nicht geschafft, sich seit dieser Begebenheit ganz auszusöhnen. Scham- und Schuldgefühle haben eine Distanz zwischen ihnen geschaffen. Vincent ist beschämt und es tut ihm Leid, dass er seinen „Kitzeltick" so weit getrieben hatte. Angela, auf der anderen Seite, fühlt sich auch schuldig und schämt sich dafür, dass sie sich nie mit Vincent zusammengesetzt und ihm erklärt hatte, wie sie sich beim Kitzeln fühlte, bevor es zu so einem dramatischen Ende kam.

Gute Frage

Wie kann ich meinen Partner wissen lassen, dass ich manche Berührungen nicht mag, ohne seine Gefühle zu verletzen?

Sie können eine von zwei Strategien wählen, je nachdem, wie dringlich die Situation ist. Die erste ist das sofortige Feedback. Wenn Ihr Partner Sie zu hart berührt, sagen Sie sofort „Au!", oder: „Das tut mir weh!". Wenn Ihr Partner Sie so berührt, dass Sie sich unwohl fühlen, sagen Sie: „Ich mag das gar nicht." Diese Antworten mögen auf den ersten Blick etwas schroff erscheinen, doch wenn sie konkret genug sind, werden Sie Ihrem Partner damit einen Gefallen tun, dass Sie ihn genau wissen lassen, was Sie nicht mögen. Die zweite Möglichkeit ist, eine alternative Form der Zärtlichkeit vorzuschlagen, die Sie angenehm finden. Wenn Ihr Partner Sie so berührt, dass es Ihnen wehtut, oder an einer Stelle, wo Sie es unangenehm finden, führen Sie seine Hand an eine Stelle, wo Sie gerne berührt werden, und sagen Sie etwas wie: „Weißt du, wie du mir richtig gut tun könntest? Mit einer deiner berühmten Schultermassagen."

Wenn zwei dieselbe Liebessprache sprechen

Es wird Sie kaum überraschen zu erfahren, dass Vincents Sprache der Liebe der Körperkontakt ist. Aber wird es Sie nicht wundern, dass Angelas Liebessprache der Liebe auch Körperkontakt ist?

Wir wollen nicht behaupten, dass alle Situationen, in denen Körperkontakt auf „falsche" Weise geschieht, so enden müssen wie bei Vincent und Angela. Aber ihre Erfahrung zeigt eine Möglichkeit, die Sie in Betracht ziehen müssen. Wenn Sie und Ihr Partner dieselbe Liebessprache, und zwar die des Körperkontakts, sprechen, müssen Sie sich versichern, dass Sie von richtigen Annahmen ausgehen.

Sie sollten ganz speziell die Annahme vermeiden, dass die Art von Körperkontakt, die Ihnen gefällt, auch für Ihren Partner angenehm ist. In der Tat ist es wahrscheinlicher, dass das nicht der Fall ist. Sie beide haben sicherlich auch nicht den gleichen Geschmack, was Freunde, Kleidung, Filme oder Musik angeht – warum gehen Sie dann davon aus, dass Sie eine Vorliebe für die gleichen Berührungen haben?

Nur über Kommunikation lernen Sie, was Ihrem Partner gefällt, und nur so kann er erfahren, was Sie gerne mögen. Achten Sie auf die

Reaktionen und die Körpersprache Ihres Partners, wenn Sie ihn berühren. Welche Art von Körperkontakt scheint er zu genießen, welchen Berührungen geht er anscheinend aus dem Weg und welche lässt er einfach „über sich ergehen"? Wenn Sie diese Fragen oft genug und in so vielen Situationen wie möglich beantworten, werden Sie ein gutes Gespür dafür bekommen, wie Sie Ihrem Partner Ihre Liebe auf eine Art zeigen können, die er mag.

Situationen, in denen Berührung unbedingt wichtig ist

Es kann eine Weile dauern, bis Sie gelernt haben, Ihren Partner mit der Art von Körperkontakt zu versorgen, die er braucht, vor allem, wenn Sie nicht aus einer Familie kommen, die großen Wert auf den körperlichen Ausdruck von Gefühlen legt. Es gibt jedoch gewisse Zeiten im Leben, wo Sie unbedingt Ihren eigenen „Wohlfühlbereich" außer Acht lassen müssen, um Ihrem Partner die Art von Zärtlichkeit zu geben, die er braucht. Wir beziehen uns hier speziell auf Krisensituationen. Sie werden mit solchen Situationen konfrontiert werden, zum Beispiel ...

- die sich verschlechternde Gesundheit und der Tod Ihrer Eltern
- Unfälle, bei denen geliebte Menschen verletzt werden
- Krankheit und andere gesundheitliche Probleme
- Berufliche Kündigung
- Nervenzusammenbrüche
- Zukunftsängste
- Bedrohung Ihrer Sicherheit und der Ihrer Familie

Das Wichtigste, das Sie für Ihren Partner in Krisensituationen tun können, ist, ihm Ihre Liebe zu zeigen. Wenn die Liebessprache Ihres Partners der Körperkontakt ist, ist es in schweren Zeiten Ihre Aufgabe, Ihren Partner im Arm zu halten, damit er an Ihrer Schulter weinen kann.

Alle Worte, mit denen Sie Trost oder Ermutigung spenden, wird Ihr Partner akzeptieren, aber er wird für jede Form von Zärtlichkeit als Ausdruck Ihres Mitgefühls dankbar sein. Und es macht einen großen Unterschied, ob man nur akzeptiert wird oder ob man aufrichtige Dankbarkeit erfährt.

Eine Krise bietet eine einmalige Gelegenheit, Ihre Liebe zu zeigen. Ihr Partner wird sich an Ihre Zärtlichkeit wahrscheinlich noch lange nach der Krise erinnern. Das Verweigern von Zärtlichkeit wird er jedoch niemals vergessen.

Ideen für mehr Zärtlichkeit

Es gibt zwei Wege, auf denen Sie Ihrem Partner durch Körperkontakt Liebe geben können. Den Ersten nennen wir „geplante Zärtlichkeit", den Zweiten „spontane Zärtlichkeit".

Geplante Berührungen sind jene, die Ihre ganze Aufmerksamkeit in Anspruch nehmen und oft von Ihnen im Voraus geplant werden müssen. Rückenmassage und sexuelles Vorspiel vor dem Geschlechtsverkehr sind zwei Beispiele für geplante Berührungen.

Geplante Berührung kann heißen, dass Sie ein Verständnis dafür entwickeln müssen, wie Sie Ihrem Partner so Liebe geben, dass es für ihn am wirkungsvollsten ist. Wenn sich Ihr Partner beispielsweise durch eine Rückenmassage geliebt fühlt, könnten Sie etwas Zeit und Energie – und vielleicht etwas Kleingeld – investieren, um die Kunst des Massierens und der Entspannungstherapie zu lernen. (Sie werden auch in der Stadtbücherei wahrscheinlich eine ganze Reihe an Titeln finden, die Ihnen dabei helfen.)

Wenn vor allem Sex der „Liebesdialekt" Ihres Partners ist, könnten Sie etwas Zeit und Energie investieren, um zu lernen, wie Sie Ihrem Partner in sexueller Hinsicht Gutes tun und ihn zufrieden stellen können. Sie können die Informationen, die Sie brauchen, durch ein offenes, detailliertes Gespräch mit Ihrem Partner bekommen. Außerdem können Sie Bücher und Artikel über die Kunst des Liebens lesen.

> *»Küsse sind ein besseres Schicksal als Weisheit.«*
> E. E. Cummings

Spontane Berührungen erfordern weniger Einsatz von Ihrer Seite, vermitteln Ihrem Partner aber trotzdem eine Menge an Bedeutung und Emotionen. Weil spontane Berührungen nicht so aufwändig sind wie geplante, gibt es dafür viel mehr Möglichkeiten. Hier einige Beispiele dafür, wie Sie spontane Berührungen nutzen können, um Ihrem Partner Ihre Liebe zu zeigen:

- Legen Sie Ihre Hand auf den Arm Ihres Partners, wenn Sie ihm über die Schulter blicken, um in der Zeitung zu lesen.
- Wenn Sie sich im Flur begegnen, berühren Sie ihn so viel wie möglich, indem Sie ihn streifen, statt einen großen Bogen um ihn zu machen.
- Anstatt sich in die andere Ecke des Sofas zu setzen, wenn Sie einen Film mit Ihrem Partner sehen, setzen Sie sich doch direkt neben ihn.
- Berühren Sie Ihren Partner regelmäßig, wenn Sie zusammen ein Spiel spielen oder Sport treiben.
- Halten Sie Ihren Partner noch einmal an, bevor er mit dem Auto die Einfahrt verlässt. Wenn Ihr Partner die Fensterscheibe heruntergekurbelt hat, drücken Sie ihm schnell noch einen Kuss auf die Wange.
- Reiben Sie Ihr Knie an dem Ihres Partners, wenn Sie das nächste Mal in einem Restaurant nebeneinander sitzen.
- Ergreifen Sie die Hand Ihres Partners, wenn Sie über die Einkaufsstraße schlendern – so wie Sie es als Teenager getan haben.
- Legen Sie den Arm um Ihren Partner, während Sie im Kino eine Tüte Popcorn teilen!

Wahrscheinlich waren Sie nicht besonders beeindruckt, als Sie diese Vorschläge für spontane Berührungen lasen. Ihre erste Reaktion war vielleicht: Ist das alles, was nötig ist, um meinem Partner meine Liebe zu zeigen und ihm etwas Gutes zu tun? Die Antwort ist mit großer Wahrscheinlichkeit: Ja! Natürlich können und sollen Sie lernen, Ihren Partner so zu berühren, wie er es sich wünscht. Aber das heißt nicht, dass Ihre Berührungen komplizierter oder anspruchsvoller sein müssen als die Ideen in dieser Liste.

Familienaktion

✓ NUR WENIGE DINGE auf dieser Welt drücken Liebe und Zuneigung so schnell und deutlich aus wie die Umarmung oder der Kuss eines Kindes. Wenn Ihr Partner die Sprache des Körperkontakts spricht, könnten Sie ihm einen Gefallen tun, der Auswirkungen auf sein ganzes Leben hat: Sie können Ihren Kindern beibringen, ihre Liebe für Ihren Partner durch körperliche Ausdrucksformen wie Umarmungen und Küsse weiterzugeben. Nennen Sie es ein immer währendes Geschenk.

Was wollen Sie mehr?

Wenn Sie sich bei diesem Thema immer noch unsicher fühlen – oder wenn Ihr Geist willig, aber das Fleisch, nun ja, nicht so willig ist –, sollten Sie die folgenden drei Tipps beachten, die Ihnen helfen können, damit Sie die Liebessprache Ihres Partners bald fließend beherrschen.

a) Teilen Sie Ihrem Partner Ihre Gefühle mit

Wenn es Ihnen nicht leicht fällt, zärtlich zu sein, müssen Sie das Ihren Partner wissen lassen. Diese Neuigkeit wird ihn vielleicht zuerst etwas enttäuschen oder bekümmern, aber letztlich wird er für Ihre Offenheit und Ehrlichkeit dankbar sein.

Das soll aber nicht heißen, dass Sie Ihr Unbehagen als Entschuldigung dafür nehmen, dass Sie Ihrem Partner keinen Körperkontakt geben. Wir schlagen vielmehr vor, dass Sie die Karten auf den Tisch legen und sagen: „Ich habe nicht viel Erfahrung damit, mich körperlich auszudrücken, aber ich werde mein Bestes tun, um dir zu geben, was du brauchst. Bitte hab Geduld mit mir, wenn ich versuche, es zu lernen."

Wahrscheinlich wird Ihrem Partner nichts so viel bedeuten wie Ihr Bemühen, um seinetwillen unbekanntes emotionales Gebiet zu betreten.

Denken Sie daran, dass Sie gleichzeitig Ihren eigenen „Wohlfühlbereich" aufrechterhalten. Ehrlichkeit ist einer der besten Wege, das zu tun. Wenn Sie bei einer bestimmten Art des Körperkontakts Hemmungen haben oder sich unwohl fühlen, sagen Sie es Ihrem Partner. Reden Sie über Ihre Gefühle und versuchen Sie, einen Kompromiss zu finden. Wenn Sie sich zu einem späteren Zeitpunkt an diese Art des Körperkontakts gewöhnt haben, wird es Ihrem Partner umso mehr bedeuten, weil Sie bereit waren, Ihren anfänglichen Widerwillen zu überwinden.

b) Rufen Sie sich ins Bewusstsein, wie oft Sie Ihren Partner berühren

Wenn Sie nicht dieselbe Muttersprache der Liebe haben wie Ihr Partner, denken Sie vielleicht nicht mehr als zwei- oder dreimal im Monat über Zärtlichkeit nach. Und das ist für Ihren Partner nicht gerade der Hit. Deshalb ist es wichtig, dass Sie wissen, wie oft Sie Ihren Partner tatsächlich mit Streicheleinheiten versorgen.

Sorgen Sie dafür, dass Sie Ihrer Beziehung nicht durch Unachtsamkeit oder unbeabsichtigte Vernachlässigung Schaden zufügen. Versuchen Sie, Ihr „Pensum" in Sachen Körperkontakt zu erfüllen, genauso wie Sie auch Ihren gesellschaftlichen Verpflichtungen nachkommen. Wenn Sie dabei ein Tagebuch führen müssen, mit Einträgen wie: „Berührte seine Schulter um 6.52 Uhr", oder: „Hielt mit ihr heute fünfzehn Minuten lang Händchen", spricht nichts dagegen.

c) Take it easy!

In diesem Kapitel erzählten wir Ihnen bereits, was Vincent und Angela erlebten, als Vincent seine Art von Zärtlichkeit zu weit trieb. Bevor wir zum Schluss dieses Kapitels kommen, wollen wir noch einmal betonen, dass Sie Ihre körperlichen Impulse im Zaum halten müssen, wenn es um Ihren Partner geht. Denken Sie an den feinen Unterschied zwischen spielerischem Kämpfen und einschüchternder Aggressivität. Ihr Ziel sollte es sein, sich von dieser Linie so weit entfernt zu halten wie möglich.

> *»Um auf einfache Art zu lieben, muss man wissen, wie man Liebe zeigt.«*
> Fjodor Dostojewski

Natürlich können Sie diesem Buch nicht ganz konkret entnehmen, wie Sie Ihren Partner berühren sollen. Das ist etwas, was Sie beide zusammen erarbeiten müssen, in einem Trial-and-Error-Prozess. Wenn Sie jedoch die Bereitschaft dafür zeigen, Ihrem Partner Zärtlichkeit zu geben, und wenn Sie sich an die Ratschläge in diesem Buch halten, sind Sie auf dem besten Weg, eine intakte, liebevolle, für beide zufrieden stellende und lebenslange Beziehung zu schaffen.

TEST

Wenn Sie denken, Sie wüssten schon, wie Sie Ihrem Partner Ihre Liebe durch Körperkontakt zeigen können, dann testen Sie hier Ihr Wissen.

1. Was kann, nach Erkenntnissen der Entwicklungspsychologen, über Babys gesagt werden, die lebenswichtigen Körperkontakt erhalten, im Gegensatz zu Babys, die länger ohne Körperkontakt auskommen müssen?
   a) Sie müssen öfter gewaschen werden.
   b) Sie bekommen nicht so schnell Beulen.
   c) Es ist wahrscheinlicher, dass diese Babys ein stabiles Gefühlsleben entwickeln.
   d) Sie lernen viel eher zu laufen.

2. Welche der folgenden Fragen wird Ihnen am wenigsten weiterhelfen, wenn Sie herausfinden wollen, ob die Liebessprache Ihres Partners der Körperkontakt ist?
   a) Wie reagiert mein Partner, wenn er keine Zärtlichkeit empfängt?
   b) Wie sensibel ist die Haut meines Partners?
   c) Wie oft klagt mein Partner darüber, dass er sich mir nicht nahe fühlt?
   d) Wie sehr drückt mein Partner Gefühle über seinen Körper aus?

3. Was ist eine „falsche“ Berührung?
   a) Eine, die Ihren Partner stört.
   b) Eine, die Sie in einem Sex-Handbuch finden.
   c) Eine, über die Ihr Partner erst sagen muss, dass er sie mag.
   d) Eine, die in diesem Buch nicht aufgeführt ist.

4. Wann ist Körperkontakt absolut notwendig?
   a) Nach einem großen Streit.
   b) Wenn das Essen angebrannt ist.

c) Gleich nach dem Aufwachen.
d) In Krisenzeiten.

5. Welche der folgenden Ideen ist kein guter Rat, wenn es darum geht, Ihrem Partner Zärtlichkeit zu schenken?
a) Sprechen Sie es immer vorher mit Ihren Freundinnen durch, wenn Sie eine neue Art von Berührung bei Ihrem Partner ausprobieren wollen.
b) Teilen Sie Ihrem Partner Ihre Gefühle mit.
c) Nehmen Sie's leicht.
d) Behalten Sie den Überblick darüber, wie oft Sie Ihren Partner berühren.

Antworten: 1c), 2b), 3a), 4d), 5a).

Zweiter Teil

Die Beziehung zu *Ihren Kindern*

1 Ein altes Familienrezept, Teil 1

Fünf Zutaten für eine intakte Familie

Martin betrachtete seine Familie, die sich um den Esstisch versammelt hatte. „So stelle ich mir das Essen im Kreise der Familie vor: Alle sitzen um den Tisch, freuen sich aneinander ..."

„Nimm deinen Ellenbogen weg, Sam!", schrie Hanna und gab ihrem Bruder einen Schubs.

„Wenn du was dagegen hast, setz dich doch woanders hin!", gab Sam zurück.

„Hört sofort auf, ihr beiden", warnte Pamela. „Euer Vater redet gerade."

„Entschuldigung, Mama", antworteten Hanna und Sam unisono.

Martin seufzte und fuhr fort: „Was ich sagen wollte, ist: Es gibt ein paar Dinge, die wir unternehmen sollten, um uns als Familie noch näher zu kommen."

„Soll das heißen, dass ich ganz nah bei Sam sitzen muss?", fragte Hanna.

„Das meine ich doch nicht mit ‚Nähe'!", fuhr Martin sie an. Dann riss er sich zusammen: „Ich habe gerade ein Buch über Familienbeziehungen gelesen und ..."

Hanna ließ ihre Gabel fallen. „Buch! O nein! Ich habe mein Geschichtsbuch in der Schule vergessen, und wir schreiben morgen einen Test!", stöhnte sie. Sie stand auf und warf ihre Serviette auf den Tisch. „Ich muss Susanna anrufen und sie fragen, ob ich heute Abend mit ihr zusammen lernen kann."

„Musst du das denn jetzt machen?", fragte Martin. „Ich wollte euch gerade erzählen, was wir tun können, um sicherzugehen, dass wir eine intakte Familie sind."

„Jetzt hab dich doch nicht so, Papa", sagte Hanna. „Bei mir geht es um etwas Wichtiges."

Martin entließ sie mit einer Handbewegung. „Also gut, wir werden dir später alles erzählen“, sagte er. Dann wandte er sich wieder zu den anderen und fuhr fort: „Wie ich schon sagte, wird in diesem Buch eine Art Familientraining vorgeschlagen, das ich mit unserer Familie gerne ausprobieren wür ...“

„Training!“, rief Sam und sprang vom Stuhl hoch. „Ich habe ganz vergessen, dass der Trainer das Fußballtraining von Mittwoch auf heute vorverlegt hat! Ich muss um Viertel nach sechs am Stadion sein!“

Pamela legte ihre Serviette hin und stand auf. „Hol die Tasche aus deinen Zimmer“, wies sie ihn an. „Ich warte im Auto auf dich.“

„Und was ist mit dem gemeinsamen Abendessen und unserem Gespräch?“, fragte Martin.

„Tut mir Leid, Schatz“, erwiderte Pamela, als sie in ihrem Portemonnaie nach dem Autoschlüssel suchte. „Es sieht so aus, als hätte die Realität deine großen Pläne zunichte gemacht.“

„Nein, nein, ist schon gut“, seufzte Martin. Er zeigte auf seinen Kleinsten, der noch am Tisch saß. „David und ich werden die Unterhaltung alleine fortsetzen. Was meinst du denn, David: Was ist wichtig für eine glückliche Familie?“

„Ich drück dich, und ich küss dich“, antwortete David mit einem strahlenden Lächeln.

„Pamela, hast du das gehört?“ Martin schnappte nach Luft. „David hat mir gerade erklärt, dass unsere Familie mehr gegenseitige Zuwendung braucht!“

„Schatz“, erwiderte Pamela und klopfte ihm liebevoll auf die Schulter, „er ist erst achtzehn Monate alt. Er hat die Worte aus der Titelmelodie der neuen Kinderserie nachgeplappert.“

*

Sie kennen sicher den Spruch: „Alle reden über das schlechte Wetter, aber keiner tut etwas dagegen.“ Das Gleiche könnte man über die Familie sagen. Wann immer man eine Zeitschrift zur Hand nimmt oder das Fernsehen einschaltet, liest oder hört man etwas über die Probleme, mit denen heutige Familien zunehmend konfrontiert sind. Wenn es nicht um Scheidung geht, geht es um Mütter und Väter, die beide voll arbeiten. Wenn es nicht um Kindesmissbrauch geht, geht es um emotionale Vernachlässigung. Wenn es nicht um Alkoholismus bei den Eltern geht, geht es um Drogenkonsum bei den Kindern. Wenn es nicht um den Werteverlust der älteren Generation geht, geht es um die mangelnde Leistungsbereitschaft der jüngeren Generation, usw.

Die Statistiken sind ernüchternd und die Berichte erschütternd. Pastoren und Politiker sind gleichermaßen besorgt über die kritische Situation, in der sich die heutige Familie befindet. In dieser problematischen Lage fragen sich Eltern, die ihre Verantwortung ernst nehmen: Was kann man tun, um die Stabilität der Familie zu fördern und zu erhalten?

VORGEGRIFFEN

- Es gibt fünf Merkmale einer intakten Familie, darunter eine aufmerksame Haltung und Nähe zwischen den Eltern.
- Durch eine Haltung, die das Wohl aller im Auge hat, wird das Gefühl von Zusammengehörigkeit bei den Familienmitgliedern gefördert, und sie werden dazu motiviert, die Bedürfnisse der anderen wahrzunehmen und zu erfüllen.
- Innere Nähe zwischen Mann und Frau ist wichtig, weil ihre Beziehung der Fels ist, auf den die ganze Familie gebaut ist.

Aller guten Dinge sind fünf

Der erste Vorschlag, den wir Ihnen machen können, ist: Sie sollten als Erstes entscheiden, was eine intakte Familie ausmacht. Wir haben herausgefunden, dass man für eine intakte Familie fünf „Zutaten“ oder Eigenschaften braucht. Mit Hilfe der folgenden Liste können Sie ermitteln, welche Bereiche es sind, an denen Sie arbeiten sollten.

Die fünf Zutaten einer intakten Familie sind:

- Eine auf das Wohl aller bedachte Haltung der Eltern
- Nähe zwischen Mann und Frau
- Der Wille der Eltern, Maßstäbe zu setzen
- Kinder, die den Anweisungen ihrer Eltern vertrauen und sie achten
- Männer, die Verantwortung für das Familienleben übernehmen

In diesem Kapitel befassen wir uns mit den ersten beiden Merkmalen einer intakten Familie, der auf das Wohl aller bedachten Haltung und der Nähe zwischen Mann und Frau. Die anderen drei werden im Kapitel II. 2 ausführlicher behandelt.

Zutat 1: Eine auf das Wohl aller bedachte Haltung

Viele Menschen hegen bei ihrer Hochzeit falsche Erwartungen – sie erwarten, von ihrem Partner bedient zu werden. Im „siebten Himmel der Liebe" haben sie immer angenommen, dass ihr Partner alles tun wird, was in seiner Macht steht, um sie für den Rest ihres Lebens glücklich zu machen. Auch wenn diese Erwartungen beim Hochzeitstag noch existieren, werden sie spätestens in den Flitterwochen enttäuscht. Und wenn die vorehelichen Erwartungen dann auf den Ehealltag prallen, ist das Ergebnis selten schön anzusehen. Die zu hohe Erwartungen haben, merken schnell, dass 1) ihr Glück nicht der einzige Lebensinhalt ihres Partners ist, und 2) ihr Partner mit eigenen Erwartungen und Vorstellungen in die Ehe geht.

Wenn Sie annehmen, dass diese beiden Erkenntnisse egoistischen Erwartungen abhelfen werden, liegen Sie falsch. Es kann zwar sein, dass sich der voreheliche Optimismus in Bitterkeit verwandelt, aber die Erwartungen werden immer noch vorhanden sein. Und wenn Kinder kommen, werden die Erwartungen auf die Kinder übertragen und es wird immer lustiger ...

Geben ist seliger ...

Wenn falsche Erwartungen und Vorstellungen nicht korrigiert werden, wird die Familie eines der größten Geheimnisse des Lebens nicht erfahren: Wahre Erfüllung und Liebe entstehen nicht dadurch, dass man sich bedienen lässt, sondern dadurch, dass man dient. Um es mit der bekannten Redensart zu sagen: „Geben ist seliger als Nehmen."

Natürlich geht dieses Versprechen von Erfüllung und Glück davon aus, dass das Dienen oder Geben mit der richtigen Einstellung geschieht. Sonst ist es kein wirkliches Dienen – zumindest nicht die Art des Liebesdienstes, die wir meinen. Wirklich für andere da zu sein geschieht beispielsweise nicht aus einer ängstlichen Haltung heraus.

Wenn Ihre Frau und Ihre Kinder nur deshalb für Sie da sind, weil sie Angst vor Ihrer Reaktion haben, sollten sie es nicht tun, denn dann tun sie es nicht aus Liebe zu Ihnen. Oder wenn Sie als Frau nur deshalb für die anderen da sind, weil Sie sich so Selbstbewusstsein oder Liebe „verdienen" wollen, ist das auf die Dauer nicht gesund – weder für Sie noch für Ihre Familie.

Liebesdienst ist freiwillig. Er entsteht aus dem Wunsch, einen anderen Menschen glücklich zu machen. Das macht ihn umso wichtiger.

In einer gut funktionierenden Familie sollte es alltäglich sein, sich für die anderen zu engagieren. Es gibt genug Möglichkeiten zu helfen, sei es durch das Zusammenlegen der Wäsche, das Füttern der Haustiere, das Kochen oder das Waschen des Autos. Sie, Ihr Partner und Ihre Kinder müssen begreifen, dass es am Ende mehr Arbeit für alle bedeutet, wenn sich ein Familienmitglied dagegen entscheidet, etwas für die anderen zu tun.

Die richtige Arbeitshaltung

Leider ist eine auf das Wohl aller bedachte Haltung nicht etwas, das Sie befehlen können, etwa in dem Stil: „Ab morgen wird jeder in dieser Familie eine auf das Wohl aller bedachte Haltung haben!" So funktioniert es nicht. So eine Haltung muss über einen längeren Zeitraum eingeübt werden. Und je eher Sie damit anfangen, sie Ihren Kindern beizubringen, desto schneller werden sie sie annehmen.

Als Erstes sollte man die Kinder lehren mitzuarbeiten. Sie merken, dass wir nicht schreiben: „lehren, den Wert der Arbeit zu schätzen".

Gute Frage

? Nehmen wir an, mein Kind hat eine Aufgabe nur mangelhaft erledigt. Wie kann ich ihm sagen, was es besser machen kann, ohne dass es sich entmutigt oder zurückgewiesen fühlt?

Warten Sie auf den richtigen Zeitpunkt. Sie sollten Ihr Kind nicht direkt nach der Erledigung seiner Aufgabe kritisieren oder korrigieren. Vielmehr sollten Sie die Bemühungen des Kindes anerkennen und loben. Wenn Ihr Kind sich das nächste Mal darauf vorbereitet, diese Aufgabe zu tun, sollten Sie ihm einige Fingerzeige geben, die ihm helfen, dieselben Fehler nicht noch einmal zu machen.

Predigten oder Geschichten über Ihren Großvater, der jeden Tag zweiundzwanzig Stunden in einer Kohlengrube gearbeitet hat, sind hier nicht angebracht. Wir reden davon, dass die Kinder lernen, ihre Hände dazu zu gebrauchen, bestimmte Arbeiten im Haushalt zu erledigen. Wir reden davon, dass Sie sie mithelfen lassen, wenn Sie das Geschirr in die Spülmaschine räumen, den Fußboden saugen, die Badewanne reinigen und in Ihrem Auto das Öl wechseln. Dass Sie Ihren Kindern zeigen, was zu tun ist, und sie es dann alleine tun lassen. Wir reden von einer Art praktischer Ausbildung.

> »*Arbeit wäre fürchterlich langweilig, wenn man sie nicht ganz und gar aus Leidenschaft tun würde.*«
> Simone de Beauvoir

Wenn Sie Ihren Kindern das Wissen und die Selbstsicherheit geben, die sie brauchen, um verschiedene Aufgaben zu erledigen, räumen Sie eines der größten Hindernisse für liebevolles Engagement für die Familie aus dem Weg. Ihre Kinder werden nicht länger Unwissenheit oder Unerfahrenheit vortäuschen können, wenn etwas erledigt werden muss.

Natürlich ist es nur ein Schritt auf dem Weg, in der Familie eine auf das Wohl aller bedachte Haltung zu fördern, wenn Sie den Kindern beibringen, wie man Hausarbeit verrichtet. Es geht auch darum, ihnen zu helfen, den Sinn zu erkennen, warum sie diese Aufgaben lernen, den Grund, warum sie ihre Arbeit tun.

Eine auf das Wohl aller bedachte Haltung ist viel mehr als die Bereitschaft zu arbeiten. Die Mitglieder einer intakten Familie haben ein Gespür dafür, dass es – ja, edel ist, etwas für andere Familienmitglieder zu tun, auch wenn es der Abwasch oder das Zusammenlegen der Wäsche ist. Sie glauben, dass sie etwas tun, das der Mühe wert ist, wenn sie alltägliche und oft undankbare Aufgaben ausführen. Und sie bekommen dadurch ein Gefühl der Befriedigung.

Wie eine auf das Wohl aller bedachte Haltung in Ihrer Familie verwirklicht wird

Wenn es Ihnen schwer fällt sich vorzustellen, dass sich Ihre Kinder, Ihr Partner und Sie auf ein liebevolles Engagement füreinander einigen, dann warten Sie ab. Sie werden erstaunt sein, wozu Sie und Ihre Familie in der Lage sind.

Zunächst geben wir Ihnen drei praktische Tipps, die Ihnen helfen sollen, eine auf das Wohl aller bedachten Haltung in Ihrer Familie einzuführen und zu fördern.

a) Finden Sie heraus, wo in Ihrer Familie schon Liebesdienste geleistet werden

Es ist wahrscheinlich, dass es schon mehr als nur ein paar regelmäßige Dienste in Ihrem Zuhause gibt. Das Problem ist nur, dass es dem Rest der Familie vielleicht gar nicht auffällt. Wenn Ihre Familie beim Essen oder auf einer langen Autofahrt zusammen ist, sollten Sie diese Dienste bewusst ins Licht der Aufmerksamkeit rücken.

Finden Sie, wenn möglich, bei jedem Familienmitglied etwas, das es bisher für die anderen getan hat. Wenn Sie die übrige Familie auf einen Dienst aufmerksam machen, sollten Sie das entsprechende Familienmitglied wissen lassen, wie sehr seine Hilfe anerkannt wird und wie sie der Familie zugute kommt. Zum Beispiel:

- Wenn jemand den Müll nach draußen bringt, hilft er damit der ganzen Familie, in einem vorzeigbaren, sauberen Zuhause zu leben, und trägt dazu bei, Fliegen und Ameisen fern zu halten.
- Wenn jemand regelmäßig das Geschirr abspült, entstehen gar nicht erst die riesigen Stapel in der Küche, die Geschirrspülen zu einem großen Akt machen. Auf diese Weise ist die Küche meistens aufgeräumt und einladend.
- Wenn jemand den Hund ausführt, tut er etwas dafür, dass der liebste Freund der Familie fit und glücklich bleibt.

Wenn Ihre Familienmitglieder einmal erkannt haben, dass es die engagierte Haltung bis zu einem gewissen Grad bereits in Ihrer Wohnung gibt, sind sie vielleicht eher dazu bereit, einen Schritt weiter zu gehen und in noch größerem Rahmen etwas für die Familie zu tun.

b) Finden Sie heraus, welche Dienste den einzelnen Familienmitgliedern gefallen würden

Als Nächstes sollten Sie jedem Familienmitglied die Möglichkeit geben, den anderen eine Sache zu nennen, die es gerne von einem anderen Familienmitglied erledigt sähe. Diese Bitte um einen Dienst kann (so gut wie) alles einschließen, was ein anderes Familienmitglied tun kann. Zum Beispiel:

- Tony könnte seine Schwester darum bitten, seine Kleidung nach dem gleichen Ordnungssystem in den Schrank zu legen, das sie für ihre Kleidung hat.
- Lisa könnte ihre Mutter darum bitten, am Freitagabend, wenn ihre Freundin bei ihr übernachtet, Pizza zu backen.
- Joanna könnte ihren Mann darum bitten, ihr am Samstagmorgen das Frühstück ans Bett zu bringen.
- Titus könnte seinen Sohn darum bitten, den Rasen zu mähen, bevor am Montag Gäste kommen.

Das soll nicht heißen, dass derjenige, der um einen Gefallen gebeten wird, automatisch verpflichtet ist, ihn auch zu tun. Eine am Wohl aller orientierte Haltung ist ein Zeichen von Freiheit – und das schließt die Freiheit ein, nein zu sagen. Wenn ein Familienmitglied sich dafür einscheidet, eine Bitte abzulehnen, sollten Sie nicht mit ihm diskutieren oder sich darüber beschweren. Akzeptieren Sie es. Sie werden vielleicht feststellen, dass dann andere Familienmitglieder einspringen und anbieten, diese Aufgabe zu erledigen. Das kann im Gegenzug die Person, die die Bitte ursprünglich abgelehnt hat, motivieren, ihre Entscheidung zu überdenken.

> *»Wenn Arbeit gerne getan wird, ist das Leben eine einzige Freude! Wenn Arbeit aus Pflicht getan wird, ist das Leben Sklaverei.«*
> Maxim Gorki

Der Sinn dieser Übung soll nicht sein, dass Ihre Familie sich so schuldig fühlt, dass alle alles tun, worum Sie sie bitten. Es geht vielmehr darum, ihnen die Möglichkeiten des Engagements zeigen, die es in Ihrer Familie gibt, und ihnen zu der Zufriedenheit zu verhelfen, die entsteht, wenn man anderen einen Liebesdienst erweist. Wenn Sie es schaffen, während des Einübens keine kritische oder anspruchsvolle Haltung an den Tag zu legen, werden Sie Ihrem

Ziel, eine auf das Wohl aller bedachte Haltung in Ihrer Familie zu fördern, schon viel näher gekommen sein.

c) Vermitteln Sie Ihren Kindern nicht den Eindruck, dass Ihre Liebe für sie von ihren Leistungen abhängt

Das Letzte, was Sie Ihren Kindern beibringen sollten, ist, dass sie Ihre Liebe durch gute Taten verdienen müssen. Sagen Sie nicht: „Du kannst erst auf Mamas Schoß sitzen, wenn du deine Bauklötze aufgehoben hast“, oder: „Papa wird dich erst in den Arm nehmen, wenn dein Fahrrad in der Garage ist.“ Liebesbezeugungen sollten niemals Verhandlungsgegenstand zwischen Ihnen und Ihren Kindern werden.

Ihre Kinder müssen wissen, dass Sie sie bedingungslos lieben. Erst wenn sie dieses Wissen verinnerlicht haben, können Sie beginnen, mit ihnen über eine auf das Wohl aller bedachte Haltung zu sprechen. Kinder, die im Glauben aufwachsen, dass sie sich Liebe „verdienen“ müssen, werden gewöhnlich zu „Workaholics“, die davon ausgehen, dass sie nur auf Grund ihrer Leistung akzeptiert und belohnt werden und nicht wegen ihres Wesens und einfach weil sie da sind.

Genauso falsch ist es, das Selbstwertgefühl der Kinder anzugreifen, wenn Sie nicht zufrieden mit dem Ergebnis ihrer Arbeit sind („Jedes Mal, wenn du die Waschmaschine anstellst, wird irgendein Kleidungsstück ruiniert!“). Wenn Sie sich so verhalten, werden Ihre Kinder ihr Leben lang Schuld- und Minderwertigkeitsgefühle haben. Wenn es um

Gute Frage

? Was kann ich tun, wenn mein Partner sich standhaft weigert, an Verbesserungen des Familienlebens mitzuwirken?

Fangen Sie einfach mit Ihren Kindern an. Letztlich geht es darum: Jemand muss den ersten Schritt tun, um die Merkmale einer liebevollen Familie in Ihrem Zuhause einzuführen. Wenn Ihr Partner es nicht tun will, müssen Sie es tun. Wenn Sie sich auf Ihre Kinder konzentrieren, kann es sein, dass ihre Begeisterung über dieses „Familienprogramm“ und ihre Entschlossenheit, es durchzuführen, auf Ihren Partner überspringt – so wie es Ihnen durch „Predigen“ und das Hervorrufen eines schlechten Gewissens niemals gelungen wäre.

einen praktischen Dienst geht, sollten Ihre Kinder allein deshalb Ihr Lob und Ihre Unterstützung bekommen, weil sie sich angestrengt haben. Wenn sie noch Anleitung brauchen, um zu lernen, etwas richtig zu machen, sollten Sie sich später darum kümmern. Bestrafen Sie sie nicht und erniedrigen Sie sie nicht, wenn sie ihre Arbeit nicht nach Ihren Vorstellungen ausgeführt haben.

Lassen Sie Ihre auf das Wohl aller bedachte Haltung Kreise ziehen

Wenn das Konzept des liebevollen Engagements erst einmal in Ihrer Familie Einzug gehalten hat, können Sie damit anfangen, es auf Ihre Nachbarschaft, Ihre Gemeinde und darüber hinaus auszudehnen. Es gibt wohl kein größeres Kompliment, das man Ihrer Familie machen kann, als dass Sie – gemeinsam und als Einzelne – das Leben anderer Menschen bereichert haben.

Doch wie können Sie Ihren Kindern vermitteln, dass es wichtig ist, auch außerhalb des Hauses eine engagierte Haltung zu bewahren? Drei Schritte könnten Sie dafür in Betracht ziehen:

a) Gehen Sie mit gutem Beispiel voran

Wenn Sie die Zufriedenheit und die Freude vermitteln möchten, die entstehen, wenn man sich für andere engagiert, ist die persönliche Erfahrung Ihr mächtigster Verbündeter.

Wenn Sie in einer Dienstgruppe Ihrer Gemeinde oder einem gemeinnützigen Verein mitwirken, könnten Sie Ihre Kinder einladen, bei bestimmten Projekten mitzuhelfen. Geben Sie ihnen etwas „Felderfahrung", wenn es darum geht ...

- Plätzchen zu backen und sie einem neu zugezogenen Nachbarn zu bringen,
- alte Leute mit dem Auto zum Gottesdienst zu fahren,
- für einen älteren Nachbarn Rasen zu mähen,
- einen einsamen Arbeitskollegen zum Kaffee einzuladen,
- in der Nachbarschaft nach einem entlaufenen Haustier zu suchen oder

- Geld für soziale Projekte zu sammeln.

Sprechen Sie mit Ihren Kindern darüber, warum Sie sich dafür entschieden haben, sich für andere Menschen zu engagieren, und wie Sie für Ihre Bemühungen belohnt wurden, sei es durch lebenslange Freundschaften oder einfach inneren Frieden. Geben Sie Ihren Kindern einen Vorgeschmack davon, was es bedeutet, für andere da zu sein.

b) Starten Sie ein Familienprojekt

Wenn der erste Schritt Ihrer Kinder, um eine engagierte Haltung gegenüber Menschen außerhalb der Familie zu entwickeln, das Beobachten ist, ist der zweite die praktische Erfahrung. Und was könnte für sie besser sein, als die Erfahrung zusammen mit den Menschen zu machen, die ihnen am wichtigsten sind – ihrer Familie?

Wie wäre es, wenn Sie einmal im Monat ein „Dienstprojekt" ins Leben rufen, an dem alle Familienmitglieder teilnehmen können? Wenn Sie mit Ihrem Pastor oder dem Leiter eines gemeinnützigen Vereins sprechen, finden Sie dafür sicherlich Dutzende von Möglichkeiten.

Sie werden merken, dass sich solch ein Familienprojekt in jeder Hinsicht lohnt. Sie werden nicht nur zufriedener, weil Sie etwas von sich gegeben haben, um anderen zu helfen, sondern Sie machen auch gemeinsame Erfahrungen. Diese werden zu Bausteinen für Ihr weiteres familiäres Leben werden. Wenn diese Erfahrungen das Engagement

> **Gute Frage**
>
> **? Meine Kinder haben anscheinend nicht die richtige Einstellung zum Engagement für andere. Sie tun es jedenfalls nicht fröhlich. Was kann ich machen?**
>
> Wie sehr Sie sich auch darum bemühen, dass Ihre Kinder eine auf das Wohl aller bedachte Haltung entwickeln – Sie sollten nicht erwarten, dass sie beim Arbeiten fröhliche Melodien pfeifen und lustig von einer Aufgabe zur anderen hüpfen. Trotz der hehren Reden über das Engagement in der Familie hat sich an der unangenehmen Aufgabe, Müll wegzubringen, nichts geändert. Sie können allerdings die Einstellung fördern, dass alle Mitglieder der Familie zusammen auf dasselbe Ziel hinarbeiten und jeder ein Teil des Ganzen ist.

mit einschließen, wird in Ihrem Zuhause die Atmosphäre der Hilfsbereitschaft entstehen.

c) Unterstützen Sie die Bemühungen einzelner Familienmitglieder

Nachdem Ihre Kinder zusammen mit Ihnen Erfahrung darin gesammelt haben, sich für andere zu engagieren, sollten Sie sie ansporen, eigene Möglichkeiten zu finden, um zu helfen, sei es in der Schule, in der Gemeinde oder bei der Arbeit. Helfen Sie ihnen, ihre Begabungen und Stärken zu entdecken – ihre positiven Eigenschaften, die sie bei ihren Liebesdiensten einsetzen können.

Zutat 2: Nähe zwischen den Eltern

Innere Nähe ist zentral für die Ehe – und die zweite Zutat für eine intakte Familie. Doch das Wort „Nähe" kann Verschiedenes bedeuten. Im Zusammenhang dieses Kapitels meinen wir mit „Nähe", dass ein Partner dem anderen Einblick in sein Innerstes gewährt – nicht nur auf der körperlichen und nicht nur auf der emotionalen Ebene, sondern in jedem Bereich seines Lebens. Die meisten Paare erleben am Anfang ihrer Beziehung Nähe – es macht ihnen nichts aus, die ganze Nacht aufzubleiben, Hand in Hand spazieren zu gehen oder sich am Telefon ihre tiefsten Gedanken, Ängste, Hoffnungen und Träume mitzuteilen. Die Bereitschaft, etwas von sich mitzuteilen, macht Nähe aus. Letztendlich ist die eheliche Nähe das Ergebnis von zwei Aspekten der Kommunikation: Die „Selbstoffenbarung" und das Aufnehmen der „Selbstoffenbarung" des Partners.

a) „Selbstoffenbarung"

Wenn Sie möchten, dass Ihr Partner Sie so liebt, wie Sie sind, müssen Sie sich ihm gegenüber öffnen. Dieser Prozess, sich zu öffnen, schließt ein, dass Sie Ihrem Partner Ihre Gedanken, Träume, Hoffnungen, Ängste, Erfahrungen und Gefühle, Fehler und verpassten Chancen mitteilen.

Auch wenn in Sciencefiction-Filmen oft das Gegenteil behauptet wird, ist es doch eine Tatsache, dass niemand die Gedanken eines anderen Menschen lesen kann. Ihr Partner kann die unausgesprochenen Signale, die Sie senden, nicht durch Telepathie entschlüsseln. Und wenn Sie Ihren Partner durch Schweigen dazu zwingen, zu raten, was in Ihnen vorgeht, werden Sie erstaunt sein, welche Fehlschlüsse daraus entstehen. Viele schweigsame Menschen wären schockiert, wenn sie erführen, was ihre Partner von ihnen glauben. Der einzige Weg, Fehlschlüsse zu vermeiden – und Nähe zu fördern –, ist die Kommunikation. Reden Sie mit Ihrem Partner darüber, was „hinter der Fassade" geschieht.

Selbstoffenbarung ist nicht mit einem Mal erledigt. Sie könnten Tage damit zubringen, Ihren Partner über Ihre Vergangenheit, Ihre momentanen Gefühle und Ihre Zukunftsträume aufzuklären und trotzdem keine zehn Prozent dessen offenbaren, was in Ihnen vorgeht. Jeder von uns verändert sich täglich. Diese Veränderungen beeinflussen die Art, wie wir denken, was wir fühlen, welchen Menschen wir vertrauen, welche Prioritäten wir setzen, und vieles mehr. Deshalb ist Selbstoffenbarung ein kontinuierlicher Prozess. Wenn Sie ihn auch nur einen Monat vernachlässigen, kann es sein, dass Ihr Partner nicht mehr auf dem Laufenden ist, wer Sie wirklich sind.

b) Die „Selbstoffenbarung" des Partners aufnehmen

Der zweite Teil der Förderung von Nähe erfordert Ihre besten Fähigkeiten als Zuhörer. Wenn sich Ihr Partner öffnet und Ihnen seine Gedanken, Träume, Hoffnungen, Ängste und Gefühle anvertraut, müssen Sie diese Mitteilung in einer Weise aufnehmen, die Ihren Partner dazu ermutigt, sich mehr und mehr zu öffnen.

Ihr Partner darf dabei nicht das Gefühl haben, dass Sie ihn kritisieren oder verurteilen. Sie sollten vor allem unendliches Interesse an seiner Selbstoffenbarung zeigen. Egal, ob darin Gutes oder Schlechtes zum Vorschein kommt – sie ist Teil dessen, was Ihren Partner ausmacht, und verdient als solche Ihre höchste Aufmerksamkeit.

Die verschiedenen Aspekte ehelicher Nähe

Es gibt fünf Aspekte ehelicher Nähe: die geistige, emotionale, soziale, spirituelle und körperliche Nähe. Sollten Sie in Versuchung geraten, knapp zu kalkulieren und zu beschließen, dass 4 von 5 kein schlechtes Ergebnis ist oder dass 60 Prozent für Ihre Ehe ausreichen, dann merken Sie sich eins: Wenn Sie in Ihrer Beziehung nicht allen fünf Aspekten Ihre Aufmerksamkeit widmen, dann wird eheliche Nähe für Sie höchstwahrscheinlich unerreichbar sein. Lassen Sie uns einen kurzen Blick auf die fünf Aspekte von Nähe werfen.

a) Was Sie über geistige Nähe wissen sollten

Lassen Sie sich durch das Wort geistig nicht einschüchtern. Es geht nicht darum, mit Ihrem Partner herumzusitzen und Einsteins Relativitätstheorie zu erörtern, den zweiten Satz von Beethovens Schicksalssinfonie zu diskutieren oder die Filme von Woody Allen auseinander zu nehmen. „Geistige Nähe" heißt, seinem Partner die eigenen Gedanken mitzuteilen und mit ihm darüber zu reden.

Sehen Sie es so: Wir verbringen den Großteil unseres Lebens damit, Gedanken zu entwickeln. Sobald wir am Morgen aufstehen, fängt unser Gehirn an zu arbeiten. (Okay, vielleicht fünf Minuten nach dem Aufstehen.) Die Entscheidungen, die wir treffen, die Prioritäten, die wir setzen, und die Dinge, die wir tun, sind das Ergebnis geistiger Prozesse. Wenn Sie Ihrem Partner keinen Einblick in diese Prozesse gewähren, schließen Sie ihn aus einem Großteil Ihrer Persönlichkeit aus.

Jeder Gedanke, den Sie hegen, verrät etwas über Sie, auch wenn es um die Wahl des Müslis, die Energiekosten oder unsympathische Zeitgenossen geht. Wenn Sie Ihren Partner in diese Gedanken einweihen – und wenn er Sie in seine Gedanken einweiht –, bekommen Sie beide ein Gespür dafür, was in dem anderen vorgeht. Und das ist das Wesentliche der geistigen Nähe.

b) Was Sie über emotionale Nähe wissen sollten

Gefühle sind spontane, emotionale Antworten auf Ereignisse in unserem Leben. Sie offenbaren genau so viel über uns wie unsere Gedanken. Alles, was auf der Oberfläche erscheint – all das, was Ihr Partner sehen kann –, sind die Ergebnisse unserer Emotionen. Ihr Partner kann sehen, dass Sie weinen, weil Sie in Ihrer Arbeit einen Rückschlag erlitten haben, aber er nimmt die widersprüchlichen Gefühle, die diese Tränen hervorrufen, möglicherweise nicht wahr. Ihr Partner kann sehen, wie Sie zornig werden, wenn Sie hören, dass Ihr Kind in der Schule tyrannisiert wird, aber er kennt vielleicht Ihre Kindheitserlebnisse nicht, die den Zorn ausgelöst haben. Ihr Partner sieht, wie Sie sich vor Lachen ausschütten, aber ihm sind nicht all die Dinge bekannt, die Ihnen in Ihrem Leben Freude bereiten.

Nähe entsteht, wenn Sie mit Ihrem Partner über Ihre Gefühle und die Gründe, die dahinter stehen, sprechen. Das ist ein Vorschlag, der Risiken birgt. Man macht sich ganz schön verletzlich, wenn man seinem Partner Einblick in sein Innerstes gewährt. Sie müssen darauf vertrauen, dass sich Ihr Partner von dem, was er dort sieht, nicht abgestoßen fühlt und Sie nicht dafür verurteilt.

Um emotionale Nähe zu erreichen, werden Sie Arbeit investieren und immer wieder neu aufeinander zugehen müssen. Es wird Zeiten geben, wo Sie oder Ihr Partner eine gute Gelegenheit versehentlich ruinieren, indem Sie etwas Falsches sagen („Warum regst du dich denn so auf? Ich sollte mich ärgern!").

Wenn Sie sich dazu entschlossen haben, Nähe zu schaffen, werden Sie es mit der Zeit lernen, so auf den anderen einzugehen, dass er zu weiteren Mitteilungen und Gesprächen ermutigt wird („Ich kann verstehen, warum du Angst hast, morgen zu deinem Chef zu gehen. Sollen wir darüber reden, wie du die Situation angehen könntest?").

Über die eigenen Gefühle zu sprechen – über Höhen und Tiefen – kann aber einer der erfüllendsten Aspekte der Ehe sein. Wenn Sie Ihrem Partner Ihre tiefsten Gefühle offenbaren, geben Sie ihm damit einen eindeutigen Beweis Ihrer Liebe. Zudem steigert die Mitteilung positiver Gefühle noch das eigene Glücksgefühl, und es ist tröstlich und stärkend, negative Gefühle auszusprechen.

c) Was Sie über „Nähe durch Gemeinschaft" wissen sollten

Das Leben besteht aus einer Kombination von Routine und unerwarteten Ereignissen. Um Nähe zu Ihrem Partner aufzubauen, müssen Sie beides mit ihm teilen. Die Ereignisse Ihres Tages – die guten, schlechten, unangenehmen und langweiligen – sollten und werden Ihrem Partner wichtig sein. All das, was er über die Bereiche Ihres Lebens, an denen er nicht unmittelbar teilnimmt, erfährt, wird Sie beide näher zusammenbringen.

Allerdings wird eine kurze Zusammenfassung hier keinen Erfolg bringen. Ihr gemeinsamer Austausch mit Ihrem Partner sollte sich nicht anhören wie ein Polizeiprotokoll: „9.46 – Hörte davon, dass der Chef Personal abbauen will. 9.49 – Sprach den Chef vor der Herrentoilette darauf an." Sie müssen es auch lernen, Ihre Gedanken und Gefühle über Ihre Begegnungen mit anderen Menschen mitzuteilen. („Als ich das erste Mal vom geplanten Personalabbau hörte, bekam ich Angst. Dann fiel mir ein, dass mein Chef während unserer letzten Sitzung den Erhalt aller Arbeitsplätze versprochen hatte, und ich ärgerte mich.")

Der andere, nahe liegende Aspekt von „Nähe durch Gemeinschaft" ist, mit dem Partner etwas gemeinsam zu tun. Ob mit Freunden oder nur zu zweit – Sie beide müssen Zeit zusammen verbringen. Kurz – Sie müssen sich weiterhin (oder wieder) miteinander verabreden, wie in der Zeit des ersten Kennenlernens.

Jede „Verabredung", die Sie miteinander eingehen, sei es ein Nachmittag, den Sie mit Unkrautjäten im Garten verbringen, oder zwei Wochen auf einer Kreuzfahrt im Mittelmeer, wird Ihre Nähe fördern. Außerdem werden die Erinnerungen, die in der gemeinsamen Zeit entstehen, eine zukünftige Vertrautheit unterstützen, weil Sie sich noch jahrelang die gemeinsamen Erlebnisse erzählen werden.

d) Was Sie über spirituelle Nähe wissen sollten

Sie können sich nicht wirklich nahe kommen, wenn Sie die geistliche Dimension Ihres Lebens ausklammern. Argumente wie „Behalte deine religiösen Ansichten für dich, ich werde dasselbe tun" sind nicht sehr sinnvoll, wenn Sie Ihr Leben miteinander verbringen wollen.

Das will nicht heißen, dass Sie in jedem Punkt mit der theologischen Auffassung Ihres Partners übereinstimmen müssen. Im Hinblick auf spirituelle Nähe geht es nicht darum, den Partner von einer bestimmten Denkweise zu überzeugen; es geht darum, sich seines eigenen

Glaubens so sicher zu sein, dass man mit seinem Partner darüber reden will. Es geht darum, die Erfahrungen, philosophischen Erkenntnisse und Interpretationen zu entdecken, die die Ansichten Ihres Partners in Glaubensdingen beeinflussen. Das Ziel ist keine Übereinstimmung, sondern Verständnis.

Geistliche Nähe sollte mehr bedeuten als nur das Gespräch. Gemeinsame Glaubenserfahrungen, sei es bei der Teilnahme an Gottesdiensten oder in der Gemeindearbeit oder sogar beim gemeinsamen Beten, können Sie – in geistlicher Hinsicht – näher zusammenbringen als alles andere.

e) Was Sie über körperliche Nähe wissen sollten

Körperliche oder sexuelle Nähe erfordert als Erstes das Wissen um die Unterschiedlichkeit von Mann und Frau beim körperlichen Ausdruck von Liebe. Wie Sie wissen, bevorzugen Männer den zärtlichen Ausdruck von Liebe und Zuneigung: ein romantisches Briefchen hier, eine Blume dort ... (Entspannen Sie sich, wir wollen nur testen, ob Sie auch aufmerksam mitlesen!)

In Wirklichkeit ist es so, dass körperliche Nähe für die meisten Männer Berühren und Spüren bedeutet – ganz konkret die Art von Berührungen, die zwischen Vorspiel und Höhepunkt des Geschlechtsverkehrs entstehen. Durch die körperlichen Sinneserfahrungen während des sexuellen Aktes fühlen sie sich ihrer Partnerin nahe.

Für Frauen spielt der emotionale Aspekt von Sex gewöhnlich die größte Rolle. Sie erfahren Nähe dadurch, dass sie sich geliebt, umsorgt, bewundert und geschätzt fühlen.

Weil Männer und Frauen körperliche Nähe anders erfahren, müssen Sie mit Ihrem Partner daran arbeiten. Sie werden sich bemühen müssen, die sexuellen Bedürfnisse des anderen kennen zu lernen, zu verstehen und zu erfüllen. Der Schlüssel zu körperlicher Nähe liegt darin, sich Zeit zu nehmen, um ganz zu verstehen, was es bedeutet, einander Freude zu bereiten.

Verlorengegangene Nähe

Leider geht Nähe viel leichter verloren, als dass sie geschaffen wird. Viele Paare zerstören die Nähe Stück für Stück, ohne es überhaupt zu merken. Sie bauen Stein auf Stein zwischen sich auf, bis ihre Nähe hinter einer gigantischen Mauer oder Barriere verschwindet. Manchmal werden die Steine absichtlich dorthin geräumt, manchmal unabsichtlich. Egal aus welchem Grund – die „Wand", die schließlich zwischen den Ehepartnern entstanden ist, verhindert den Informationsfluss und die gemeinsamen Erfahrungen, die notwendig sind, damit Nähe entstehen kann.

Vielleicht hat ein Mann einen Stein dorthin geräumt, als er am Geburtstag seiner Frau Fußball spielen ging. Ein anderer Stein wurde neben ihn gestellt, als seine Frau drei Schecks platzen ließ. Über einen längeren Zeitraum können zwei Menschen eine stattliche Mauer zwischen sich errichten. Und wenn sie diese Mauer nicht sehen und sich nicht dazu entschließen, sie wieder abzubauen, wird es für sie unmöglich, Nähe zu erfahren.

Notwendige Zerstörung

Wenn Nähe verloren gegangen ist, weil die Ehepartner eine Mauer zwischen sich errichtet haben, ist natürlich der beste Weg, um Nähe wieder herzustellen, die Mauer abzureißen. Leider muss gesagt werden, dass der Vorgang des Abreißens nicht sehr einfach ist. Doch das Positive dabei ist, dass Sie sofort damit anfangen können.

Als Erstes müssen Sie herausfinden, was geschehen ist. Rufen Sie sich zusammen mit Ihrem Partner den Punkt ins Gedächtnis, an dem Ihrer Meinung nach ein Näheverlust in Ihrer Ehe entstanden ist. „Was war es, das damals zwischen uns kam?" Nachdem Sie den Grund für fehlende Nähe in Ihrer Ehe gefunden haben, sollten Sie ausführlich darüber sprechen.

Einer der nahe liegenden Gründe ist zum Beispiel die Geburt Ihrer Kinder. Sie sollten sich fragen: „Inwiefern haben wir uns durch unseren Erziehungsstil voneinander entfernt? Wenn wir damals gewusst hätten, was wir heute wissen – hätten wir etwas anders machen können? Welche Dinge können wir jetzt ändern?"

Das soll nicht heißen, dass Kinder immer die Ursache sind. Eine neue Arbeitsstelle, der Umzug in eine neue Gegend, ein Seitensprung oder der Tod eines geliebten Menschen können Steine in der Mauer zwischen Ihnen und Ihrem Partner sein. Egal, wie die Gründe lauten – Sie müssen jede Situation durchgehen, darüber reden, was Sie hätten anders machen können, und eine Lehre daraus ziehen.

> *»Keines der beiden Geschlechter ist ohne Befruchtung durch das andere Geschlecht dazu fähig, sein Menschsein voll auszuschöpfen.«*
> H. L. Mencken

Schreiben Sie auf eine Liste so viele dieser „Steine", wie Ihnen einfallen, und beschreiben Sie sie so genau wie möglich. Bitten Sie Ihren Partner, dasselbe zu tun. Vergleichen Sie dann Ihre Listen. Denken Sie daran, dass es nicht Ihr Ziel ist, einen lang vergessenen Streit wieder aufzuwärmen oder einen „Beschuldigungsprozess" in Gang zu setzen. Ihr Ziel sollte es sein, die Steine in der Mauer, die Sie und Ihren Partner trennt, wegzuräumen und sie zu untersuchen.

Ihr Ziel sollte nicht sein, Ihre vergangenen Fehler zu verteidigen. So hart es sich auch anhört: Wenn Ihr Partner Sie für bestimmte Dinge verantwortlich macht, die der Nähe geschadet haben, wäre Ihre beste Reaktion, etwa zu sagen: „Ich kann jetzt verstehen, wie dich das verletzt hat, und es tut mir Leid. Vergibst du mir?"

Wenn es Ihnen bei dem Gedanken, so etwas zu Ihrem Partner zu sagen, kalt den Rücken hinunterläuft, sollten Sie den Grund herausfinden. Was können Sie dabei gewinnen, dass Sie an vergangenen Verletzungen festhalten und sich weigern, sie loszulassen? Stolz? Gerechtigkeitssinn? Sind es diese Dinge denn wert, dass Ihre Beziehung zu Ihrem Partner – und Ihrer Familie – dadurch geschwächt wird?

Der Prozess, in dem Sie vergangene Fehler zugeben und Fehler Ihres Partners vergeben, wird die Mauer zwischen Ihnen zum Einsturz bringen. Wenn diese Mauer einmal abgerissen ist, können Sie damit beginnen, neue Brücken der Nähe zu bauen.

Wiedergewonnene Nähe

Natürlich können Sie Ihrem Partner nicht einfach vorschlagen: „Kommen wir uns wieder näher!“ So einfach ist es nicht. Sie werden sich kontinuierlich und ganz bewusst bemühen müssen, Einheit herzustellen. Der beste Weg, das zu tun, ist, sich darauf zu konzentrieren, zunächst in *einem* Lebensbereich zu einer Einheit zu finden.

Wir stellen Ihnen nun ein „Programm“ vor, das Ihnen und Ihrem Partner helfen soll, einen Lebensbereich pro Woche anzugehen. Dieses Programm wird das Minimum von einer Stunde pro Woche erfordern, und zwar fünf Wochen lang. (Es ist Ihnen und Ihrem Partner überlassen, ob Sie mehr als eine Stunde investieren. Tun Sie das, so oft Sie mögen.) Wenn es absolut unmöglich für Sie ist, jede Woche eine ganze Stunde für eine gemeinsame Zeit einzurichten, sollten Sie ... einen Weg finden, das Unmögliche zu tun! Ja, so wichtig ist Nähe!

Denken Sie daran, dass es hier nicht nur um Ihre Ehe geht; es geht genauso um Ihre Familie. Wenn Sie möchten, dass es Ihrer Familie gut geht, müssen Sie einen Weg finden, Nähe zu Ihrem Partner aufzubauen. Das folgende Programm wird nicht einfach sein. Es wird nicht nur Zeit in Anspruch nehmen, sondern auch ziemlich anstrengend sein.

Lassen Sie uns einen Blick darauf werfen, was Sie tun können, um Ihrem Partner wieder näher zu kommen. Wir beginnen mit dem geistigen Aspekt Ihrer Beziehung.

a) Geistige Nähe fördern

In der ersten Woche des „Nähe-Programms“ liegt der Schwerpunkt auf geistiger Nähe. Wenn Sie Ihrem Partner auf dieser Ebene wieder näher kommen wollen, müssen Sie ihm Ihre Gedanken mitteilen und sich mit ihm austauschen. Ihr Ziel sollte es sein, einander die Frage zu stellen: „Was waren deine Gedanken an diesem Tag?“ Wie wir schon erwähnten, bedeutet das nicht nur den Austausch der Erfahrungen des Tages, sondern auch Ihre Gedanken über diese Erfahrungen. Es bedeutet, dass Sie Ihrem Partner die Gedanken mitteilen, die Ihre Aufmerksamkeit an diesem Tag in Anspruch genommen haben.

Wenn Sie nach Ideen suchen, wie Sie geistige Nähe fördern können

– Dinge, über die Sie mit Ihrem Partner in Ihrer gemeinsamen Stunde reden können –, dann nehmen Sie doch diese:

- Teilen Sie Ihren Tag in Abschnitte von jeweils drei Stunden ein, beginnend um sechs Uhr morgens (oder jedenfalls um die Zeit, zu der Sie Ihren müden Körper aus dem Bett zwingen). Schreiben Sie einige Gedanken, die Sie während dieser Drei-Stunden-Zeiträume hatten, konsequent in ein Tagebuch. Wenn Sie sich mit Ihrem Partner zusammensetzen, können Sie mit diesen Tagebucheinträgen Ihre Erinnerung auffrischen und Ihrem Partner die Gedanken des Tages mitteilen. (Dadurch wird es Ihnen möglich sein, Ihrem Partner einen vollständigeren Überblick über Ihre Gedanken zu geben.)
- Diskutieren Sie mit Ihrem Partner die Antworten auf die zwei Fragen: „Auf welchen Gedanken, den ich heute hatte, bin ich stolz?" „Auf welchen meiner Gedanken bin ich am wenigsten stolz?" Sich geistig nahe zu kommen, erfordert, dass Sie das Gute und das Schlechte mit Ihrem Partner teilen. Solange er nicht von beidem erfährt, können Sie nicht behaupten, sich wirklich nahe zu sein.
- Wählen Sie einen Zeitungs- oder einen Zeitschriftenartikel aus, den Sie beide lesen und über den Sie später diskutieren. Teilen Sie einander die Gedanken und Gefühle mit, die der Artikel ausgelöst hat. Dabei entdecken Sie möglicherweise tiefe Überzeugungen Ihres Partners, die Ihnen nicht bewusst waren.
- Sehen Sie sich zusammen einen Kinofilm oder eine Fernsehsendung an und sprechen Sie hinterher darüber, indem Sie Fragen stellen wie: „Was war die Botschaft des Films oder der Fernsehshow?" „Was störte dich an diesem Film oder dieser Sendung und warum?" „Was fandest du bei diesem Film oder dieser Sendung unterhaltsam und warum?"

Auch wenn es Ihnen merkwürdig oder unnatürlich erscheint, solche bewusst strukturierten Unterhaltungen mit Ihrem Partner zu führen – Sie sollten es trotzdem versuchen. Sie werden merken, dass diese Gespräche mit der Zeit geistige Nähe schaffen. Sie sollten vor allem darauf achten, dass die Gedanken des anderen respektiert werden – auch wenn Sie nicht unbedingt mit der Meinung des anderen übereinstimmen. Ihre gemeinsame Stunde sollte kein Forum sein, auf dem man eine „Verteidigungsrede" hält oder seinen Partner „eines Besseren belehrt". Sie sollte ein Forum für den Ideenaustausch sein, bei dem man sich darüber freut, was man voneinander lernen kann. Das bedeutet, dass Sie sich mit kritischen Kommentaren oder wertenden Gesichtsausdrücken zurückhalten müssen. Sie sollten außerdem vermeiden, Ihre Unterhaltung durch unangebrachten Humor oder Sarkasmus zu ruinieren. Spielen Sie sich nicht zum Richter auf und nehmen Sie stattdessen die Ideen Ihres Partners an, so wie sie sind, und belassen Sie es dabei.

b) Emotionale Nähe fördern

Der Schwerpunkt der zweiten Woche des „Nähe-Programms" liegt auf der emotionalen Nähe. Ihr Ziel wird es sein, zu lernen, einander Ihre Gefühle mitzuteilen. Die Schlüsselfrage in diesem Zusammenhang lautet: „Welche Gefühle hast du heute gehabt?" Das wird mit einschließen, nicht nur über die Gefühle selbst zu reden, sondern auch über die Ereignisse, die diese Gefühle ausgelöst haben.

Eine der Vorgehensweisen zur Förderung von emotionaler Nähe ähnelt der Vorgehensweise zur Förderung von geistiger Nähe. Vielleicht entscheiden Sie sich noch einmal dafür, ein Tagebuch zu führen, als Erinnerungsstütze. Vielleicht teilen Sie Ihren Tag wieder in Drei-Stunden-Abschnitte ein, angefangen bei sechs Uhr morgens (oder wann immer Sie aufstehen).

Während jedes Abschnitts sollten Sie die momentanen Gefühle aufschreiben. Im Gespräch mit Ihrem Partner können Sie sich auf das Tagebuch beziehen und von Gefühlen wie diesen berichten:

- „Auf dem Weg zur Arbeit schämte ich mich, weil ich wütend geworden war und gehupt hatte, weil jemand sein Auto ‚abgewürgt' hatte."
- „Zwischen neun und zwölf war ich nervös, weil mir klar wurde, dass ich mich für die Mittagssitzung mit meinem Chef nicht vorbereitet hatte."
- „Unmittelbar vor dem Mittagessen fühlte ich mich sehr erleichtert, weil mein Chef die Mittagssitzung abgesagt hatte."
- „Um drei Uhr nachmittags feierten wir Freds Ruhestand, und ich war etwas traurig, weil mir klar wurde, dass ich ihn wahrscheinlich nie wieder sehen werde, denn er zieht ja nach Arizona."

Beachten Sie, dass die genannten Beispiele nicht nur die Gefühle selbst, sondern auch die Umstände und Ereignisse, die sie auslösen, berücksichtigen. Und das wollen Sie Ihrem Partner ja vermitteln: den großen Zusammenhang. Achten Sie deshalb darauf, dass Sie einen ausgewogenen Überblick über positive und negative Emotionen geben. Ihr Partner soll keine einseitige Sicht von Ihnen bekommen.

Die Mitglieder einer liebevollen Familie erlauben einander, Gefühle wahrzunehmen und sie zu zeigen. In Harmonie zu leben ist schön, aber authentisch zu leben und sich nahe zu sein, ist sehr viel besser. Und wenn man authentisch leben und sich nahe sein will, muss man einander die Freiheit zugestehen, Gedanken, Gefühle, Schwierigkeiten, Erfahrungen und Reaktionen offen zu zeigen, ohne Angst vor den Folgen haben zu müssen.

Familienaktion

✓ WENN SIE NACH HINWEISEN SUCHEN, wie es um die Nähe zu Ihrem Partner steht, dann beobachten Sie Ihre Kinder. Viele Kinder haben eine Art sechsten Sinn für eheliche Unstimmigkeiten oder eheliche Distanz. Wenn Ihre Kinder spüren, dass etwas zwischen Ihnen steht, werden sie vielleicht versuchen, Ihnen zu „helfen", indem sie Sie drängen, miteinander auszugehen, oder indem sie sich Unternehmungen für die ganze Familie ausdenken. Es ist auch möglich, dass sich ihr Kummer und ihre Ängste im Hinblick auf die elterliche Beziehung in Aggressionen umwandeln und dass sie in Schwierigkeiten geraten. Auch wenn Sie nicht davon ausgehen können, dass Ihre Kinder sich so verhalten, ist es doch eine gute Idee, sie genau zu beobachten.

c) „Nähe durch Gemeinschaft" fördern

In der dritten Woche des „Näheprogramms" wird es um „Nähe durch Gemeinschaft" gehen. Wenn Sie Hilfe dabei brauchen, Gemeinschaft mit Ihrem Partner zu haben, können Ihnen die folgenden Ideen Anstöße geben:

- Nehmen Sie sich vor, mit Ihrem Partner regelmäßig über eine Begegnung des Tages zu sprechen. Das kann alles sein, vom Wortwechsel an der Theke eines Selbstbedienungs-Restaurants bis hin zu einem unerwarteten Zusammentreffen mit einem alten Freund, den Sie jahrelang nicht gesehen haben. Der Sinn dieser Übung ist nicht, vor

Ihrem Partner Stegreif-Theater zu spielen oder endlich etwas Spannendes zu erzählen zu haben, sondern ihm einen Einblick in den Teil Ihres Lebens zu geben, den er nicht miterlebt. (Sie merken, dass wir die Latte nicht sehr hoch legen. Eine Begegnung zu diskutieren, ist das erforderliche Minimum; drei Begegnungen zu diskutieren, wäre noch günstiger.)

- Bewerten Sie zusammen mit Ihrem Partner die Zeit, die Sie in den vergangenen sechs Monaten miteinander verbracht haben. Nehmen Sie, wenn nötig, Ihren Terminkalender zur Hand. Stellen Sie eine Liste der Veranstaltungen zusammen, an denen Sie gemeinsam teilgenommen haben, seien es Sportveranstaltungen, Kinofilme, Theaterstücke, Konzerte, schulische oder kirchliche Veranstaltungen, Wanderungen oder Einladungen zum Essen. Wenn Sie das getan haben, fertigen Sie eine Liste der Aktivitäten und Projekte an, bei denen Sie zusammen gearbeitet haben. Diese Liste kann alles Mögliche mit einschließen, angefangen bei der Herstellung des Bühnenbildes für eine Schulaufführung Ihres Kindes über das gemeinsame Kochen einer Mahlzeit bis hin zum gemeinsamen Autowaschen. Nachdem Sie beide Listen abgeschlossen haben, sollten Sie die genannten Aktivitäten nacheinander durchsprechen. Sprechen Sie über die, die Sie am meisten genossen haben, und begründen Sie, warum Sie so angenehme Erinnerungen daran knüpfen. Ermutigen Sie Ihren Partner, dasselbe zu tun. Finden Sie die Aktivitäten heraus, die Sie gerne wiederholen würden.

Gute Frage

? Wie sieht eine Aktivität aus, die die „Gemeinschaft" zwischen mir und meinem Partner fördert? Es geht nur darum, dass Sie etwas gemeinsam tun. Sie müssen nicht unbedingt ein Restaurant besuchen oder auf eine Party gehen. Sie müssen für einen gemeinsamen Abend noch nicht einmal Ihr Haus verlassen. Es reicht, dass Sie zusammen „gemeinsame Zeit" verbringen und ein gemeinsames Ziel haben, sei es das Einpflanzen eines Baumes oder ein stundenlanges Gespräch.

- Bewerten Sie auf einer Skala von 0 bis 10 Ihre Zufriedenheit mit der gemeinsamen Zeit in den letzten sechs Monaten. Bitten Sie Ihren Partner, dasselbe zu tun. Vergleichen Sie die Ergebnisse und erklären Sie, warum Sie dieser Meinung sind. Nehmen Sie dieses Gespräch als Anstoß und planen Sie gleich eine gemeinsame Aktivität innerhalb der nächsten zwei Wochen, die Ihnen Spaß machen wird. Wenn Sie das getan haben, sollten Sie eine andere Freizeitbeschäftigung in den darauf folgenden zwei Wochen planen. Wenn Sie verschiedene Vorlieben haben, dann sollten Sie sich in der Planung abwechseln. Achten Sie jedoch darauf, den zweiwöchentlichen (oder wöchentlichen) Turnus einzuhalten, in dem Sie mit Ihrem Partner regelmäßig Zeit verbringen.

Bei dieser letzten Übung werden Sie feststellen, dass Sie, wenn Sie die Gesellschaft des anderen bewusst erleben und lernen, diese zu genießen, mehr und mehr Gemeinsamkeiten entdecken werden. Und das Entdecken von Gemeinsamkeiten ist ein großer Schritt dahin, Nähe zu fördern.

d) Spirituelle Nähe fördern

Der Schwerpunkt der vierten Woche des „Nähe-Programms" wird die geistliche Nähe sein. Auch wenn Sie sich nicht für „religiös" halten, werden Sie den geistlichen Aspekt in Ihre Ehe aufnehmen müssen.

Abhängig davon, wo Sie in Glaubensdingen stehen, können Sie eine der folgenden Ideen umsetzen:

- Wenn Sie und Ihr Partner Neulinge auf diesem Gebiet sind, sollten Sie auf Ihrer Suche nach geistlicher Nähe bei den Grundlagen des Glaubens anfangen. Sie könnten sich zunächst erzählen, welche Erfahrungen Sie bisher mit Gemeinden oder religiösen Gruppen gemacht haben. Oder Sie sprechen über Ihre Einstellungen zu Schlüsselfragen wie: Was ist der Ursprung der Menschheit? Was ist der Sinn des Lebens? Was geschieht nach dem Tod?
- Wenn Sie und Ihr Partner schon ein Stück weiter sind, könnten Sie die Möglichkeit erwägen, eine Gemeinde zu finden, in der Sie sich beide wohl fühlen. Besuchen Sie verschiedene Kirchen in Ihrer Umgebung, um herauszufinden, ob die richtige für Sie dabei ist. Nehmen Sie sich vor, jede Woche zum Gottesdienst zu gehen. Sprechen Sie jede Woche darüber, was Sie „mitgenommen" haben. Reden Sie mit dem Pastor darüber, wo Sie beide auf Ihrem Glaubensweg gerade stehen.
- Wenn Sie und Ihr Partner aktive Gemeindeglieder sind, könn-

ten Sie Ihr Engagement noch ausbauen. Suchen Sie in Ihrer Gemeinde nach einer Aufgabe, der Sie sich gemeinsam widmen können. Wahrscheinlich existieren in Ihrer Gemeinde Dutzende solcher Möglichkeiten, von denen eine sicherlich genau richtig für Sie ist – das kann die Kinderbetreuung während des Gottesdienstes sein oder der Besuchsdienst bei alten Menschen im Seniorenwohnheim.

e) Körperliche Nähe fördern

In der fünften Woche des „Nähe-Programms" wird es um körperliche Nähe gehen. Sie sollten sich mit der Frage auseinander setzen: „Wie können wir unsere sexuelle Zufriedenheit noch vertiefen?" Man braucht kein Experte in Sachen Beziehungen zu sein, um zu erkennen, dass Sie sich, wenn Sie die sexuelle Seite Ihrer Beziehung vertiefen, auch in allen anderen Bereichen näher kommen werden.

Wenn Sie Ihre sexuelle Beziehung vertiefen wollen, steht Ihnen die Tatsache im Weg, dass Sie und Ihr Partner verschiedene Vorstellungen, Wünsche, Erwartungen, Vorlieben und Abneigungen im Hinblick auf körperliche Nähe haben. Deshalb sollten Sie Ihrem Partner als Erstes Ihre Wünsche detailliert darlegen und ihn dann bitten, Ihnen seine Wünsche mitzuteilen.

Nachdem Sie „die Karten auf den Tisch gelegt haben", können Sie damit beginnen, nach Gemeinsamkeiten zu suchen oder sich in Ihren Vorlieben entgegenzukommen. Sie sollten jedoch nicht versuchen, Ihren Partner dazu zu überreden, seine Wünsche zu ändern oder die Ihren vorzuziehen. Sie können sexuelle Nähe nicht einfordern.

Wenn Sie es nicht gewöhnt sind oder sich nicht dabei wohl fühlen, mit Ihrem Partner über sexuelle Angelegenheiten zu reden, wissen Sie wahrscheinlich nicht, wie Sie anfangen sollen. Die folgenden Fragen können Ihnen dabei helfen.

- Was gefällt dir an unserem gegenwärtigen Verhalten beim Sex?
- Was stört dich an unserem gegenwärtigen Verhalten beim Sex?
- Was könnten wir füreinander tun, damit die sexuelle Seite unserer Beziehung noch besser wird?
- Was findest du erregend?
- Was behindert oder verringert deine sexuelle Erregung?

Darüber hinaus könnten Sie und Ihr Partner sich vornehmen, zusammen ein Buch über sexuelle Nähe zu lesen. (Wir empfehlen Ihnen *Clifford und Joyce Penner: „Meine Liebe schenk ich dir", Kehl, 3. Auflage 2001*) Eine Möglichkeit wäre, nach jedem Kapitel darüber zu reden, welchen neuen Aspekt Sie in Ihre eigene sexuelle Praxis aufnehmen könnten.

Kein Allheilmittel

Wir wollen Ihnen nicht weismachen, dass Sie sich nach den fünf Wochen des „Nähe-Programms" so nahe sind, wie Sie sein sollten. Unsere Vorschläge sind vielmehr als Ausgangspunkt für eine lebenslange Suche nach Nähe gedacht.

Sie werden niemals ein Stadium völliger Übereinstimmung mit Ihrem Partner erreichen. Das ist das Aufregende daran, sich näher zu kommen: Es gibt immer etwas, auf das man sich noch freuen kann. Deshalb sollten Sie damit zufrieden sein, einfach mehr und mehr mit Ihrem Partner zusammenzuwachsen. Nähe ist ein Wachstumsprozess, und wenn Sie sich in die richtige Richtung bewegen, werden Sie die Früchte Ihrer Arbeit ernten.

TEST

Halten Sie sich für einen Experten darin, in Ihrer Familie eine auf das Wohl aller bedachte Haltung und Nähe zu fördern? Mit diesem Test können Sie Ihr Wissen einschätzen.

1. Welche der folgenden Eigenschaften ist kein Kennzeichen einer intakten Familie?
   a) Eine auf das Wohl aller bedachte Haltung.
   b) Schwiegereltern, die in die Familienentscheidungen direkt mit einbezogen werden.
   c) Nähe zwischen Mann und Frau.
   d) Eltern, die Sie beraten.

2. Welche Aussage trifft auf eine auf das Wohl aller bedachte Haltung zu?
   a) Wenn die Familienmitglieder nicht freiwillig eine für die anderen engagierte Haltung entwickeln, sollte sie vom Familienoberhaupt verordnet werden.
   b) Für die Familienbeziehungen ist sie weniger hilfreich als destruktiv.
   c) Man kann sie als eine offene Einladung bezeichnen, die anderen auszunutzen.
   d) Sie vermittelt ein Gefühl von Zufriedenheit bei der Verrichtung alltäglicher Aufgaben.

3. Welcher der folgenden Ratschläge ist nicht hilfreich, um eine auf das Wohl aller bedachte Haltung in Ihrer Familie einzuführen und zu fördern?
   a) Schaffen Sie die Dinge aus dem Leben Ihrer Kinder, von denen Sie annehmen, dass sie für wichtiger gehalten werden als das Engagement für andere.
   b) Entdecken Sie, welche Liebesdienste in Ihrem Hause bereits getan werden.
   c) Finden Sie heraus, welche Dienste sich Ihre Familienmitglieder wünschen.

d) Vermitteln Sie nicht den Eindruck, dass Ihre Liebe von der Leistung des Kindes abhängt.

4. Worin liegt der Schlüssel, um Nähe zum Partner entstehen zu lassen?
   a) Im wöchentlichen Sex.
   b) In „selbstoffenbarenden" Gesprächen.
   c) In Planlosigkeit.
   d) In nagenden Schuldgefühlen.

5. Welcher der folgenden Vorschläge betrifft keinen der fünf Aspekte von Nähe, die von den Partnern erfüllt werden müssen?
   a) Geistige Nähe
   b) Nähe durch Gemeinschaft
   c) Berufliche Nähe
   d) Körperliche Nähe

Antworten: 1b), 2d), 3a), 4b), 5c).

2 Ein altes Familienrezept, Teil 2

Fünf Zutaten für eine intakte Familie

„Hey, Mama, fang!“ Mark warf seiner Mutter auf dem Weg durch die Küche die Autoschlüssel zu. „Ich habe auf dem Heimweg noch getankt. O hallo, Tante Donna!“

Sharon fing die Schlüssel in der Luft auf. „Danke, Schatz.“

„Hallo Mark“, erwiderte Donna. Als er sie nicht mehr hören konnte, wandte sie sich zu ihrer Schwester und fragte: „Was ist denn da im Busch?“

„Was meinst du?“, fragte Sharon.

„Ich meine die Geschichte mit dem Tanken“, erklärte Donna. „Wie kommt er dazu? Er scheint es mächtig darauf anzulegen, mit dir gut auszukommen. Also, verrat es mir: Versucht er, etwas bei dir wieder gutzumachen, oder will er etwas Bestimmtes von dir bekommen?“

„Keins von beiden, soweit ich weiß“, sagte Sharon mit einem Schulterzucken. „Wir haben in unserer Familie die Regel, dass der, der das Auto benutzt hat, es auch wieder voll tanken muss.“

„Ja, ich weiß“, sagte Donna. „Wir haben in unserer Familie dieselbe Regel. Außerdem gilt die Vorschrift, dass man jeden Abend zum Abendessen zu Hause sein muss und dass man nicht länger als fünf Stunden am Tag fernsehen soll. Es ist nur eine Art Schock zu sehen, dass jemand ... nun ja, dass jemand diese Regeln beachtet.“

„Mark hat die Lektion auf die harte Tour gelernt“, gab Sharon zu.

„Was soll das heißen?“

„Vor einem Monat vergaß er zu tanken und musste seinen Führerschein für eine Woche abgeben“, erklärte Sharon. „Immer wenn er irgendwohin wollte, musste er George oder mich darum bitten, ihn zu fahren.“

„Das hört sich so an, als ob du und George die Leidtragenden gewesen wärt“, sagte Donna.

„Ja, es war schon hart“, pflichtete Sharon ihr bei. „Aber ich habe den Eindruck, dass Mark etwas daraus gelernt hat.“

*

Welche Dinge sind in der Familie notwendig, damit Weiterentwicklung und Nähe gefördert werden? Im vorigen Kapitel haben wir uns mit zwei der fünf Kennzeichen für eine liebevolle Familie befasst. Lassen Sie uns nun einen Blick auf die anderen drei Kennzeichen werfen: Eltern, die erziehen und anleiten, Kinder, die den Anweisungen ihrer Eltern vertrauen und sie respektieren, und Ehemänner, die Verantwortung für die Familie übernehmen.

VORGEGRIFFEN

- Zwei der schwierigsten und gleichzeitig lohnendsten Aufgaben der Eltern sind, ihren Kindern Lust aufs Lernen zu machen und ihnen positive Hilfestellung zu geben.
- Eines der auffälligsten Merkmale einer liebevollen Familie sind gehorsame Kinder – Söhne und Töchter, die die Autorität der Eltern respektieren.
- Ein weiteres Kennzeichen liebevoller Familien sind Männer, die Verantwortung für die Familie übernehmen und die verlässlich und engagiert sind.

Zutat 3: Eltern, die Maßstäbe setzen wollen

Nein, das ist nicht selbstverständlich. Viele Eltern sind heute der Meinung, dass sie diese Aufgabe an den Kindergarten bzw. die Schule abtreten könnten. Die Zuwendung und das Vorbild der Eltern kann jedoch niemand und keine Institution ersetzen. Kindergarten und Schule ergänzen lediglich das, was in der Familie getan wird. Um Ihren Kinder das Wissen und die Lebensklugheit zu vermitteln, die sie brauchen, um in dieser Gesellschaft zu überleben und zu gedeihen, müssen Sie ihnen eine Unmenge Dinge beibringen und ihnen diese vorleben

Bei manchen Menschen ruft das Wort „beibringen“ unangenehme Erinnerungen hervor – an lange Vormittage im Klassenzimmer, das verkrampfte Sitzen hinter einem Tisch, der zu klein für sie war, die endlosen Vorträge langweiliger Lehrer, die stundenlang Dinge herunterleierten, die die Schüler schon vergaßen, bevor sie sie überhaupt verstanden hatten. Glücklicherweise reden wir hier nicht über diese Art von „Beibringen".

Im Zusammenhang dieses Kapitels sprechen wir von kreativem Unterrichten als Möglichkeit, den Kindern Appetit auf das Lernen zu machen. Sie werden feststellen, dass wir bei dieser Definition keinen speziellen Sachverstand von Ihnen erwarten. Eigentlich ist alles, was Sie mitbringen müssen, Zeit, etwas Anstrengung und der Wunsch, bei Ihren Kindern Erfolge zu sehen.

Familienaktion

✓ IHRE KINDER HALTEN ALLES, was Sie sagen, für die reine Wahrheit (bis sie Teenager sind, dann nämlich gehen sie zum anderen Extrem über: alles anzuzweifeln, was Sie sagen). Wenn Sie Ihren Kindern also auf einem bestimmten Gebiet etwas beibringen wollen, sollten Sie wissen, wovon Sie reden. Wenn Sie eine Frage nicht beantworten können, sollten Sie nicht so tun, als wüssten Sie die Antwort – um nicht dumm dazustehen. Stattdessen sollten Sie zugeben, dass Sie sie nicht wissen, und Ihrem Kind anbieten, mit ihm gemeinsam nach einer Antwort zu suchen.

Merkmale des kreativen Lehrens

Es gibt vier Aspekte kreativen Lehrens, mit denen wir uns befassen müssen: Kreativ unterrichten, Mut machen, korrigieren und bestätigen.

a) Kreativ unterrichten

Kreativ unterrichten bedeutet, dass Sie Ihrem Kind Dinge vermitteln, die Sie für wichtig halten. Das kann alles Mögliche mit einschließen, die Familiengeschichte und Familientraditionen, Benimm-Regeln, spirituelle Werte und Neuigkeiten aus der Kinowelt.

Johns Vater machte ein Spiel daraus, seinen Sohn im Buchstabieren von Wörtern zu testen, wenn sie zusammen waren. Evis Mutter half ihrer Tochter zu verstehen, was die Aufgaben des Bundeskanzlers und des Bundestages sind, damit sie ein Referat darüber halten konnte. Als Anthony in der dritten Klasse war, brachte ihm sein Vater bei, alle bisherigen Gewinner der Fußball-Weltmeisterschaft in der richtigen Reihenfolge aufzuzählen. Sandys Mutter beschrieb ihrer Tochter die Kraft des Gebets, indem sie ihr jedes Mal erzählte, wenn ein Gebetsanliegen erhört worden war. Alle dies sind Beispiele für kreatives Unterweisen.

Sie werden feststellen, dass die effektivste Form kreativen Unterrichtens das Gespräch zwischen Ihnen und Ihren Kindern ist. Eine Frage („Wie können sich Raupen in Schmetterlinge verwandeln?"), eine Beobachtung („ Ein Junge in meiner Klasse redet so komisch") oder eine Bitte („Ich würde gerne auf einen Bauernhof fahren und die Tiere dort beobachten") ist alles, was für eine Zeit des Unterrichtens nötig ist. Sie können ein paar Minuten oder Stunden bei einem Thema bleiben, je nach Rückmeldung und Interesse des Kindes. Das Beste dabei ist, dass die Wissensvermittlung oft schon geschehen ist, bevor Ihre Kinder überhaupt gemerkt haben, dass sie unterrichtet wurden!

b) Mut machen

Kreative Ermutigung ist der Vorgang, bei dem Sie Ihren Kindern Mut machen, ein Risiko einzugehen und trotz Versagens weiterzumachen. Wie fühlen Sie sich, wenn Ihnen bewusst wird, dass Sie ein Kind dazu ansporen können, Möglichkeiten zu entdecken, Rückschläge zu überwinden und zu erreichen, was anderen unmöglich erscheint? Es sollte Sie begeistern und demütig machen, denn in dieser Macht liegt eine große Verantwortung.

Sie haben die Verantwortung dafür, Ihre Kinder zu ermutigen, nicht nur, wenn sie etwas richtig machen, sondern auch, wenn sie ein „unzulängliches" Ergebnis erreichen. Für manche Eltern (Sie haben sie sicherlich bei Fußball- oder Basketball-Turnieren von Jugendmannschaften getroffen) ist das ein Problem. Diese Eltern befürchten, wenn man mittelmäßige Leistungen lobe, werde man auch in Zukunft nur mittelmäßige Leistungen erhalten. In Wirklichkeit ist das Gegenteil der Fall. Wenn Sie Ihr Kind erst loben und ermutigen, wenn es ein „akzeptables" Leistungsniveau erreicht hat, wird es sein Potenzial nie ausschöpfen.

Der Schlüssel zu kreativer Ermutigung liegt darin, sich auf das Bemühen Ihres Kindes zu konzentrieren und nicht so sehr auf die Ergebnisse dieses Bemühens. Wenn ihre Anstrengung gelobt wird, finden Kinder den Mut, etwas noch einmal zu versuchen, das sie zuvor nicht geschafft haben. Dadurch werden sie nicht zu Gefangenen eines

Leistungsprinzips, nach dem sie nur ermutigt werden, wenn sie ihre vorhergehende Leistung verdoppeln oder verdreifachen.

c) *Kreativ korrigieren*

Das Ziel kreativer Korrektur ist, die Kinder zu positivem Verhalten anzuspornen. Um dieses Ziel zu erreichen, sollten Sie drei Dinge beachten:

- *Korrigieren Sie kein Verhalten, das nicht korrigiert werden muss.* Wenn Ihnen das wie eine selbstverständliche Regel vorkommt, werden Sie überrascht sein, wie oft Sie gegen diese Regel verstoßen. Zu oft passiert es, dass eine Korrektur, die zum falschen Zeitpunkt und ohne Nachzudenken erfolgt, die Kreativität des Kindes im Keim erstickt. Wenn Sie etwa sagen: „So werden bei uns die Betten aber nicht gemacht“, geben Sie eine Korrektur, die überflüssig ist. Alles, was Sie dabei erreichen, ist, dass Sie die Kreativität und Individualität des Kindes unterdrücken. Der beste Weg, diesen Fehler zu vermeiden, ist, sich zu fragen: „Ist das Verhalten, das ich gerade korrigieren will, wirklich schädlich für mein Kind?“ Wenn die Antwort nein ist, sollten Sie sich die Korrektur sparen.
- *Achten Sie darauf, dass Sie Ihre Korrektur auch erklären.* Denken Sie daran, dass es Ihr Ziel ist, das Wohlergehen Ihres Kindes zu fördern, und nicht, Ihrem Ärger über ein falsches Verhalten Raum zu geben. Deshalb wird eine genaue Beschreibung des Verhaltens, das Sie sich wünschen, mehr bewirken als eine Zurechtweisung. „Ich habe eine Idee, wie du diesen Fehler in Zukunft vermeiden kannst“, ist sehr viel effektiver als: „Ich kann nicht fassen, dass du das getan hast!“
- *Achten Sie darauf, dass Sie nur auf die Sache eingehen, um die es gerade geht.* In manchen Situationen sind Sie vielleicht versucht, die vergangenen Missetaten Ihres Kindes hervorzuzerren, um Ihren Worten Nachdruck zu verleihen. Widerstehen Sie diesem Drang. Lassen Sie die Vergangenheit ruhen! Geben Sie Ihren Kindern die Sicherheit, dass ihnen ihre bisherigen Fehler nicht immer wieder vorgehalten werden, wenn ein Konflikt entsteht. Ihre Kinder sollen nicht in ihren vergangenen Fehlern gefangen bleiben. Sie sollten verstehen, dass Versagen niemals endgültig ist – in Wirklichkeit ist es nur der erste Schritt zum Erfolg.

d) Kreativ bestätigen

Kreative Bestätigung unterscheidet sich von kreativer Ermutigung insofern, als dass sie sich auf die Kinder selbst bezieht und nicht auf ihre Handlungen. Kreativ zu bestätigen schließt Aussagen ein wie:

- „Ich hab dich lieb."
- „Du hast eine tolle Art von Humor!"
- „Dein jüngerer Bruder bewundert dich sehr."
- „Ich verbringe wirklich gerne Zeit mit dir."

In liebevollen Familien versuchen Eltern, das Selbstwertgefühl ihrer Kinder durch kreative Bestätigung aufzubauen. Machen wir uns nichts vor: Die negativen Eigenschaften Ihrer Kinder werden noch oft genug von Klassenkameraden kritisiert werden, sie werden dem Ideal, das die Medien von äußerer Perfektion entwerfen, nicht standhalten, und Ihre Kinder werden ihre Schwachpunkte noch oft genug selbst unter die Lupe nehmen. Warum sollten Sie diesen negativen Einfluss nicht bekämpfen und auf die vielen positiven Dinge hinweisen, die Sie in Ihren Kindern sehen?

Stetige Anleitung als Herausforderung

Stetige Anleitung bedeutet, dass man Kindern eine positive Art von Hilfestellung gibt – ihnen buchstäblich zeigt, was sie tun sollen. Ein Aspekt stetiger Anleitung ist, sie mit den Dingen des Alltags vertraut zu machen, mit Anziehen, Lesen, Schreiben, Fahrrad fahren und dem Wählen des Notrufs. Ebenso gehört dazu die Förderung von Persönlichkeit, durch die Vermittlung von Werten wie Ehrlichkeit, harte Arbeit und Mut. Ein dritter Aspekt stetiger Anleitung ist, ein Kind zu befähigen, mit Gefühlen wie Angst, Zorn und Enttäuschung umzugehen.

Wenn Sie beständige Anleitung für ein hartes Stück Arbeit halten, liegen Sie richtig. Aber Sie werden in Ihrem ganzen Leben nichts Befriedigenderes oder Wichtigeres tun.

Es gibt hauptsächlich drei Methoden, um Kindern stetige Anleitung zu geben: „Vorbild sein", „Zeigen, wie es geht" und „Handlungen mit Worten verknüpfen".

Sie werden sehen, wie Sie jede dieser Methoden in Ihre Erziehung einbauen können.

a) Vorbild sein

Diese Art des Unterrichts werden Sie vielleicht gar nicht bemerken – und vielleicht gar nicht wollen. Aber ob Sie es wollen oder nicht: Ihre Kinder beobachten Sie, um herauszufinden, wie sie selber leben sollen. Als Erstes suchen sie nach der Bestätigung, dass Ihre Taten mit Ihren Worten in Einklang sind. Wenn sie Unstimmigkeiten zwischen Wort und Tat entdecken, können Sie sicher sein, dass Ihre Kinder Sie es wissen lassen.

> *»Ein Lehrer berührt die Ewigkeit; er kann nie wissen, wo sein Einfluss aufhört.«*
> Henry Adams

An einem gewissen Punkt werden Ihre Kinder aufhören, darauf zu achten, was Sie sagen, und anfangen, Sie nachzuahmen. Wenn Sie der Gedanke beunruhigt – das geht nicht nur Ihnen so. Viele Eltern schaudern bei dem Gedanken, dass ihre Kinder in die gleichen Fallen tappen könnten wie sie oder dieselben Muster destruktiven Verhaltens entwickeln könnten.

Doch wo Gefahr lauert, gibt es auch Grund zum Feiern. Denn Sie müssen kein Erziehungsexperte sein, um das Leben Ihres Kindes positiv zu prägen. Alles, was Sie tun müssen, ist, ein Leben zu leben, das der Nachahmung wert ist.

Wenn Sie aus einem zerrütteten Familienhintergrund kommen, ist das einfacher gesagt als getan. Doch eine der bewundernswerten Eigenschaften des Menschen ist die Fähigkeit, sich zu ändern. Es gibt kein Naturgesetz, das besagt, dass Sie den Teufelskreis kaputter Familienbeziehungen nicht durchbrechen können – um Ihrer eigenen Familie willen. Die folgende Erkenntnis kann Ihnen ein Ansporn dazu sein: Ihre Entscheidung, sich zu ändern – sich zu weigern, ein destruktives Verhaltensmuster fortzusetzen, und dafür eine positivere Herangehensweise anzunehmen –, wird von Ihren Kindern bemerkt werden. Ganz bestimmt werden sie sich diese Veränderung, die sie bei Ihnen beobachten, einprägen und in Zukunft nachahmen.

b) Zeigen, wie es geht

Sie könnten Ihrem Kind beibringen, wie man Fahrrad fährt, indem Sie ihm ein Video darüber zeigen. Sie könnten Ihrem Kind beibringen, wie man das Geschirr abspült, indem Sie ihm erklären, wie viel Spülmittel man ins Waschbecken tut, und dann die richtige Technik beschreiben, mit der man Ketchupflecken, Nudelkrusten und Fettspuren entfernt. Und Sie könnten Ihrem Kind beibringen, wie man die Wäsche wäscht, indem Sie ihm die Rückseite einer Waschmittelpackung zu lesen geben.

Doch wie viel besser wäre es ...

- Ihr Kind auf ein Fahrrad zu setzen und dann mit ihm die Straße hinauf und hinunter zu rennen, mit der Hand am Lenker, bis Ihr Kind alleine die Balance halten kann? (Wenn Sie nicht Stützräder bevorzugen.)
- Ihrem Kind eine Spülbürste in die Hand zu drücken, es neben Sie auf einen Stuhl zu stellen und sich mit ihm dabei abzuwechseln, die Töpfe, Pfannen, Teller, Schüsseln und das Besteck zu reinigen?
- Ihr Kind mit in die Waschküche zu nehmen, es mithelfen zu lassen, die Wäsche zu sortieren, das Waschpulver zu dosieren und die Waschmaschine einzustellen?

Es lohnt sich, sich Zeit zu nehmen, um einem Kind praktische Anweisungen zu geben. Vielleicht macht das den Unterschied zwischen selbstbewussten, hilfsbereiten Kindern und ängstlichen, unsicheren Kindern aus – zumindest, wenn es um die Fertigkeiten geht, die man im alltäglichen Leben braucht.

> *»Die ganze Kunst des Lehrens besteht lediglich in der Kunst, die angeborene Neugier junger Menschen zu wecken, um sie dann zu befriedigen.«*
> Anatole France

c) Handlungen mit Worten verknüpfen

Wenn Sie Ihrem Kind etwas beibringen wollen, ist es hilfreich, sich dabei zu fragen: „Was kann ich dazu beitragen, dass mein Kind daraus mehr lernt?“ Die Antworten, die Sie darauf finden, werden wahrscheinlich experimentellen Charakter haben. Schließlich sagen Experten, dass Kinder durch das Handeln lernen (learning by doing) oder indem sie Wissen und Erfahrungen aus erster Hand sammeln.

Wenn Sie Ihrem Kind etwas darüber beibringen wollen, was Krieg bedeutet, wiederholen Sie einfach das, was Ihnen aus dem Geschichtsunterricht in Erinnerung ist, oder Sie besuchen mit Ihrem Kind eine Ausstellung über den Zweiten Weltkrieg. Die Mischung von Anschauungsmaterial und Ihren Erklärungen, vom Sehen und Hören, wird sich Ihrem Kind tief einprägen.

Nutzen Sie Ihre Kreativität, um die „Familienzeit" zu einer „Lernzeit" werden zu lassen. Es wird Sie etwas Mühe kosten, aber diese Mühe wird sich lohnen, wenn Sie sehen, wie sich Ihre Kinder von einer Theorie oder einem Wissensgebiet begeistern lassen, das sie sonst nicht kennen gelernt hätten.

In einer liebevollen Familie geben Eltern ihren Kinder dadurch Orientierung, dass sie sie stetig anleiten – vom Kleinkindalter bis ins junge Erwachsenenalter und darüber hinaus.

Gute Frage

? Meine Eltern haben meine Geschwister und mich kaum unterrichtet, und aus uns ist doch etwas geworden. Warum kann ich es bei meinen Kindern nicht genauso machen?
Ganz einfach: weil die Gesellschaft sich seit Ihrer Kindheit verändert hat. Wenn Sie sich dafür entscheiden, Ihr Kind nicht zu unterrichten oder ihm die notwendigen Fertigkeiten des Alltags nicht beizubringen, werden unzählige Menschen, Firmen und Organisationen versuchen, das Vakuum zu füllen – einschließlich gewalttätiger Jugendbanden. Und wie stehen die Chancen, dass diese Leute Ihr Kind nach Ihren Wünschen fördern und erziehen?

Experten nicht gefragt

Vielleicht haben Sie folgende Bedenken: „Ich bin kein Lehrer! Ich habe keine Ahnung, wie ich es anfangen soll, meinen Kindern etwas beizubringen! Und wenn Sie die Wahrheit wissen wollen: Ich könnte selbst etwas mehr Wissen gebrauchen. Wäre es nicht sinnvoller, wenn meine Kinder nur von ausgebildeten Lehrern unterrichtet würden?"

Das ist ein wichtiges Argument und ein Thema, mit dem man sich ernsthaft auseinander setzen sollte. In der Tat gibt es hervorragende Schulen und Lehrer, die darin geschult sind, mit Kindern so effektiv wie möglich zu arbeiten, indem sie die individuellen Möglichkeiten der Kinder berücksichtigen und von der Wissenschaft entwickelte Strategien anwenden, um Wissen einzuprägen.

Das ist nicht schlecht. Doch es ändert nichts an der Tatsache, dass Sie und Ihr Partner die effektivsten Lehrer sind, die Ihre Kinder jemals haben werden. Kein Mensch hat ein größeres persönliches Interesse daran, dass Ihre Kinder erfolgreich und glücklich werden, als Sie. Keiner wäre bereiter, sich für ihre Förderung und Entwicklung einzusetzen, als Sie. Und was am wichtigsten ist: Keiner weiß besser, wie Ihr Kind wirklich ist und wozu es wirklich fähig ist, als Sie.

Das will nicht heißen, dass Sie sich auf Ihren Lorbeeren ausruhen (egal, wofür Sie diese Lorbeeren verdient haben) und sich damit zufrieden geben sollen, was Sie bereits für Ihr Kind tun. Es gibt nämlich Dinge, die Sie tun können und sollen, um ein besserer Lehrer zu werden. Fünf Vorschläge können Sie dafür berücksichtigen:

a) Geben Sie Ihr Wissen weiter

Sie selbst haben in beruflicher und familiärer Hinsicht schon „Unterricht" bekommen. Sie haben die notwendigen Fertigkeiten gelernt, die Sie brauchten, um Ihren Beruf ausüben zu können und Teil der Gesellschaft zu sein. Sie haben dort kommunikative Fähigkeiten entwickelt, die Ihnen halfen, sich mit Menschen besser zu verständigen. Doch wie viele dieser Fähigkeiten bringen Sie in Ihre Familie ein?

Als Erstes müssen Sie herausfinden, welche Ihrer Fertigkeiten das Leben Ihrer Kinder bereichern könnten. Vielleicht haben Sie mit Diagrammen gearbeitet, um Verkaufszahlen oder andere komplizierte Theorien zu vermitteln. Aber wann haben Sie das letzte Mal ein Diagramm entworfen, um Ihren Kindern etwas zu erklären? Wahrscheinlich beherrschen Sie die Kunst des aktiven Zuhörens, mit der Sie Ihrem Gesprächspartner mitteilen können, dass Sie aufmerksam zuhören, indem Sie in Ihren Worten wiederholen, wie Sie ihn verstanden haben („Wenn ich Sie richtig verstanden habe, meinen Sie, dass ..."). Doch wann sind Sie das letzte Mal mit Ihren Kindern so höflich umgegangen?

Legen Sie zusammen mit Ihrem Partner eine Liste all der Fertigkeiten an, die Sie über die Jahre erworben haben. Beziehen Sie sich darauf, wie Sie mit Menschen umgehen, Informationen vermitteln, Menschen im Entscheidungsprozess unterstützen, Menschen anleiten usw. Entscheiden Sie dann, welche dieser Fertigkeiten Sie bei Ihren Kindern einsetzen können, damit Sie als Lehrer oder Vorbild noch effektiver werden.

b) Bilden Sie sich weiter

Wenn Sie nicht glauben, dass Sie die notwendigen Fähigkeiten besitzen, um einem Kind etwas beizubrngen, können Sie diese Fähigkeiten durch Weiterbildung erwerben. Viele Volkshochschulen bieten Kurse über die Förderung des Kindes an, in denen Sie beispielsweise etwas über Verhaltensmuster von Kleinkindern oder den Umgang mit Teenagern lernen können. Es hängt vom Lehrplan und vom Dozenten ab, ob Ihnen diese Kurse die nötigen Informationen und Fertigkeiten vermitteln, um ein guter Lehrer für Ihre Kinder zu werden.

Wenn Weiterbildungskurse nicht in Frage kommen, könnten Sie herausfinden, ob die Kirchengemeinde oder die Bibliothek an Ihrem Wohnort Vorträge über Elternsein und Erziehung anbietet. Durch nur wenige Telefongespräche finden Sie möglicherweise zu den Informationsabenden, die Ihnen beim Unterrichten Ihrer Kinder weiterhelfen.

Um es noch einmal zusammenzufassen: Wenn es einen Bereich Ihres Elternseins gibt, in dem Sie Ihrer Meinung nach Defizite haben, ist es sehr wahrscheinlich, dass Sie einen Kurs oder ein Seminar ausfindig machen, in dem dieser Bereich angesprochen wird – wenn Sie sich nur ausreichend bemühen.

Familienaktion

✓ SIE KÖNNEN DIE LERNMETHODEN, die Ihrem Kind am meisten liegen, am besten herausfinden, wenn Sie mit ihm über seinen Lieblingslehrer reden. Erkundigen Sie sich, warum Ihr Kind diesen Lehrer mag, welche Methoden der Lehrer verwendet, um Wissen zu vermitteln, wie der Lehrer mit Ihrem Kind spricht und was ihn sonst noch zu etwas Besonderem macht. Sie können diese Informationen nutzen, um Ihr eigenes Unterrichten danach auszurichten.

c) Beobachten Sie andere Eltern

Sie können viel darüber lernen, welche Methoden des Unterrichtens funktionieren und welche nicht, indem Sie einfach darauf achten, was andere Eltern tun. Halten Sie in der Öffentlichkeit, in Parks, Restaurants, Supermärkten usw. die Augen und Ohren offen, wenn Sie sehen, dass sich Eltern mit ihren Kindern beschäftigen. Sie werden sowohl positive als auch negative Beispiele des Unterrichtens beobachten. Versuchen Sie, aus beiden zu lernen.

Um die schulische Erziehung kennen zu lernen, können Sie nach Absprache mit dem Lehrer einmal am Schulunterricht teilnehmen. Achten Sie darauf, welche Strategien der Lehrer verwendet, um die Aufmerksamkeit der Kinder zu gewinnen und sich mit ihnen auf ihrem Niveau zu verständigen. Beobachten Sie, wie er Worte, Handlungen und Anschauungsmaterial zusammenbringt, um sein Wissen zu vermitteln.

Wenn Ihre Kinder noch nicht im Schulalter sind, könnten Sie darum bitten, an einem Kindergartenvormittag oder am Kindergottesdienst dabei sein zu dürfen. Wahrscheinlich werden Sie dort einige besonders hilfreiche Beobachtungen machen.

Eine andere Möglichkeit wäre, das Kinderprogramm im Fernsehen anzusehen. Viele der Sendungen wurden von Pädagogen gemacht oder werden von ihnen begleitet. Die Methoden, die in den Sendungen verwendet werden, um Kindern etwas beizubringen, sind im Allgemeinen das Ergebnis wissenschaftlicher Forschung. Das heißt, dass sie im Großen und Ganzen sehr fundiert und genau auf die Kinder zugeschnitten sind.

d) Lesen Sie ein Buch

Dass Sie diesen Satz lesen, weist darauf hin, dass Sie die Wichtigkeit von Büchern für den Erziehungsprozess erkannt haben. Erziehungsratgeber in einer Buchhandlung oder in Ihrer örtlichen Bibliothek wie auch im Internet unterstützen Sie darin, Ihren Kindern etwas beizubringen – unabhängig davon, wie alt Ihre Kinder sind. Vergessen Sie dabei nicht, dass Sie das Lesen über gute Erziehung nicht von Ihren elterlichen Aufgaben abhalten soll. Ob Sie sich dafür bereit fühlen oder nicht – es kommt ein Zeitpunkt, an dem Sie das, was Sie gelernt haben, auch umsetzen müssen.

Zutat 4: Kinder, die den Anweisungen ihrer Eltern vertrauen und sie achten

Dies soll keine Vorbereitung für den Militärdienst sein. Wir schlagen nicht vor, dass Ihr Kind jedes Mal stramm stehen soll, wenn Sie ihm im Flur begegnen.

Beim Lernen von Gehorsam geht es lediglich darum zu lernen, sich an Regeln zu halten. Ob Sie es mögen oder nicht: Regeln sind ein notwendiger Teil des Lebens in unserer Gesellschaft. Stellen Sie sich vor, wie es wäre, wenn es keine Regeln gäbe wie ...

- rechts zu fahren,
- Alkohol nicht an Kinder zu verkaufen,
- Steuern zu bezahlen. (Nun ja, das wäre nicht schlecht.)

Der springende Punkt ist, dass es ohne Regeln keine Strukturen gibt. Ohne Strukturen ist das Leben ein Chaos. Und im Chaos gedeiht nur Weniges. Es muss Regeln geben – und Konsequenzen für die Übertretung von Regeln. Das gilt auch für die Familie.

In einer gut funktionierenden Familie ist es nicht nur die Angst vor Konsequenzen, die Gehorsam bewirkt. Die Liebe zu den anderen Familienmitgliedern und die Sorge um ihr Wohlergehen sind ebenfalls stark motivierende Faktoren.

Gehorsam ist uns nicht angeboren. Wenn Sie jemals einen Zweijährigen dabei beobachtet haben, die Grenzen der Eltern auszutesten, wissen Sie, wovon wir reden. Gehorsam ist etwas, das wir lernen. Und mehr als das: Gehorsam wird am leichtesten erlernt, wenn sich Kinder von ihren Eltern geliebt fühlen – wenn sie glauben, dass ihr Wohlergehen ihren Eltern am Herzen liegt. Wenn die Kinder hingegen davon überzeugt sind, dass Gehorsam nur gefordert wird, um ihnen den Spaß zu verderben, wird dieser Gehorsam nicht so leicht erreicht werden.

Der Schlüssel, um in Ihren Kindern Gehorsam zu fördern, liegt darin, Ihnen zu zeigen, dass alle Taten Folgen haben. Gehorsames Handeln hat positive Folgen; ungehorsames Handeln hat negative Folgen.

Wenn Sie Gehorsam einführen wollen, sollten Sie sich deshalb auf zwei Aspekte konzentrieren:

- Ihr Kind sollte sich geliebt fühlen.
- Ihr Kind sollte die Folgen seiner Taten spüren.

Es geht darum, Regeln festzulegen, Konsequenzen festzulegen (gute und schlechte) und konsequent zu sein.

Regeln festlegen

Regeln lenken das Leben in Ihrer Familie. Sie bestimmen, was getan werden soll („Mach dein Bett, bevor du zur Schule gehst", „Bring am Donnerstagmorgen den Müll nach draußen") und was nicht getan werden darf („Komm während der Woche nicht später als acht Uhr nach Hause", „Gib im Internet keine persönlichen Dinge preis"). Doch die Tatsache, dass Regeln eine Notwendigkeit sind, bedeutet nicht, dass alle Regeln ratsam oder nützlich sind. (Kam da ein „Hab ich's dir nicht gesagt?" aus Ihrem Kinderzimmer?)

> *»Einer gerechten und anerkannten Autorität, die in guter Weise ausgeübt wird, setzen wir selten Widerstand entgegen.«*
> Samuel Johnson

Gute Regeln haben vier Dinge gemeinsam:

- *Gute Regeln verfolgen eine Absicht.* Bevor Sie eine Regel einführen, sollten Sie gut darüber nachdenken. Lassen Sie es nicht zu, dass Sie oder Ihre Familie von einer Regel gefangen gehalten werden, die es nur gibt, weil es sie in Ihrem Elternhaus gab, als Sie klein waren. Stattdessen sollten Sie lieber darüber nachdenken, warum eine Regel gebraucht wird, was ihr Sinn ist und inwiefern Ihre Familie davon profitiert. Sie sollten wissen, warum Sie möchten, dass etwas getan oder nicht getan wird.
- *Gute Regeln werden gemeinsam gemacht.* Weder Sie noch Ihr Partner sollten derjenige sein, der allein die Regeln in Ihrer Familie festlegt. Die Regeln sollten das Ergebnis eines gemeinsamen Abkommens zwischen Ihnen und Ihrem Partner (und wenn sie alt genug sind, Ihren Kindern) sein. Wahrscheinlich werden Sie und Ihr Partner verschiedene Ansichten über Regeln in Ihre Familie einbringen. Sie müssen sich mit Ihren Standpunkten auseinander setzen, bevor Regeln aufgestellt werden. In manchen Dingen werden Sie gleich übereinstimmen. In anderen Fällen werden Sie vielleicht einen Kompromiss finden müssen. Wenn Ihr Partner beispielsweise der Meinung ist, dass die Kinder an Wochentagen um zehn Uhr zu Hause sein sollen, Sie

dagegen acht Uhr für realistischer halten, könnten Sie sich als Kompromiss auf neun Uhr einigen. Damit Regeln auch effektiv sind, müssen Sie beide dahinter stehen.

- *Gute Regeln sind vernünftig.* Sie müssen daher einem positiven Zweck dienen. Um herauszufinden, ob eine Ihrer Regeln dieses Kriterium erfüllt, können Sie sie anhand der folgenden Fragen überprüfen:
    - Zeigt diese Regel eine positive Wirkung im Leben unseres Kindes? (Wenn ja, welche?)
    - Bewahrt diese Regel unser Kind vor Schaden und Gefahr?
    - Lehrt diese Regel unser Kind eine Tugend wie Ehrlichkeit, ernsthaftes Arbeiten, Freundlichkeit oder Teilen?
    - Lehrt diese Regel unser Kind, mit Besitz sorgsam umzugehen?
    - Lehrt diese Regel unser Kind, das Eigentum anderer zu respektieren und zu schützen?
    - Lehrt diese Regel unser Kind Verantwortungsbewusstsein und/oder gute Manieren?
- *Gute Regeln werden mit der ganzen Familie diskutiert.* Wenn die Kinder älter werden, sollten sie in den Entscheidungsprozess über Regeln mit einbezogen werden. (Wir lassen Ihnen einen Moment Zeit, um sich von diesem Vorschlag zu erholen.) Wenn eine Regel Ihre Kinder unmittelbar betrifft und wenn sie alt genug sind, um eine Meinung darüber zu haben, sollten sie wirklich ein Mitspracherecht dabei haben, diese Regel aufzustellen oder abzuschaffen.

Allerdings gilt dieses Prinzip mit einer Einschränkung: Auch wenn man die Kinder mitreden lässt, bedeutet das nicht, dass sie in der Diskussion über Regeln das letzte Wort haben sollten. Sie sollten jedoch ihre Gefühle berücksichtigen, bevor Sie eine Regel festlegen. Indem Sie sie mitreden lassen, wenn Regeln festgelegt werden, bringen Sie ihnen nicht nur bei, dass auch sie Verantwortung haben, sondern verhelfen ihnen auch zu einer wertvollen Erfahrung.

Konsequenzen festlegen

Gehorsam entwickelt sich als Ergebnis davon, dass man die Konsequenzen des Ungehorsams ertragen musste. Das ist ein harter, aber effektiver Lernprozess. Wenn Sie Ihren Kindern die Konsequenzen ihres Handelns ersparen – egal, wie gut Ihre Absichten dabei sind –, erweisen Sie ihnen einen schlechten Dienst. Das Übertreten von Regeln muss für denjenigen, der sie übertreten hat, Unbehagen und Unannehmlichkeiten zur Folge haben.

Es ist Ihnen als Eltern überlassen, die Konsequenzen für verschiedene Regelverstöße festzulegen. Und wenn Sie sich nicht damit begnügen wollen, für jeden Regelverstoß zwei Wochen Hausarrest zu verhängen, werden Sie gründlich darüber nachdenken müssen.

Als Erstes sollten Sie erwägen, Konsequenzen festzulegen, die so viel wie möglich mit der jeweiligen Regel zu tun haben. Wenn es also bei Ihnen die Regel gibt, dass man jedes ausgeliehene Buch rechtzeitig zur Bücherei zurückbringt, könnten Sie festlegen, dass als Konsequenz für eine Übertretung dieser Regel an einem Abend keine Gute-Nacht-Geschichte vorgelesen wird. Oder wenn es bei Ihnen die Regel gibt, dass das Auto wieder voll getankt wird, wenn es benutzt wurde, könnten Sie als Konsequenz für den Verstoß bestimmen, dass das Auto zwei Tage lang nicht benutzt werden darf.

Es ist wichtig, dass Sie Konsequenzen unter der Mitsprache und Beteiligung aller Familienmitglieder festlegen, zu einem Zeitpunkt, wo gerade Familienfrieden herrscht. So geraten Sie nicht in Versuchung, spontan zu handeln, wenn Sie sich gerade über einen Regelverstoß aufregen. Denn dann greifen Sie vielleicht zu Maßnahmen, die Sie später bereuen. Wenn Sie Konsequenzen festlegen, bevor eine Regel missachtet wird, wird es Ihren Kindern auch eine Hilfe sein, über die Vor- und Nachteile eines Regelverstoßes nachzudenken.

Gute Frage

? Was sollen wir als Eltern tun, wenn wir erkennen, dass eine alte Regel in unserer Familie nicht die Kriterien einer „guten Regel" erfüllt?

Schaffen Sie die Regel ab und erklären Sie Ihren Kindern, warum. Vielleicht fürchten Sie, dass Ihre Kinder das zum Anlass nehmen, zu versuchen, auch andere, gute Regeln abzuschaffen. Aber so werden sie wahrscheinlich nicht reagieren. Wenn Ihre Kinder sehen, dass Sie bereit sind, Regeln zu überdenken und die schwere Entscheidung zu fällen, sie abzuschaffen, werden sie das anerkennen und die Familienregeln stärker beachten.

Die Konsequenz, die auf den Ungehorsam Ihrer Kinder folgt, kann manchmal Ihr eigenes Leben erschweren. Wenn Ihr Teenager einen Monat nicht das Auto benutzen darf, weil er zum wiederholten Mal zu spät nach Hause gekommen ist, bedeutet das unter Umständen, dass Sie oder Ihr Mann ihn fahren müssen. Aber diese Unannehmlichkeit können Sie nutzen, um Ihrem Teenager etwas zu zeigen. Eine grundlegende Lebenswahrheit ist, dass das eigene Verhalten immer Auswirkungen auf andere hat. Wenn Ihr Teenager glaubt, dass er von seinen Eltern geliebt wird, dass er Ihnen wichtig ist und Sie nur das Beste für ihn wollen, wird er zum Gehorsam motiviert, wenn er sieht, dass Sie die Konsequenzen für sein Handeln mit tragen müssen.

Konsequent sein

Wenn die Regeln, die in Ihrer Familie gelten, einmal klar definiert und die Konsequenzen für ungehorsames Verhalten geklärt sind, liegt es in Ihrer Verantwortung, darauf zu achten, dass Ihr Kind diese Konsequenzen auch spürt, wenn es eine Regel übertreten hat. Dafür brauchen Sie viel Ausdauer und Engagement. Wenn Sie heute auf Regeln pochen und morgen nachgiebig sind, wird das Endresultat ein ungehorsames Kind sein, das Ihnen keinen Respekt entgegenbringt. Inkonsequente Anwendung von Regeln ist die häufigste Falle, in die Eltern bei der Erziehung tappen können.

»Wenn Sie weise befehlen, wird Ihnen fröhlich gehorcht werden.«
Thomas Fuller

Inkonsequenz ist verständlich. Konsequenz erfordert einfach eine Menge Zeit und Energie. Oft sind Eltern zu müde, um sich mit dem Ungehorsam ihrer Kinder zu befassen. Aber lassen Sie es nicht zu, dass Ihre Müdigkeit Sie davon abhält! Reißen Sie sich so lange zusammen, wie Sie dafür sorgen können, dass Ihr Kind die Folgen seiner Handlungen spürt.

Sie müssen nicht nur konsequent sein, sondern auch bestimmt auftreten. Dafür ein Beispiel. Clark ging mit seinen Freunden zu einem Fußballspiel seiner Schule. Weil das Spiel auswärts gespielt wurde, erlaubte sein Vater ihm, bis Mitternacht wegzubleiben. Er warnte Clark jedoch, dass die Konsequenz für ein Zu-spät-Kommen ein einwöchiges Ausgehverbot sein würde. Aus bestimmten Gründen, die hier nicht erläutert werden müssen, kam Clark erst kurz vor ein Uhr nach Hause. Als ihn sein Vater an die Konsequenz seines Verhaltens erinnerte, nickte Clark, aber sprach eine Bitte aus:

> *»Was du nicht erzwingen kannst, solltest du nicht befehlen.«*
> Sophokles

„Ich weiß, dass ich diese Strafe verdient habe. Aber nächsten Freitag ist der Ausflug unserer Jugendgruppe. Könntest du die Ausgangssperre aufteilen, in fünf Tage vor dem Ausflug und zwei Tage nach dem Ausflug? Es wären einfach nicht sieben Tage nacheinander."

„Es tut mir Leid", erwiderte sein Vater. „Aber die Regeln standen fest."

„Ich weiß, Papa", sagte Clark. „Aber wir haben das ganze Jahr für diesen Ausflug gespart. Jeder kommt mit. Das wird das Beste, was unsere Gruppe jemals gemacht hat!"

„Es tut mir Leid, Clark", wiederholte sein Vater. „Aber du musst die Konsequenzen deines Verhaltens tragen."

Clarks Vater hatte nichts dagegen, dass sein Sohn einen schönen Tag mit seiner Jugendgruppe verbrachte. Er fand es nur wichtiger für Clark, dass er die Konsequenzen seines Handelns spürte. Deshalb blieb er fest und erteilte damit seinem Sohn eine Lehre, die er so bald nicht vergessen würde.

Wenn Sie konsequent sein wollen, sollten Sie drei Schritte beachten:

- *Zeigen Sie Ihren Kindern Ihre Liebe.* Sie sollten nicht schreiend und anklagend zu disziplinarischen Maßnahmen greifen. Lassen Sie Ihre Kinder lieber wissen, dass sie Ihnen sehr wichtig sind und dass Sie nur das Beste für sie wollen. Vor und nach dem Ergreifen von Konsequenzen könnten Sie darüber reden, was sie an diesem Tag erlebt haben, oder ihnen etwas Gutes zu essen geben.
- *Erklären Sie deutlich den Sinn der disziplinarischen Maßnahme.* Sagen Sie Ihren Kindern genau, gegen welche Regel sie verstoßen haben, und erinnern Sie sie an die Konsequenzen ihres Ungehorsams. Ihre Kinder werden Ihr Vorgehen in dem Moment vielleicht trotzdem nicht für gerecht halten, aber sie werden wenigstens wissen, dass Sie nicht im Zorn handeln.

- *Sorgen Sie dafür, dass Ihre Kinder die Konsequenzen ihres Ungehorsams tragen.* Widerstehen Sie dem Drang, sie vor Schmerz und Verlust zu bewahren. Wenn sie nicht das ganze Ausmaß der Konsequenzen erfahren, lernen sie vielleicht nicht, was sie lernen müssen. So schmerzhaft es für sie (und für Sie) sein mag – letztlich wird es für sie schlimmer sein, wenn Sie Ihren Gefühlen nachgeben.

Zutat 5: Männer, die Verantwortung für die Familie übernehmen

Stellen Sie sich vor, Sie stoßen in der Zeitung auf folgende Heiratsanzeige:

Suche einen Mann, der seine Gefühle zulässt, der sowohl Schmerz als auch Freude, Sympathie und Ermutigung ausdrücken kann. Er sollte eine Partnerschaft schätzen und in der Lage sein, zu den Menschen, die ihm nahe stehen, eine emotionale und verbindliche Beziehung aufzubauen. Erfahrung darin, für das Wohlergehen anderer zu sorgen, ist erwünscht. Der ideale Kandidat sollte stark, verantwortungsbewusst, verlässlich und dazu bereit sein, seine Verantwortung in einer Familie anzunehmen. Diktatoren und „Warmduscher" haben keine Chance.

Wenn Sie eine Frau sind – hätten Sie gerne einen Ehemann, der die Kriterien dieser Anzeige erfüllt? Wenn Sie ein Mann sind – würden Sie sich dann kompetent genug fühlen, auf diese Anzeige zu antworten?

Die letzte „Zutat" in unserem „Rezept" für eine intakte Familie bezieht sich auf die Männer. Wenn Ihr Ziel eine liebevolle, intakte Familie ist, ist der in der Anzeige beschriebene Mann der Ehepartner, der bei Ihnen seine Verantwortung wahrnehmen würde.

Verantwortungsvolle Männer – unsere Zutat Nummer 5 – ist eine einzigartige Kombination – sie erfordert von Männern, sich für den schmalen Pfad zu entscheiden. Wenn Sie Ihre Autorität in der Familie zu stark in den Vordergrund rücken, sind Sie nicht mehr liebevoll. Wenn die Autorität in den Hintergrund gerät, nehmen Sie nicht länger Verantwortung wahr.

Wenn Ihnen dieses Konzept neu ist, wissen Sie vielleicht nicht einmal, was Sie sich unter Verantwortung eines Ehemannes und Vaters vorstellen sollen. Im Rahmen dieses Kapitels haben wir die männliche Verantwortung in der Familie in zwei Rollen aufgeteilt: den Mann und den Vater einer intakten Familie.

Sechs Eigenschaften eines liebevollen Ehemannes

- *Ein liebevoller Mann betrachtet seine Frau als Partnerin.* Es ist eine Sache zu behaupten, dass Ihre Frau Ihre Partnerin ist. Es ist eine ganz andere Sache, sie auch als solche zu behandeln. In einer intakten Familie bittet der Mann seine Frau, sich gleichberechtigt an Entscheidungsprozessen, Finanzen, Urlaubsplanung, Ausübung von Konsequenz und jedem anderen Bereich des Familienlebens zu beteiligen.
- *Ein liebevoller Mann spricht sich mit seiner Frau ab.* Hier haben wir wieder den geheimen Schlüssel zu jedem Lebensbereich: Kommunikation. In Kapitel II. 1 wiesen wir bereits darauf hin, dass das durchschnittliche Paar einen großen Teil des Tages getrennt verbringt. Nur auf dem Wege der verbalen Kommunikation ist es möglich, Ihre Partnerin an Ihren Erfahrungen, Gefühlen und Wünschen teilhaben zu lassen. Damit diese Kommunikation auch stattfindet, muss der Mann jeden Tag Zeit für ein tägliches Gespräch mit seiner Frau einplanen, in dem der eine dem anderen Einblick in sein Leben gewährt.
- *Für einen liebevollen Mann hat seine Frau die oberste Priorität.* Auch in dieser Hinsicht ist es sinnlos, große Reden zu schwingen. Sie können nicht nur verkünden, dass Ihre Partnerin Ihre erste Priorität ist – es muss sich in Ihrem Lebensstil zeigen, in der Art, wie Sie Ihre Zeit, Ihr Geld und Ihre Energie einsetzen.
- *Ein liebevoller Mann liebt seine Frau bedingungslos.* Bedingungslose Liebe bedeutet für den Mann, dass er sich um das Wohlergehen seiner Frau bemüht und nur das Beste für sie will, ungeachtet dessen, ob sie dasselbe für ihn tut. Liebe, die an Bedingungen geknüpft ist, ist leistungsabhängig – sie muss verdient werden. Bedingungslose Liebe wird ohne Vorbehalt gegeben – und ohne einen Grund.
- *Ein liebevoller Mann hat sich dazu entschlossen, die Bedürfnisse seiner Frau zu erkennen und zu erfüllen.* In einer intakten Familie ist es vor allem das Bedürfnis nach Zuneigung, Zärtlichkeit, Freundlichkeit und Ermutigung, das vom Mann erfüllt wird. Am besten kann der

Mann die Bedürfnisse seiner Frau durch – Sie haben es erraten – Kommunikation erkennen.

> *»Wer Verantwortung trägt, muss wissen, dass er Bescheid weiß, und muss denen, die um ihn sind, klar zeigen können, dass er Bescheid weiß.«*
> Clarence B. Randall

• *Ein liebevoller Mann versucht, seine Moralvorstellungen und Glaubensüberzeugungen vorzuleben.* Wie auch beim ersten und dritten Punkt reicht hier ein reines Lippenbekenntnis nicht aus. Denn so etwas ist leicht gesagt, aber die einzig überzeugende Art, in der ein Ehemann seine Wertmaßstäbe weitergeben kann, ist, indem er sie lebt und im täglichen Leben zeigt. Diese Vorstellungen schließen sein Verständnis davon ein, was richtig und was falsch ist. Glaubensüberzeugungen offenbaren, an was man über die materielle Welt hinaus glaubt. Zusammen sollten sie den Grundstein für das Leben des Ehemannes bilden.

Sieben Eigenschaften eines liebevollen Vaters

• *Ein liebevoller Vater übt seine Vaterrolle aktiv aus.* Er ergreift in der Beziehung zu seinen Kindern die Initiative und wartet nicht passiv darauf, dass die Kinder mit Bitten zu ihm kommen. Das Ziel des liebevollen Vaters ist es, direkt und aktiv am Leben seiner Kinder teilzunehmen.

• *Ein liebevoller Vater hat Zeit für seine Kinder.* Das soll nicht heißen, dass liebevolle Väter weniger zu tun haben als andere Väter. Die meisten Menschen haben nun einmal wenig Zeit. Der Unterschied zwischen dem Vater in einer intakten Familie und dem Vater in einer weniger intakten Familie liegt in seinem Umgang mit der Zeit. Ein liebevoller Vater einer intakten Familie räumt seinen Kinder einen Platz im Terminkalender ein und versucht diesen Termin unbedingt einzuhalten und ihm die Priorität vor allen anderen Terminen zu geben. Ein liebevoller Vater gibt sich nicht damit zufrieden, den Kindern die Zeit abzugeben, die noch „übrig" ist.

• *Ein liebevoller Vater sorgt für seine Kinder und beschützt sie.* Hier geht es um die grundlegenden Aufgaben eines Vaters: Dass die

Kinder mit Nahrung und Kleidung versorgt werden und geborgen und geschützt aufwachsen. Die oberste Priorität des liebevollen Vaters ist, sich um die Grundbedürfnisse seiner Familie zu kümmern.

- *Ein liebevoller Vater unterhält sich mit seinen Kindern.* Es ist leicht, den Kindern etwas zu sagen – man teilt ihnen einfach mit, was sie tun sollen und warum sie es tun sollen. Sich mit ihnen zu unterhalten, erfordert etwas mehr Anstrengung – aber es ist unendlich lohnender. Durch das gemeinsame Gespräch kann ein liebevoller Vater seine Kinder kennen lernen und sie können ihren Vater kennen lernen. Um sie kennen zu lernen, muss man sie nach ihren Gedanken, Gefühlen und Wünschen fragen. Und um innige Beziehungen entstehen zu lassen, muss man ihnen auch seine eigenen Gedanken, Gefühle und Wünsche mitteilen.
- *Ein liebevoller Vater spielt mit seinen Kindern.* Hier geht es darum, Spaß miteinander zu haben. Wenn das bedeutet, mit seinem Teenager Computerspiele zu spielen, dann spielt der liebevolle Vater Computerspiele. Wenn es bedeutet, mit den Puppen seiner Tochter Kaffee zu trinken, dann tut der liebevolle Vater das. Wenn es bedeutet, seinen kleinsten Sohn eine Stunde lang auf seinen Knien reiten zu lassen, dann lässt der liebevolle Vater ihn reiten. Der liebevolle Vater versucht, seine Kinder zum Lachen zu bringen und sich mit ihnen zu vergnügen. Und er lässt sich dabei auf die Ebene seiner Kinder ein – er drängt ihnen nicht seine eigene Vorstellung von Spaß auf und erwartet nicht, dass sie sie teilen.
- *Ein liebevoller Vater gibt seine Wertvorstellungen weiter.* Wertvorstellungen sind die Grundsätze, die wir brauchen, um eine Ordnung in unserem Leben herzustellen. Ein liebevoller Vater, der Ehrlichkeit, Freundlichkeit und ernsthafte Arbeit schätzt, wird sich Zeit nehmen, um seinen Kindern zu erklären, warum ihm diese Werte so viel bedeuten und welche Rolle sie in seinem täglichen Leben spielen.
- *Ein liebevoller Vater liebt seine Kinder bedingungslos.* Ein liebevoller Vater handelt nicht so, dass er abhängig von der Leistung oder dem „Wert" seiner Kinder Liebe gibt oder verweigert. Er wartet nicht, bis seine Kinder ihm ein gutes Zeugnis nach Hause gebracht haben, in die Fußballmannschaft der Schule aufgenommen wurden oder ihre Pflichten im Haushalt erledigt haben, um ihnen seine Liebe zu zeigen.

Der liebevolle Vater will ihnen bewusst mitteilen: „Ich liebe dich, egal, was du tust."

Einige kleine Hilfen für den zukünftigen liebevollen Vater

Vielleicht haben Sie festgestellt, dass Sie als Vater in manchen dieser Bereiche etwas Nachholbedarf haben. Doch Sie können einiges tun, um als liebevoller Vater besser zu werden. Beschäftigen wir uns mit den letztgenannten vier Eigenschaften. (Anregungen, wie Sie an Ihren Fähigkeiten als liebevoller Ehemann arbeiten können, finden Sie auf den Seiten 111–112 in diesem Buch).

Wenn Sie Schwierigkeiten damit haben, sich mit Ihren Kindern zu unterhalten, könnten Sie diese Ideen übernehmen:

- Üben Sie es, Fragen zu stellen, die zum Gespräch einladen und anregen – wie: „Was hast du heute am Ende des Spiels gedacht?", oder: „Wie fandest du den Film, den wir gestern Abend gesehen haben?", oder: „Wenn du etwas an unserer Familie ändern könntest, was wäre das?"

Sie könnten jüngeren Kindern ein Buch vorlesen und ihnen Fragen dazu stellen, die sich darauf beziehen, wie die Kinder die Geschichte verstanden haben, welche Gefühle die Geschichte in ihnen auslöst und warum sie ihnen gefällt (oder nicht gefällt).

Mit älteren Kindern könnten Sie einen „Buchclub" gründen. Bitten Sie Ihr Kind, ein Buch auszusuchen, das Sie dann beide lesen. Nehmen Sie sich vor, jeden Abend ein Kapitel zu lesen und es am nächsten Tag zu diskutieren.

Wenn es Ihnen schwer fällt, mit Ihrem Kind zu spielen, könnten Sie das Problem mit einem der drei Vorschläge in Angriff nehmen:

- Erklären Sie einen Abend im Monat zum „Abend ohne Bildschirm", an dem alle Geräte mit Bildschirm abgeschaltet bleiben müssen. Ohne die übliche Ablenkung werden Sie und Ihr Kind offener dafür sein, etwas gemeinsam zu tun, was Ihnen Spaß macht.
- Organisieren Sie ein Gesellschaftsspiel-Turnier, auf dem alle Familienmitglieder bei Spielen wie Trivial Pursuit, Monopoly, Scrab-

ble oder anderen miteinander wetteifern. Die Turnierregeln können so einfach oder so kompliziert sein, wie Sie wollen. (Sie könnten zum Beispiel eine bestimmte Anzahl von Punkten für jeden Gewinner vergeben, eine andere Punktezahl für den zweiten Gewinner usw.)

- Machen Sie eine Liste der Spiele, die Sie als Kind gespielt haben. Probieren Sie nacheinander alle diese Spiele mit Ihrem Kind aus, um zu sehen, welche ihm gefallen. Wenn ihm ein Spiel gefällt, dann nehmen Sie es in Ihre gemeinsame Zeit auf. Wenn ihm ein Spiel nicht gefällt, dann erklären Sie, warum Sie es als Junge mochten, und gehen Sie zum nächsten Spiel über.

Wenn es nicht einfach für Sie ist, Ihren Kindern Werte zu vermitteln, könnten Sie die folgenden Ideen in Erwägung ziehen:

- Finden Sie heraus, welche Werte Ihnen in Ihrem Leben am wichtigsten sind. Schreiben Sie sie auf und sehen Sie sich diese Liste immer wieder an, damit Sie oft darauf Bezug nehmen können. Schließlich müssen Sie Ihre Werte zuerst ziemlich gut kennen, wenn Sie sie anderen vermitteln wollen.
- Fragen Sie sich: „Will ich, dass meine Kinder genauso werden wie ich, wenn sie erwachsen sind?“ Wenn Sie das verneinen (oder nur mit Einschränkung bejahen können), sollten Sie herausfinden, in welchen Bereichen Sie sich wünschen, dass Ihre Kinder sich von Ihnen unterscheiden. Fertigen Sie anschließend eine Liste mit den Dingen an, die Sie in Ihrem eigenen Leben verändern müssen, um die Frage mit einem uneingeschränkten Ja beantworten zu können.
- Versuchen Sie, jedem Ihrer Kinder Zeit einzuräumen, in der Sie nur zu zweit sind. Während Ihrer gemeinsamen Zeit könnten Sie Ihrem Kind jeweils eine Wertvorstellung mitteilen, die Sie für besonders wichtig halten. Dann könnten Sie anhand einiger Beispiele erklären, wie diese Wertvorstellung Ihr Leben verändert hat.

Wenn es Ihnen Probleme bereitet, bedingungslos zu lieben, könnten Sie drei Dinge tun:

- Richten Sie es ein, das Sie mit jedem Ihrer Kinder Zeit alleine verbringen. Reden Sie offen mit ihnen darüber, dass es in der Vergangenheit Situationen gab, in denen Sie Ihre Liebe an Bedingungen geknüpft haben – Zeiten, in denen Sie Ihre Liebe einmal gaben und einmal verweigerten, abhängig von dem, was die Kinder taten oder wie sie sich Ihnen gegenüber verhielten. Bitten Sie Ihre Kinder, Ihnen für die Situationen zu vergeben, in denen Sie Ihre Liebe an Bedingungen geknüpft haben.

- Bitten Sie Ihre Kinder, Ihnen zu erzählen, in welchen Situationen sie sich nur unter bestimmten Bedingungen geliebt fühlten. Fragen Sie sie dann, welches Verhalten sie sich von Ihnen in jenen Situationen gewünscht hätten. Nehmen Sie sich vor, diese Fehler wieder gutzumachen.

Etwa vier bis sechs Wochen später sollten Sie sich mit Ihren Kindern wieder zusammensetzen, um darüber zu reden, ob Sie schon Fortschritte darin gemacht haben, Ihren Kindern bedingungslose Liebe zu zeigen. Machen Sie ihnen dazu Mut, Ihnen eine ehrliche Rückmeldung zu geben.

TEST

Halten Sie sich für einen Experten darin, Achtung und Vertrauen Ihrer Kinder zu gewinnen, ihnen in guter Weise etwas beizubringen und ein liebevoller Ehemann zu sein?
Mit diesem Test können Sie testen, ob Sie Recht haben.

1. Welches der folgenden Dinge ist kein Bestandteil kreativen Lehrens?
a) Kreative Interpretation
b) Kreative Ermutigung
c) Kreative Korrektur
d) Kreative Bestätigung

2. Welcher der folgenden Vorschläge wäre am wenigsten hilfreich, wenn Sie für die Erziehung Ihrer Kinder dazulernen wollen?
a) Nutzen Sie einige der Dinge, die Sie in Ihrem Beruf gelernt haben, in der Beziehung zu Ihren Kindern.
b) Besuchen Sie einen Kurs zum Thema Erziehung an der Volkshochschule.
c) Fragen Sie jedes Mal Ihre Kinder, was Sie tun sollen, bevor Sie fortfahren, ihnen etwas beizubringen.
d) Besuchen Sie den Kindergarten, die Vorschule oder den Kindergottesdienst, um Erziehern und Lehrern bei der Arbeit zuzuschauen.

3. Welcher der folgenden Schritte fördert nicht den Gehorsam?
a) Nach Verstärkung rufen
b) Regeln festlegen
c) Konsequenzen festlegen
d) Konsequent sein

4. Was trifft nicht auf den Mann in einer intakten Familie zu?
a) Er betrachtet seine Frau als Partnerin.
b) Er zeigt seiner Frau und seinen Kindern nicht zu viel Zuneigung, damit sie nicht den Respekt vor ihm verlieren.

c) Er tauscht sich mit seiner Frau über seine Gedanken und Gefühle aus.
d) Er räumt seiner Frau die erste Priorität ein.

5. Was trifft nicht auf den Vater in einer intakten Familie zu?
a) Er übt seine Vaterrolle aktiv aus.
b) Er liebt seine Kinder bedingungslos.
c) Er bringt ihnen seine Wertvorstellungen bei.
d) Er nutzt die Freizeit mit seinen Kindern, um sie für die Sportlerkarriere zu drillen, die er für sie geplant hat.

Antworten: 1a), 2c), 3a), 4b), 5d).

3 Grosse Worte für kleine Leute – Die fünf Sprachen der Liebe *für Kinder*

Arlene war auf der Heimfahrt vom entspannten Bummeln in der Stadt, als das Autotelefon klingelte. Sie nahm den Anruf entgegen: „Hallo?"

„Liebling, ich glaube, wir müssen mit Jimmy zum Arzt."

Trotz einer Störung in der Leitung erkannte Arlene die Stimme ihres Mannes und konnte ihren Sohn im Hintergrund weinen hören. „Ronnie, was ist passiert?", fragte sie. „Was hat Jimmy denn?"

„Ich glaube, er spricht überhaupt keine Liebessprache", erwiderte Ronnie.

„Wie bitte?", fragte Arlene.

„Erinnerst du dich an das Buch, das wir gelesen haben – über die verschiedenen Liebessprachen?", sagte Ronnie. „Darin stand, dass wir die Muttersprache der Liebe unseres Kindes dadurch herausfinden können, indem wir beobachten, auf welche es reagiert."

„Und?"

„Nun, ich habe in den letzten zwei Stunden versucht, mit Jimmy in den verschiedenen Liebessprachen zu kommunizieren, aber er hat auf keine der Sprachen reagiert."

„Hast du Körperkontakt ausprobiert?"

„Ja, ich habe versucht, ihn zu umarmen, aber es war, als ob ich einen glitschigen Fisch umarmen wollte. Er ist mir immer wieder entwischt. Und als ich versuchte, mit ihm zu balgen, stellte er sich einfach ‚tot' und weigerte sich, sich zu bewegen. Schließlich hetzte er seinen Dinosaurier auf mich, damit ich ihn in Ruhe ließ."

„Du hast unseren Sohn dazu gezwungen, einen Stoffdinosaurier als Waffe zu gebrauchen?", fragte Arlene.

„Komm, ich meine es wirklich ernst", entgegnete Ronnie. „Bei allen Liebessprachen war es dasselbe. Als ich es mit der praktischen Hilfe versuchte, indem ich die Salzstangen aufhob, die er auf den Boden geworfen hatte, kippte er Orangensaft über meinen Kopf. Als ich versuchte, ihm Worte der Anerkennung zu spenden, indem ich ihn dafür lobte, dass er so gut gegessen hatte, schrie er nur: ‚Nein, Papa, nein!' Wenn jemand am Fenster vorbeigegangen wäre, hätte er angenommen, ich würde das Kind schlagen. Und als ich ihm einen Tannenzapfen, den wir gefunden hatten, als Geschenk überreichte, versuchte er, ihn zu essen."

„Hast du es auch mit ‚gemeinsamer Zeit' probiert?", wollte Arlene wissen.

„Natürlich."

„Und wie hat es damit geklappt?"

Ronnie seufzte. „Er hat nur immer ‚Ernie, Ernie, Ernie' gebrüllt, bis ich ihm schließlich das Sesamstraße-Video angemacht habe."

„Es tut mir Leid, dass das so schief gelaufen ist", sagte Arlene.

„Meinst du, dass es ernst ist?", fragte Ronnie. „Ist es möglich, dass Jimmy eine Mauer aus Bitterkeit zwischen sich und uns aufgebaut hat?"

„Schatz, Jimmy ist erst achtzehn Monate alt", erinnerte ihn Arlene. „Er kann noch nicht einmal eine Mauer aus Legosteinen bauen!"

*

Dieses Beispiel ist natürlich völlig überzogen, aber es veranschaulicht, dass es wichtig ist, mit der Zeit die Liebessprache unserer Kinder herauszufinden.

Die Liebessprache Ihres Kindes zu lernen, wird spannend für Sie sein. Wir können Ihnen die Informationen geben, die Sie brauchen, um sich mit den fünf Liebessprachen vertraut zu machen. Wir können Ihnen Beispiele dafür geben, wie sich die Liebessprachen im Leben anderer Kinder und Eltern ausgewirkt haben. Wir können Ihnen sagen, worauf Sie achten müssen, wenn Sie die Liebessprache Ihres eigenen Kindes herausfinden wollen.

Wir können jedoch nicht dafür sorgen, dass alles glatt läuft. Wir können nichts an der Tatsache ändern, dass Sie die Liebessprache Ihres Kindes vorwiegend durch Ausprobieren lernen: Wenn Sie sehen, dass eine Sprache nicht ankommt, wissen Sie mehr darüber, welche andere ankommen wird. Wir können es nicht ändern, dass Ihr Kleinkind (mit Teenagern befassen wir uns im nächsten Kapitel) nicht in der Weise

Bitten formulieren kann wie Ihr Partner. Wie schon gesagt, es wird für Sie spannend sein, die Liebessprache Ihres Kindes zu erlernen. Aber dieses Abenteuer werden Sie und Ihr Kind mehr und mehr lieben lernen.

VORGEGRIFFEN

- Bedingungslose Liebe ist die Voraussetzung dafür, dass man die Liebessprachen effektiv bei Kindern anwenden kann.
- Die fünf Liebessprachen der Kinder sind die gleichen wie die der Erwachsenen: Anerkennung, gemeinsame Zeit, Geschenke, praktische Hilfe und Körperkontakt.
- Sie können die Muttersprache der Liebe Ihres Kindes dadurch herausfinden, dass Sie beobachten, wie es anderen Liebe zeigt, wie es um etwas bittet oder wie es sich über etwas beklagt.

Am Anfang steht die Liebe

Bevor Zärtlichkeit gegeben, Anerkennung ausgedrückt, Geschenke gemacht werden, kommt die Liebe. Liebe ist nicht nur das, was durch die fünf Sprachen, um die es in diesem Kapitel geht, vermittelt wird – sie ist auch die Motivation für das Lernen dieser Sprachen.

Und wir reden hier nicht von irgendeiner Liebe. Es ist nicht die Art von Liebe, die von Filmproduzenten aufbereitet wird, damit es dem Kinopublikum einen Augenblick warm ums Herz wird. Hier geht es darum, einen Menschen mit seinen Fehlern und Schwächen zu lieben.

Das ist bedingungslose Liebe.

Bedingungslose Liebe veranlasst Sie dazu, Ihre Kinder anzunehmen und darin zu bestätigen, wie sie sind, und sie nicht nur dafür zu lieben, was sie tun. Wenn Ihr Sohn also beschließt, Ihr bestes Porzellan für eine Schießübung mit seinem Luftgewehr zu nutzen, wird Ihre Liebe für ihn nicht nachlassen. Wenn Ihre Tochter vergisst, Ihnen zu sagen, dass sie nach einem Konzertbesuch bei ihrer Freundin übernachten wird, und Sie daraufhin die ganze Nacht wachliegen und Angstzustände haben, wird Ihre Liebe für sie dieselbe sein wie am Tag zuvor, wenn sie am nächsten Morgen nach Hause kommt.

Das will nicht heißen, dass Ihr Sohn oder Ihre Tochter nicht die Konsequenzen für ihr Handeln tragen sollten. Natürlich sollten sie das. Aber zu diesen Konsequenzen sollte niemals die Verweigerung oder der Entzug Ihrer Liebe gehören, und sei es auch nur vorübergehend.

Bedingungslose Liebe ist eine Konstante – wie der Tod, die Steuern und hohle Vorabendserien im Fernsehen –, sie ist immer da. Bedingungslose Liebe ist das Fundament, auf dem Ihre ganze Beziehung stehen muss. Nur Kinder, die sich von ganzem Herzen geliebt fühlen – nur die, die sich der bedingungslosen Liebe sicher sein und immer auf sie hoffen können – , können erreichen, was in ihnen steckt.

Aber, aber ...

Es wird oft befürchtet, dass bedingungslose Liebe „verwöhnte" Kinder hervorbringt. Die Argumentation hört sich etwa so an: Wenn Kinder wissen, dass sie von ihren Eltern geliebt werden, egal was sie tun, werden sie das ausnützen und ein wildes, ichbezogenes Leben führen, und dann zu Mami und Papi nach Hause kriechen, wenn sie eine Streicheleinheit brauchen.

> *»Süß ist alle Liebe, ob gegeben oder empfangen. Selbstverständlich wie das Licht ist die Liebe, und niemals müde wird ihre vertraute Stimme.«*

Aber das ist überhaupt nicht der Fall. Kinder werden durch unangebrachte, auf Belohnung gegründete Liebe verwöhnt, und dadurch, dass sie von ihren Eltern zu wenig lernen, wie man lebt. Im Gegensatz dazu werden Kinder durch echte, bedingungslose Liebe niemals verwöhnt, weil man nie zu viel davon bekommen kann.

Wenn das ein harter Brocken für Sie ist oder wenn es Ihrem gegenwärtigen Erziehungsstil widerspricht, bitten wir Sie lediglich darum, dass Sie der bedingungslosen Liebe eine Chance geben. Sie werden merken: Je mehr Sie davon geben, desto mehr Veränderungen werden Sie sehen. Manche der Veränderungen werden dramatisch sein, manche kaum erkennbar, aber Sie werden sehen, dass Sie etwas erreichen. Ihre bedingungslose Liebe wird das Leben Ihrer Kinder verändern.

Der Liebe Ausdruck geben

Wie zeigen Sie Ihren Kindern Ihre bedingungslose Liebe? Die Tatsache, dass Sie dieses Kapitel lesen, deutet darauf hin, dass Sie sie sehr lieben. Leider werden Ihre Gefühle nichts bewirken, so lange Sie nicht lernen, sie so zu zeigen, dass sie erkannt und verstanden werden.

Sie können nicht annehmen, dass Ihre Kinder automatisch wissen, dass Sie sie lieben. Und Sie können auch nicht davon ausgehen, dass sie ein einfaches „Ich habe dich lieb“ von Ihren Gefühlen überzeugen wird. Kinder orientieren sich am Verhalten. Das bedeutet, dass sie auf Handlungen reagieren, auf die Dinge, die Sie mit ihnen tun. Wenn Sie sie also durch Ihre bedingungslose Liebe erreichen wollen, müssen Sie das unter ihren Bedingungen tun, nämlich durch Ihre Handlungen.

Das führt uns zu den fünf Sprachen der Liebe: Anerkennung, gemeinsame Zeit, Geschenke, praktische Hilfe und Körperkontakt. Über diese Liebessprachen wird Ihr Kind Ihre Liebe direkter und umfassender aufnehmen als durch alles andere, was Sie unternehmen. Das Wichtigste, was Sie für Ihr Kind tun können, ist, herauszufinden, welche Sprache es spricht, und diese Sprache dann zu lernen.

Gute Frage

? Wie früh sollte ich anfangen, die Muttersprache der Liebe meines Kindes herauszufinden?
Nicht bevor es mindestens drei Jahre alt ist. Ihr Kind gibt Ihnen vielleicht schon vorher Hinweise darauf, aber seine Liebessprache wird wahrscheinlich nicht eindeutig bestimmbar sein. Sprechen Sie mit ihm deshalb in allen fünf Sprachen, und Ihr Kind wird sich geliebt fühlen.

Die Bedeutung des Körperkontakts für Ihr Kind

Die erste Liebessprache, mit der wir uns hier befassen, ist der Körperkontakt. Es ist zwar nicht die erste Sprache auf unserer Liste für Ehemänner und -frauen, aber es gibt einen Grund, warum wir Körperkontakt hier als erste Möglichkeit nennen, um Kindern Liebe zu geben: Körperkontakt ist wahrscheinlich die Liebessprache, die am einfachsten zu lernen ist, weil sie Ihnen keine Chance für eine „Ausrede“ gibt und auch keine Vorbereitung erfordert. Immer, wenn Sie im gleichen Zimmer sind wie Ihre Kinder, haben Sie die Möglichkeit, zärtlich zu ihnen zu sein. Sie können sie umarmen, küssen, ihre Hand drücken, ihnen durchs Haar streichen, ihre Schultern massieren, ihnen auf den Rücken klopfen oder mit ihnen balgen. Je mehr Formen des Körperkontakts Sie ausprobieren und in Ihren Alltag aufnehmen, desto besser wissen Sie, welche Art der Berührung Ihren Kindern gut tut.

Denken Sie nur immer daran, dass die meisten Kinder es lieben, oft von ihren Eltern berührt zu werden. Sie wissen, dass es bedeutet: Sie werden geliebt.

> *»Es gibt einhundertzweiundfünfzig verschiedene Arten, ein Baby zu halten – und sie sind alle richtig.«*
> Heywood Broun

Das soll nicht heißen, dass es allen Menschen leicht fällt, berührt zu werden oder andere zu berühren. Eltern, die in ihrer Kindheit nicht viel Zärtlichkeit erfahren haben, wird es schwer fallen, ihren Kinder mit körperlichen Ausdruksformen der Liebe zu begegnen. Andere Menschen nehmen davon Abstand, ihre Kinder liebevoll und auf gute Art zu berühren, weil sie fürchten, dass ihre Berührung als „ungesund" angesehen werden könnte. Das große Thema des sexuellen Missbrauchs hat sie vorsichtig gemacht, und sie wissen nicht, wie sie ihren Kindern körperlich Liebe ausdrücken sollen. Das ist schade. Die Angst davor, beschuldigt zu werden, sollte niemanden davon abhalten, seinen Kindern die richtige Art von Zuneigung zu zeigen.

a) Ein Kind durch Körperkontakt stärken

Im Hinblick auf Körperkontakt sind die ersten Jahre des Kindes entscheidend. Babys und Kleinkinder sind nicht umsonst so süß. Sie sollen im Arm gehalten, gestreichelt, liebkost, geküsst, umarmt und gekitzelt werden. Erstaunt es Sie zu hören, dass Babys, die viel Zärtlichkeit bekommen, später emotional stabiler sind als Babys, die über längere Zeiträume nicht berührt werden?

Mit dem Baby wächst sein Bedürfnis, körperlich mit Ihnen in Berührung zu kommen. Umarmungen und Küsse, „Hoppereiter" und andere spielerische und liebevolle Berührungen sind für die emotionale Entwicklung Ihres Kleinkindes wesentlich.

Wenn Ihr Kind in die Schule kommt, wird das Bedürfnis nach

Körperkontakt noch stärker. Die neuen Erfahrungen an jedem Schultag und die Anstrengung, mit den positiven und negativen Gefühlen fertig zu werden, die Ihr Kind gegenüber Lehrern und Mitschülern hat, sorgen dafür, dass sich Ihr Kind verletzlich und unsicher fühlt. Das Kind zu umarmen, bevor es am Morgen zur Schule geht, kann ihm die emotionale Sicherheit geben, sich auf einen neuen Tag in der Schule einzulassen. Und wenn Sie Ihr Kind umarmen, wenn es aus der Schule heimkommt, ist das vielleicht schon genug, damit es sich den Rest des Tages zufrieden fühlt. Sie sollten Ihr Zuhause zu einem Hafen machen, zu einem Ort, wo bedingungslose Liebe frei zur Verfügung steht – zu einem Ort, wo sich Ihre Kinder wohl fühlen und wo sie zufrieden sind.

b) Körperkontakt für Jungen, Körperkontakt für Mädchen

In Ihrem Bestreben, Ihr Kind mit der nötigen Zärtlichkeit zu versorgen, stoßen Sie vielleicht zwischen dem siebten und neunten Geburtstag auf eine schwierige Zeit – vor allem, wenn Ihr Kind ein Junge ist. Viele Jungen in diesem Alter haben eine Phase, in der sie resistent gegen Zärtlichkeit sind. Wenn Sie versuchen, Ihren Sohn während dieser Phase zu umarmen oder zu küssen, kann es sein, dass er sich Ihnen entwindet oder andere Strategien entwickelt, dem aus dem Weg zu gehen.

Der beste Weg, Ihren Sohn in diesem Stadium zu erreichen, ist, Ihren Körperkontakt etwas „wilder" zu gestalten. Jungen zwischen sieben und neun Jahren reagieren meist positiv auf die „gröberen" Formen des Körperkontakts, wie Ringen, Rempeln, spielerisches Schlagen und „In den Schwitzkasten nehmen". Die natürlichste Art, diesen Kontakt herzustellen, ist durch Spiele und Wettkämpfe. Basketball, Handball und Fußball sind Sportarten, bei denen man miteinander in Berührung kommt. Wenn Sie sich mit Ihrem Sohn in diesen und anderen Sportarten messen, werden Sie ihm mit zwei Liebessprachen auf einmal Liebe ausdrücken – mit Körperkontakt und gemeinsamer Zeit.

Das Verhältnis der Mädchen zum Körperkontakt ändert sich ein paar Jahre später, wenn sie auf die Pubertät zugehen, etwa wenn sie in der sechsten Klasse sind. Das Bedürfnis nach der Erfahrung bedingungsloser Liebe scheint bei Mädchen etwa im elften Lebensjahr am stärksten zu sein. Während dieser Zeit brauchen Mädchen es besonders, dass ihre Väter ihnen spürbar ihre Liebe zeigen.

So kann man sich das vorstellen: Mädchen, die vor der Pubertät ein gesundes und starkes Selbstbewusstsein haben, auch im Hinblick auf ihre sexuelle Identität, fühlen sich wohl. Sie fühlen sich wohl, wenn sie mit Freundinnen, und auch, wenn sie mit männlichen Altersgenossen zusammen sind. Deshalb sind ihre Verhaltensmuster einheitlich und stabil. Sie werden von Jungen geachtet und können tiefe Freundschaften mit Mädchen schließen. Außerdem fällt es ihnen leichter, eine eigene Meinung zu vertreten und negativem Gruppendruck zu widerstehen.

Gute Frage

? Wenn Körperkontakt für alle Kinder wichtig ist, warum sollte ich dann noch versuchen herauszufinden, ob es die Liebessprache meines Kindes ist?
Durch eine zärtliche Umarmung werden sich die meisten Kinder geliebt fühlen. Aber für ein Kind, dessen Liebessprache der Körperkontakt ist, schreit eine Umarmung geradezu: „Ich hab dich lieb!" Genauso ist es mit einer negativen Form des Körperkontakts. Die Verweigerung einer Umarmung oder eine Ohrfeige wird für ein Kind, dessen vorrangige Liebessprache der Körperkontakt ist, niederschmetternd sein. Deshalb ist es besonders wichtig, diese Liebessprache bei Ihrem Kind zu erkennen und entsprechend darauf zu reagieren.

Wollen Sie raten, was den Unterschied ausmacht, wenn man sie mit Mädchen vergleicht, die schüchtern, zurückgezogen, gehemmt und Einzelgänger sind, und die dazu neigen, sich den Launen ihrer Altersgenossen anzupassen? Wenn Sie schätzen, dass es häufig an der zu geringen emotionalen Liebe und der körperlichen Zuwendung ihrer Väter liegt, die sie bisher erfahren haben (und die sie im Teenageralter weiterhin erfahren sollten, wie wir in Kapitel 4 des zweiten Teils sehen werden), dann haben Sie die richtige Antwort gefunden.

Anerkennung für Ihr Kind

Die zweite Liebessprache, die wir näher betrachten wollen, ist die Anerkennung. Für viele Kinder sind liebevolle und zärtliche Worte, Lob, Ermutigung und Führung wichtige Ausdrucksformen der Liebe. Wenn Kinder lobende, anerkennende Worte hören, fühlen sie sich zufrieden und geachtet. Wenn diese Worte ausbleiben, fühlen sich Kinder unsicher und unwichtig. Lassen Sie uns einen Blick darauf werfen, welche Auswirkungen die verschiedenen Arten der Anerkennung auf das Leben Ihres Kindes haben können.

a) Liebeserklärungen und zärtliche Worte

Lange bevor Kinder lernen, die Bedeutung von Worten zu interpretieren, können sie emotionale Botschaften empfangen. Ihre verbalisierten Mitteilungen der Liebe hören sich vielleicht für Ihre Kleinkinder wie Kauderwelsch an, aber sie können verstehen, was zu ihnen gesagt wird, indem sie in Ihrem Gesicht lesen, in Ihrer Stimme Zuneigung erkennen und Ihre körperliche Nähe spüren. Alle diese Faktoren addieren sich für Ihr Kleinkind zur Liebe.

Wenn Ihre Kinder alt genug sind, um die Worte „Ich hab dich lieb“ zu verstehen, können Sie dieselben nonverbalen Wege verwenden, um Ihre Worte zu unterstreichen. Sie könnten Ihre Kinder zum Beispiel bewusst zu sich heranziehen, vielleicht sogar Nase an Nase, und ihnen sagen: „Ich hab dich lieb.“ Oder Sie verbinden diese Worte mit Ritualen wie Baden oder Vorlesen einer Geschichte vor dem Einschlafen. Alles, was Sie tun, um Ihre liebevollen Worte einprägsamer zu machen, wird eine Menge dazu beitragen, das Liebesbedürfnis Ihrer Kinder zu stillen.

b) Lob

Verwechseln Sie lobende Worte nicht mit zärtlichen Worten. Liebevolle, zärtliche Worte drücken Wertschätzung dafür aus, wer Ihr Kind ist. Lob drückt Anerkennung dafür aus, was Ihr Kind tut. Das mag Ihnen wie ein unwesentlicher Unterschied vorkommen, aber es ist ein wichtiger Unterschied.

Lob bedeutet Anerkennung für die Leistungen des Kindes, für sein Verhalten und seine bewusste Einstellung – all die Dinge, die es bis zu einem gewissen Grad kontrollieren kann. Vielen Kindern ist Lob deshalb wichtiger als allgemeine Wertschätzung. Sie haben den Eindruck, sie haben Lob „verdient“.

> *»Kinder sind erstaunlich, mit ihrer Intelligenz und ihrer Begeisterung, ihrer Neugier, ihrer Verachtung für Heuchelei, mit der Klarheit und Unbestechlichkeit ihres Urteils.«*
> Aldous Huxley

Damit Ihr Lob für Ihr Kind wichtig bleibt, müssen Sie darauf achten, dass Sie es nicht zu leichtfertig geben („Das war ein toller Schuss! Und dieser! Und dieser auch!“). Sonst wird Ihr Lob bald kaum mehr positive Wirkung zeigen.

Sie sollten es auch vermeiden, zu allgemein zu loben. Zwei der häufigsten Beispiele für allgemeines Lob sind „du bist ein lieber Junge/ein gutes Mädchen“ und „du bist so nett“. Es ist effektiver, konkrete Dinge zu loben und etwa zu sagen: „Du hörst wirklich gut zu! Du hast die Stifte sofort aufgehoben, als ich es dir gesagt habe!“, oder: „Ich bin stolz darauf, dass du dein Eis mit Julia geteilt hast.“

Achten Sie außerdem darauf, dass Ihr Lob berechtigt ist. Sagen Sie nicht „Tolles Zeugnis!“, wenn es nur durchschnittlich ist. Sagen Sie nicht: „Du bist der beste Stürmer in der Mannschaft!“, wenn Ihr Kind eindeutig nicht der beste Stürmer ist. Das ist wichtig, denn Ihr Kind wird wissen, wann Ihr Lob berechtigt ist und wann nicht. Wenn Ihr Kind den Eindruck bekommt, dass Sie nur „große Töne spucken“, wird es glauben, Sie wollen ihm nur schmeicheln – was für das Kind dasselbe bedeutet wie lügen.

c) Ermutigung

Ermutigung gibt Kindern die Kraft dazu, ihre Grenzen zu überschreiten und ihre Fähigkeiten bis ins Letzte zu erforschen. Die richtigen Worte zur richtigen Zeit können den meisten Kindern den Mut geben, nach einer Niederlage wieder aufzustehen, ihre Vorsicht zu überwinden und es noch einmal zu versuchen. Doch für ein Kind, dessen Muttersprache der Liebe die Anerkennung ist, kann Ermutigung noch mehr sein: Durch sie wird sich das Kind geliebt fühlen.

Eines müssen Sie beachten, wenn Sie Ihren Kindern Mut machen, vor allem, wenn es kleine Kinder sind: Fast alles, was sie tun – ob sie lernen, Fahrrad zu fahren oder im Restaurant das Essen zu bestellen – ist eine neue Erfahrung für sie. Sie können sich nicht vergangene Erfolge in Erinnerung rufen, die ihr Selbstbewusstsein stärken. Alles, was sie haben, ist die wissende, sorgende und ermutigende Stimme ihrer Mutter oder ihres Vaters, die sie lieben und an sie glauben.

Diese Stimme – Ihre Stimme – kann letztlich nicht nur darüber entscheiden, ob sie Erfolg haben oder versagen, sondern auch, wie sie neuen Herausforderungen in Zukunft begegnen.

Wenn es Ihnen schwer fällt, Ihrem Kind Mut zu machen, werden Sie vielleicht selbst zu wenig ermutigt. Denn wenn Sie selbst ermutigt werden, können Sie auch Ihr Kind besser ermutigen. Das heißt für Familien, in denen beide Eltern erziehen, dass sich Mütter und Väter oft gegenseitig ermutigen sollten. Alleinerziehende sollten gute Freunde und Verwandte finden, die ihnen immer wieder Mut machen.

d) Den Weg zeigen

Liebevolle Führung geschieht immer zum Besten des Kindes. Sie soll nicht die Eltern gut dastehen lassen, sondern dem Kind helfen, um:

- Eigenschaften zu entwickeln, die ihm in Zukunft dienen,
- bestimmte Menschen, Probleme und Situationen zu vermeiden, die ihm in Zukunft schaden können.

Sie merken, dass den Weg zu zeigen zwei Seiten hat, nämlich eine positive und eine negative. Denken Sie daran! An einem bestimmten Punkt in Ihrer Elternkarriere geraten Sie möglicherweise in Versuchung, das zu tun, was viele andere Eltern tun, wenn es um Führung geht. Sie werden versucht sein, sich zum großen Herrn der Verbote oder zur Gräfin von „du sollst nicht“ aufzuspielen. Damit legen Sie die Betonung eindeutig auf den negativen Aspekt.

> *»Kinder brauchen Vorbilder nötiger als Kritiker.«*
> Joseph Joybert

Verbote sollten nicht die Hauptrolle spielen, wenn Sie den Weg zeigen wollen. Natürlich ist es wichtig, dass Kinder wissen, sie sollen nicht trinken, rauchen oder Drogen nehmen, sie sollen die Geschwindigkeitsbegrenzung einhalten, im Internet keine persönlichen Dinge preisgeben und nicht per Anhalter fahren. Aber solche Warnungen sind zweitrangig, wenn Sie Ihren Kindern den Weg zeigen wollen.

Liebevolle Führung befasst sich stärker mit erlaubten als mit verbotenen Dingen. Sie bedeutet, dass Sie die Handlungen, Neigungen, Interessen und Fähigkeiten Ihres Kindes genau kennen und durch Ihre Worte unterstützen. Zum Beispiel so: „So wie du mit deinem Cousin umgegangen bist, als er hier war, zeigt wirklich Charakterstärke. Es war bestimmt nicht einfach, dass dir jemand, der so viel jünger ist als du, auf Schritt und Tritt gefolgt ist und immerzu versucht hat, deine Aufmerksamkeit zu beanspruchen. Aber du hast dich selbst darin übertroffen, ihm das Gefühl zu vermitteln, dass er ein willkommener Gast ist. Damit hast du gezeigt, dass du gut mit anderen Menschen umgehen kannst!"

Familienaktion

✓ WENN IHR PARTNER anscheinend nicht bemerkt, dass er mit Ihren Kindern auf negative Weise redet, könnten Sie versuchen, einen Tag lang aufzunehmen, wie er mit Ihnen und Ihren Kindern spricht. Wenn Sie und Ihr Partner Zeit haben, miteinander zu reden, sollten Sie ihm die Aufnahme vorspielen und Ihren Partner zuhören lassen. Was er hört, wird ihn bestimmt erstaunen und ernüchtern, wenn nicht noch mehr – es könnte sein Leben verändern.

Wenn Sie sich diese anerkennenden Worte genauer ansehen, entdekken Sie darin Führung. Was Ihr Kind in dem Moment unausgesprochen lernt, ist, dass Geduld, Aufmerksamkeit und Sorge für andere Menschen positive Eigenschaften und notwendige Bestandteile für ein gutes soziales Miteinander sind. Wenn Sie die Fähigkeiten Ihres Kindes im Umgang mit anderen Menschen anerkennen, helfen Sie ihm, diese Fähigkeiten in Zukunft weiterzuentwickeln und zu verfeinern.

e) Ein letzter Gedanke zur Anerkennung

Für das Wohlbefinden von Kindern, deren vorrangige Sprache die Anerkennung ist, ist nichts wichtiger, als liebevolle und zärtliche Worte, Lob, Ermutigung und Führung von den Menschen zu erhalten, die sie lieben. Aber das Gegenteil kann auch der Fall sein: Negative Botschaften und verurteilende Worte werden sie tief verletzen. Harte, unbedachte Worte sind für jedes Kind unangenehm, aber für jemanden, dessen Liebessprache die Anerkennung ist, sind sie niederschmetternd. In der Tat können solche Worte einem Kind sein ganzes Leben lang nachgehen.

Niemand erwartet, dass Sie mit Ihrem Kind perfekt kommunizieren. Wir haben alle unsere schwachen Momente, in denen wir Dinge sagen, die wir nicht meinen oder später bereuen. Im Interesse Ihres Kindes sollten Sie sich nach diesen „Aussetzern" direkt entschuldigen. Sie können Ihre Worte damit zwar nicht ungeschehen machen, aber ihre Wirkung mindern.

Gemeinsame Zeit mit Ihrem Kind

„Gemeinsame Zeit" ist eine Zeit der ungeteilten Aufmerksamkeit. Sich im gleichen Raum aufzuhalten wie Ihr Kind kann man nicht unbedingt als „gemeinsame Zeit" bezeichnen. Wenn Sie einen ganzen Tag nur mit Ihrem Kind verbringen, heißt das noch nicht, dass Sie „gemeinsame Zeit" mit ihm verbracht haben. „Gemeinsame Zeit" bedeutet, dass Sie Ihrem Kind Ihre ungeteilte Aufmerksamkeit zuwenden, wenn Sie beide zusammen sind.

Die meisten Kinder bekommen am Anfang ihres Lebens einen Überschuss an gemeinsamer Zeit. Das Füttern, Wickeln, Aufstoßen-Lassen und Hin- und Herwiegen der neugeborenen und größeren Babys beansprucht Ihre ungeteilte Aufmerksamkeit. (Der Himmel helfe demjenigen, dessen Gedanken während des Windelnwechselns abschweifen!)

Wenn Ihr Kind älter wird, nehmen die selbstverständlichen Gelegenheiten für gemeinsame Zeit ab. Sie werden feststellen, dass die meisten Schulkinder dagegen resistent sind, von ihren Eltern gefüttert, gewickelt und hin und her gewiegt zu werden ... Und sie können schon sehr gut selbst aufstoßen, vielen Dank. Wenn Sie also mit Ihrem Kind wertvolle Zeit verbringen wollen, müssen Sie sich dafür etwas Neues ausdenken.

Verglichen mit Körperkontakt und Anerkennung verlangt Ihnen

gemeinsame Zeit erhebliche Anstrengung ab. Den meisten Menschen geht es so, dass die Stunden des Tages für das, was sie tun müssen oder wollen, nicht ausreichen. Wenn Sie Zeit mit Ihrem Kind dazurechnen, wird klar, dass Sie irgendwo Abstriche machen müssen. Es kann sogar gut sein, dass Sie Abstriche bei Ihren Prioritäten machen müssen. (Natürlich ist das nur relativ, denn wenn es darum geht, Ihrem Kind Ihre Liebe zu zeigen, werden nur wenige Dinge ebenso wichtig sein.)

Die Sache wird dadurch komplizierter, dass Kinder, die sich dem Jugendalter nähern, gemeinsame Zeit oft dann nötig haben, wenn Eltern erschöpft, mit anderen Dingen beschäftigt oder seelisch ausgelaugt sind. Hier kommt das „Opfer" ins Spiel.

Gemeinsame Zeit ist ein Geschenk, das Eltern einem Kind machen. Sie ist ein Opfer, das dem Kind signalisiert: „Alles, was mich im Moment gedanklich beschäftigt, soll nun in den Hintergrund treten. Ich habe mich dafür entschieden, meine Zeit mit dir zu verbringen, weil ich gerne mit dir zusammen bin." Malen Sie sich aus, welch große Wirkung diese ausgesprochene oder unausgesprochene Erfahrung auf das Selbstwertgefühl eines Kindes haben kann, dessen Liebessprache die gemeinsame Zeit ist!

Gute Frage

? Gibt es irgendetwas, das ich für mein Kind tun kann, damit unsere gemeinsame Zeit besser wird?
Achten Sie darauf, dass Sie Ihr Kind oft liebevoll und wohlwollend ansehen, wenn Sie zusammen sind. Das zeigt nicht nur, dass Sie sich ausschließlich auf Ihr Kind konzentrieren, sondern vermittelt ihm außerdem Ihre tiefe Liebe.

a) Der beste Ort für das Zusammensein

Wenn Sie intensive Zeit mit Ihrem Kind verbringen wollen, haben wir eine erfreuliche und eine unerfreuliche Nachricht für Sie. Die erfreuliche Nachricht ist, dass das überall stattfinden kann. Denn nicht nur, was Sie tun, ist wichtig, sondern auch, *dass* Sie es mit Ihrem Kind tun und sich bewusst dafür entschlossen haben. Deshalb brauchen Sie dafür nicht an einen besonderen Ort zu gehen. Sie können sich praktisch überall Ihrem Kind widmen (außer vielleicht vor dem Fernseher).

Tatsächlich werden Sie Ihre gemeinsame Zeit mit Ihrem Kind wahrscheinlich am häufigsten zu Hause verbringen.

Die unerfreuliche Nachricht ist die, dass die gemeinsame Zeit nicht auf Ihrem Niveau stattfinden kann. Stattdessen müssen Sie sich auf die Ebene Ihres Kindes einlassen, auf die Stufe seiner körperlichen und seelischen Entwicklung. Wenn Ihr Kind gerade lernt zu krabbeln, müssen Sie mit ihm auf dem Fußboden sitzen. Wenn Ihr Kind zur Planschbecken- und Sandkastenphase übergeht, werden auch Sie nass oder sandig werden. Wenn die Zeit für Schule und Vereinssport kommt, werden Sie Wege finden, die gemeinsame Zeit mit geistigen und sportlichen Inhalten zu füllen. Wenn das nach einer Menge Arbeit klingt, dann betrachten Sie es einfach als Investition Ihrer Zeit und Energie. Der Lohn wird ein glückliches und seelisch stabiles Kind sein.

b) Sich öffnen

Gemeinsame Zeit dreht sich nicht nur darum, dass Sie mit Ihrem Kind etwas zusammen tun, sie dreht sich auch darum, Ihr Kind besser kennen zu lernen – und zuzulassen, dass es Sie besser kennen lernt. Wenn Sie gemeinsame Zeit mit Ihrem Kind verbringen, werden sich ganz natürlich Gespräche über die Dinge ergeben, die Ihr und sein Leben gerade bestimmen.

Der Ausgangspunkt eines Gesprächs zwischen Vater und Sohn könnte aus der Perspektive des Vaters so lauten: „Erinnerst du dich daran, dass ich dir etwas über das Projekt erzählt habe, mit dem ich letzte Woche fertig geworden bin – das Projekt, an dem ich anderthalb Jahre gearbeitet hatte? Heute hat mich mein Chef in sein Büro gerufen und mir gesagt, dass ich das sehr gut gemacht habe und dass er mit meiner Arbeit sehr zufrieden ist. Und mein Chef ist nicht jemand, der mit Komplimenten um sich wirft. Deshalb bin ich heute in so guter Stimmung. Wie geht's dir? Du scheinst heute auch ziemlich zufrieden zu sein. Ist es, weil du eine gute Englischarbeit wiederbekommen hast, oder hast du endlich den Mut gefunden, mit Lori zu reden?"

Sie können ein Gespräch auch dazu nutzen, Ihrem Kind von früher zu erzählen. („In diesem Schwimmbad habe ich deinen Vater das erste Mal getroffen. Nachdem er sich mit seinen Freunden vor mir und meinen Freundinnen produziert hatte, um uns zu beeindrucken, schlug er mit dem Kopf auf dem Sprungbrett auf. Er versuchte, cool zu bleiben, obwohl er eine Beule in der Größe eines Golfballs davon bekam.") Welches Kind erfährt nicht gerne interessante Details aus dem Leben seiner Eltern?

> *»Kinder sind die wahren Kenner. Was wertvoll für sie ist, hat keinen Preis – nur einen Wert.«*
> Bel Kaufman

Diese Art eines „echten" Gesprächs spricht ein Kind tief auf seiner Gefühlsebene an. Die Vorstellung, eine Vertrauensperson der Eltern zu sein, ist enorm aufregend und befriedigend. Ihr Kind wird sich an diesen Gesprächen orientieren, wenn es anfängt, andere Beziehungen aufzubauen, unter anderem Freundschaften, Liebesbeziehungen und Geschäftsbeziehungen. Ihr Kind wird lernen, seine Gedanken wahrzunehmen und sie in einer feinfühligen, liebevollen Weise mitzuteilen, die Respekt vor den Vorstellungen anderer ausdrückt.

Geschenke für Ihr Kind

Die vierte Liebessprache, mit der wir uns befassen wollen, bezieht sich auf Geschenke. Es ist wahrscheinlich die Liebessprache, die am meisten Missverständnissen ausgesetzt ist. Eltern, die mit ihrem Kind durch ein Spielzeuggeschäft gegangen sind, werden bei der Vorstellung, dass das Kaufen eines Spielzeugs oder eines anderen Gegenstands ihrem Kind ihre tiefe Liebe zeigen soll, vielleicht skeptisch die Augenbrauen hochziehen.

Doch das Schenken und Empfangen von Geschenken kann wirklich ein wichtiger Ausdruck von Liebe sein. Ihr Kind erkennt besondere Geschenke als Symbole der Liebe. Sie werden auch noch lange, nachdem sie gegeben wurden, von dieser Liebe zeugen.

Das Schenken und das Empfangen von Geschenken ist unter den Liebessprachen einzigartig. Damit es wirklich wirkt, sollten die anderen vier Liebessprachen auch gesprochen werden. Ihr Kind muss erkennen, dass es Ihnen wichtig ist; nur dann kann es ein Geschenk so annehmen, wie es gemeint ist. Deshalb sollten Sie eine Kombination aus Körperkontakt, Anerkennung, gemeinsamer Zeit und praktischer Hilfe anwenden, um die Liebessprache der Geschenke zu verwenden.

a) Gleichgültiges Schenken

Auf den ersten Blick scheint es so, dass das Schenken so einfach ist, wie eine Liebessprache nur sein kann. Doch in Wirklichkeit ist es eine der kompliziertesten der fünf Sprachen. Denn nicht dem Geschenk kommt die größte Bedeutung zu, sondern der Art des Schenkens. Und Sie werden überrascht sein, wie viele Möglichkeiten es gibt, mit der falschen Einstellung zu schenken.

Als Erstes müssen Sie erkennen, dass echte Geschenke nicht als Entlohnung für etwas gegeben werden. Wenn Sie versprechen, Ihrem Kind eine neue CD zu kaufen, wenn es beim Harken der Blätter mithilft, ist das kein echtes Geschenk, sondern der Lohn. Wenn Sie versprechen, mit Ihrem Kind zu McDonald's zu fahren, wenn es Sie in Ruhe arbeiten lässt, ist das kein echtes Geschenk. Es ist Bestechung. Sie wissen es, und Ihr Kind wird es wissen.

Als Zweites müssen Sie verstehen, dass echte Geschenke kein Ersatz für emotionale Teilnahme am Leben Ihres Kindes sind. Sie können nicht erwarten, dass das Liebesbedürfnis Ihrer Kinder dadurch erfüllt wird, dass Sie sie mit Spielzeug und Kleidung überhäufen – nur weil Sie sich davor scheuen, ihnen auf einer tieferen Ebene zu begegnen. Wenn Sie das eine längere Zeit tun, werden Ihre Kinder schließlich materialistisch und manipulativ werden. Sie werden lernen, Menschen dazu zu benutzen, um die Dinge zu bekommen, die sie haben wollen.

Als Drittes müssen Sie einsehen, dass echte Geschenke nur in Maßen gegeben werden. Wenn Kinder so mit Spielzeug überhäuft werden, dass das örtliche Spielzeuggeschäft in den Ferien bei Ihnen anruft, um zu erfragen, ob Sie bestimmte Waren vorrätig haben, werden Ihre Geschenke ihre Einzigartigkeit und Bedeutung verlieren. Schließlich werden Ihre Kinder gegenüber Geschenken abstumpfen. (Und Sie müssen kein erfahrener Familienberater sein, um zu wissen, dass Kinder niemals in irgendeiner Hinsicht abstumpfen sollten.)

b) Gute Geschenke

Anstatt sich auf die Menge Ihrer Geschenke zu konzentrieren, sollten Sie lieber auf Qualität achten. Machen Sie ein Geschenk, das Ihrem Kind etwas bedeutet (vielleicht Bücher seines Lieblingsautors oder ein in Leder gebundenes Tagebuch, dem es seine tiefsten Gedanken mitteilen kann), und vermeiden Sie Geschenke, die nur Eindruck machen sollen (wie zum Beispiel ein zwei Meter großer Stoffgorilla).

Wenn Ihr Kind älter wird, sollten Sie es mit aussuchen lassen. Es kommt eine Zeit, in der Ihr Kind feste Vorstellungen von Kleidung, Schuhen, Rucksäcken, Musik und so gut wie allen anderen Dingen hat. Wenn Sie ein Geschenk aussuchen, ist es hilfreich, den Geschmack Ihres Kindes zu kennen.

Bedenken Sie, dass Ihre Geschenke nicht unbedingt aus einem Geschäft stammen müssen. Eine Konstruktion aus Büroklammern, die Sie in Ihrer Zeit im Büro gebastelt haben, kann Ihrem Kind genauso viel bedeuten wie ein teures Stofftier. Wenn Ihr Geschenk dazu anregt, kreativ zu sein, und wenn Ihr Kind die Liebe erkennt, die dahinter steht, kann es Sie beide näher zusammenbringen.

Praktische Hilfe für Ihr Kind

Die fünfte und letzte Liebessprache, mit der wir uns nun befassen, ist die praktische Hilfe. Auch wenn es nicht die Liebessprache Ihres Kindes ist, sind Sie wahrscheinlich vertraut mit der Dynamik dieser Sprache. Schließlich ist das Elternsein ein „Dienstleistungsberuf". Von der Geburt Ihres Kindes an sind Sie rund um die Uhr eingespannt. Und bevor Sie nicht (mindestens) gute sechzehn Jahre Arbeit hinter sich haben, können Sie auch nicht verschnaufen.

Familienaktion

✓ SIE HABEN SICHER SCHON EINMAL den Ausdruck „Wie der Vater, so der Sohn" gehört. Das sollte das Fazit Ihrer praktischen Hilfe sein! Ihr Ziel ist es letztlich, dass Ihr Kind ein reifer Erwachsener wird, der anderen durch praktische Hilfe Liebe weitergeben kann – und zwar mit der Hilfsbereitschaft, die Sie ihm vorgelebt haben.

Trotzdem ist die praktische Hilfe für manche Kinder ein echter Ausdruck von Liebe. Wenn Ihr Kind Sie darum bittet, sein Fahrrad zu reparieren oder den Riss im Kleid seiner Barbiepuppe zu nähen, bittet es nicht nur um die Erledigung einer Aufgabe, sondern auch um ein Zeichen emotionaler Liebe. Deshalb ist es wichtig, dass Sie solche

Bitten erkennen, sehen, was dahinter steht – ob es ausgesprochen wird oder unausgesprochen bleibt – und entsprechend reagieren.

Wenn Sie sich Gedanken über die praktische Hilfe machen, sollten Sie im Hinterkopf behalten, dass es nicht Ihre Motivation sein sollte, Ihrem Kind zu gefallen, sondern das Beste für es zu tun. Einem Kind zu gefallen ist nicht schwer. Sie brauchen nur Kuchen zum Frühstück, Dauerlutscher zum Mittagessen und Eis zum Abendessen zu servieren. Um zu tun, was das Beste für Ihr Kind ist, müssen Sie sich ein paar (okay, eine Menge) Gedanken machen.

Gute Frage

? Was ist das Beste, was ich tun kann, während ich darauf warte, dass sich die Muttersprache der Liebe meines Kindes zeigt?

Lernen Sie alle fünf Sprachen der Liebe. Auch nachdem Sie die vorrangige Liebessprache Ihres Kindes herausgefunden haben, werden Sie die anderen vier trotzdem in verschiedenen Kombinationen einsetzen müssen, um Ihrem Kind Liebe zu geben. Deshalb sollten Sie sich vornehmen, jeden Tag (oder jede Woche) jede einzelne Sprache ein wenig zu üben.

a) Hilfe zur Eigenständigkeit

Um effektiv zu sein, sollten Ihre praktischen Liebesdienste dem Alter Ihres Kindes entsprechen. Das heißt, dass Sie Dinge tun, die ein Kind noch nicht selbst tun kann. Einem Dreijährigen morgens beim Anziehen zu helfen, zählt als praktische Hilfe. Einem Zwölfjährigen beim Anziehen zu helfen, ist lächerlich – und auf die Dauer schädlich für ihn.

Wenn Sie Ihrem Kind praktisch helfen, sollten Sie auf die Entwicklung seiner Fähigkeiten achten. Wenn Sie glauben, dass Ihr Kind bereit dafür ist, könnten Sie ihm bei der praktischen Hilfe auch Dinge beibringen, so dass es lernt, diese Dinge selbst zu tun – und für andere.

Wenn Sie jemals versucht haben, Ihrem Kind etwas beizubringen – zum Beispiel, wie man überbackenen Toast macht –, wissen Sie, dass man das nicht mal eben nebenbei macht. Sie könnten wahrscheinlich in derselben Zeit, die Ihr Kind dafür braucht, ein Brot mit Butter zu bestreichen, zwölf belegte Brote fertig stellen. Aber es geht ja nicht um Schnelligkeit – es sollte zumindest nicht darum gehen. Es geht um das

Beste für Ihr Kind, und darum ist der Zeitaufwand unwichtig. Ihr Kind soll kochen lernen. Und wenn Sie sich für die praktische Hilfe entschlossen haben, werden Sie tun, was Sie tun müssen, um ihm diese Kunst beizubringen.

b) Allein die Einstellung zählt

Weil das Engagement der Eltern für ihre Kinder eine schier endlose Aufgabe ist, vergessen sie leicht, dass ihr Kind ihr Handeln vielleicht ganz anders sieht. Wenn für Sie das Erledigen von praktischen Aufgaben vielleicht eine Plackerei ist, wird das Ihr Kind möglicherweise langfristig prägen. Wenn Sie Ihre praktische Hilfe ungern und grollend tun, haben Sie das Wesentliche der Liebessprache nicht erkannt. Sie erfüllen vielleicht ein körperliches Bedürfnis, übergehen aber das seelische Bedürfnis des Kindes. Deshalb müssen Sie darauf achten, dass Ihre Arbeitseinstellung von Liebe zeugt.

Wenn die Muttersprache der Liebe Ihres Kindes die praktische Hilfe ist, heißt das nicht, dass Sie ständig auf dem Sprung sein sollen, um ihm jeden Wunsch von den Augen abzulesen. Sie sollten vielmehr jede Bitte ernsthaft prüfen. Denken Sie darüber nach, warum Ihr Kind diese Bitte geäußert hat und was es wirklich von Ihnen braucht. Ob Sie die Bitte nun erfüllen oder nicht – Sie sollten vor allem darauf achten, dass Sie in einer liebevollen und gut durchdachten Weise reagieren.

Welche Liebessprache ist es denn nun?

Nachdem wir Ihnen nun die fünf großen Liebessprachen vorgestellt haben, wollen wir Ihnen helfen herauszufinden, welche Ihr Kind spricht. Wir haben den „Erkennungsprozess“ in fünf Schritte aufgeteilt. Es sei darauf hingewiesen, dass Ihnen nicht jeder Schritt in gleicher Weise bei Ihrer Suche helfen wird. Der eine Schritt wird Ihnen möglicherweise gar keinen Anhaltspunkt geben, bei einem anderen werden Sie laut rufen: „Das ist es!“

Schritt 1: Beobachten Sie, wie Ihr Kind Ihnen *seine Liebe zeigt*

Ihr Kind spricht vielleicht bereits in seiner eigenen Liebessprache, ohne dass Sie es gemerkt haben. Wenn Sie zum Beispiel beobachten, dass Ihr Sohn Sie oft spielerisch knufft, in Ihrer Nähe instinktiv nach Ihrer Hand greift oder versucht, Sie zu Ringkämpfen aufzufordern, kann das ein Hinweis darauf sein, dass seine vorrangige Liebessprache der Körperkontakt ist. In anderen Worten: Er verhält sich Ihnen gegenüber so, wie er von Ihnen behandelt werden will.

Schritt 2: Beobachten Sie, wie Ihr Kind anderen *seine Liebe zeigt*

Einem Kind, dessen Muttersprache der Liebe das Empfangen von Geschenken ist, macht es große Freude, Geschenke zu erhalten, und es will vermutlich auch anderen diese Freude machen. Folglich wird es motiviert sein, Geschenke für andere zu kaufen, selbst herzustellen oder ausfindig zu machen, so oft es Gelegenheit dazu hat. Wenn Ihre Tochter jedes Mal, wenn Sie einen Besuch bei der Großmutter planen, darauf besteht, ein Bild für sie zu malen, kann das ein Hinweis darauf sein, dass ihre Liebessprache das Geben und Empfangen von Geschenken ist.

Schritt 3: Achten Sie darauf, worum Ihr Kind am häufigsten bittet

Viele Kinder sind nicht zurückhaltend darin, ihre Bitten, Vorlieben und Wünsche vorzubringen. Wenn Sie es lernen, bei den Bitten Ihres Kindes „zwischen den Zeilen zu lesen", hören Sie vielleicht die Liebessprache Ihres Kindes heraus. Wenn Ihre Tochter Sie oft um Ihre Meinung bittet und Fragen stellt wie: „Hat es dir gefallen, wie ich das Lied im Kindergottesdienst vorgesungen haben?", oder: „Hast du gesehen, wie ich diesen Ball getroffen habe?", kann das ein Hinweis darauf sein, dass ihre vorrangige Liebessprache die Anerkennung ist.

Natürlich sollten Sie hier keine voreiligen Schlüsse ziehen. Alle Kinder brauchen und verlangen nach Bestätigung. Doch wenn Ihnen der Wunsch Ihres Kindes nach Anerkennung besonders stark erscheint, könnte es sein, dass diese Liebessprache dahinter steht.

Schritt 4: Achten Sie darauf, worüber sich Ihr Kind am häufigsten beschwert

Wenn Sie daran denken, wie viel Gejammer und Gemecker Sie vermutlich jeden Tag zu hören bekommen, erscheint Ihnen das Nachdenken über die Beschwerden Ihres Kindes vielleicht als eine beängstigende und durch und durch unangenehme Aufgabe. Doch Sie werden überrascht über das Resultat sein. Sie werden feststellen, dass mehr als die Hälfte aller Klagen unter die Kategorie „Liebessprachen“ fallen. Beschwerden wie: „Du spielst immer mit dem Baby!“, und: „Warum musst du samstags immer arbeiten?“, können in Wirklichkeit Bitten um mehr gemeinsame Zeit sein.

Gute Frage

? Sollte ich mein Kind darum bitten, mir zu helfen, seine Liebessprache herauszufinden?

Nein, es ist wahrscheinlich das Beste, die Suche nach seiner Liebessprache nicht mit dem Kind zu besprechen, vor allem wenn es älter als sechs oder sieben ist. Ihr Kind könnte durch Ihre Suche nach seiner Liebessprache in Versuchung geraten, die Chance zu nutzen und Sie einfach dazu zu bringen, seine momentanen Wünsche zu erfüllen. Das würde Ihnen bei Ihrer Suche nicht weiterhelfen.

Schritt 5: Lassen Sie Ihr Kind zwischen zwei Möglichkeiten wählen

Versuchen Sie, Ihr Kind vor Situationen zu stellen, bei denen es die Wahl zwischen zwei Möglichkeiten hat. Sie könnten beispielsweise sagen: „Ich habe den ganzen Nachmittag frei. Soll ich die Fahrräder aus dem Keller holen, damit wir eine Fahrradtour machen, oder soll ich deinen neuen Basketballkorb an der Garage befestigen?“ Auf diese Weise bitten Sie Ihr Kind, sich zwischen gemeinsamer Zeit und praktischer Hilfe zu entscheiden.

Achten Sie genau auf die Entscheidung, die es trifft. Finden Sie heraus, welche Liebessprache einer anderen vorgezogen wird. Diejenige, auf die die Wahl am häufigsten fällt, könnte sehr wohl die Muttersprache der Liebe Ihres Kindes sein.

TEST

Halten Sie sich für einen Experten, wenn es um die fünf Liebessprachen für Kinder geht? Mit diesem Test können Sie Ihr Wissen einschätzen.

1. Welches ist keine Liebessprache von Kindern?
   a) Geschenke
   b) Praktische Hilfe
   c) Heuchelei
   d) Körperkontakt

2. Welcher der folgenden Ratschläge ist hilfreich, wenn Sie Ihrem Kind Anerkennung geben wollen?
   a) Bestätigen Sie Ihr Kind nie, wenn es versagt hat.
   b) Geben Sie Lob nicht zu leichtfertig.
   c) Ermutigung sollte für ältere Kinder reserviert sein.
   d) Wenn Ihre führenden Worte keine wichtigen Warnungen enthalten, wird Ihr Kind sie ignorieren.

3. Welche der folgenden Aussagen trifft auf die vorrangige Liebessprache Ihres Kindes zu?
   a) Sie kann leicht wechseln, bis es etwa achtzehn Jahre alt ist.
   b) Sie wird sich direkt nach der Geburt des Kindes zeigen.
   c) Sie wird wahrscheinlich mit Ihrer eigenen Liebessprache übereinstimmen.
   d) Sie kann sein Wohlbefinden sowohl beeinträchtigen als auch fördern – je nachdem, wie sie gebraucht wird.

4. Welche der folgenden Behauptungen trifft nicht auf die Liebessprache der Geschenke zu?
   a) Echte Geschenke werden nicht als Entlohnung für einen Dienst gegeben.
   b) Echte Geschenke sind kein Ersatz dafür, sich ganz auf die Kinder einzulassen.
   c) Echte Geschenke werden in Maßen gegeben.

d) Echte Geschenke werden gewöhnlich in Gegenstände umgetauscht, die weniger sentimental und dafür praktischer sind.

5. Welche der folgenden Methoden ist nicht empfehlenswert, um die Muttersprache der Liebe Ihres Kindes zu erkennen?
a) Lesen Sie seine Tagebücher.
b) Achten Sie darauf, worum Ihr Kind Sie am häufigsten bittet.
c) Geben Sie ihm die Wahl zwischen zwei Möglichkeiten.
d) Beobachten Sie, wie es anderen Menschen seine Liebe zeigt.

Antworten: 1c), 2b), 3d), 4d), 5a)

4 Teen Talk – Die fünf Sprachen der Liebe für Teenager

Im Aufenthaltsraum setzte sich Mike an den Tisch und holte seine Thermoskanne heraus. „Na, Mike, was macht dein Sohn?", fragte Paul von der anderen Seite des Tisches.

„Fang bloß nicht von dem Burschen an!", winkte Mike ab.

„Was ist denn los?"

„Ich werde dir sagen, was los ist", erwiderte Mike. „Er ist undankbar. Zum Geburtstag hatte ich ihm zwei Eintrittskarten für das erste Heimspiel dieser Saison geschenkt. Einer meiner Freunde hatte mir ein gutes Angebot für die Sitze direkt hinter der Trainerbank gemacht. Ich hatte mir vorgestellt, dass mein Sohn sich mit einem seiner Freunde dort einen schönen Abend machen könnte – weißt du, ich dachte, sie würden sich auf den teuren Plätzen wirklich wichtig vorkommen."

„Ich nehme an, dein Sohn hatte sich etwas anderes gewünscht?", fragte Paul.

„Nein", sagte Mike. „Er fragte mich nur, ob ich mit ihm zu dem Spiel gehen würde. Ich hätte ihn nicht daran erinnern sollen, dass ich an dem Abend mein Bowling habe."

„Was sagte er denn, als du ihn daran erinnert hast?"

„Ob ich nicht *einmal* beim Bowling fehlen könnte!", rief Mike.

„Aber du bist der Mannschaftskapitän!", rief Paul. „Du bist die Stütze des Teams!"

„Das habe ich ihm gesagt!", entgegnete Mike.

„Hat er es verstanden?"

„Wer weiß?", sagte Mike. „Er hat nur den Kopf geschüttelt und gesagt, er würde wohl einen Freund finden, der mit ihm hingeht. Dann sagte er: ‚Danke für die Tickets.' Doch da war das Geschenk für mich schon ruiniert. Manchmal weiß ich nicht, warum ich mir überhaupt noch Mühe gebe."

Paul schüttelte den Kopf und sagte: „Wenn ein Sohn die Liebe seines Vaters nicht zu schätzen weiß, ist das sein Problem.“

*

Stellen Sie sich eine Welt vor, in der alle Teenager dieselbe Liebessprache sprechen – zum Beispiel die Sprache der Anerkennung. Stellen Sie sich vor, dass Sie – wenn Sie Ihrem Teenager Ihre Liebe zeigen wollten – lediglich ein paar einfache, herzliche Worte sagen müssten, mit denen Sie ihm Mut machen und den Weg zeigen würden. Wie wäre es, in solch einer Welt zu leben?

VORGEGRIFFEN

- Wenn Sie Ihrem Teenager bedingungslose Liebe zeigen wollen, müssen Sie alle Ihre Kommunikationsmuster überdenken.
- Wenn Sie mit Ihrem Teenager wertvolle Zeit verbringen wollen, heißt das nicht nur, dass Sie gemeinsam wertvolle Aktivitäten planen, sondern auch, dass Sie wertvolle Gespräche führen, bei denen Sie sich auf sein Niveau einlassen.
- Um die Muttersprache der Liebe Ihres Teenagers herauszufinden, müssen Sie Fragen stellen, genau beobachten und Experimente wagen.

Das Elternsein wäre auf jeden Fall leichter. Würde es aber mehr Freude machen? Wahrscheinlich nicht. Sicher, es ist eine Herausforderung, die fünf verschiedenen Liebessprachen zu lernen und anzuwenden. Aber es sind die Herausforderungen, die das Leben spannend machen. Außerdem werden Sie durch die Meisterung der verschiedenen Liebessprachen nicht nur den Horizont Ihres Teenagers, sondern auch Ihren eigenen Horizont erweitern.

Wir haben uns in diesem Buch schon zweimal mit dem Thema der Liebessprachen beschäftigt, um zu zeigen, wie Erwachsene und wie Kinder Liebe weitergeben und empfangen (I., Kapitel 3-7 bzw. II., Kapitel 3). Daher ist es nicht notwendig, das in diesem Kapitel noch einmal zu wiederholen. Wenn Sie etwas über die Grundlagen der Liebessprachen erfahren wollen, blättern Sie am besten zu den entsprechenden Kapiteln zurück. In diesem Kapitel werden wir uns damit befassen, wie die Liebessprachen bei älteren Kindern zum Ausdruck kommen – bei unseren Teenagern.

Fremd in unserem Haus

Wenn Sie sagen, dass die Teenagerjahre für Eltern und Kinder „schwierig“ sein können, hört sich das so an, als ob Sie sagen, dass die Jungfernfahrt der Titanic nicht ganz so glatt lief wie erwartet – es ist eine Untertreibung biblischen Ausmaßes. Wie die Mutter eines fünfzehnjährigen Sohns denken viele Eltern: „Manchmal frage ich mich, wer mir meinen glücklichen, liebevollen Sohn gestohlen und ihn durch diesen rebellischen, mürrischen, unsozialen Teenager ersetzt hat.“

> »*Wer junge Menschen am meisten liebt, bleibt am längsten jung.*«
> Edgar Z. Friedenberg

In der Tat kann das Leben mit einem Teenager eine verwirrende, frustrierende Erfahrung sein. Die Art, wie Sie problemlos mit Ihrem jüngeren Kind kommuniziert und ihm Ihre Liebe gezeigt haben, kann jetzt Verärgerung oder eisiges Schweigen auslösen. Zuzeiten mag es Ihnen vorkommen, als ob Kidnapper in Ihr Haus eingedrungen sind, das Innenleben Ihres Kindes geraubt und nur eine pickelige Hülle zurückgelassen haben.

Sie müssen allerdings verstehen, dass sich unter der harten, defensiven Schale Ihres Teenagers ein Kind verbirgt, das Ihre bedingungslose Liebe genauso nötig braucht wie zu der Zeit, als es noch ein Baby war. Sie sind herausgefordert, Wege zu finden, wie Sie Liebe geben können. Damit Ihr Teenager Sie versteht, sollten Sie dabei seine Liebessprache verwenden.

Sprache der Liebe Nummer 1: Anerkennung

Eines der Kennzeichen der Teenagerjahre ist das Ringen um die eigene Identität. Ihr Teenager verbringt vermutlich viel Zeit damit, sich mit seinen Altersgenossen zu vergleichen – im Hinblick auf seinen Körper, seine Intelligenz und sein Sozialverhalten. Oft wird sich Ihr Teenager dabei minderwertig fühlen. Das Selbstwertgefühl Ihres Kindes wird darunter leiden, und es wird starke Minderwertigkeitsgefühle entwikkeln.

In so einem Moment können Sie die Situation durch Worte der

Anerkennung retten – oder wenigstens Ängste und Unsicherheit abbauen. Auch wenn die Liebessprache Ihres Teenagers nicht die Anerkennung ist, wird er enorm davon profitieren, wenn Sie mit Lob und Zuwendung nicht sparen.

Als Erstes wollen wir darauf eingehen, wie Sie Ihren Teenager am effektivsten loben können.

Ein Lob dem Lob

Einen Teenager zu loben schließt ein, Leistungen zu erkennen und Lob dafür zu spenden. Weil wir es hier mit Jugendlichen zu tun haben, könnte das Loben allerdings nicht ganz so einfach sein. Wenn Sie es richtig machen wollen, sollten Sie sich an die folgenden drei Grundsätze halten.

a) Seien Sie ehrlich

Teenagern ist am allerwichtigsten, dass Erwachsene aufrichtig und authentisch sind. Deshalb sollten Sie darauf achten, dass Sie wirklich meinen, was Sie sagen, wenn Sie Ihren Teenager loben. Wenn Ihr Teenager den Verdacht hat, dass Sie ihm nur schmeicheln wollen, ist die ganze Wirkung dahin.

Wenn Sie sagen: „Du hast die Küche gestern Abend ganz toll aufgeräumt", obwohl sich noch Pfannen im Spülbecken und Essensreste auf der Arbeitsplatte befinden, empfindet Ihr Teenager das als Beleidigung. Sie wissen beide, dass Ihre Aussage nicht stimmt, und Ihr Teenager wird Ihnen übel nehmen, dass Sie ihn mit Ihrem Lob zum Narren halten.

b) Seien Sie konkret

Ähnlich wird es Ihnen ergehen, wenn Sie ein zu umfassendes, allgemeines Lob aussprechen. Aussagen wie „du hast die Garage toll aufgeräumt" treffen selten das Wesentliche der geleisteten Arbeit. Die Wahrheit zeigt sich meist in konkreteren Aussagen: „Ich bewundere, wie du die Werkzeugkiste aufgeräumt hast. Jetzt werde ich immer sofort das Werkzeug finden, das ich gerade brauche", oder: „Ich kann nicht glauben, dass du es geschafft hast, die gesamte Weihnachtsdekoration in drei Kisten unterzubringen!" Diese Art von Aussagen sind so konkret, dass sie beim Teenager ankommen. Deshalb sollten Sie üben, Ihren Teenager für konkrete Dinge zu loben. Die Dinge, die Ihnen auffallen, werden wahrscheinlich auch die Dinge sein, auf die Ihr Teenager die meiste Zeit und Anstrengung verwendet hat. Die Tatsache, dass Sie diese Anstrengung wahrnehmen und sich anerkennend darüber äußern, wird an Ihrem Teenager nicht vorübergehen. (Auch wenn er wahrscheinlich nichts dazu sagen wird!)

Gute Frage

? Wie kann ich die negativen Kommunikationsmuster, die sich zwischen mir und meinem Teenager eingespielt haben, ändern?

Wahrscheinlich reagiert Ihr Teenager nicht positiv darauf, was Sie sagen, weil Sie versuchen, genauso mit ihm umzugehen wie früher, als er noch ein Kind war. Das funktioniert nicht. Wenn Sie mit Ihrem Teenager reden, müssen Sie die Tatsache berücksichtigen und respektieren, dass er sich körperlich, seelisch, geistig, sozial und geistlich weiterentwickelt hat.

c) Wenn Sie das Ergebnis nicht loben können, loben Sie das Bemühen

Teenager neigen genauso zur Unvollkommenheit wie wir alle. Wie Sie auf diese Unvollkommenheit eingehen – vor allem in der Formulierung Ihres Lobs –, wird sich nachhaltig darauf auswirken, ob Ihr Teenager sich geliebt und bestätigt oder zurückgewiesen und enttäuscht fühlt.

Viele Eltern machen den Fehler, dass sie ein großes „Aber" in die Mitte ihrer Lobesworte schieben:

- „Du hast den Rasen gut gemäht ..., aber ein paar Stellen unter den Büschen ausgelassen."
- „Du hast in der ersten Halbzeit super gespielt ..., aber du musst deine Technik noch wesentlich verbessern."
- „Ich habe deinen Aufsatz mit Freude gelesen ..., aber mir sind zwei Rechtschreibfehler aufgefallen, die du noch berichtigen musst."

Vielleicht stimmen ja alle diese Aussagen. Vielleicht hätten es die

Teenager in den erwähnten Situationen wirklich besser machen können. Vielleicht würden sie von dem Rat ihrer Eltern profitieren. Doch das alles ändert nichts an der Tatsache, dass man nur Groll in einem Jugendlichen erzeugen wird, wenn man sein Lob mit einer Einschränkung versieht.

> »*Man sollte an Liebesbezeugungen nicht sparen. Wenn die Vorräte aufgebraucht sind, werden sie sich durch das Geben erneuern. Wenn sie zu lange unangetastet bleiben, werden sie sich unmerklich verringern oder das Schloss wird rostig werden – sie sind vorhanden, aber man kann sie nicht mehr in Gebrauch nehmen.*«
> Nach Sigmund Freud

Für alles gibt es eine Zeit und einen Ort. Wenn Ihr Teenager eine Aufgabe erledigt hat, ist es Zeit für Lob. Punkt. Sie konzentrieren sich auf die Dinge, die bei der erledigten Aufgabe Lob verdienen, und zeigen Ihre Wertschätzung. Sie loben die Bemühungen Ihres Teenagers und belassen es dabei.

Zu einem späteren Zeitpunkt – vielleicht beim nächsten Mal, wenn eine Aufgabe in Angriff genommen wird – könnten Sie ein paar hilfreiche Tipps geben, damit sich der Fehler nicht wiederholt. Denken Sie daran: Es geht um den richtigen Zeitpunkt.

Lassen Sie uns sehen, was Sie darüber wissen müssen, Anerkennung zu geben.

„Alles Liebe, Deine …“

Worte des Lobes beziehen sich auf die Handlungen des Teenagers. Worte der Zuneigung hingegen beziehen sich auf den Teenager selbst. Zuneigung macht Ihren Teenager darauf aufmerksam, dass Sie ihn schätzen, so wie er ist.

Die wertvollste Methode, mit der Zuneigung am besten ausgedrückt wird, findet sich in den Worten: „Hier hast du Geld.“ (Nein, nur ein kleiner Test, ob Sie aufmerksam mitlesen.)

Natürlich reden wir von den Worten: „Ich hab dich lieb.“ Manche Eltern verwenden diese Worte so oft, dass sie nicht mehr wissen, ob sie überhaupt noch eine Wirkung auf ihre Kinder haben. (Diesen Eltern sagen wir: „Ja, das haben sie!“) Andere Eltern halten sich mit diesen

Worten zurück, aus Gründen, die nur ihnen selbst zugänglich sind. Abgesehen davon, zu welcher Gruppe Sie gehören, sollten Sie begreifen, dass Ihre Teenager diese Worte von Ihnen hören müssen. Die direkte Mitteilung Ihrer Liebe ist für Ihren Teenager kein Luxusartikel, sondern eine absolute Notwendigkeit.

Sie könnten verschiedene zwingende Gründe anführen, warum Sie auf diese „drei kleinen Worte“ verzichten wollen, zum Beispiel:

- „Mein Sohn tut, als ob er nichts hört, wenn ich ihm sage, dass ich ihn lieb habe.“
- „Nach einem Streit warte ich immer, dass meine Tochter zu mir ‚Ich hab dich lieb‘ sagt, bevor ich es zu ihr sage, damit es nicht so aussieht, als ob ich klein beigebe.“
- „Mein Vater hat mir niemals gesagt, dass er mich liebt, aber ich wusste immer, dass es so war. Warum sollte ich es dann zu meinen Kindern sagen?“

Alle diese Entschuldigungen verblassen angesichts der Tatsache, dass Teenager, die die Worte „Ich habe dich lieb“ nur selten von ihren Eltern hören, als Erwachsene oft mehr Probleme im seelischen Bereich haben.

Es läuft also auf Folgendes hinaus: Sie können nicht mit Berechtigung sagen, dass Ihnen das Wohlergehen Ihres Kindes wichtig ist, wenn Sie ihm nicht regelmäßig und herzlich mitteilen, dass Sie es lieb haben. Es spielt keine Rolle, wie Ihr Teenager darauf reagiert oder wie selten Sie diese Worte in Ihrer Kindheit gehört haben. Es geht darum, dass Ihr Teenager unbedingt hören muss, dass Sie zu ihm oft und ehrlich sagen: „Ich habe dich lieb.“

Familienaktion

✓ ZUSÄTZLICH zu dem kurzen „Ich habe dich lieb", das Sie zu Ihrem Teenager zur Schlafenszeit oder beim Verabschieden sagen, müssen Sie diesen Worten ab und zu etwas mehr Bedeutung verleihen. Das kann so aussehen: In einem stillen Moment legen Sie Ihre Hände auf die Schultern des Teenagers, sehen ihm in die Augen und sagen: „Was ich jetzt sagen will, ist mir sehr wichtig. Ich möchte, dass du mir gut zuhörst. Ich habe dich sehr lieb, und das wird sich niemals ändern."

Sprache der Liebe Nummer 2: Gemeinsame Zeit

Gemeinsame Zeit bedeutet, dass Sie Ihrem Teenager Ihre ungeteilte Aufmerksamkeit zuwenden. Sie können das auf zwei Arten tun: durch intensive Gespräche und durch gemeinsame Aktivitäten. Sie werden sehen, was zu beidem dazugehört.

a) Die Kanäle der Kommunikation öffnen

Ein intensives Gespräch ist ein Dialog zwischen Ihnen und Ihrem Teenager, in dem Sie sich beide sicher genug fühlen, Ihre Erfahrungen, Gedanken, Gefühle und Wünsche in einer freundlichen Atmosphäre des Angenommenseins zu äußern. Es bedeutet, dass Sie *mit* und nicht *zu* Ihrem Teenager sprechen.

Wie die meisten Eltern werden Sie Ihr Gesprächsverhalten möglicherweise radikal ändern müssen, um intensive Gespräche mit Ihrem Teenager haben zu können. Wenn ihr Kind noch kleiner ist, versuchen die meisten Eltern, ihm im Gespräch eine Sache deutlich zu machen oder es zu korrigieren. Jetzt müssen Sie lernen, Ihren Teenager im Gespräch ernst zu nehmen. Das heißt, dass Sie sich ernsthaft bemühen, den Teenager aus sich herauszulocken und ihm Anteil nehmend zuzuhören. Es heißt Fragen zu stellen – nicht auf eine nörgelnde Art, sondern so, dass sich darin der Wunsch ausdrückt, Gedanken und Gefühle des Jugendlichen zu verstehen.

Wenn Sie ernsthaft lernen wollen, intensive Unterhaltungen mit Ihrem Teenager zu führen, dann sollten Sie die folgenden acht Tipps berücksichtigen:

- *Halten Sie Augenkontakt.* Während Ihr Teenager spricht, sollten Sie ihn direkt ansehen. Das wird Ihnen dabei helfen, Ihre Gedanken nicht abschweifen zu lassen, und außerdem Ihrem Teenager zeigen, dass Sie dem Gespräch Ihre volle Aufmerksamkeit widmen.
- *Tun Sie während des Zuhörens nichts anderes.* Gemeinsame Zeit erfordert Ihre ungeteilte Aufmerksamkeit. Wenn Ihr Teenager gesprächsbereit ist, sollten Sie das Fernsehen ausschalten, die Zeitung hinlegen, den Computer ausschalten und alles andere sein lassen, damit Sie sich ganz auf ihn konzentrieren können. Wenn es nicht möglich ist, Ihre momentane Tätigkeit zu beenden, sollten Sie Ihrem

Teenager die Situation erklären und verabreden, wann dieses Gespräch stattfinden kann (so bald wie möglich).

- *Versuchen Sie, Gefühle herauszuhören.* Intensive Gespräche sind keine tatsachenorientierten Studien, bei denen Sie das „Wer, wie und was" im Leben Ihres Teenagers herausfinden können. Sie sollten auch darauf achten, welche Gefühle er bei den Dingen, die sein Leben gerade bestimmen, hegt. Wenn Sie den Eindruck haben, dass Sie im Laufe des Gesprächs ein Gefühl bemerkt haben, sollten Sie Ihren Teenager fragen, ob Sie Recht haben. („Es klingt so, als ob du ein bisschen enttäuscht bist, dass ich heute nicht mehr rechtzeitig zu deinem Spiel gekommen bin.") Damit geben Sie Ihrem Teenager nicht nur die Chance, sich über seine Gefühle klar zu werden, sondern zeigen auch, dass Sie genau zuhören, was er sagt.
- *Achten Sie auf Körpersprache.* Achten Sie auf die Mimik und Gestik Ihres Gegenübers, also auf geballte Fäuste, zitternde Hände oder Grimassen, die Aufschluss über bestimmte Gefühle geben können. Wenn Sie bemerken, dass die Körpersprache im Widerspruch zu den Worten steht, die Sie hören, sollten Sie Ihren Teenager bitten, Ihnen zu erklären, was er gerade fühlt.
- *Unterbrechen Sie nicht.* In der Unterhaltung mit Ihrem Teenager können Sie an einen Punkt kommen, wo Sie in Versuchung geraten, sich zu verteidigen oder Ihrem Teenager die „richtige" Lösung für ein Dilemma oder eine Situation zu geben, mit er gerade konfrontiert ist. Widerstehen Sie dieser Versuchung! Unterbrechungen können für ein Gespräch tödlich sein. Außerdem ist das Ziel Ihrer Gespräche mit Ihrem Teenager nicht, dass Sie Ihre Meinung deutlich machen, sondern dass Sie ihm Ihre Liebe zeigen.
- *Fragen Sie nach.* Sie sollten nicht einfach annehmen, dass Sie wissen, was Ihr Teenager meint. Stellen Sie Fragen, um mögliche Missverständnisse zu vermeiden, Fragen, die die Worte Ihres Teens zusammenfassen und wiedergeben („Meinst du damit, du bist nicht sicher, ob du dich mit Angie noch einmal treffen sollst?"). Denken Sie daran, dass es Ihr Ziel ist zu verstehen, was im Kopf Ihres Teenagers vor sich geht. Wenn Sie Fragen stellen müssen, um dieses Ziel zu erreichen, dann tun Sie das.
- *Drücken Sie Ihr Verständnis aus.* Wenn man über seine Gefühle spricht, macht man sich zu einem gewissen Grade verletzlich – vor

allem, wenn die Person, mit der man über die eigenen Gefühle spricht, die eigene Mutter oder der eigene Vater ist! Sie müssen in intensiven Gesprächen diese Verletzlichkeit erkennen und respektieren, indem Sie alles tun, um den Jugendlichen wissen zu lassen, dass Sie ihn verstehen („Ich kann wirklich verstehen, dass du mehr Zeit für deine Band finden willst"). Das soll nicht heißen, dass Sie mit allem übereinstimmen müssen, was Ihr Teenager sagt. Sie müssen nur ganz deutlich machen, dass Sie seine Botschaft verstanden haben.

- *Bitten Sie um die Erlaubnis, Ihre Sicht der Dinge mitzuteilen.* Nachdem Ihr Teenager fertig ist, ist es an Ihnen, etwas zu sagen – jedenfalls, wenn Ihr Teenager nichts dagegen hat. Sie sollten auf keinen Fall das Gespräch an sich reißen und es als Chance benutzen, endlich Ihre Gedanken zu dem Thema loszuwerden. So funktionieren intensive Gespräche nicht. Wenn Sie etwas zum Gespräch beitragen wollen, fragen Sie Ihren Teen, ob er es hören will. Wenn Sie die Erlaubnis bekommen, dann legen Sie los. Wenn Ihre Bitte verneint wird, sollten Sie Ihre Gedanken für sich behalten.

Es braucht eine lange Zeit, um die Kunst, ein intensives Gespräch zu führen, einwandfrei zu beherrschen. Doch Ihr Bemühen wird Schritt für Schritt belohnt werden. Ihr Teenager wird sich zunehmend respektiert, verstanden und geliebt fühlen. Was wollen Sie mehr?

Gute Frage

? Wenn ich mich mit meinem Teenager unterhalten will, habe ich den Eindruck, dass ich gegen eine Mauer rede. Kann ich irgendetwas tun, damit er sich mit mir unterhält?
Alle Teenager haben Zeiten, in denen sie nicht reden wollen – aus verschiedenen Gründen. Das Beste, was Eltern in diesen Zeiten machen können, ist, sie nicht zu behelligen. Wenn Sie ein Gespräch mit Ihrem Sohn beginnen wollen, sollten Sie es locker angehen und zu Anfang ein paar „oberflächliche" Informationen austauschen, um dann tiefer ins Gespräch einzusteigen. Eine gute Möglichkeit, solch eine Unterhaltung zu beginnen, ist, auf die Stimmung des Teenagers einzugehen („Es scheint mir, dass du einen harten Tag in der Schule hattest. Hast du Lust, mir etwas davon zu erzählen?").

b) Gemeinsame Zeit heißt aktiv werden!

Ja, in der gemeinsamen Zeit mit Ihrem Teenager sollten Sie aktiv werden. Teens lieben „action“, und Sie werden wiederholt feststellen, dass sich die besten intensiven Gespräche ergeben, wenn Sie mit Ihrem Teenager etwas zusammen unternehmen. Was Sie tun, kann sich aus den Aktivitäten in Schule, Sportverein, Musikschule oder Kirche ergeben – oder es kann ein besonderes Vorhaben sein, dass Sie extra geplant haben, um mit Ihrem Teen gemeinsame Zeit zu verbringen.

> *»Das Jugendalter ist die Zeit der unendlichen Sehnsucht und der geheimen Leidenschaften, der Sorge um andere und der inneren Zerrissenheit. Es ist das Alter der Unbeständigkeit und Ambivalenz.«*
> Haim G. Ginott

Der Schlüssel zu einer gelungenen wertvollen Aktivität liegt darin, die Interessen Ihres Teenagers zu berücksichtigen. Wenn Ihr Sohn leidenschaftlich gern Fußball spielt, könnten Sie einen „Fußballtag“ einlegen. Am Nachmittag könnten Sie im Park zusammen kicken und am Abend ein Spiel besuchen (eines Vereins oder einer Mannschaft, wo die Tickets nicht so teuer sind). Es spielt gar keine große Rolle, wer an dem Abend spielt, so lange Sie es sich zu zweit anschauen. Den ganzen Tag könnten Sie den Fußball als Ausgangspunkt für Gespräche nehmen – wen Sie für den besten Fußballspieler aller Zeiten halten, welche Spieler Vorbildfunktion haben, welches Tor bisher ihr bestes war, warum manche Leute ihr Talent für selbstverständlich halten usw.

Sprache der Liebe Nummer 3: Geschenke

Lassen Sie uns gleich eines klarstellen: Geschenke haben im Zusammenhang der Liebessprachen nichts mit Bestechung oder mit Belohnung für gutes Verhalten zu tun. Sie sind ganz einfach der greifbare Beweis für Ihre Liebe. Das ist eine wichtige Unterscheidung, die Sie in Erinnerung behalten sollten. Ihre Geschenke sollten freiwillig und aufrichtig gegeben werden und nicht im Zusammenhang mit Leistungen stehen, sonst wird Ihr Teenager keine Liebe darin sehen.

Zwei Grundsätze sollten Sie beachten, wenn es um Geschenke geht:

a) Einfache Geschenke können auch etwas Besonderes sein

Der gute Wille zählt. Vielleicht haben Sie diesen Spruch schon ab und zu gebraucht. Er ist eine großartige Rechtfertigung für jeden, der zu geizig ist, etwas Geld für ein schönes Geschenk für einen lieben Menschen auszugeben. Aber wenn es um die Liebessprache der Geschenke geht, ist es tatsächlich der gute Wille, der zählt. In den meisten Fällen ist das Geschenk im Vergleich zum Akt des Schenkens fast nebensächlich.

Wenn die Muttersprache der Liebe Ihres Teenagers das Schenken und Empfangen von Geschenken ist, dann wird die Hauptsache für ihn sein, dass Sie sich extra für ihn ein Geschenk ausdenken. Eine Kassette mit den Lieblingsliedern Ihres Teenagers wäre ein hervorragendes Geschenk. Auf der einen Seite ist es nicht teuer. Auf der anderen Seite ist es etwas Besonderes, denn Sie müssen herausfinden, welche Lieblingslieder Ihr Teenager hat, und wenden ihm dadurch Ihre Aufmerksamkeit zu.

Eine Kassette ist nur ein Beispiel von vielen. Alles Mögliche, angefangen bei einer Wildblume, die Sie in einem Park gepflückt haben, bis hin zu einer Bestellung von „Hähnchen süßsauer" bei einem chinesischen Lieblingsrestaurant, kann ein besonderes Geschenk sein, wenn es mit der richtigen Einstellung geschenkt wird.

Das perfekte Geschenk soll nicht sagen: „Sieh mich an, wie teuer ich bin!", sondern: „Jemand ht an dich gedacht, der dich liebt."

b) Geschenke, die nicht an Bedingungen geknüpft sind, haben die größte Wirkung

Etwas aus freien Stücken zu geben, völlig ohne Hintergedanken und versteckte Erwartungen, ist sehr schwer. Jeder von uns trägt eine Stimme in sich, die nach Anerkennung, Dank oder einer Gegenleistung für die Geschenke, die wir geben, ruft. Vielleicht reden wir über diese Ansprüche nicht, aber das heißt nicht, dass es sie nicht gibt. Doch wenn der Mensch, der das Geschenk erhält, nicht so reagiert, wie wir es erwarten, sind wir versucht, uns von ihm zurückzuziehen oder ihm zu grollen.

In einem Kapitel darüber, wie Sie das Liebesbedürfnis Ihres Teenagers stillen können, brauchen wir Ihnen wohl kaum erzählen, dass es eine schlechte Idee ist, sich von Ihrem Teenager zurückzuziehen und ihm zu grollen. Die harte Wahrheit ist, dass Sie, wenn Sie Ihrem Teenager ein Geschenk machen, das nicht an Bedingungen geknüpft ist, überhaupt keine Reaktion erwarten dürfen. Deshalb ist es ja ein Geschenk ohne Bedingungen. Wenn Sie tatsächlich Dank oder Anerkennung ernten, dann sollten Sie das als „die Sahne auf dem Kuchen" betrachten und sich freuen. Wenn Ihnen nicht dafür gedankt wird, sollten Sie sich nichts dabei denken. Überlegen Sie sich lieber ein neues besonderes Geschenk, das Sie aus freien Stücken geben.

Sprache der Liebe Nummer 4: Praktische Hilfe

Praktische Hilfe für Teenager bedeutet, dass Sie Dinge für sie tun, die sie noch nicht selbst tun können. Natürlich werden das von Teenager zu Teenager andere Dinge sein, abhängig von Alter und Entwicklungsstufe. Es kann alles Mögliche einschließen, vom Kochen einer Mahlzeit bis zum Reparieren zerrissener Kleidung.

Die Frage, die im Hinblick auf die Liebessprache der praktischen Hilfe am häufigsten gestellt wird, ist: Wenn ich diese Dinge weiterhin als Liebesdienst für meinen Teenager tue – wie wird er dann jemals lernen, sie selbst zu tun? Dahinter steht die Sorge, praktische Hilfe werde dazu führen, dass der Teenager letztlich hoffnungslos abhängig von seinen Eltern wird.

a) Auf das Leben vorbereiten

Um diese Entwicklung zu vermeiden, müssen Sie praktische Hilfe mit Unterweisung verbinden. Wenn Sie Ihr Verhalten deswegen ändern müssen, sollten Sie Ihren Teenager darauf vorbereiten. Erklären Sie ihm, dass Sie ihm etwa in den letzten dreizehn Jahren Ihre Liebe gerne dadurch erwiesen haben, dass Sie ihm in praktischen Dingen geholfen haben. Wenn Sie sich an konkrete Dinge erinnern, könnten Sie diese nennen. Erklären Sie ihm, dass Sie ihm auch weiterhin praktische Hilfe geben wollen, dass Sie es aber auf eine Weise tun wollen, die seiner Reife entspricht. Erklären Sie, dass Sie ihm deshalb bestimmte Fähigkeiten beibringen wollen, die man im Leben braucht.

Damit haben Sie zwei Fliegen mit einer Klappe geschlagen! Sie haben nicht nur die Liebessprache Ihres Kindes verwendet, um ihm Ihre Liebe zu zeigen, sondern Ihren Teenager auch darauf vorbereitet, ein verantwortungsbewusster Erwachsener zu werden.

b) Learning by doing

Um Ihren Teenager dahin zu bringen, die notwendigen Fähigkeiten für das praktische Leben zu lernen, müssen Sie ihm sowohl etwas beibringen als auch seine ersten Versuche begleiten. Das bedeutet, verbale Erklärungen zu geben und ihn dann durch das Tun lernen zu lassen.

Zum Beispiel könnte es ein Akt der praktischen Hilfe sein, Ihrem Teenager beizubringen, wie man ein Autorad wechselt. Das könnte so aussehen, dass Sie zusammen die Gebrauchsanleitung für Ihr Auto studieren, in der erklärt wird, wo sich das Reserverad und der Wagenheber befinden und wie man den Wagenheber anwendet und das Rad abnimmt, ohne sich zu verletzen. Dann würden Sie Ihren Teenager ranlassen und ihm dabei helfen, die Haltevorrichtungen zu lösen, die richtige Stelle für den Wagenheber zu finden, das Rad zu entfernen usw.

Familienaktion

✓ WÄHREND IHR TEENAGER DABEI IST, die Pflichten eines Erwachsenen zu lernen, sollten Sie ihm Mut machen, selbst die Initiative zu ergreifen und weitere Dinge aufzulisten, die er auch gerne lernen würde. Wenn Ihr Teenager ehrgeizig ist, werden die Vorschläge, die Sie bekommen, für Monate reichen. Und Sie werden einen Teenager erleben, der motiviert ist, Neues zu lernen.

Dieses Beispiel führt uns zu einem wichtigen Punkt. Nur wenige Teenager werden all das, was sie über das Radwechseln (oder eine andere Tätigkeit, die ihnen im Leben zugute kommt) wissen müssen, bei einem Mal lernen. Deshalb sollten Sie regelmäßig mit „Auffrischungskursen“ oder „Übungszeiten“ an die Lehrzeiten anknüpfen, bis Ihr Teenager (mindestens) auf diesem Gebiet kompetent ist.

Es kann sein, dass Ihr Vorhaben Ihren Teenager kalt lässt. In diesem Fall sollten Sie darauf hinweisen, dass seine Unabhängigkeit zunehmen wird, je mehr dieser lebenswichtigen Fähigkeiten er lernt. Denken Sie daran, dass sich das Leben eines Teenagers um Freiheit und Unabhängigkeit dreht. Und die meisten Teenager erkennen, dass sie nicht ernsthaft behaupten können, unabhängig zu sein, wenn sie jedes Mal, wenn ein Hemd gewaschen oder ein Fahrrad repariert werden muss, zu Mama oder Papa rennen müssen. Wenn Sie Ihre praktische Hilfe auf diese Weise erklären, wird Ihr Teenager „anbeißen“.

Sprache der Liebe Nummer 5: Körperkontakt

Im Allgemeinen sind Teenager so zärtlich wie tollwütige Stachelschweine. Aber das ändert nichts an der Tatsache, dass viele Teenager Liebe vor allem über Körperkontakt empfangen. Das bedeutet für Sie als Eltern, dass Sie dafür den richtigen Zeitpunkt, den richtigen Ort und die richtige Art finden müssen, wenn Sie das seelische Bedürfnis eines Teenagers erfüllen möchten, der die Sprache des Körperkontakts spricht.

a) Der richtige Zeitpunkt

Es ist aus zwei Gründen nicht einfach, den richtigen Zeitpunkt dafür zu finden, Ihrem Teenager Körperkontakt zu geben:

Es hängt von der Stimmung des Teenagers ab, wie Ihre Zärtlichkeit ankommt. Und:

Die Stimmung Ihres Teenagers ist nicht immer offensichtlich.

Es kann passieren, dass Sie auf unsanfte Art entdecken, dass Ihr Teenager nicht in der Stimmung für Zärtlichkeit ist. Ein Beispiel: Wenn Ihr Teenager ein Gespräch mit Ihnen aus der anderen Zimmerecke anfängt, kann das ein Hinweis für Sie sein, Distanz zu halten. Wenn er während einer Unterhaltung nahe bei Ihnen steht, kann das eine Einladung sein, ihn liebevoll zu berühren. Wenn Sie es lernen, Körpersprache zu deuten, werden Sie günstige Momente für liebevolle Berührungen erkennen.

Wenn Sie ganz sicher sein wollen, dass Ihr Körperkontakt so aufgenommen wird, wie Sie es wollen, dann sollten Sie Ihren Teenager direkt nach einem Erlebnis des Erfolgs oder Versagens berühren. Im Falle des Erfolgs, sei es ein Sieg im Sport, eine geglückte musikalische Darbietung oder ein besonders gutes Klausurergebnis, wird Körperkontakt als Ausdruck von Freude im Moment der Begeisterung (bis zu einem gewissen Grad) willkommen sein. Wenn Ihr Teenager das Gefühl hat, versagt zu haben, sei es, weil er ein schlechtes Zeugnis nach Hause gebracht oder von einem Freund/einer Freundin sitzen gelassen wurde, wird er es begrüßen, durch körperliche Zuwendung getröstet zu werden.

Sie sollten jedoch niemals versuchen, Ihren Teenager zu berühren, wenn er zornig ist. Auch wenn Sie es gut meinen, wird Ihr Teenager Ihren Körperkontakt wahrscheinlich als Versuch deuten, ihn zu beherrschen, und er wird sich von Ihnen zurückziehen.

b) Der richtige Ort

Diese Seite der Sache ist einfach. Der beste Ort, an dem Sie Ihrem Teenager die Zärtlichkeit geben können, die er braucht, ist die Geborgenheit Ihres Zuhauses, wo Sie beide allein oder im engsten Kreis der Familie sind. Dort wird Ihr Teenager sich am wohlsten dabei fühlen, von Ihnen berührt zu werden.

Sie sollten ihn in der Öffentlichkeit nicht unaufgefordert berühren – vor allem dann nicht, wenn Freunde oder Schulkameraden zugegen sind. Die Identität Ihres Teenagers ist eng mit der seiner Freunde verbunden. Wenn Sie versuchen, in diese Welt einzubrechen, indem Sie Ihrem Teen körperliche Zuwendung zeigen, bedrohen Sie diese Identität und gleichzeitig seine Unabhängigkeit. Ihr Teenager hat den Eindruck, Sie wollen absichtlich demonstrieren, dass er Sie immer noch braucht. Deshalb sollten Sie sich daran halten, Ihren Teenager niemals in Gegenwart seiner Freunde zu berühren – es sei denn, er ergreift selbst die Initiative und berührt Sie.

c) Die richtige Art

Sie haben eine Vielfalt an möglichen Berührungen zur Verfügung: Umarmungen, Küsse, Rückenreiben, Schulterklopfen, zärtliche

Berührungen, Massagen, Knuffen und Ringen. Statt Ihren Teenager mit der Anwendung all dieser Methoden zu überfordern (und zu irritieren), sollten Sie eine oder zwei herausfinden, die gut ankommen, und es lernen, sie so geschickt wie möglich anzuwenden.

Sie sollten einsehen, dass die Art von Berührungen, die Sie gerne geben, nicht die sind, die Ihr Teenager mag. Und weil es ja darum geht, dass Ihr Teenager sich durch Körperkontakt geliebt fühlt, hat er dabei auch das Sagen. Manche Teenager mögen es, wenn man ihnen den Rücken reibt, andere können es nicht ausstehen. Manche Teenager mögen es, wenn man sie „in den Schwitzkasten" nimmt, andere ziehen sanftere Berührungen vor. Ihr Teenager wird auf bestimmte Formen des Körperkontakts erfreut reagieren und andere ablehnen.

> *»Lob ist gut, Komplimente sind gut, aber Zuneigung ist die letzte und höchste und wertvollste Belohnung, die jemand gewinnen kann, sei es durch seine Persönlichkeit oder seine Leistung.«*
> Mark Twain

Natürlich müssen Sie das eine Zeit lang ausprobieren, um zu lernen, welche Berührungen ankommen und welche nicht. Wenn Sie meinen, dass Ihr Teenager Ihnen dabei eine Hilfe sein könnte, die Vielfalt der Berührungen einzugrenzen, könnten Sie ihn darum bitten. Im Übrigen müssen Sie lernen, sich auf die Dinge zu konzentrieren, die gut ankommen, wenn Sie Ihre Liebe durch Körperkontakt äußern.

Entdecken Sie die Liebessprache Ihres Teens

In den Kapiteln I. 3-7 und II. 3 ging es bereits darum, Liebessprachen herauszufinden. Das wollen wir hier nicht noch einmal aufwärmen. Deshalb befassen wir uns am Ende dieses Kapitels mit einigen Dingen, die sich speziell auf die Art beziehen, wie uns Teenager Hinweise auf ihre Muttersprache der Liebe geben.

Weil Sie Ihren Teenager von klein auf kennen, haben Sie wahrscheinlich schon eine ziemlich klare Vorstellung davon, was seine Liebessprache sein könnte. Wenn Sie jedoch wissen möchten, ob Ihre Vermutung stimmt, dann sollten Sie diese Vorschläge aufnehmen:

a) Stellen Sie Fragen

Der einzige Weg, genau zu wissen, was Ihr Teenager denkt oder fühlt, ist, sich in ihn hineinzuversetzen. Das gelingt Ihnen am besten, wenn Sie Fragen stellen, die ihm helfen, sich zu öffnen. (Sie müssen die Initiative ergreifen, indem Sie Fragen stellen, denn Teenager sind im Allgemeinen nicht dafür bekannt, dass sie ihren Eltern freiwillig Informationen geben.)

Wenn es darum geht, wertvolle Informationen über die Liebessprache zu bekommen, können Sie es mit direkten, konkreten Fragen versuchen („Was würdest du an unserer Beziehung am liebsten verbessern?“), oder auch indirekte Fragen stellen („Was hältst du davon, wenn wir beide nach Berlin fahren, um deine Großeltern zu besuchen?“). In jedem Fall sollten Sie es vermeiden, neugierig zu erscheinen, und deutlich machen, dass Sie die Auskunft, die Ihnen Ihr Teenager gibt, niemals gegen ihn verwenden werden.

Je mehr Fragen Sie stellen, desto besser wird es Ihnen gelingen, die Hinweise auf eine Liebessprache einzugrenzen. Denken Sie daran, die Sache locker anzugehen. Achten Sie darauf, dass Sie die Fragen eher beiläufig und nur gelegentlich stellen. Nehmen Sie Ihren Teenager nicht „ins Kreuzverhör“.

Gute Frage

? Als Vater bin ich nicht mehr so unbefangen, meine Tochter zu berühren, wie früher, als sie noch jünger war. Wie soll ich mich verhalten?

Manche Väter wissen nicht, wie sie mit den körperlichen Veränderungen ihrer Töchter umgehen sollen, andere befürchten, dass man ihnen sexuelle Motive unterstellt. Aber durch angemessene Berührungen vonseiten des Vaters wird eine Tochter ihre Weiblichkeit annehmen, ein stärkeres Selbstbewusstsein bekommen und sich mit sich wohl fühlen. Wir möchten Ihnen dringend ans Herz legen, die Liebessprache des Körperkontakts während der Teenagerjahre Ihrer Tochter fortzusetzen.

b) Beobachten Sie

Bemühen Sie sich, genau zu beobachten, wie sich Ihr Teenager im Umgang mit anderen verhält. Achten Sie vor allem darauf, wie er Liebe und Anerkennung äußert. Es ist recht wahrscheinlich, dass Ihr Teen dadurch seine Muttersprache der Liebe zeigt, indem er anderen das gibt, wonach er sich selbst sehnt.

Sie sollten auch auf die Dinge achten, über die sich Ihr Teenager beschwert. Vielleicht erscheint es Ihnen völlig klar, dass Ihrem Teenager die Dinge, über die er sich beschwert, wirklich wichtig sind. Übersehen Sie gerade das Offensichtliche nicht, vor allem, wenn Sie nach der Muttersprache der Liebe forschen.

Wenn Ihre Tochter sich schon mehrmals über Ihren vollen Terminkalender beschwert hat oder darüber, dass sie alleine essen muss, oder von jemand anders zu einem Sport-Wettkampf gebracht werden muss, weil Sie nicht da sind, will sie Ihnen vielleicht dadurch mitteilen, dass sie gemeinsame Zeit mit Ihnen braucht. Es wäre ein großer Fehler, den Ruf nach Liebe, der sich in den Beschwerden zeigt, zu übersehen – ein Fehler, der sich auf Sie beide negativ auswirken würde.

c) Probieren Sie Verschiedenes aus

Nehmen Sie sich vor, mit Ihrem Teenager jede Woche in einer anderen Liebessprache zu reden, und zwar fünf Wochen lang. Sie könnten sich zum Beispiel in der ersten Woche auf den Körperkontakt konzentrieren, indem Sie sich bemühen, Ihren Teenager zu umarmen, zu küssen, ihm zärtlich auf die Schulter zu klopfen oder andere Arten von Berührungen zu wählen, die Ihr Teenager mag. In der zweiten Woche könnten Sie sich auf praktische Hilfe konzentrieren usw.

> *»Nichts ist süßer als das Mitgefühl eines anderen Menschen.*
> George Santayana

Schreiben Sie Ihre Beobachtungen über die Reaktionen Ihres Teenagers wöchentlich auf. Finden Sie Hinweise dafür, dass die jeweilige Liebessprache angenommen wird oder nicht. Wenn Sie am Ende der fünfwöchigen „Versuchszeit" die vorrangige Liebessprache Ihres Teenagers noch nicht kennen, dann sollten Sie zumindest in der Lage sein, die Sprachen auf zwei einzugrenzen. Anschließend können Sie ein neues, diesmal zweiwöchiges Experiment starten, um ins Schwarze zu treffen.

Ein letztes Wort zum Thema „Teenager und Liebessprachen"

Wie wir am Anfang dieses Kapitels andeuteten, sind die Teenagerjahre für Eltern und Kinder gleichermaßen anstrengend. Die unvermeidlichen Konflikte, die in dieser Zeit entstehen, können Ihre Beziehung zu Ihrem Kind ernsthaft schädigen. Leider ist es oft nicht möglich, diese Konflikte zu vermeiden. Sie sind untrennbar mit der Zeit der Adoleszenz verbunden.

Wenn Sie jedoch die Liebessprache Ihres Teenagers lernen, können Sie ein Kommunikationsverhalten aufbauen, das Konflikte übersteht und Ihren Sohn oder Ihre Tochter davon überzeugt, dass Ihre bedingungslose Liebe immer für sie da sein wird.

TEST

Halten Sie sich beim Thema „Teenager und Liebessprachen" für einen Experten? Mit diesem Test können Sie Ihr Wissen überprüfen.

1. Welcher der folgenden Ratschläge ist nicht hilfreich, wenn Sie Ihren Teenager loben wollen?
   a) Seien Sie ehrlich.
   b) Wenn Sie das Ergebnis nicht loben können, loben Sie das Bemühen.
   c) Seien Sie konkret.
   d) Seien Sie lustig.

2. Welcher der folgenden Tipps ist nicht hilfreich, wenn Sie ein intensives Gespräch mit Ihrem Teenager fortsetzen wollen?
   a) Achten Sie auf Körpersprache.
   b) Unterbrechen Sie, wenn Sie etwas hören, was Ihnen nicht gefällt.
   c) Versuchen Sie, Gefühle herauszuhören.
   d) Halten Sie Augenkontakt.

3. Welche Aussage trifft nicht auf ein ehrlich gemeintes Geschenk im Sinne einer Liebessprache zu?
   a) Es muss nicht verdient werden.
   b) Es wird aus freien Stücken gegeben.
   c) Man hat es gewöhnlich nach einer Woche schon verloren oder weggeworfen.
   d) Es muss nicht unbedingt Geld kosten.

4. Welche der folgenden Aussagen trifft auf Körperkontakt zu?
   a) Es ist in Wahrheit keine Liebessprache.
   b) Es ist zehnmal wahrscheinlicher, dass Jungen im Teenageralter Körperkontakt als Muttersprache der Liebe identifizieren als Mädchen.

c) Die Fähigkeit, mit dem Teenager intensive Gespräche zu führen, macht das Bedürfnis nach Körperkontakt überflüssig.
d) Es hängt von der Stimmung des Teenagers ab, wie er auf die Berührung reagiert.

5. Welche der folgenden Methoden ist nicht empfehlenswert, wenn Sie die Muttersprache der Liebe Ihres Teenagers herausfinden wollen?
a) Sprechen Sie mit seinen Freunden oder seinem Lehrer.
b) Probieren Sie Verschiedenes aus.
c) Stellen Sie Beobachtungen an.
d) Stellen Sie Fragen.

Antworten: 1d), 2b), 3c), 4d), 5a).

Dritter Teil

Schwierige Zeiten *überstehen*

1 Schlaglöcher auf dem Weg zum Paradies – Mit *Eheproblemen* umgehen

Als Margaret in die Küche kam, sah sie Bill an der Spüle stehen. „Was machst du?", fragte sie.

„Ich räume nur das Geschirr weg", erwiderte er, während er einen Teller abtrocknete.

„Ich wollte es an der Luft trocknen lassen", erklärte Margaret, „um es dann morgen früh wegzuräumen."

„Ich weiß", entgegnete Bill, „aber wenn man Pfannen nicht sofort abtrocknet, fangen sie an zu rosten." Er öffnete einen Küchenschrank und stellte ein Glas hinein.

„Die Gläser gehören in den Schrank neben dem Kühlschrank", erinnerte ihn Margaret.

„Ich habe das System etwas geändert", gab Bill zu. „Es ist logischer, wenn die Gläser im Schrank neben der Spüle stehen."

„Und wenn du aus dem Kühlschrank etwas zu trinken holen willst?", fragte Margaret mit leicht verärgerter Stimme.

Bill hielt inne und schaute sie an. „Habe ich etwas falsch gemacht?", fragte er.

„Nein, aber ich habe das Gefühl, dass ich etwas falsch gemacht habe", sagte Margaret. „In den letzten Wochen hast du alles, was ich eingerichtet hatte, wieder umgeändert. Zuerst die Schlafzimmerschränke, dann die Kommoden, und jetzt die Küche."

„Ich glaube, dass ich einige gute Ideen habe, wie man den Haushalt effizienter gestalten könnte", erklärte Bill.

„Na, wunderbar! Da brechen ja paradiesische Zeiten an", sagte Margaret mit grimmigem Blick. Dann holte sie tief Luft und meinte: „Okay, wenn du das willst, dann leg los. Gibt es noch andere Problembereiche in unserem Haus?"

Bill zögerte einen Moment. „Ja, schon, aber wir können über Dinge wie das Zusammenfalten der Wäsche ein anderes Mal reden."

„Oh, ich werde die Minuten bis zu der Diskussion zählen", sagte Margaret.

„Was ist dein Problem?", fragte Bill.

„Mein Problem ist, dass ich den Eindruck habe, dass ich einen Ordnungsfanatiker geheiratet habe, ohne es zu merken."

„Oh, ich bin kein Ordnungsfanatiker", protestierte Bill. „Ich erledige die Dinge nur mit System."

„Ich fürchte, dass du dich als Nächstes darüber beschwerst, wie ich das Toilettenpapier aufhänge."

„Das wollte ich eigentlich nicht, aber wo du es gerade erwähnst ..."

„Ich fasse es nicht!", schrie Margaret.

„Ich will mich ja nicht beschweren", versicherte ihr Bill. „Ich sage ja nur, dass es sinnvoller ist, wenn das Toilettenpapier von oben abgerissen wird. So sieht es auch besser aus."

„Toilettenpapier als ästhetischer Genuss – interessant", sagte Margaret. „Ich nehme zurück, was ich eben gesagt habe – ich habe keinen Ordnungsfanatiker geheiratet, sondern einen Vertreter von ‚Schöner Wohnen'!"

*

Was halten Sie von Bills und Margarets Wortwechsel? Würden Sie ihn als kleine Meinungsverschiedenheit beschreiben? Ein harmloses Geplänkel? Oder den Anfang vom Ende ihrer Beziehung?

Die Antwort hängt davon ab, wie Bill und Margaret mit der Situation umgehen. Wenn sich Margaret über Bills beharrliche Versuche, den Haushalt neu zu organisieren, ärgert, könnte es sein, dass sie ihre Gefühle noch deutlicher äußert. Es wäre denkbar, dass sie spitze Bemerkungen macht oder dass sie anfängt, seine Veränderungen wieder rückgängig zu machen, nachdem er zur Arbeit gefahren ist, einfach um ihn auf die Palme zu bringen. Es wäre auch möglich, dass sie sich bei ihren Freundinnen über sein anscheinend zwanghaftes Verhalten beklagt.

Bill könnte sich seinerseits über Margarets Einwände ärgern. Ihr Spott könnte ihm auf die Nerven gehen. Es wäre denkbar, dass er ihre

„scherzhaften“ Bemerkungen darüber, dass er neurotisch sei und wegen seines „Ordnungsticks“ psychologische Hilfe brauche, übel nimmt.

Mit der Zeit beginnen Bill und Margaret möglicherweise, ihre Gefühle für sich zu behalten, und tun nichts dagegen, dass sich ihr Ärger in Verbitterung verwandelt. Vielleicht bauen sie eine seelische Mauer zwischen sich auf und verhalten sich zueinander kalt und distanziert. Wenn einer von beiden entscheidet, dass „das Fass übergelaufen ist“, entscheiden sie sich vielleicht dafür, sich zu trennen und schließlich scheiden zu lassen.

Es mag Ihnen vorkommen, als würden Welten zwischen einem scherzhaften Gespräch wie in der Eingangsszene und einer Scheidung liegen, aber es handelt sich nur um einen logischen Prozess. Viele Paare haben erlebt, wie ihre Beziehung wegen nichtiger Dinge anfing zu bröckeln.

VORGEGRIFFEN

- In einer Ehe können sich Kleinigkeiten zu großen Problemen entwickeln, wenn man nicht in der richtigen Weise damit umgeht.
- Der Schlüssel zu einer intakten Beziehung liegt – sogar mitten in einem Konflikt oder Problem – in der Kommunikation.
- Ehekrisen sind Möglichkeiten für Wachstum. Jedes Mal, wenn Ehepartner in einem Konflikt offen, ehrlich und liebevoll miteinander umgehen, wird ihre Beziehung gestärkt.

Dieses Beispiel ist nicht gewählt, um Sie in Ihrer Beziehung zu verunsichern oder Ihnen Angst zu machen, dass wegen eines harmlosen Streits zwischen Ihnen und Ihrem Partner gleich alles zu Ende sein könnte. Wir wollen vielmehr betonen, wie wichtig es ist, sich auch mit Belanglosigkeiten und Unzufriedenheit in Ihrer Beziehung zu befassen, damit keine großen Probleme daraus entstehen.

In diesem Kapitel werden wir uns mit acht Beschwerden beschäftigen, die oft von Ehepartnern vorgebracht werden. Manche dieser Beschwerden scheinen problematischer als andere zu sein. Manche von ihnen treffen wahrscheinlich bei Ihnen eher ins Schwarze als andere. Abgesehen davon, ob Sie und Ihr Partner diese Problempunkte in Ihrer Beziehung kennen, werden Sie in der Beschäftigung damit sicherlich hilfreiche Ratschläge oder Grundsätze finden, die Sie in Ihrer eigenen Ehe anwenden können.

Beschwerde 1: „Mein Partner sorgt in unserer Beziehung für Probleme"

Was soll ein Partner tun, wenn sich sein Gegenüber weigert, „das Spiel weiter mitzuspielen", so weit die Ehe betroffen ist? Die konkreten Beschwerden variieren von Paar zu Paar, aber ihr Kern ist dieser: „Jedes Mal, wenn ich versuche, ... bla, bla, bla, macht mein Partner immer ... bla bla bla. Ich habe lange genug Geduld gehabt und meinem Partner die Chance gegeben, sich zu ändern, aber es ist nichts passiert. Und ich bin es langsam leid."

Die ausgesprochene oder unausgesprochene Botschaft hinter dieser Beschwerde ist, dass die Ehe glücklich und intakt wäre, wenn der „schuldige" Partner sich endlich zusammenreißen würde. Die ausgesprochene oder unausgesprochene Strategie ist, den schuldigen Partner kleinzukriegen. Keine gute Idee.

Wenn Sie in Ihrer Ehe wirklich Probleme lösen wollen, sollten Sie bei sich selber anfangen. Für manche Leute ist das eine bittere Pille – vor allem, wenn ihre Partner vorwiegend für die Probleme in ihrer Ehe verantwortlich sind. Sie müssen einsehen, dass keiner von beiden unschuldig ist. Wenn Sie Ihren Partner für 95 Prozent der Eheprobleme verantwortlich machen, kommen Ihnen immerhin noch fünf Prozent zu. Und wenn Sie auf eine Verbesserung Ihrer Beziehung hoffen, müssen Sie sich um Ihre fünf Prozent kümmern, bevor Sie sich über die 95 Prozent Ihres Partners Gedanken machen. (Wenn diese Art der Argumentation Sie ärgert oder Ihnen unfair erscheint, dann warten Sie, was nun kommt.)

> *»Streitigkeiten würden nicht lange anhalten, wenn der Fehler nur auf einer Seite läge.«*
> François de la Rochefoucauld

Als Erstes müssen Sie sich selbst fragen: „Was mache ich falsch? Was sind meine Fehler als Ehepartner?" Die Antworten, die Sie darauf finden, können von Bitterkeit über Unfreundlichkeit bis hin zu einem Mangel an Liebe für Ihren Partner reichen. Wenn Sie einmal Ihre Schwächen und Unzulänglichkeiten identifiziert haben, können Sie Strategien dafür entwickeln, wie Sie verhindern, dass sie Ihre Beziehung zu Ihrem Partner zerstören.

Zeit für eine Beichte ...

Als Zweites müssen Sie Ihrem Partner Ihre Fehler und Schwächen eingestehen. Nehmen Sie sich Zeit, um über die Dinge zu reden, die Sie über sich herausgefunden haben. Klären Sie ihn genau über Ihre Fehler und Mängel auf, die Sie entdeckt haben, und bitten Sie ihn um Vergebung. Je konkreter Sie in Ihrer „Beichte" sind, desto leichter wird es sein, gemeinsam mit Ihrem Partner die Probleme in Angriff zu nehmen.

Ihr Eingeständnis könnte so lauten: „Es war unfair von mir, dich darum zu bitten, den Baumstumpf zu entfernen, nachdem du den Rasen gemäht hattest. Es war unsensibel von mir, nicht zu beachten, dass du schon fast den ganzen Tag gearbeitet hattest. Ich weiß, dass ich dich schon einmal so behandelt habe, und es tut mir Leid. Ich möchte dich wissen lassen, dass ich versuchen werde, mich in Zukunft anders zu verhalten."

> **Gute Frage**
>
> **? Wenn meine Frau und ich eine hitzige Diskussion haben, sage ich manchmal Dinge zu ihr, die sie verletzen und das Gespräch sterben lassen. Was kann ich tun, um mein Temperament unter Kontrolle zu halten, damit es die Kommunikation mit meiner Frau nicht belastet?**
> Wenn Sie merken, dass Sie wütend werden, geben Sie es Ihrer Frau gegenüber zu. Sagen Sie: „Liebling, ich merke, dass ich wütend werde. Ich möchte nichts sagen, was ich später bereue, deshalb sollten wir dieses Gespräch erst in ein paar Minuten fortsetzen." Geben Sie sich die Chance, ruhig zu werden, bevor Sie wieder ins Gespräch einsteigen.

... und den Entschluss, sich zu ändern

Ganz offensichtlich lautet die nächste Frage: Wie wird Ihr Partner auf Ihre „Beichte" reagieren? Die verblüffende Antwort lautet: Im Hinblick auf Ihren Entschluss, sich zu ändern, spielt es keine große Rolle.

Abhängig von dem Zustand Ihrer Beziehung wäre es denkbar, dass Ihr Partner ...

- auf die Knie fällt und seine eigenen Fehler und Schwächen „beichtet",

- etwas sagt wie: „Ich habe jahrelang versucht, dich zur Vernunft zu bringen",
- bei Ihrer „Beichte" die Augen verdreht und Sie mit einer sarkastischen Bemerkung entlässt.

Je positiver Ihr Partner reagiert, desto motivierter werden Sie natürlich sein, Ihren Entschluss durchzuhalten. Doch auch wenn Ihr Partner Sie auslacht, tragen Sie immer noch die Verantwortung dafür, sich um Ihre eigenen Fehler zu kümmern.

Wenn Ihr Partner später sieht, dass Sie es damit ernst meinen, Ihren Teil für die Beziehung zu tun, fängt er möglicherweise auch an, sich zu prüfen. Das soll nicht heißen, dass alle Spannungen und Ressentiments, die es in Ihrer Beziehung gibt, über Nacht geheimnisvoll verschwinden. Denken Sie daran, dass diese Probleme über einen längeren Zeitraum entstanden sind. Also wird es auch längere Zeit dauern, bis sie bewältigt sind. Wenn Sie sich jedoch dazu entschließen, sich um Ihre Verantwortung in der Beziehung zu kümmern, werden Sie mit der Zeit positive – und vielleicht entscheidende –Veränderungen in Ihrer Ehe sehen.

Beschwerde 2: „Wir haben keine Liebe mehr füreinander"

Wenn Ihre Beziehung von der Liebe abhängt, die Sie füreinander empfinden – von den zärtlichen Gefühlen, die in Ihnen hochsteigen, wenn Sie sich tief in die Augen sehen –, werden Sie eine glückliche und erfüllte Ehe haben ... bis zum dritten Tag Ihrer Flitterwochen.

Wenn Sie sich darauf verlassen, dass diese Gefühle Sie in der Ehe tragen, dann ist das leider so, als ob Sie sich bei einem Flugzeugabsturz über dem Meer auf das aufblasbare Kissen unter Ihrem Sitz verlassen (von dem die Stewardess sagte, dass es beim Aufblasen die doppelte Größe annehme) – es ist der Aufgabe nicht gewachsen.

Das Problem bei diesem kribbelnden Gefühl, das viele Leute „Liebe" nennen, ist, dass man sich darauf nicht verlassen kann. Sie wissen nie, wann es auftreten und wann es wieder verschwinden wird. Dieses Gefühl wird ganz sicherlich auftreten, wenn Sie mit Ihrem Partner ein romantisches Wochenende in Frankreich verbringen und Sie beide Hand in Hand an einem menschenleeren Strand spazieren gehen, vor dem postkartenreifen Sonnenuntergang. Aber wo ist das Gefühl geblieben, wenn Ihr Partner schon zum vierten Mal vergessen hat, Ihre Jacke von der Reinigung zu holen, und, gemütlich im Bett liegend, unaufrichtige Entschuldigungen murmelt, während Sie im Wäschekorb wühlen, um noch etwas zu finden, das noch sauber genug ist, um es zur Arbeit anzuziehen?

> *»Bevor Sie die Fehler Ihrer Frau kritisieren, sollten Sie daran denken, dass es vielleicht an Ihnen liegt, dass sie keinen besseren Mann bekommen hat.«*
> Unbekannter Verfasser

a) Liebe ist eine Entscheidung

Die Liebe ist kein Gefühl, sondern eine Entscheidung. Man entscheidet sich dafür, seinen Partner zu lieben, unabhängig davon, wie man sich gerade „fühlt". Das ist eine wichtige Unterscheidung. Wenn Liebe ein Gefühl ist und dieses Gefühl verschwindet, dann kann man nichts dagegen tun. Schließlich können Sie sich nicht dazu zwingen, ein Gefühl zu haben, das nicht da ist. Sie können sich also entweder damit abfinden, unzufrieden in einer „Ehe ohne Liebe" zu leben, oder sich für eine Scheidung entscheiden und dann nach jemand anderem suchen, der wieder Liebesgefühle in Ihnen hervorruft.

Wenn Liebe jedoch eine Entscheidung ist, dann steht es immer in Ihrer Macht, die Liebe in Ihrer Beziehung aufrecht zu erhalten. Wenn Ihr Partner mit Ihnen nach Frankreich fährt, können Sie mit Liebe darauf antworten. Wenn Ihr Partner vergisst, bei der Reinigung vorbeizugehen, können Sie mit Liebe darauf antworten.

Es besteht keine Notwendigkeit, Ihren Optiker nach einer rosaroten Brille zu fragen. Es geht nicht darum, die Fehler oder Probleme in Ihrer Beziehung zu ignorieren. Es geht vielmehr darum, sich dafür zu entscheiden, mit diesen Fehlern und Problemen auf eine Weise umzugehen, die in der Liebe begründet ist.

b) Liebe ausdrücken

Am nahe liegendsten ist es, Ihrem Partner durch Worte zu zeigen, dass Sie ihn lieben. Beachten Sie drei Vorschläge, wenn Sie Ihre Liebe für Ihren Partner in Worte kleiden:

• *Bauen Sie ihn auf.* Denken Sie an etwas, das Sie an Ihrem Partner mögen, und drücken Sie ihm Ihre Bewunderung und Dankbarkeit dafür aus. Einen Tag später könnten Sie etwas anderes erwähnen, das Sie an ihm mögen. Tun Sie dasselbe einen oder zwei Tage später. Lassen Sie es sich zur Gewohnheit werden, Ihrem Partner Komplimente zu machen, und Sie werden angenehm überrascht sein, was Sie damit bewirken.

> *»Nicht der gewinnt einen Streit, der die besseren Argumente hat, sondern der am nachsichtigsten und geduldigsten ist.«*
> Samuel Butler

• *Reden Sie in freundlichem Ton.* Lassen Sie nicht zu, dass Ihre negativen Gefühle die Kommunikation dominieren. Wenn Sie etwas sagen wollen, auch wenn es das Zugeben negativer Gefühle bedeutet, sollten Sie es so freundlich wie möglich sagen. Denken Sie daran, was die Bibel sagt: „Eine freundliche Antwort vertreibt den Zorn, aber ein kränkendes Wort lässt ihn aufflammen" (Sprüche 15,1).

• *Geben Sie keine Befehle.* Befehle zu erteilen hat nichts mit Liebe zu tun. Um diese Angewohnheit zu ändern, ist es oft ausreichend, die Wünsche lediglich anders zu formulieren. Anstatt zu sagen: „Ich will, dass das heute erledigt wird!", sollten Sie versuchen zu sagen: „Besteht die Möglichkeit, dass du das in deinen vollen Arbeitstag mit einplanst?" In beiden Fällen wird derselbe Wunsch geäußert; der Unterschied besteht darin, wie der Wunsch von Ihrem Partner aufgenommen wird.

Natürlich gibt es keine Garantie dafür, dass Ihr Partner Ihre so demonstrierte Liebe erwidert. Aber daran können Sie nichts ändern. Denken Sie daran, dass Liebe eine Entscheidung ist, und die Entscheidung eines anderen Menschen können nicht Sie treffen. Was Sie allerdings tun können, ist, liebenswert zu sein, indem Sie alles tun, damit sich Ihr Partner geliebt fühlt.

Beschwerde 3: „Wir reden nicht mehr miteinander"

Warum erstirbt die Kommunikation in so vielen Ehen? Aus Langeweile, weil man es leid ist, sich immer mit demselben Menschen über dieselben Dinge zu unterhalten? Weil man bestimmte Informationen für sich behalten will, um sich irgendwann für ein „Vergehen“ des Mannes oder der Frau zu rächen? Aus Unwissenheit – weil man einfach nicht weiß, wie man miteinander reden soll? Aus Gleichgültigkeit – weil es einem egal ist, was im Leben des anderen geschieht?

In den meisten Fällen ist es eine Kombination aus diesen und unzähligen anderen Faktoren, all den „Bagatellen“, die mit der Zeit bewirken, dass Mann und Frau auseinander driften und sich abkapseln. Leider ist es so, dass es ohne Kommunikation keine Möglichkeit für sie gibt, wieder zusammenzukommen.

Viele Menschen schreiben ihr mangelndes Kommunikationstalent ihren Genen zu. Schließlich ist nicht jeder der geborene Redner oder der geborene Zuhörer. Manche Menschen ziehen es vor zu schweigen, während andere ständig plappern müssen. So sind sie einfach gemacht.

Das wären legitime Entschuldigungen für ein Kommunikationsdefizit ... wenn es das Hauptziel der Ehe wäre, den persönlichen Vorlieben des Ehepartners nachzugeben. Aber das ist es nicht. Das Hauptziel der Ehe ist es, eins zu werden. Und das kann ohne Kommunikation nicht passieren.

Mit dem Ziel der „Einheit“ im Hinterkopf sehen wir uns nun drei Schritte an, die Sie gehen können, um das Gespräch mit Ihrem Partner wieder aufzunehmen.

a) Reden Sie mit Ihrem Partner über Ihr Kommunikationsverhalten

Finden Sie heraus, ob Ihr Partner mit dem gegenwärtigen Stand der Kommunikation in Ihrer Beziehung zufrieden ist. Wenn er seine Sicht dargelegt hat, sollten Sie Ihre eigenen Gedanken mitteilen. Wenn beide von Ihnen bestimmte Bereiche benennen können, an denen Sie arbeiten müssen, dann sprechen Sie darüber. Lassen Sie Ihren Partner wissen, dass Sie gewillt sind, Zeit, Energie und Bequemlichkeit zu opfern, um Ihre Kommunikationsstrategien zu verbessern. Fragen Sie dann Ihren Partner, ob er bereit ist, dasselbe zu tun. Wenn Ihr Partner sieht, wie wichtig es Ihnen ist, wird er wahrscheinlich gerne bereit sein, selbst zur Verbesserung der Situation beizutragen.

b) Lernen Sie, die richtigen Fragen zu stellen

Anstatt Ihren Partner mit Forderungen zu überfallen wie: „Rede mit mir", sollten Sie die Initiative ergreifen, um die Dinge herauszufinden, die Sie gerne wissen wollen. Fragen zu stellen ist besonders hilfreich, wenn Ihr Partner von Natur aus ein schweigsamer Typ ist. Wenn ein Mensch, der nicht gerne redet, das Gespräch nicht selbst beginnen muss, wird viel Druck von ihm genommen.

Um Ihre Chancen auf intensive Gespräche zu erhöhen, müssen Sie darauf achten, dass Ihre Fragen konkret und nicht einschüchternd sind. Die Frage: „Wie war dein Tag?", ist zu weit gestellt, um ein echtes Gespräch zu beginnen. Manches war an diesem Tag sicherlich gut, anderes schlecht. Wenn Sie das zusammenzählen, bekommen Sie die immer beliebte Antwort: „In Ordnung." Je konkreter Sie Ihre Fragen stellen („Wie reagierte Andy, als du ihm erzählt hast, dass du darüber nachdenkst, auszusteigen?"), desto eher werden Sie eine aufschlussreiche Antwort bekommen – eine Antwort, die Anlass zu einem längeren Gespräch sein kann.

Gute Frage

? Mein Mann gibt mir nur einsilbige Antworten auf meine Fragen. Er öffnet sich mir gegenüber einfach nicht. Was kann ich tun?
Wenn Ihr Partner Ihnen einsilbige Antworten gibt, sollten Sie nicht den Mut verlieren. Fahren Sie fort, ihm Fragen zu stellen, und zwar so konkret wie möglich. Oft dienen die ersten beiden Fragen dazu, das Gespräch in Gang zu bringen. Vielleicht fällt es Ihrem Mann nach ein paar Versuchen schon leichter zu antworten, weil er sich wohler dabei fühlt, über sich selbst zu reden.

c) Finden Sie gemeinsame Interessen

Es kann sein, dass Sie nicht mehr mit Ihrem Partner reden, weil Sie nicht genug Gesprächsstoff haben. Wenn sich Ihre persönlichen Interessen stark von denen Ihres Partners unterscheiden, gibt es vielleicht nicht genug Gemeinsames, über das Sie reden können.

Wenn Sie nicht viele gemeinsame Interessen ausfindig machen können, sollten Sie es zu Ihrer Aufgabe machen, solche Interessen zu entwickeln. Bemühen Sie sich, etwas über die Dinge herauszufinden, für die sich Ihr Partner interessiert. Das wird Ihnen nicht nur Gesprächsstoff liefern, sondern Ihrem Partner auch zeigen, was Sie bereit sind zu tun, um Ihre Kommunikation zu fördern.

Beschwerde 4: „Mein Partner erwartet von mir, dass ich die ganze Hausarbeit allein mache“

Wessen Aufgabe ist es, in Ihrem Haus die Toilette zu reinigen? Sie merken, dass wir nicht gefragt haben: Wer reinigt in Ihrem Haus die Toilette? Wir fragten, wessen Aufgabe es sei. Wenn Sie darauf antworten, müssen Sie auch erklären können, warum das so ist.

Sie können sich wahrscheinlich die häufigsten Antworten auf die Frage denken:

- „Das Putzen der Toilette ist Frauensache, deshalb ist das die Aufgabe meiner Frau.“
- „Das Putzen der Toilette ist die Sache meines Mannes, weil ich den ganzen Tag arbeite, während er zu Hause ist und sich um die Kinder kümmert.“
- „Meine Mutter war bei uns früher immer für das Putzen zuständig, und das ist das Vorbild, an dem ich mich in meinem eigenen Haushalt orientieren möchte.“

Zwei Menschen gehen niemals in perfekter Übereinstimmung in die Ehe. Jeder bringt seine eigenen Ansichten, Erfahrungen und seine Geschichte mit in die Beziehung. Manches davon wird mit den Ansichten, Erfahrungen und der Geschichte des Partners kollidieren. Während man bedenkenlos die Behauptung aufstellen kann, dass diese Unterschiede eine Ehe bereichern, kann man mit der gleichen Sicherheit sagen, dass sie auch die meisten Ehekrisen verursachen. Wenn Sie sich nicht einigen können, wer von Ihnen die Toilette putzt, liegt es wahrscheinlich daran, dass Sie verschiedene Vorstellungen darüber haben, wie Ihre Ehe funktionieren soll.

Entweder Sie entscheiden sich dafür, Ihre unterschiedlichen Ansichten zu diskutieren und zusammen zu einer Lösung zu kommen, mit der Sie sich beide wohl fühlen – oder Sie kaufen ein paar Dosen Duftspray für Ihre Wohnung, damit Sie den Geruch nicht riechen, der aus dem Badezimmer kommt. Erlauben Sie uns, Ihnen die erste Option zu empfehlen.

Sie könnten das Gespräch damit beginnen, dass Sie einander mitteilen, wie der Haushalt in Ihrem Elternhaus geführt wurde. Wenn Sie ein Verständnis für die Herkunft des anderen entwickelt haben, könnten Sie damit beginnen, sich selbst einige logische Fragen zu stellen, die zu einer Lösung führen könnten, zum Beispiel:

- Wer von uns hat tagsüber am meisten Zeit, sich um den Haushalt zu kümmern?
- Welches sind die Aufgaben, die Sie im Haushalt am liebsten (bzw. am wenigsten ungern) tun? Was können Sie besonders gut?
- Welches sind die Aufgaben, die Sie im Haushalt am wenigsten gern tun? Welchen Bereich würden Sie gern von der Liste Ihrer Pflichten streichen?
- Zu welcher Art von Kompromiss könnten wir kommen, damit einer von uns nicht alle anstrengenden und unangenehmen Aufgaben übernehmen muss, wie das Reinigen der Toilette?

Bevor wir diesen Teil abschließen, müssen wir noch etwas klarstellen. Jede Aufgabe im Haushalt, die Sie sich weigern zu tun, weil sie Ihnen zu schwierig, zu zeitaufwändig oder zu unangenehm ist, wird auf Ihren Partner zurückfallen. Wenn dieser Gedanke Sie nicht dazu drängt, etwas zu tun, um die Last Ihres Partners zu erleichtern – oder wenn dieser Gedanke nicht wenigstens Ihr Mitgefühl erregt –, sollten Sie zurückblättern und den Teil „Liebe ist eine Entscheidung“ (S. 273) noch einmal lesen.

Familienaktion

✓ WENN SIE UND IHR PARTNER einfach keine Zeit haben, sich um alle Pflichten zu kümmern, die Ihnen Ihr Haushalt auferlegt, sollten Sie die „kleinen Arbeiter“ rekrutieren, die bei Ihnen zu Hause sind – Ihre Kinder. Am besten sprechen Sie das Thema so an, dass Ihre Kinder die Arbeit nicht als „Pflicht“, sondern als Notwendigkeit sehen. Sagen Sie ihnen, dass Sie ihre Hilfe brauchen. Sie sollten Ihren Kindern vermitteln, dass sie stolz darauf sein können, einen besonderen Verantwortungsbereich zu haben. Lassen Sie sie dabei mitreden, welche Aufgaben wann erledigt werden sollten (solange die Arbeit dann auch getan wird). Ihre Kinder werden sich vielleicht über die Arbeit selbst beschweren, aber sie werden die Vorstellung mögen, dass sie in der Familie besondere Verantwortung tragen.

Beschwerde 5: „Mein Partner trifft bei uns alle Entscheidungen"

Eines der wichtigsten Dinge, die ein Paar tun kann, um für die „Gesundheit" seiner Beziehung zu sorgen, ist, sich so früh wie möglich zu einigen, wie Entscheidungen getroffen werden sollen. Denn sonst kann es leicht passieren, dass sich die dominante Persönlichkeit in der Beziehung durchsetzt und beginnt, die Entscheidungen, die in der Familie getroffen werden müssen, an sich zu reißen.

Viele Paare begründen ihr Modell für den Entscheidungsfindungs-Prozess mit ihrem Glauben, indem sie die biblische Aufforderung zitieren, den Mann zum „Haupt" der Familie zu machen. Diese Sichtweise ist sicherlich nicht falsch. Es sollte jedoch darauf hingewiesen werden, dass das biblische Familienmodell die Frau nicht aus dem Entscheidungsfindungs-Prozess ausklammert.

Idealerweise sollten alle größeren Entscheidungen in Ihrer Familie das Ergebnis der Zusammenarbeit zwischen Ihnen und Ihrem Partner sein. Das bedeutet, dass Sie sich zusammensetzen müssen, um die Vor- und Nachteile jedes Standpunktes zum aktuellen Thema zu diskutieren. Jeder von Ihnen sollte seine ehrliche Meinung und Präferenz frei äußern dürfen. Er sollte auch den Standpunkt des anderen freimütig infrage stellen dürfen – ihn jedoch nicht herabsetzen. Wenn jeder die Möglichkeit hatte, seine Gedanken zu äußern, können Sie über die Angelegenheit entscheiden.

> *»Als ich „den Richtigen" heiratete, wusste ich noch nicht, dass er immer am besten wissen würde, was „das Richtige" ist.«*
> Anne Gilchrist

Wenn es sich herausstellt, dass Sie verschiedener Ansicht sind, sollten Sie sich Zeit nehmen, noch einmal über die Angelegenheit nachzudenken. Prüfen Sie, welche Beweggründe zu Ihrem Standpunkt geführt haben. Nachdem Sie ein paar Tage Zeit zum Nachdenken hatten, sollten Sie sich noch einmal zusammensetzen und über Ihre Vorstellungen reden. Wenn Sie danach immer noch verschiedene Standpunkte vertreten, sollten Sie die Angelegenheit so lange diskutieren, bis Sie zu einer gemeinsamen Lösung kommen.

Wenn Sie Entscheidungen treffen, ohne die Meinung und den Standpunkt des anderen in Betracht zu ziehen, demonstrieren Sie kaum die Einheit, die für eine intakte Ehe wesentlich ist – und schon gar nicht Respekt und Anerkennung für Ihren Partner. Sie vermitteln vielmehr die Botschaft, dass seine Meinung letztlich nicht zählt. Anstatt den Partner im Sinne der Einheit gleichwertig zu behandeln, behandeln Sie ihn wie ein Kind.

Gute Frage

? Bei uns sagt meine Frau immer: „So haben wir es in meinem Elternhaus gemacht, und so machen wir es jetzt auch." Das bringt mich auf die Palme! Was soll ich ihr sagen?
Wenn es darum geht, Entscheidungen im Haushalt zu treffen, tendieren viele Menschen dazu, sich am Vorbild ihrer Eltern zu orientieren. Wenn Sie in einer Familie aufwuchsen, in der Ihr Vater das Sagen hatte, werden Sie wahrscheinlich mit der Erwartung in die Ehe gehen, dass der Mann alle wichtigen Entscheidungen im Haushalt trifft, vielleicht ohne jemand anderen zurate zu ziehen. Wenn in Ihrem Elternhaus die Mutter die dominante Rolle hatte, erwarten Sie möglicherweise, dass die Frau in der Familie die Zügel in die Hand nimmt. Die Lösung ist die Zusammenarbeit zwischen Mann und Frau.

Beschwerde 6: „‚Sex'? Was meinen Sie mit ‚Sex'?"

Eines der größten Hindernisse auf dem Weg zur sexuellen Erfüllung sind die unrealistischen Erwartungen, die viele Paare haben. Dank Hollywood glauben viele Hochzeitspaare, dass allein durch das Zusammenkommen zweier Körper ein Feuerwerk sexueller Höhepunkte zur tiefen Befriedigung beider Partner stattfindet. Sie merken jedoch sehr schnell, dass das nicht der Fall ist.

In Wirklichkeit ist es nicht einfach, sexuelle Einheit zu erreichen. Es erfordert genauso viel Entschlossenheit und Bemühen, wie Einheit im Freizeitbereich zu erreichen. Das soll nicht heißen, dass sich diese Arbeit nicht auszahlt. (Im Gegenteil, viele Leute könnten sich keine angenehmere Aufgabe vorstellen.) Aber es erfordert trotzdem einige Anstrengung.

Dabei ist es für Ihre Beziehung förderlich, wenn Sie Ihre intimsten Wünsche preisgeben. Wenn es Dinge gibt, die Ihren körperlichen und seelischen Genuss noch steigern können, sollten Sie es auf jeden Fall sagen. Stellen Sie einander zufrieden.

Ein Mann könnte beispielsweise die folgenden Wünsche gegenüber seiner Frau äußern:

- „Ich fände es schön, wenn du anstatt deinem ausgebeulten Schlafanzug etwas Attraktives anziehen könntest, wenn wir zusammen ins Bett gehen."
- „Ich fände es schön, wenn du öfter die Initiative ergreifen könntest."
- „Ich fände es schön, wenn du es mir auch sagen würdest, wenn du etwas besonders genießt."
- „Ich fände es schön, wenn du nicht mehr an Alltagsdinge denken würdest, wenn wir zusammen im Bett sind, damit du dich entspannen und diese Zeit genießen kannst."

Andererseits könnte eine Frau ihren Mann um Dinge bitten wie:

- „Ich fände es schön, wenn du mit mir reden und mir deine Zuneigung zeigen würdest, wenn wir zusammen schlafen."
- „Ich fände es schön, wenn du mir auch tagsüber Komplimente machen würdest und nicht erst direkt vor dem Sex."
- „Ich fände es schön, wenn du mich von der Arbeit ab und zu anrufen würdest, einfach um zu sagen: ‚Ich liebe dich.'"
- „Ich fände es schön, wenn du mich auch zu anderen Zeiten zum Sex auffordern würdest, nicht nur vor dem Schlafengehen."

Sie sollten dabei aber nicht erwarten, dass jeder Ihrer Wünsche erfüllt wird. Denken Sie daran: Liebe ist eine Entscheidung. Doch wenn Sie Ihre Wünsche aussprechen, dann können sie in Ihr gemeinsames Vorhaben, sexuelle Einheit zu erreichen, miteinbezogen werden.

Beschwerde 7: „Mir war nicht klar, dass ich die Familie meines Partners mitheiraten würde"

Der Umgang mit Eltern und Schwiegereltern ist eine Gratwanderung zwischen zwei Aufgaben: die Eltern loszulassen und sie zu ehren.

Auf der einen Seite haben Sie die Pflicht, Ihre Eltern loszulassen. Denn die Ehe ist ja ein Prozess, in dem zwei Menschen eins werden. Da ist kein Platz mehr für andere. Deshalb ist es wichtig, dass Sie sich von Ihren Eltern trennen, körperlich und seelisch, wenn Sie sich Ihrem Partner anschließen.

> **Gute Frage**
>
> **? Wie kann ich meinen Eltern zeigen, dass ich sie immer noch brauche, obwohl ich verheiratet bin?**
> Fragen Sie sie um Rat. Die Tatsache, dass Sie so viel von ihrer Weisheit und ihrem Wissen halten, dass Sie sie um Rat bitten, wird genügen, um ihnen zu zeigen, dass Sie sie in Ihre Ehe mit einbeziehen möchten (natürlich in begrenztem Rahmen).

Die Ehe ändert die Zugehörigkeit. Sie gehören nicht mehr zu Ihren Eltern, sondern zu Ihrem Partner. Manche nennen es das „Durchschneiden vom Schürzenband“. Das bedeutet, sich von seinen Eltern innerlich zu lösen. Abhängig davon, wie lange Sie bei Ihren Eltern gelebt haben und wie stark ihr Einfluss in Ihrem Leben war, kann dieser Abnabelungsprozess für Sie und für Ihre Eltern ziemlich schwer sein.

Wenn Sie Ihre Eltern nun für die Ehe loslassen, sollten Sie sie andererseits ehren. Das bedeutet, ihren Beitrag zu Ihrem Leben zu würdigen und Ihre Dankbarkeit dafür zu zeigen. Es bedeutet, dass Sie die Weisheit, die die Eltern erworben haben, würdigen und ihr Wissen ab und zu in Anspruch nehmen. Es bedeutet auch, dass Ihr Partner Anteil am Leben Ihrer Eltern haben soll und Ihre Eltern Anteil an Ihrer Ehe haben sollen. Es bedeutet jedoch nicht, Ihren Eltern die Zügel für Ihre eheliche Beziehung zu überlassen. Denken Sie daran: Elterlicher Rat ist gut, elterliche Kontrolle aber schlecht.

Wenn Sie Ihre Eltern ehren – und vor allem die Eltern Ihres Partners –, heißt das, dass Sie sie so annehmen müssen, wie sie sind. Es ist nicht Ihre Aufgabe, Ihre Schwiegereltern zu ändern, egal, wie nötig sie eine Veränderung in Ihren Augen haben mögen. Ihre Aufgabe ist, auf ihre positiven Eigenschaften zu sehen und zu lernen, sie zu lieben.

Beschwerde 8: „Wir können uns in Geldangelegenheiten nicht einigen“

„Geld regiert die Welt“, aber es macht die meisten verheirateten Paare bestimmt nicht glücklicher. Vermutlich geht es in den meisten Streitigkeiten in der Ehe um Geld. Spannungen und Meinungsverschiedenheiten wegen des lieben Geldes können negative Auswirkungen auf nahezu jeden Bereich der Ehe haben, vom geistlichen bis zum sexuellen Bereich.

Wenn wir Ihnen auch keine vielversprechenden Anlagetipps geben können, die Ihre Geldsorgen überflüssig machen, können wir Ihnen doch einen anderen Tipp geben, wie Sie in Ihrer Ehe mit Geld umgehen können. Und wir verlangen dafür noch nicht einmal Provision!

Dies ist der Tipp: *Reden Sie nicht von „meinem", sondern von „unserem" Geld.*

Wenn Sie heiraten, gibt es nicht mehr „dein Geld" und „mein Geld", sondern nur noch „unser Geld". Das Gleiche gilt für Schulden. Es spielt keine Rolle, wer wie viel in die Ehe einbringt. Wenn Sie beide sich als Partner betrachten, akzeptieren Sie damit auch das Vermögen oder die Schuldenlast des anderen. Das ist ein Teil der Einheit, die Sie anstreben.

Da es „unser" Geld ist, sollten „wir" uns darauf einigen, wie es ausgegeben wird. Erinnern Sie sich an den Entscheidungsfindungs-Prozess, den wir bereits ansprachen? Hier ist er von Nutzen. Bevor eine Entscheidung in Geldangelegenheiten getroffen wird, sollten Sie offen darüber reden. Wenn Sie nicht einer Meinung sind, sollten Sie fortfahren, darüber zu reden, bis Sie zu einer Einigung gekommen sind.

Sie sollten ernsthaft erwägen, alle größeren Anschaffungen – alles, was zum Beispiel mehr kostet als 50 Euro – zu besprechen. Das bedeutet, dass keiner etwas kauft, was mehr als 50 Euro kostet, ohne den ande-

Familienaktion

✓ IM INTERESSE IHRER KINDER ist es wichtig, eine intakte Beziehung mit beiden Elternpaaren aufrecht zu halten. Unter der Voraussetzung, dass Ihre Schwiegereltern keine Bedrohung für die Kinder darstellen, werden Sie Ihren Kindern einen Gefallen tun, wenn Sie sie regelmäßig einladen und Ihren Kindern die Gelegenheit geben, Großeltern, Tanten, Onkel, Cousins und Cousinen auch einmal für sich alleine zu haben. Das wird nicht nur den Kreis der Vertrauten Ihrer Kinder vergrößern, sondern ihnen auch ein stärkeres Identitätsgefühl geben. Es sind vor allem die Großeltern, die eine besondere Begabung dafür haben, unvergessliche Erinnerungen und Wissenswertes aus der Familiengeschichte zu erzählen.

ren um Zustimmung gebeten zu haben. Stellen Sie sich vor, wie viele Spontankäufe – deretwegen Sie sich im Nachhinein ohrfeigen könnten und sich fragen: „Was habe ich mir nur dabei gedacht?“ – auf diese Weise vermieden werden könnten!

> *»Männer ertragen kleine Sorgen oft mit weniger Tapferkeit als ein großes Unglück.«*
> Äsop

Wenn Sie vor der Vorstellung zurückschrecken, finanzielle Entscheidungen mit Ihrem Partner zusammen zu treffen, müssen Sie herausfinden, warum das so ist. Ist es deshalb, weil ...

- Sie Ihrem Partner nicht zutrauen, vernünftig mit dem Geld umzugehen?
- Sie sich „betrogen“ fühlen, weil Sie mehr Geld als Ihr Partner mit in die Ehe gebracht haben?
- Sie es nicht gewöhnt sind zu teilen?

Was immer der Grund ist – Sie müssen über Ihre Gefühle sprechen und überwinden, was Sie davon abhält, in finanzieller Hinsicht mit Ihrem Partner „eins“ zu werden.

Abschließende Gedanken über Beziehungsprobleme

Für jedes Beziehungsproblem, mit dem wir uns in diesem Kapitel befasst haben, hätten wir noch zusätzlich ein Dutzend andere erwähnen können. Wenn sich zwei Menschen auf ein gemeinsames Leben einlassen, kommt es zu Konflikten – und zwar zu vielen Konflikten. Die Tatsache, dass Sie Auseinandersetzungen haben – vielleicht sogar häufige Auseinandersetzungen –, ist kein Problem. In der Tat kann es besser für Ihre Beziehung sein, wenn Sie anfangen, Konflikte als Möglichkeiten des Zusammenwachsens zu betrachten. Jedes Mal, wenn Sie an einen Konflikt offen, ehrlich und liebevoll herangehen, stärken Sie damit Ihre Beziehung.

Das bedeutet nicht, dass jeder Konflikt, mit dem Sie sich befassen, leicht zu lösen sein wird. Manche werden vielleicht nie vollständig gelöst. Aber wenn Sie sich dafür entscheiden, nichts zwischen sich kommen zu lassen – die Kommunikation aufrechtzuerhalten, egal, was passiert –, werden Sie den Satz nachsprechen können: „Und sie lebten glücklich bis an ihr Lebensende.“

TEST

Halten Sie sich für einen Experten, wenn es darum geht, kleinere Probleme in Ihrer Familie zu bewältigen? Mit diesem Test können Sie feststellen, ob Sie Recht haben.

1. Was sollten Sie tun, wenn Ihr Partner für 95 Prozent der Probleme in Ihrer Partnerschaft verantwortlich ist?
   a) Konzentrieren Sie sich darauf, sich um die fünf Prozent zu kümmern, für die Sie selbst verantwortlich sind.
   b) Erhöhen Sie die Menge der Probleme, die Sie verursachen, damit die Prozentzahlen gerechter verteilt sind.
   c) Hören Sie nicht auf, Ihren Partner daran zu erinnern, wie wenig Probleme Sie machen, bis der Groschen bei ihm gefallen ist.
   d) Verlangen Sie, dass Ihr Partner seinen Anteil an den Problemen mindestens um die Hälfte reduziert.

2. Welche der folgenden Aussagen trifft auf die eheliche Liebe zu?
   a) Sie beruht auf einem Gefühl.
   b) Sie nimmt mit den Jahren ab, bis sie ganz verschwunden ist.
   c) Sie kann nicht mit Worten erklärt werden.
   d) Sie ist eine Entscheidung.

3. Welcher der folgenden Ratschläge ist nicht dazu geeignet, die Kommunikation mit Ihrem Partner wieder in Gang zu bringen?
   a) Lernen Sie, die richtigen Fragen zu stellen.
   b) Finden Sie gemeinsame Interessen.
   c) Befehlen Sie Ihrem Partner, mit Ihnen zu reden.
   d) Reden Sie mit Ihrem Partner über Ihr Kommunikationsverhalten.

4. Welche der folgenden Behauptungen trifft auf „sexuelle Einheit“ zu?
   a) Sie ergibt sich ganz natürlich, wenn zwei Menschen verliebt sind.

b) Sie erfordert sehr wenig Kommunikation.
c) Sie erfordert genauso viel Entschlossenheit und Anstrengung wie Einheit in geistiger Hinsicht oder im Freizeitbereich.
d) Wenn sie nicht am Anfang Ihrer Beziehung da ist, werden Sie sie auch nicht mehr erleben.

5. Welcher der folgenden Tipps wird am besten helfen, wenn Sie in finanziellen Dingen mit Ihrem Partner eins werden wollen?
a) Bestehen Sie darauf, dass sich Ihr Partner um seine Schulden kümmert, während Sie sich um Ihre eigenen kümmern.
b) Sprechen Sie nicht von „meinem“, sondern von „unserem“ Geld.
c) Achten Sie darauf, dass jeder von Ihnen genau gleich viel Geld ausgibt.
d) Überlassen Sie Ihre finanziellen Angelegenheiten einem Finanzberater.

Antworten: 1a), 2d), 3c), 4c), 5b).

2 Der Realität ins Auge sehen – *Destruktive* Verhaltensmuster überwinden

„Hast du das von Robert und Edna gehört?“, fragte Millie, als sie den Brotkorb weitergab.

Nancy fasste Millies Arm und stieß dabei fast ihr Wasserglas um. „Ja!“, rief sie aus. „Ist das nicht unglaublich?“

„Wie konnte er ihr das antun!?“, fragte Millie.

„Wie konnte sie zulassen, dass er ihr das antat!?“, entgegnete Nancy.

„Glaubst du, dass sie sich scheiden lassen?“, schaltete sich Albrecht ein.

„Was sollen sie sonst tun?“, fragte Millie. „Könntest du mit jemandem verheiratet bleiben, der dir so etwas angetan hat?“

„Ich habe schon immer gewusst, dass Robert zu so etwas fähig ist“, bemerkte Bill.

„Ich weiß, was du meinst“, stimmte Albert ihm zu. „Mir fiel auch auf, dass in ihrer Beziehung irgendetwas nicht stimmte.“

„Was meinst du damit?“, fragte Nancy.

„Nun, es schien immer so, als ob da unter der Oberfläche irgendetwas vor sich ging“, erklärte Albert, „irgendetwas, das sie für sich behalten wollten. Ihre Beziehung war nicht ...“

„... wie unsere“, führte Bill zu Ende und sah dabei seine Frau und die verheirateten Freunde an.

„Ein Hoch auf starke Ehen!“, rief Millie und hob ihr Saftglas.

„Und auf Paare, die keine Angst zu haben brauchen, dass ihnen so etwas passiert wie Robert und Edna“, fügte Nancy hinzu.

*

In Kapitel 1 haben wir uns mit acht kleineren Problemen befasst, die einer Ehe schaden können, wenn sie nicht bewältigt werden. In diesem Kapitel wenden wir uns den Dingen zu, die eine ernsthafte Gefahr für eine *Ehe* darstellen, nämlich sieben destruktive Verhaltensmuster, die einer *Familie* großen Schaden zufügen können.

VORGEGRIFFEN

- Die persönlichen Probleme eines Partners können die ganze Familie durcheinander bringen, wenn man nicht in der richtigen Weise damit umgeht.
- In der Realität zu leben bedeutet, Verantwortung für seine eigenen Handlungen zu übernehmen und anderen die Verantwortung für ihre Handlungen zu überlassen.
- Wenn man mit destruktiven Gewohnheiten und Verhaltensmustern des Partners umgehen will, braucht man „harte Liebe".

Sie brauchen kein Mathegenie zu sein, um sich ausrechnen zu können, dass ein Kapitel nicht ausreicht, um sieben verschiedene Verhaltensmuster ausführlich darzustellen. Sie finden in diesem Kapitel daher nur das Basiswissen: die Merkmale jedes Verhaltens, wichtige Informationen darüber und Tipps zum Umgang mit den Problemen, die durch das Verhalten in der Ehe entstehen. (Wenn Sie weitere Informationen über diese und andere destruktive Verhaltensmuster suchen, empfehle ich Ihnen mein Buch „*... und dann war da noch Liebe – Neuer Schwung für Ihre Ehe*" (Marburg 1999). Wir werden uns Fallbeispiele zu den sieben Arten des destruktiven Verhaltens ansehen und vorschlagen, wie man damit umgehen kann.

Destruktives Verhalten 1: Wenn der Partner keine Verantwortung übernimmt

„Meinem Mann ist in den letzten sechs Jahren vier Mal gekündigt worden. Er hat anscheinend nicht den Wunsch, sich eine stabile Stelle aufzubauen und uns durch ein festes Einkommen zu versorgen. Ich dachte, dass er wenigstens ein paar Dinge am Haus reparieren könnte, weil er ja nicht arbeitet. Zwei Jahre lang habe ich ihm jetzt gesagt, dass wir im Keller Regale brauchen. Und zwei Jahre lang hat er mir erzählt, dass er sich darum kümmern wird. Leider ist das Einzige, das er zustande bringt, im Internet zu surfen und mit seinen Freunden Fußball zu spielen. In ein paar Jahren wollen wir Kinder haben, aber mir kommt es manchmal so vor, als würde ich schon mit einem Kind zusammenleben."

Wenige Dinge sind so enttäuschend, wie zu entdecken, dass der Partner nicht so ist, wie man es sich vorgestellt hat, als man ihn heiratete. Es stellt sich die Frage, was man tun soll, wenn der ehrgeizige, pflichtbewusste, fleißige Mensch, den man geheiratet hat, in Wirklichkeit gar nicht ehrgeizig, pflichtbewusst oder fleißig ist. Was ist, wenn Sie herausfinden, dass Sie mit jemandem verheiratet sind, der keinerlei Verantwortung übernehmen will – weder gegenüber Ihnen noch jemand anderem?

> *»Während die Weisheit und die Tugend eines einzelnen Menschen nur selten viele glükklich machen kann, stürzt die Torheit oder das Laster eines einzelnen Menschen nur zu oft viele ins Unglück.«*
> Samuel Johnson

a) Versuchen Sie, die Wurzel des Problems zu finden

Wenn Sie mit einem Menschen zusammenleben, der keine Verantwortung übernimmt, sollten Sie als Erstes versuchen zu verstehen, warum er sich nicht verantwortlich fühlt. Im Allgemeinen gibt es vier Gründe, die Sie in Betracht ziehen sollten.

- *Ihr Partner orientiert sich an seinen Eltern.* Wir ahmen unsere Vorbilder nach. Was Sie für Faulheit oder Verantwortungslosigkeit halten, betrachtet Ihr Partner vielleicht als Freiheit oder persönliche Unabhängigkeit – weil ihm das vorgelebt wurde.
- *Ihr Partner rebelliert gegen ein negatives Beispiel.* Wenn Ihr Partner seinen Vater in seiner Kindheit als „Workaholic" erlebt hat, der nie Zeit für seine Kinder hatte, glaubt er möglicherweise, dass es besser ist, für verantwortungslos als für arbeitssüchtig gehalten zu werden.
- *Ihr Partner hat eine egozentrische Haltung entwickelt.* Es besteht auch die Möglichkeit, dass ein Mangel an Verantwortungsbewusstsein einfach reiner Egoismus ist – das Bedürfnis, das zu tun, was einem gerade passt. Was unausgesprochen bleibt, ist: Ihrem Partner ist es

egal, ob Sie darüber enttäuscht sind oder Probleme deswegen haben, dass ihm seine persönliche Freiheit so wichtig ist. Seine Selbstverwirklichung ist alles, was zählt.

• *Ihr Partner zeigt durch sein Verhalten, dass er einen Groll gegen Sie hegt.* Wenn Sie Nachforschungen anstellen, entdecken Sie vielleicht, dass Ihr „verantwortungsloser" Partner in Wirklichkeit doch Verantwortung übernimmt, und zwar in Bereichen, mit denen Sie nichts zu tun haben, zum Beispiel in der Gemeindearbeit. Wenn Sie etwas nachforschen, finden Sie vielleicht heraus, dass Ihr Partner sich in diesen Bereichen verantwortungsbewusster verhält als zu Hause, weil er dort Lob und Anerkennung für sein Engagement bekommt – das Lob, das er in seiner Ehe vermisst.

b) Schreiten Sie zur Tat

Nachdem Sie den Grund für den Mangel an Verantwortungsbewusstsein Ihres Partners gefunden haben, können Sie drei Dinge tun, um dem entgegenzuwirken.

• *Geben Sie Ihre eigenen Fehler zu.* Geben Sie ehrlich zu, in welchen Bereichen Sie versagt haben, sei es durch Nörgeln („Wann suchst du dir endlich eine neue Arbeitsstelle?") oder durch Kritik („du bist der faulste Mensch, den ich je gesehen habe!"). Zeigen Sie deutlich, dass Ihnen Ihr Versagen Leid tut und dass Sie entschlossen sind, sich in diesen Bereichen zu bessern.

• *Drücken Sie Ihre Liebe aus.* Ermutigen und loben Sie Ihren Partner mit herzlichen Worten für die positiven Wesenszüge, die Sie bei ihm sehen. Zeigen Sie Ihre Dankbarkeit für die Dinge, die er im Haushalt erledigt. Belassen Sie es dabei. Auf diese Bestätigung sollte kein Nörgeln folgen („Ich wünschte nur, du würdest ...").

• *Bitten Sie ihn um einen Vorschlag, wie Sie eine bessere Partnerin werden können.* Bitten Sie ihn, Bereiche zu nennen, in denen eine Veränderung Ihrer Einstellung und Ihres Verhaltens Ihrer Ehe gut tun könnten. Ihr Partner sollte keine spontane Stellungnahme abgeben, sondern etwas Zeit zum Nachdenken haben. Sie könnten ihn sogar um eine Liste mit Verbesserungsvorschlägen bitten. So ein Vorschlag könnte zum Beispiel lauten: „Anstatt sich den ganzen Tag über die Dinge zu beklagen, die ich nicht tue, würde ich mir wünschen, dass du dich ein paar Minuten auf die Dinge konzentrierst, die ich tatsächlich tue."

Versorgt mit diesen Hinweisen können Sie anfangen, Ihre Einstellung und Ihr Verhalten zu ändern, um die Bedürfnisse Ihres Partners zu erfüllen. Ihre Bereitschaft, seine Vorschläge ernst zu nehmen und sich zu ändern, wird wahrscheinlich bei ihm eine ähnliche Bereitschaft hervorrufen.

> *»Arbeit lässt sich so lange ausdehnen, bis die Zeit, die man hat, völlig ausgefüllt ist.«*
> C. Northcote Parkinson

c) Setzen Sie „harte Liebe" ein

Wenn Sie keine Änderung im Verhalten Ihres Partners bemerken, müssen Sie vielleicht eine andere Vorgehensweise wählen. Sie sollten dann nicht mehr selbst versuchen, Veränderung bei Ihrem Partner zu bewirken, sondern ihn dazu zu bewegen, einen Therapeuten aufsuchen. Die Probleme Ihres Partners können nämlich zu vielschichtig sein, um sie zu zweit zu bewältigen.

Vielleicht lehnt Ihr Partner das ab. Deshalb müssen Sie fest, beharrlich und verständnisvoll sein. (Sie könnten sagen: „Ich weiß, dass du große Probleme mit deinem Vater hast. Ich glaube, dass du diese Dinge nur überwinden kannst, wenn du an deinen Gefühlen arbeitest, und zwar mit jemandem, der etwas davon versteht.") Betonen Sie, dass Sie ihn lieben. Tun Sie, was immer notwendig ist, um wieder zu einer intakten Beziehung zu kommen.

Destruktives Verhalten 2: Wenn der Partner ein „Workaholic" ist

„Mein Mann ist Steuerberater, deshalb hat er schon immer zu den Zeiten sehr viel zu tun gehabt, wenn die Steuererklärungen eingereicht werden müssen. Das gehört zu seinem Beruf. Seit er als Teilhaber in seine Firma eingestiegen ist, ist das jedoch zum Regelfall im ganzen Jahr geworden. Er kommt nicht vor acht Uhr abends nach Hause, wenn die Kinder schon im Bett sind. Er arbeitet samstags mindestens zehn Stunden. Manchmal arbeitet er sogar sonntags. Wenn ich ihn darum bitte, einen Tag freizunehmen, sieht er mich an, als ob ich verrückt wäre.“

Die Arbeitssucht ist eine besonders heimtückische Bedrohung für die Familie. Und zwar nicht nur deshalb, weil sie den „Workaholic“ für große Zeitspannen von der Familie trennt, sondern auch, weil es so aussieht, als würde der „Workaholic“ seine Arbeit für wichtiger halten als die Familie. Lassen Sie uns einen Blick darauf werfen, was Sie tun können, wenn Sie mit einem „Workaholic“ zusammenleben.

a) Begreifen Sie, was den „Workaholic“ antreibt

Ein „Workaholic“ ist jemand, der alles auf eine Karte setzt. Die Berufung des „Workaholics“ ist, sich ins Leben zu stürzen. Der „Workaholic“ ist besessen von seiner Arbeit. Um ihn zu verstehen, müssen Sie verstehen, was ihn zum Leben motiviert. Es gibt zwei entscheidende Gründe, aus denen Menschen arbeitssüchtig werden.

Erstens können Minderwertigkeitsgefühle dahinter stehen. Der Samen für Arbeitssucht wird gewöhnlich in der Kindheit gesät. Die meisten „Workaholics“ glauben in ihrer Kindheit, dass sie nicht so gut oder so klug wie ihre Geschwister sind, möglicherweise weil ihre Eltern es ihnen so vermitteln. Das Ergebnis ist, dass sie pausenlos arbeiten und versuchen, besser als jeder andere zu sein, um ihre Minderwertigkeitsgefühle zu überwinden. Viele Arbeitssüchtige fühlen sich auch ungeliebt. Es ist ihr Bedürfnis nach „Liebe“ – in Form von Anerkennung am Arbeitsplatz –, das sie antreibt.

Zweitens kann es sein, dass man durch das Arbeiten seine Gefühle unterdrücken will. Viele „Workaholics“ nutzen die Geschäftigkeit ihres Arbeitsplatzes, um zu vermeiden, sich mit ihren eigenen Gefühlen oder den Gefühlen anderer auseinander zu setzen. Das trifft vor allem auf diejenigen zu, die von ihrem Partner als Ehemann, Ehefrau oder Elternteil für unfähig erklärt werden. An der Arbeitsstelle können sich Arbeitssüchtige davon überzeugen, dass sie erfolgreich sind, weil sie hart arbeiten. Wenn diese Vorstellung erschüttert wird, sobald sie nach Hause kommen, werden sie versuchen, das Nach-Hause-Kommen so lange wie möglich aufzuschieben.

b) Schreiten Sie zur Tat

Wenn Sie einmal die Motive verstanden haben, die hinter der Arbeitssucht Ihres Partners stehen, können Sie die notwendigen Maßnahmen ergreifen, um das Problem in Angriff zu nehmen.

- *Erfüllen Sie seelische Bedürfnisse.* Geben Sie Ihrem Partner die Ermutigung und Anerkennung, die er braucht. Anstatt zu nörgeln und sich zu beklagen, dass er viel arbeitet, sollten Sie ein Interesse an seiner Arbeit zeigen. Machen Sie es sich zur Gewohnheit, Ihren Partner durch Sätze wie: „Dein Chef sollte wirklich dankbar dafür sein, dass er dich hat", oder: „Es wundert mich nicht, dass deine Angestellten dich so mögen", zu bestätigen. Machen Sie Ihr Zuhause zu einem angenehmen, geliebten Ort.
- *Setzen Sie „harte Liebe" ein.* Ob Sie es glauben oder nicht – es ist Ihrem Partner möglicherweise gar nicht bewusst, welchen Effekt seine Arbeitsbesessenheit auf seine Familie hat. Vielleicht stellt er sich vor, dass Sie es genießen, die Früchte seiner Arbeit zu ernten. Deshalb müssen Sie vielleicht dafür sorgen, dass er „aufwacht" und erkennt, dass er etwas verpasst. Wir meinen nicht, dass Sie ihm ein Schuldbewusstsein einreden sollten. Wir reden davon, dass Sie ihn liebevoll und ehrlich mit den konkreten Ereignissen konfrontieren sollten, die er durch sein Arbeiten verpasst hat. Das können die ersten Worte Ihres Kindes sein oder der Nachmittag, an dem es zum ersten Mal alleine Fahrrad gefahren ist.

Destruktives Verhalten 3: Wenn der Partner das Sagen haben will

„Mein Mann lässt mich in unserem Haushalt keine Entscheidungen treffen. Er gibt mir Geld zum Einkaufen und erwartet, dass ich die Kinder versorge. Bei Entscheidungen darf ich nicht mitreden. Ich fühle mich wie seine Angestellte."

Mit einem Partner zu leben, der in der Familie das Sagen haben will, ist schwierig, weil er sich persönlich angegriffen fühlt, wenn man seine Art, die Dinge zu handhaben, infrage stellt oder kritisiert. Das erschwert das Gespräch darüber beträchtlich. Lassen Sie uns einen Blick darauf werfen, was Sie tun können, wenn Sie mit einem zu dominanten Partner zusammenleben.

a) Versuchen Sie zu verstehen, warum er sich so verhält

Die Wurzeln eines solchen Verhalten liegen wahrscheinlich zum einen in seiner Kindheit und zum anderen in seiner Persönlichkeit.

Viele Menschen, die „bestimmen“ wollen, folgen lediglich dem Vorbild ihrer eigenen Eltern. Sie tun das, was in ihrer Kindheit funktioniert hat. Natürlich waren sie als Kinder zu klein, um die Schattenseite dominanten Verhaltens zu erkennen. Deshalb ist ihre Sicht von der Rollenverteilung in der Familie ganz klar einseitig.

Gleichzeitig werden manche Menschen mit einer dominanten oder führungsorientierten Persönlichkeit geboren. Es sind die „Macher“, die Leute, an die man sich wendet. Sie arbeiten ergebnisorientiert und sind darin erfolgreich. Sie nehmen jedoch selten ihre eigenen Gefühle und die Gefühle anderer wahr.

b) Vermeiden Sie falsche Reaktionen

Sie müssen wissen, dass es zwei Methoden gibt, die man nicht bei einem Partner anwenden sollte, der dominieren will: einen Machtkampf heraufzubeschwören oder zum „gehorsamen Diener“ zu werden.

Die Methode des Machtkampfs besteht darin, jeden Versuch des anderen, Sie zu beherrschen, zu bekämpfen. Daraus resultieren unweigerlich häufige Konflikte und das ungute Gefühl, sich vor dem anderen in Acht nehmen zu müssen.

Die Methode des „gehorsamen Dieners“ besteht darin, alles zu tun, um den Familienfrieden zu bewahren, auch wenn das heißt, die persönliche Freiheit aufzugeben. Das Ergebnis ist ein extrem ungesundes Herr-Diener-Verhältnis.

c) Schreiten Sie zur Tat

Mit einem Partner umzugehen, der das Sagen haben will, ist nicht einfach, aber möglich. Sie sollten an drei Dinge denken:

- *Gehen Sie auf sein Bedürfnis nach Freiheit ein.* Hinter dem Drang zu bestimmen steht ein unverhältnismäßiges Bedürfnis nach Freiheit. In Ihrem Bemühen, zu einer ausgewogenen Beziehung zu finden, müssen Sie dieses Verlangen nach Freiheit, das Ihr Partner hat, akzeptieren. Das heißt, dass Sie seine Redefreiheit nicht beschneiden sollten. Ihr Partner muss seine Meinung immer frei äußern können.

- *Gehen Sie auf sein Bedürfnis ein, sich wichtig zu fühlen.* Denken Sie daran, dass das Selbstwertgefühl Ihres Partners wahrscheinlich mit seiner Leistung zusammenhängt. Je mehr Ziele er erreicht – auch familiäre Ziele –, desto besser fühlt er sich.
- *Versuchen Sie, durch Zustimmung Einfluss zu nehmen.* Versuchen Sie nicht, mit einem Partner, der das Sagen haben will, zu diskutieren. Sie werden nur Öl ins Feuer gießen. Versuchen Sie vielmehr, ihn durch Zustimmung zu beeinflussen. Das bedeutet, dass Sie Ihre Zustimmung zu bestimmten Argumenten geben, aber nicht zulassen, von ihnen beherrscht zu werden. Ganz praktisch heißt das, dass Sie positive Gedanken und Argumente anerkennen, aber konkrete Gründe dagegenhalten, warum Sie eine andere Vorgehensweise wählen müssen („Ich finde, dass deine Idee, wie wir Geld sparen können, sehr vernünftig ist. Leider habe ich nicht immer die Zeit, um …“).

> *»Kein Mensch ist so weise oder so gut, dass man ihm unbegrenzte Macht geben könnte.«*
> Charles Caleb Colton

Destruktives Verhalten 4: Wenn der Partner unkommunikativ ist

„Meine Frau lässt mich wissen, dass ich etwas falsch gemacht habe, indem sie nicht mehr mit mir redet. Sie schweigt, bis ich herausgefunden habe, was ich falsch gemacht habe, und mich dafür entschuldige. Üblicherweise dauert ihr Schweigen einen oder zwei Tage, aber ab und zu ist es vorgekommen, dass sie eine ganze Woche nicht mit mir gesprochen hat.“

Mit einem unkommunikativen Partner zu leben kann außerordentlich frustrierend sein, weil es Sie zwingt zu raten, was im Kopf Ihres Partners vorgeht. Leider entstehen daraus noch mehr Missverständnisse. Lassen Sie uns einen Blick darauf werfen, was Sie tun können, wenn die Kommunikation verweigert wird.

a) Finden Sie die Gründe heraus, die hinter dem Mangel an Kommunikation stehen

Wenn Ihr Partner dazu neigt, Sie mit Schweigen zu strafen, wenn Sie in Ihrer Ehe (aus seiner Sicht) etwas falsch gemacht haben, dann könnte Angst dahinter stehen – Angst, die eigenen Gefühle zu zeigen, oder Angst vor Ihrer Reaktion auf diese Gefühle.

> *»Stöcke und Steine können weh tun, wenn sie im Zorn ergriffen werden. Worte können schmerzhafter sein, aber Schweigen bricht das Herz.«*
> Phyllis McGinley

Ihr Partner scheut sich vielleicht, seine Wut zu zeigen. Vielleicht wurde ihm beigebracht, dass nur „schlechte" oder „schwache" Menschen negative Gefühle zeigen. Statt negative Gedanken oder Gefühle offen zuzugeben, entscheidet sich Ihr Partner dafür, sie in Schweigen umzuwandeln.

Vielleicht schweigt Ihr Partner auch deshalb, weil er nicht mit Ihrer Reaktion auf seine Gefühle konfrontiert werden will. Wenn Sie dazu tendieren, Ihren Partner im Gespräch zu kritisieren oder ihn herunterzuputzen, könnte er zu dem Schluss gekommen sein, dass sich Reden einfach nicht lohnt.

b) Erkennen Sie die Bedürfnisse Ihres Partners

Die Tatsache, dass Ihr Partner Kommunikation verweigert, spricht Bände. Möglicherweise wird eines seiner Grundbedürfnisse, zum Beispiel nach Liebe, Bedeutung, Erholung oder Frieden, nicht erfüllt. Um einzugrenzen, was Ihrem Partner fehlen kann, sollten Sie sich fragen:

- Glaubt mein Partner wirklich, dass ich ihn bedingungslos liebe?
- Habe ich irgendetwas gesagt oder getan, was er als Bedrohung seiner Freiheit – eingeschlossen seine Redefreiheit – gewertet hat?
- Habe ich etwas gesagt oder getan, das er als Abwertung oder Verurteilung einer Sache, die ihm wichtig war, interpretiert hat?
- Hat mein Partner den Eindruck, dass ich ihn daran hindere, sich zu entspannen und zu erholen?
- Hat mein Partner den Eindruck, dass ich ihn daran hindere, Frieden im Glauben zu finden und im Glauben zu wachsen?

c) Schreiten Sie zur Tat: Das eigene negative Kommunikationsverhalten ändern

Wenn Sie etwas bei Ihrem Partner verändern wollen, sollten Sie vor allem Ihre eigenen negativen Verhaltensweisen ändern, die zum Verhalten Ihres Partners beigetragen haben. Die folgenden Ideen sollen Sie dazu anregen, Ihr Kommunikationsverhalten zu ändern.

- Versuchen Sie, sich weniger zu beklagen.
- Unterbrechen und verbessern Sie Ihren Partner nicht, wenn er mit Ihnen redet.
- Statt Ihre Unzufriedenheit über den Stand der Dinge zu äußern, sollten Sie lieber darüber reden, wie Sie sich die Dinge in Zukunft wünschen.
- Geben Sie Ihrem Partner Freiraum, wenn er Freiraum braucht.
- Behalten Sie das, was Ihr Partner Ihnen mitteilt, für sich und erzählen Sie es nicht weiter.

Gleichzeitig sollten Sie versuchen, sich im Zuhören zu üben. Achten Sie darauf, dass Sie Ihrem Partner im Gespräch Ihre ungeteilte Aufmerksamkeit zuwenden. Schalten Sie den Fernseher aus, legen Sie Ihre Zeitung weg, tun Sie, was immer Sie tun müssen, um zu zeigen, dass Sie das, was Ihr Partner sagt, wichtig nehmen.

Destruktives Verhalten 5: Wenn ein Partner den anderen beschimpft

„Letzte Woche nannte meine Frau mich ‚einen absolut lächerlichen Ehemann‘ und sagte, sie wäre besser für den Rest ihres Lebens Single geblieben – nur weil ich den Müll nicht rechtzeitig zum Abholen rausgestellt hatte. So ist es, seit wir verheiratet sind. Zuerst versuchte ich, ihre Kritik zu ignorieren, aber das fällt mir immer schwerer. Manchmal frage ich mich, ob sie Recht mit dem hat, was sie über mich sagt."

Menschen, die beschimpft werden, beschreiben die Kritik und die Beschimpfungen, die sie ertragen müssen, oft wie eine Körperverletzung: Es sind „niederschmetternde" oder schmerzhafte „Hiebe" für ihr seelisches Wohlbefinden. Auch wenn Sie mit einem Partner verheiratet sind, der Sie beschimpft, ist es glücklicherweise möglich, die Situation zu verändern.

a) Versuchen Sie zu verstehen, was hinter den Beschimpfungen steht

Hinter den meisten Beschimpfungen steht ein geringes Selbstwertgefühl. Menschen, die andere mit Worten misshandeln, scheinen nach außen hin außerordentlich selbstbewusst zu sein, aber in Wahrheit versuchen sie verzweifelt, ihren Selbstwert zu behaupten. Sie waren meist selbst Opfer „verbaler Misshandlung". Sie haben es gelernt, ihren Ärger an anderen auszulassen, wie es ihre Eltern bei ihnen taten. Wenn Ihr Partner Sie beschimpft, müssen Sie zuerst verstehen, welche Probleme dahinter stehen.

b) Schreiten Sie zur Tat

Es gibt vier Schritte, die Sie unternehmen können, um Ihre Beziehung im Blick auf den verbalen Umgang miteinander zu verbessern.

- *Erkennen Sie das Bedürfnis an und weisen Sie das Verhalten zurück.* Es gibt unter anderem das Bedürfnis nach Selbstbestätigung und nach Sinn und Erfüllung. Wenn Sie den Schaden heilen wollen, den die Beschimpfungen Ihres Partners angerichtet haben, ist es wesentlich, dass Sie diese Bedürfnisse erkennen und bejahen. Das soll nicht heißen, dass Sie destruktive Versuche, ein Bedürfnis zu erfüllen, akzeptieren. Sie sollten Beschimpfungen niemals „schlucken", jedoch auch nicht in Selbstverteidigung zurückschlagen. Stattdessen sollten Sie die seelischen Bedürfnisse Ihres Partners bei Ihrer Reaktion berücksichtigen.

> »*Ein freundliches Wort schenkt Freude am Leben, aber eine böse Zunge verletzt schwer.*«
> Sprüche 15,4

Sie könnten zum Beispiel sagen: „Ich kann mir denken, dass du sehr frustriert bist, wenn du solche Dinge zu mir sagst. Ich möchte dir gerne helfen, mit deinen Frustrationen umzugehen, aber nicht auf diese Weise. Deine Worte haben mich gerade verletzt. Vielleicht können wir über die Dinge, die dich belasten, dann reden, wenn dein Zorn verraucht ist."

- *Glauben Sie an den Wert Ihres Partners.* Egal, wie unangenehm seine verbalen Attacken sind – es gibt trotzdem etwas Wertvolles in seiner Persönlichkeit. Verlieren Sie das nicht aus dem Blick. Schließlich fanden Sie einige seiner Charakterzüge attraktiv, als Sie geheiratet haben, nicht? Es ist nicht Ihre Aufgabe, diese positiven Wesenszüge wieder zum Vorschein zu bringen, sondern einfach zu glauben, dass sie immer noch da sind – und genau das Ihrem Partner zu vermitteln.

Zum Beispiel könnten Sie in einer stillen Stunde sagen: „Erinnerst du dich daran, wie wir miteinander geredet haben, als wir uns kennen lernten? Das war wunderbar! Mir gefiel es, dass ich bei dir keine Angst haben musste, das Falsche zu sagen, und auch nicht befürchten musste, dass du etwas Verletzendes zu mir sagen würdest. Ich weiß, was tief in dir steckt, und deshalb weiß ich auch, dass wir wieder so miteinander reden können. Das ist das Ziel, das ich zusammen mit dir anstreben möchte."

> **Gute Frage**
>
> **? Was kann ich dagegen tun, dass meine Kinder unter den Beschimpfungen meines Partners leiden?**
> Ihr erster Schritt sollte sein, mit Ihren Kindern zu einem Kinderpsychologen zu gehen. Beschimpfungen können zerstörerische und bleibende Auswirkungen haben, wenn man nicht richtig damit umgeht. In der Zwischenzeit sollten Sie sich bemühen, die Kritik Ihres Partners an den Kindern durch eigene, positive Kommentare aufzuheben. Wenn Ihr Partner einem Kind beispielsweise sagt, dass es dumm ist, könnten Sie darauf hinweisen, dass „dumme" Menschen in der Geschichtsarbeit wohl kaum eine Eins bekommen.

- *Sprechen Sie über Ihre eigenen Gefühle.* Sich so zu verhalten, als ob Sie die Verbalattacken Ihres Partners überhaupt nicht berühren, kann nicht die Antwort sein. Stattdessen müssen Sie Ihren Partner darauf aufmerksam machen, wie tief seine Worte Sie verletzen. Ihr Partner muss mit dem Bewusstsein leben, dass Sie verletzt sind und dass Sie etwas tun müssen, um mit diesem Schmerz umzugehen – ganz konkret, dass Sie mit einem Therapeuten oder Seelsorger reden müssen.
- *Einigen Sie sich auf eine Strategie.* Wenn Sie über das Problem der Beschimpfungen gesprochen haben, müssen Sie eine Strategie entwickeln, wie Sie damit umgehen wollen. Wenn Ihr Partner sich bereit erklärt, mit Ihnen zu einem Seelsorger zu gehen, wird Ihnen der Seelsorger helfen, eine Strategie zu entwickeln, um den Teufelskreis der Beschimpfungen in Ihrer Beziehung zu durchbrechen.

Dieser vierte Handlungsschritt ist wichtig, aber was ist, wenn Ihr Partner sich weigert, zusammen mit Ihnen professionellen Rat einzuholen? Dann werden Sie zu zweit eine Strategie entwerfen müssen. Eine Vorgehensweise, die Sie in Erwägung ziehen können, besteht darin, dass Sie sich aus der Gegenwart Ihres Partners entfernen. Sie könnten beispielsweise erklären, dass Sie von nun an woanders hingehen, wenn Ihr Partner anfängt, Sie zu beschimpfen, weil seine Verbalattacken Sie so verletzen. Sie könnten den Tag mit einem guten Freund verbringen oder ein paar Tage zu Ihren Eltern fahren. Es spielt keine Rolle, wohin Sie gehen, solange es Ihrem Partner bewusst macht, dass Sie sich dafür entschieden haben. Natürlich müssen Sie eine Strategie durchhalten, wenn Sie sich einmal dafür entschieden haben. Auf diesem Gebiet gibt es kein Pardon. Sie sollten es niemals zulassen, dass Ihr Partner mit seinen Beschimpfungen Erfolg hat.

Destruktives Verhalten 6: Wenn der Partner gewalttätig ist

„Drei Wochen nach unserer Hochzeit hatten mein Mann und ich einen Streit. Als ich kritisierte, dass er viel Zeit im Fitnessstudio verbringt, gab er mir einen Stoß. Ich fiel rückwärts über einen Stuhl und schlug beinahe mit dem Kopf auf unserem Glastisch auf. Mein Mann war genauso schockiert von seinem Verhalten wie ich. Er fing an zu weinen und sich zu entschuldigen und sagte, dass es nie wieder vorkommen würde. Zwei Monate später, während eines anderen Streits, zerrte er mich an den Haaren aus dem Schlafzimmer. Hinterher entschuldigte er sich und sagte, dass es nie wieder passieren würde. Nun, inzwischen ist so etwas noch dreimal vorgekommen. Was soll ich tun?"

Gegen körperliche Misshandlung in der eigenen Familie muss sofort etwas getan werden. Wenn man nichts dagegen unternimmt, wird es nicht nur Ihr Verhältnis zu Ihrem Partner und das Vertrauen der Kinder zu ihm zerstören, sondern auch die Beziehungen schädigen, die Ihre Kinder später mit eigenen Partnern haben werden.

Es wird nicht leicht sein, den Kreislauf der Gewalt in Ihrer Familie zu durchbrechen, aber es ist möglich. Um dieses Problem in Angriff zu nehmen, müssen Sie als Erstes auf sich selbst schauen.

a) Versuchen Sie zu verstehen, warum sich die Gewalt wiederholt hat

Wenn Sie von Ihrem Partner körperlich misshandelt wurden, ist das sicher nicht nur einmal vorgekommen. Sie sollten sich daher fragen, warum Sie zugelassen haben, noch einmal zum Opfer zu werden. Hier sind einige der Gründe, warum Frauen bei ihren gewalttätigen Männern bleiben:

- *Die misshandelte Partnerin gibt sich selbst die Schuld.* Am Anfang ist es erstaunlich leicht für die misshandelte Partnerin, sich davon zu überzeugen, dass sie die Schuld am Gewaltausbruch hat. (Auch wenn manche Männer körperlich misshandelt werden, sind es doch in der Regel die Frauen, deshalb meinen wir hier vor allem die Frau.) Das Opfer denkt: „Er hätte mich nicht geschlagen, wenn ich nicht ..." Wenn die Misshandlung weiterhin auftritt, wird die Frau mit der Zeit wahrscheinlich die Wahrheit erkennen. Leider wird sich zu dem Zeitpunkt das Verhaltensmuster eingespielt haben und es wird schwierig sein, es zu durchbrechen.
- *Die misshandelte Partnerin ist eine „Helferin".* Manche misshandelten Frauen finden ihre Identität darin, anderen Menschen in Not zu helfen. Sie sehen das Bedürfnis ihres Partners, umsorgt zu werden, wenn er gerade nicht gewalttätig ist. Um dieses Bedürfnis zu erfüllen, sind sie auch bereit, die Misshandlung zu ertragen. In anderen Worten: Die misshandelte Partnerin liebt Dr. Jekyll so sehr, dass sie bereit ist, mit Mr. Hyde zu leben.
- *Die misshandelte Partnerin fühlt sich isoliert.* Weil sie sich für die Misshandlung schämen, isolieren sich viele Opfer von Gewalt von Freunden, Familie und Nachbarn. Wenn es Zeit wäre, etwas gegen die Gewalt zu tun, haben die Opfer oft das Gefühl, dass sie nirgendwo hingehen können. Deshalb setzen sie ihre Beziehung fort und hoffen verzweifelt, dass sich etwas ändert.

> »*Gewalt ist dem Wesen nach wortlos, und sie kann nur dort beginnen, wo Überlegung und rationale Kommunikation zusammengebrochen sind.*«
> Thomas Merton

- *Die misshandelte Partnerin hat Angst.* Viele misshandelte Frauen haben Angst, dass die Misshandlung schlimmer wird, wenn sie mit jemandem darüber sprechen. Andere sind emotional und finanziell so abhängig vom gewalttätigen Partner, dass sie Angst vor den Folgen haben, wenn sie etwas gegen das Problem unternehmen.

Familienaktion

✓ IHRE OBERSTE PFLICHT als Mutter ist es, die Kinder von Gefahren fern zu halten. Auch wenn Ihre Kinder nicht die Zielscheibe der Gewalt Ihres Partners sind, werden sie trotzdem zu Opfern. Sie sollten nicht eine Sekunde lang annehmen, dass Ihre Kinder die Misshandlung nicht bemerken würden. Der seelische Schaden, der dadurch angerichtet wird, zeigt sich möglicherweise erst, wenn es zu spät ist. Deshalb müssen Sie nicht nur darauf achten, einen Ort zu finden, wo die Kinder sicher sind, sondern sie auch so bald wie möglich zu einem Psychologen bringen, damit sie den seelischen Schaden, den die Misshandlung angerichtet hat, verarbeiten können.

b) Schreiten Sie zur Tat

Gibt es Hoffnung für eine Beziehung, die durch Gewalt kaputt gemacht wurde? Auf jeden Fall! Auch wenn Sie in Ihrer Ehe misshandelt werden, können Sie doch diejenige sein, die Ihre Ehe positiv verändert. Aber Sie können es nicht alleine. Sie werden die Hilfe eines ausgebildeten Therapeuten oder Seelsorgers und die Unterstützung von Familie und Freunden brauchen. Als Erstes sollten Sie einen Seelsorger aufsuchen, und zwar so schnell wie möglich. Wenn Sie nicht wissen, wo Sie jemanden finden können, wird Ihr Pastor Ihnen jemanden empfehlen.

Ihr Seelsorger wird wahrscheinlich mit Ihnen daran arbeiten, sich der Realität zu stellen. Das bedeutet unter anderem, dass Sie die Verantwortung für Ihr eigenes Handeln übernehmen und anderen zugestehen, die Verantwortung für ihr Handeln zu tragen.

Wenn Sie wirklichkeitsnah leben und das Problem der Körpermisshandlung angehen wollen, sollten Sie vier Aspekte beachten:

- *Sie sind für Ihre eigene Einstellung verantwortlich.* Wenn Sie sich mit der Tatsache abgefunden haben, dass Ihre einzige Perspektive entweder die Misshandlung oder die Scheidung ist, ist es an der Zeit, die bestehende Wirklichkeit zu verändern. Anstatt mit einem Gefühl von Angst und Resignation an Ihre Beziehung heranzugehen, sollten

Sie Zielstrebigkeit und Entschlossenheit an den Tag legen. Es muss etwas getan werden, um Ihre Beziehung zu retten. Wenn *Sie* nicht herausfinden, was das genau sein kann, wer wird es dann tun?

- *Sie können das Verhalten Ihres Partners nicht ändern.* Ihr Partner ist der, der er ist, hauptsächlich auf Grund seiner persönlichen Geschichte und seiner Persönlichkeit. Sie können nichts tun, um das zu ändern. Wenn Sie diese Tatsache akzeptieren, wird Ihnen das dabei helfen, sich für die Misshandlung nicht mehr schuldig und verantwortlich zu fühlen.

Dieser zweite Aspekt wirklichkeitsnahen Lebens gibt auch Hoffnung: Auch wenn Sie das Verhalten Ihres Partners nicht ändern können, gibt es doch bestimmte Schritte, die Sie unternehmen können. Diese Schritte tragen in sich das Potenzial, das Verhalten Ihres Partners zu beeinflussen. Verheiratete Paare beeinflussen sich gegenseitig jeden Tag durch ihre Handlungen und Einstellungen. Sie können Ihren Partner vielleicht nicht davon abhalten, Sie körperlich zu misshandeln, aber Sie können lernen, wachsende Spannungen in Ihrer Beziehung zu erkennen und aktive Schritte zu unternehmen, um das Problem in Angriff zu nehmen – entweder dadurch, dass Sie das Gespräch suchen oder das Haus verlassen. Ihr Partner merkt dadurch, dass die gegenwärtige Situation für Sie unerträglich ist, und er wird damit konfrontiert, dass er sich ändern muss.

- *Ihre negativen Gefühle müssen nicht Ihr Handeln beherrschen.* Es ist eine Sache zuzugeben, dass Sie Angst davor haben, etwas gegen die Misshandlung in Ihrer Ehe zu unternehmen. Es ist eine ganz andere Sache, sich von dieser Angst davon abhalten zu lassen, etwas zu unternehmen. Es muss Ihnen klar sein – und Sie müssen es vor sich zugeben –, dass sich die Situation nicht von alleine bessern wird. Körperliche Misshandlung ist nicht etwas, das mit der Zeit wieder „vorbeigeht". Die Misshandlung wird weitergehen, und wahrscheinlich immer heftiger werden, wenn Sie nichts dagegen tun.
- *Liebe, vor allem „harte Liebe", wird immer die beste Ihrer Waffen sein.* Ironischerweise ist es so, dass viele misshandelte Frauen zögern, etwas zu unternehmen, weil sie ihren gewalttätigen Partner nicht „verletzen" wollen. Ihr Einwand lautet etwa: „Mein Mann mag nicht perfekt sein, aber ich liebe ihn, und ich würde nie etwas tun, um ihn zu beschämen oder zu demütigen. Als ich bei unserer Hochzeit sagte, dass ich ihn liebe, meinte ich das auch so."

Sie müssen einsehen, dass die harten Entscheidungen, die Sie treffen – sei es, zu einem Seelsorger zu gehen oder für eine Weile auszuziehen –, Ihrem Partner die nötige Motivation dazu geben können, sein Leben entscheidend zu verändern. Ihre „harte Liebe" könnte das Einzige sein, was Ihre Ehe noch retten kann.

Destruktives Verhalten 7: Wenn ein Partner alkohol- oder drogenabhängig ist

„Mein Mann hatte seit unserer Hochzeit keine Arbeitsstelle länger als acht Monate. Der Grund ist, dass er trinkt. Bevor wir heirateten, wusste ich, dass er am Wochenende gerne mit seinen Freunden Bier trinken geht, aber ich dachte, dass das alles wäre. Leider ist es in den letzten drei Jahren immer schlimmer geworden. Er kommt jetzt mindestens zwei- oder dreimal in der Woche betrunken nach Hause. Er glaubt nicht, dass er ein Alkoholproblem hat, aber jeder, der mit ihm näher zu tun hat, weiß Bescheid."

Alkohol- und Drogenabhängigkeit ist kein persönliches Problem, sondern das Problem der ganzen Familie. Es gibt nur wenige Dinge, die einer Familie so schaden können wie die Sucht. Ein alkohol- oder drogenabhängiger Mensch kreist um sich selbst. Ihm geht es nur darum, seinen Schmerz zu lindern und sein Wohlgefühl wiederzugewinnen. Dabei merkt er nicht, welche Auswirkungen die Befriedigung seiner Sucht auf die Familie hat.

Wenn Sie mit einem Alkoholiker oder Drogenabhängigen verheiratet sind, kann Ihnen jedoch geholfen werden – nicht nur Ihrem Partner, sondern auch Ihnen selbst, Ihren Kindern und Ihrer ganzen Familie.

a) Hören Sie auf, die Sucht Ihres Partners zu ermöglichen

Als Erstes müssen Sie erkennen, welche Rolle Sie in der Sucht Ihres Partners spielen. Sie werden festgestellt haben, dass wir nicht sagten: „... welche Verantwortung Sie tragen". Das ist ein wichtiger Unterschied. Sie sind nicht dafür verantwortlich, dass Ihr Partner ein Suchtproblem hat. Sie haben jedoch eine bestimmte Rolle in der Abhängigkeit übernommen, vielleicht ohne dass Sie es gemerkt haben.

Vielleicht ermöglichen Sie die Sucht Ihres Partner, ohne es zu merken, durch ein Verhalten, das Sie für liebevoll und fürsorglich halten. Wenn Sie sich darüber Gedanken machen, ob Sie die Sucht Ihres Partner vielleicht ermöglichen, sollten Sie am besten ein Treffen der „Anonymen Alkoholiker" besuchen. (Sie können die entsprechende Telefonnummer in Ihrem Telefonbuch finden.)

Bei den „Anonymen Alkoholikern" können Sie zwei wichtige Schritte lernen, um das Verhaltensmuster des „Ermöglichens" zu durchbrechen: 1) die Verantwortung für Ihr eigenes Handeln zu übernehmen und 2) Ihrem Partner die Verantwortung für sein Handeln zu überlassen.

Im Blick auf das „Ermöglichen" könnten Ihnen diese Fragen weiterhelfen: Wie oft haben Sie wegen der Sucht Ihres Partners gelogen? Wie oft haben Sie hinter Ihrem Partner hergeputzt? Wie oft haben Sie Ihren Partner nach Hause gefahren? Alle diese Handlungen sind Beispiele für das Ermöglichen von Sucht. Wenn Sie so gehandelt haben, sollten Sie das zugeben und an einer Veränderung Ihres Handelns arbeiten.

> **Familienaktion**
>
> ✓ SIE SOLLTEN VOR ALLEM Ehrlichkeit und Sensibilität an den Tag legen, wenn Sie mit Ihren Kindern über die Alkohol- oder Drogenprobleme Ihres Partners reden. Ehrlichkeit bedeutet, dass Sie einräumen: Ihr Partner ist krank und braucht Hilfe. Wenn er eine Entziehungskur macht, sollten Sie erklären, dass er erst nach Hause kommen wird, wenn es ihm besser geht. Sensibilität bedeutet, dass Sie die peinlichen Details der Sucht Ihres Partners für sich behalten.

Das soll nicht heißen, dass Ihre Handlungen etwas mit den Gründen für Alkohol- oder Drogenkonsum zu tun haben. Aber sie machen das Leben für einen Abhängigen angenehmer. Und das ist gerade das Falsche: einem Abhängigen, den Sie lieben, das Leben angenehmer zu machen.

b) Überlassen Sie dem Süchtigen die Verantwortung für sein Handeln

Das Einzige, was einen Süchtigen letztlich dazu bringen wird, seinen Lebensstil zu ändern, ist, die Konsequenzen dieses Lebensstils zu tragen. Das bedeutet für Sie, dass Sie lernen müssen zuzulassen, dass Ihr Partner diese Konsequenzen spürt.

Das heißt konkret, dass ...

- Sie sich weigern, für Ihren Partner zu lügen, wenn er wieder einmal nicht zur Arbeit gegangen ist,
- Sie sich weigern, das aufzuwischen, was Ihr Partner angerichtet hat,
- Sie sich weigern, die Wahrheit über die Sucht Ihres Partners vor Ihren Kindern und anderen Familienmitgliedern zu verschleiern,
- Sie es zulassen, dass Ihr Partner die Nacht im Gefängnis verbringt, anstatt die Kaution zu bezahlen.

Vielleicht wird es Ihnen schwer fallen, sich in das „Problem" Ihres Partners nicht mehr einzumischen, aber es ist absolut notwendig. Erst wenn der Süchtige beginnt, seinen Lebensstil zu verabscheuen, wird er motiviert sein, in Behandlung zu gehen.

Gute Frage

? Worauf sollten mein Partner und ich bei einer Entziehungskur achten?

Es gibt sieben Merkmale, die eine Erfolg versprechende Entziehungskur kennzeichnen: 1) eine grundsätzlich drogenfreie Umgebung und das Ziel der völligen Abstinenz, 2) Versorgung durch kompetente Ärzte und Pfleger, 3) eine starke Betonung auf dem persönlichen Glaubensleben, 4) Unterricht darin, welche Auswirkungen Alkohol und Drogen haben, 5) sowohl Einzel- als auch Gruppentherapie, 6) Einbeziehung der ganzen Familie in die Behandlung und 7) der Grundsatz, den Patienten nach der anfänglichen Behandlung zur Teilnahme an einer Selbsthilfegruppe zu bewegen.

c) Wenden Sie die Kunst der „harten Liebe" an

Wenn Ihr Partner suchtabhängig bleibt und sein Zustand sich verschlechtert, wird es irgendwann notwendig sein, dass Sie und Ihre Kinder sich von ihm trennen. Wenn Sie bei Familie oder Freunden bleiben können, sollten Sie das tun. Sonst sollten Sie versuchen, mit Hilfe Ihrer Kirchengemeinde einen Unterschlupf zu finden.

Diese Trennung wird Ihren Partner vermutlich „aufwachen" lassen. Seine anfängliche Reaktion könnte sein, um Vergebung und eine „neue

Chance" zu betteln und Sie zu bitten, wieder nach Hause zu kommen. Tun Sie das nicht!

Solange Ihr Partner keine Entziehungskur macht, sollten Sie nicht einmal daran denken, nach Hause zurückzukehren. Die Versuchung, in alte Verhaltensmuster zurückzufallen, könnte zu groß sein.

Nachdem die Suchtbehandlung abgeschlossen ist, müssen Sie beide eine intensive Ehe-Therapie machen, bevor Sie wieder zusammenziehen. Wenn Ihnen das zu aufwändig erscheint, dann unterschätzen Sie möglicherweise den Schaden, der durch Alkohol- und Drogenkonsum entsteht.

TEST

Glauben Sie, dass es für Sie ein Leichtes ist, destruktive Verhaltensweisen in Ihrer Ehe zu überwinden? Mit diesem Test können Sie herausfinden, ob Sie Recht haben.

1. Was steht wahrscheinlich nicht hinter der Verantwortungslosigkeit Ihres Partners?
   a) Rebellion gegen das Vorbild seiner Eltern.
   b) Sein christlicher Glaube.
   c) Sein Wunsch, dem Vorbild der Eltern zu folgen.
   d) Eine egoistische Haltung.

2. Welche der folgenden Aussagen trifft im Allgemeinen nicht auf „Workaholics“ zu?
a) Sie werden von ihrer Unsicherheit getrieben.
b) Sie nehmen ihre eigenen Gefühle und die Gefühle ihres Partners nicht wahr.
c) Sie widmen sich mehr ihrer Arbeit als ihrem Partner und ihren Kindern.
d) Ihr Verhalten kann größtenteils nicht geändert werden.

3. Welche Strategie ist empfehlenswert, um mit einem Partner umzugehen, der das Sagen haben will?
a) Machtkämpfe.
b) Die seelischen Bedürfnisse erkennen, die hinter dem Streben nach Kontrolle stehen.
c) Sklavischer Gehorsam.
d) Zweifel an seinen Vorstellungen äußern.

4. Welche der folgenden Aussagen trifft nicht auf einen unkommunikativen Partner zu?
a) Ständiges Nörgeln und Klagen wird ihn dazu bringen, sich zu öffnen.
b) Er könnte Angst davor haben, seine Gefühle zu zeigen.
c) Er könnte sich am Vorbild seiner Eltern orientieren.
d) Es ist wichtig, dass seine Bedürfnisse erfüllt werden.

5. Welches ist ein gutes Beispiel dafür, dem süchtigen Partner die Verantwortung für seine Handlungen zu überlassen?
a) Wenn Sie den Partner auf dem Badezimmerboden liegen lassen, wenn er ohnmächtig geworden ist.
b) Wenn Sie Ihren Partner bei seinem Chef entschuldigen, nachdem er vier Tage lang nicht bei seiner Arbeit erschienen ist.
c) Wenn Sie Ihren Kindern erzählen, dass Ihr Partner sich nur „albern“ verhält, weil er müde ist.
d) Wenn Sie es zulassen, dass Ihr Partner die Nacht im Gefängnis verbringt, weil er sich ordnungswidrig verhalten hat.

Antworten: 1b), 2d), 3b), 4a), 5d).

3 Alle Mann in Deckung! – In der Familie *mit Wut* umgehen

„Hallo, Liebling, ich bin jetzt da“, sagte Kent, als er ins Schlafzimmer kam und seine Aktentasche abstellte.

„Ja, das sehe ich“, erwiderte Dana, ohne sich umzudrehen, während sie Wäsche in die Kommode legte. „Hältst du mich für dumm, oder was?“

„Nein“, sagte Kent. „Ich halte dich sogar für die klügste …“

„Behandle mich nicht von oben herab“, warnte Dana und schleuderte ein Paar seiner Boxershorts in die Schublade.

„Äh, Liebling?“, fragte Kent vorsichtig. „Ist irgendetwas schief gelaufen?“

Als Antwort darauf knallte Dana die Schublade zu.

„Habe ich etwas falsch gemacht?“, fragte Kent.

„Hmph“, kam es von Dana, die wieder in den Wäschekorb griff und fortfuhr, Wäsche zusammenzulegen.

„Ich interpretiere das ‚Hmph‘ als Ja“, sagte Kent. „Immerhin haben wir jetzt schon zwei Fragen hinter uns.“

„Toll, dass du das so amüsant findest!“, fuhr Dana ihn an, während sie die Wäsche ärgerlich in den Händen knetete.

„Liebling“, entgegnete Kent. „Ich wünschte, du würdest mir erzählen, warum du so wütend bist.“

„Wer sagt denn, dass ich wütend bin?“, gab Dana zurück. „Ich bin nicht wütend! Wie kommst du darauf, dass ich wütend bin?“

„Nun, abgesehen von der Tatsache, dass du gerade das Wort wütend dreimal hintereinander gebraucht hast“, sagte Kent und zeigte auf das Kleidungsstück in Danas Händen, „ fällt mir auf, dass du der Wäsche ziemlich wehtust.“

„Ich knote die Socken immer zusammen, damit du sie nicht verlierst“, erinnerte ihn Dana.

„Ich weiß, Liebling“, erwiderte Kent, „aber das ist mein gutes Hemd, das du so verknotest.“

*

Kommt Ihnen diese Szene bekannt vor? Spielen Sie und Ihr Partner manchmal das „Frage-Antwort-Spielchen“, um herauszufinden, was Anlass des Konflikts war? Passiert es, dass sich einer von Ihnen (oder beide) dafür entscheidet, fortan zu schweigen, um seine Wut zu zeigen? Oder ziehen Sie es vor, alles offen auszutragen – bei 120 Dezibel?

VORGEGRIFFEN

- Wut ist ein normales, gesundes Gefühl. Sie kann produktiv sein, wenn sie in positiver Weise geäußert wird.
- Um mit einem Ehekonflikt positiv und effektiv umgehen zu können, sollten die Partner Strategien zum Umgang mit der Wut entwickeln, bevor es zum Konflikt kommt.
- Um Kindern beizubringen, wie man auf positive Art mit Wut umgeht, sollten die Eltern nicht nur lenken und sie lehren, sondern ihnen auch Methoden für den Umgang mit der Wut vorleben.

Es gibt viele verschiedene Wege, der Wut Ausdruck zu geben. In diesem Kapitel werden wir uns mit den Methoden befassen, die für Sie und Ihre Familie wohl am besten sind.

Was ist Wut?

Bevor wir uns damit beschäftigen, wie man Wut am besten ausdrückt – und wie besser nicht –, müssen wir begreifen, was Wut ist und was sie nicht ist. Im Gegensatz zur allgemeinen Meinung ist Wut ...

- kein Zeichen seelischer Schwäche,
- keine Form von Gewalt,
- keine Sünde,
- kein Beweis dafür, dass man sich nicht unter Kontrolle hat,
- keine unpassende Reaktion auf frustrierende Situationen,
- kein Zeichen dafür, dass es Probleme in einer Beziehung gibt.

Wut ist ein Gefühl, das in uns entsteht, wenn uns etwas widerfährt, was wir für falsch halten. Die Tatsache, dass wir Wut empfinden, zeigt, dass uns Gerechtigkeit und Rechtschaffenheit wichtig sind. Unsere Fähigkeit, Wut zu empfinden, offenbart unser Interesse an Fairness. Die Erfahrung der Wut ist Beweis unserer hohen Gesinnung, nicht unserer Verdorbenheit.

Wenn man aufhört, Wut zu empfinden, verliert man auch sein moralisches Empfinden. Ohne moralisches Empfinden wäre die Welt ein schrecklicher Ort.

Man kann jedoch nicht sagen: Je wütender ein Mensch wird, desto mehr liegt ihm an moralischen Werten. Es kommt hier nicht darauf an, was ein Mensch fühlt, sondern wie er seine Gefühle ausdrückt.

Im Rahmen dieses Kapitels soll nicht Thema sein, ob Wut in einer Ehe gut oder schlecht ist, sondern wie Wut geäußert wird – auf positive und negative Art.

Gute Frage

? Worin liegt der Unterschied, ob man seinem Ärger auf positive oder negative Weise Luft macht?
Ein positiver Ausdruck von Ärger schließt ein, dass man etwas konstruktiv unternimmt, um ein Unrecht zu beheben. Ein negativer Ausdruck bedeutet, dass man gegen den Menschen, der das Unrecht getan hat, auf körperlich oder seelisch destruktive Art vorgeht.

Wenn Ihr Süßer sauer wird

Alle Paare werden in ihrer Beziehung auch einmal wütend. Ein erheblich kleinerer Teil von ihnen weiß wirklich, wie man diesen Ärger produktiv umsetzt. Was gewöhnlich in Ehekonflikten passiert, ist, dass die Partner sich in Extremen bewegen. Entweder sie bombardieren einander mit Worten und machen dadurch die Situation nur noch schlimmer, oder sie leiden still vor sich hin und ziehen sich in eine selbst gewählte Isolation zurück.

Nach ein paar Stunden (oder Tagen), wenn der Ärger verraucht ist, kehren sie die Scherben in ihrer Beziehung auf und gehen zum Alltagsgeschäft über – bis der nächste Konflikt entsteht und alles von vorne anfängt. Das Problem ist, dass ein Paar keine wirklich erfüllende Beziehung haben kann, wenn es nicht gelernt hat, in der richtigen Weise mit Wut umzugehen. Liebe kann nicht zusammen mit anhaltendem Ärger existieren. Liebe drängt einen dazu, das Wohlbefinden des Partners zu fördern. Unkontrollierte Wut drängt dazu, zu verletzen und das seelische Wohlbefinden des Partners zu zerstören.

Glücklicherweise können Sie es lernen, mit Ihrer Wut auf gute Weise umzugehen. Leider wird das nicht einfach sein.

Mit Wut umgehen lernen

Um vernünftige Prinzipien zum Umgang mit der Wut in Ihrer Beziehung zu entwickeln, gibt es sechs verschiedene Dinge, die Sie tun müssen, bevor Sie zornig über den anderen werden:

- Nehmen Sie die Realität der Wut an.
- Erklären Sie sich bereit, Ihren Ärger voreinander zuzugeben.
- Einigen Sie sich, dass verbale oder körperliche Ausbrüche, die sich gegen den anderen richten, keine angemessenen Reaktionen auf den eigenen Zorn sind.
- Einigen Sie sich darauf, dass Sie versuchen wollen, eine Erklärung zu finden, bevor Sie den anderen verurteilen.
- Einigen Sie sich darauf, dass Sie eine Lösung finden wollen.
- Nehmen Sie sich vor, dass einer dem anderen eine Bestätigung seiner Liebe gibt.

Lassen Sie uns einen näheren Blick auf jeden dieser Vorschläge werfen.

> *»Nichts auf der Welt zerfrisst einen Menschen schneller als der Groll.«*
> Nach Friedrich Nietzsche

a) Nehmen Sie die Realität der Wut an

Egal, wie gut Sie sich verstehen oder wie sehr Sie es genießen, zusammen zu sein – Ärger ist in Ihrer Beziehung unvermeidlich. Tatsächlich würde die Abwesenheit von Ärger in einer Beziehung auf ernsthafte Mängel im Kommunikationsverhalten hindeuten.

Denken Sie daran, dass es nicht falsch ist, wütend zu sein. Es ist lediglich ein Beweis dafür, dass Sie einen Sinn für Fairness und

Gerechtigkeit haben. Wenn Sie die Legitimität der Wut von Anfang an in Ihrer Ehe anerkennen, haben Sie keinen Grund, sich gegenseitig dafür zu verurteilen, dass Sie von Zeit zu Zeit zornig sind. Sie haben auch keinen Grund dafür, es zu leugnen, verärgert zu sein, um nicht schlecht dazustehen.

Wenn Sie Ihrem Partner das Recht geben, wütend zu sein, bedeutet das, ihm das Recht zu geben, menschlich zu sein. Wenn Sie dieses Recht auf Wut anerkannt haben, können Sie anfangen zu lernen, die Wut auf positive Art umzusetzen.

> *»Natürlich gibt es gute und schlechte Zeiten, aber unsere Stimmung ändert sich öfter als unser Glück.«*
> Jules Renard

b) Erklären Sie sich bereit, Ihren Ärger voreinander zuzugeben

Spielen Sie kein Ratespielchen mit Ihrem Partner. Sie wissen schon: „Frage 1: Bist du böse? Frage 2: Bist du mir böse? Frage 3: Bist du mir böse, weil ich etwas in den letzten zwei Stunden falsch gemacht habe?" Sagen Sie es stattdessen einfach, wenn Sie ärgerlich auf Ihren Partner sind.

Ob Ihre Wut sich nun gegen etwas richtet, was Ihr Partner gesagt, getan oder vergessen hat – Sie müssen sich vornehmen, Ihre Gefühle so bald wie möglich zu zeigen. Das bedeutet, dass Sie dem Drang widerstehen, Ihren Ärger für sich zu behalten, ihn zu hegen und zu pflegen, bis genau der richtige Zeitpunkt gekommen ist, wo Sie ihn mit der größtmöglichen Wirkung Ihrem Partner entgegenschleudern können.

Wenn Sie unfreundlich, unfair oder ungerecht behandelt werden, baut sich eine Barriere zwischen Ihnen auf. Wenn Ihrem Partner nicht bewusst ist, dass er einen Fehler gemacht hat und er Ihre Gefühle nicht kennt, kann er nichts tun, um die Sache in Ordnung zu bringen und die Barriere wegzuräumen. Und so lange diese Barriere besteht, wird Ihre Beziehung leiden.

c) Einigen Sie sich, dass verbale oder körperliche Ausbrüche, die sich gegen den anderen richten, keine angemessenen Reaktionen auf den eigenen Zorn sind

Es ist destruktiv und nicht hilfreich, wenn Sie Ihrem Zorn so lautstark wie möglich Luft machen oder Ihren Emotionen einfach freien Lauf lassen. Viele Menschen lassen es zu, dass ihre Reaktionen von ihren Gefühlen bestimmt werden. Wenn etwas sie stört, reagieren sie zurükkhaltend. Wenn etwas sie aufregt, bekommen sie einen Wutanfall. Je intensiver ihr Ärger ist, umso intensiver die Reaktion.

Weil diese Art von Umgang mit der Wut nur Schaden anrichtet, müssen Sie eine Strategie entwickeln, die verbale Ausbrüche im Keim erstickt. Das bedeutet nicht, dass Sie es sich zum Ziel setzen sollten, in Ihrer Ehe nie wieder einen Wutausbruch zu haben. Weil Sie nicht unfehlbar sind, könnte dieses Ziel unerreichbar bleiben.

> *»Es ist einfach, sich leidenschaftlich zu erregen – das kann jeder Mensch. Doch auf die richtige Person im richtigen Maße, zum richtigen Zeitpunkt, wegen der richtigen Sache und auf die richtige Weise zornig zu sein – das ist nicht einfach, und das kann nicht jeder.«*
> Aristoteles

Stattdessen entschließen Sie sich besser dazu, aktiv etwas gegen verbale Wutanfälle zu unternehmen. Sie könnten sich darauf einigen, einfach wegzugehen, wenn sich einer von Ihnen während eines Streites oder einer Konfrontation zu sehr aufregt. So kann es gehen: Wenn einer von Ihnen anfängt, seinen Zorn lautstark zu äußern oder ausfällig zu werden, geht der andere einfach weg. Wenn der schimpfende Partner mit seinen Verbalattacken fortfährt, verlässt der andere das Haus und geht die Straße hinunter. Wenn der Wutausbruch dennoch andauert, geht der andere zum Nachbarn oder fährt mit dem Auto eine Zeit lang fort.

Wenn Sie sich für diese Strategie entscheiden, bevor Sie sich in einer Problemsituation befinden, wissen Sie: Wenn einer von Ihnen beginnt, sich während eines Gesprächs zu entfernen, ist das ein Signal für den anderen, innezuhalten und nachzudenken. Nach ein paar Minuten des „Abkühlens“ können Sie beide den Wutanfall hinter sich lassen und sich darauf konzentrieren, was der Anlass dafür war.

d) Einigen Sie sich darauf, dass Sie versuchen wollen, eine Erklärung zu finden, bevor Sie den anderen verurteilen

Sie ärgern sich über Ihren Partner, weil Sie annehmen, dass ein Unrecht geschehen ist. Bevor Sie diese Annahme nicht bestätigt bekommen haben, sollten Sie lieber den Mund halten. Sie wären überrascht, wenn Sie wüssten, wie viele Konflikte durch Missverständnisse oder Fehlinterpretationen ausgelöst werden.

Anstatt zu explodieren, weil Sie annehmen, dass Ihr Partner etwas falsch gemacht hat, sollten Sie ihm die Möglichkeit geben, sein Verhalten zu erklären. Wenn Sie das tun, stoßen Sie vielleicht auf ...

- Umstände, die sein Verhalten entschuldigen,
- Motive, die Sie falsch gedeutet haben,
- Missverständnisse, an denen Sie selbst schuld sind.

Wenn Sie vor einer Explosion zu dieser Information kommen, können Sie nicht nur vermeiden, selbst dumm dazustehen, weil Sie im Unrecht waren, sondern auch den Schaden eines Wutanfall verhindern.

e) Einigen Sie sich darauf, dass Sie eine Lösung finden wollen

Sollten Sie entdecken, dass es sich um einen legitimen Konflikt oder verletzte Gefühle handelt, stehen Sie vor der Wahl: Entweder Sie halten an Ihrem Ärger fest, zum Schaden Ihrer Beziehung, oder Sie arbeiten zusammen mit Ihrem Partner an Ihrem Ärger, um die Situation zu klären.

Es ist nahe liegend, sich dafür zu entscheiden, am Ärger zu arbeiten, aber dieser Weg ist nicht einfach. Um einen Konflikt mit Ihrem Partner zu lösen, müssen Sie eine Menge Arbeit investieren und persönliche Opfer bringen. Denn Schmollen ist leicht, Reden ist schwer. Außerdem ist es manchmal nicht einfach, gleich eine Lösung zu finden. Das ist in Ordnung. Es ist nicht von Bedeutung, wie schnell Sie zu einer Lösung kommen, sondern wie entschlossen Sie sind, diese Lösung auf eine gute Weise zu erreichen.

f) Nehmen Sie sich vor, dass einer dem anderen eine Bestätigung seiner Liebe gibt

Nachdem der Ärger bewältigt ist, sollten Sie mit dem Lieben anfangen. Wenn Sie Ihre Liebe füreinander direkt nach einem Konflikt bestätigen, senden Sie damit ein wichtiges Signal. Sie sagen damit, dass Sie es nicht zulassen werden, dass Wut (oder irgendein anderes Gefühl) zwischen Ihnen steht.

Wenn Sie Ihre Liebe bestätigen, sollten Sie darüber sprechen, was Sie zusammen getan haben, um an Ihrer Wut zu arbeiten. Als Paar haben Sie einander zugehört, das Problem beigelegt, aus der Erfahrung gelernt und daran gearbeitet, in Ihrer Beziehung gemeinsam weiterzukommen. Es gibt nichts Besseres, was Sie tun können, um sich näher zu kommen.

Am Ende werden Sie erkennen, dass Sie genau das näher zueinander brachte, was Sie hätte auseinander bringen können. Wenn das kein Zeichen für die Stärke Ihrer Beziehung und die Tiefe Ihrer Liebe und Ihrer Hingabe ist, was ist es dann?

Wie es funktioniert

Ihnen wird aufgefallen sein, dass diese Strategie zum Umgang mit der Wut viel Zusammenarbeit erfordert (so viel, dass Sie sich vielleicht fühlen, als ob Sie eine UN-Resolution verfassen, anstatt sich mit erregten Gefühlen zu beschäftigen). Natürlich ist es einfach, sich zu einigen, wenn zwischen Ihnen beiden „alles paletti“ ist. Aber was, wenn sich der Ärger in Ihrer Beziehung einnistet? Werden Sie dann nicht als Erstes die Liste mit den Strategien in Stücke reißen? Nicht, wenn Sie eine bewusste Anstrengung unternehmen, sich gegenseitig an diese Prinzipien zu erinnern!

> *»Das Leben ist dornig, und Jugend ist vergänglich; und auf einen Menschen zornig zu sein, den wir lieben, wirkt wie Wahnsinn auf das Gehirn.«*
> Samuel Taylor Coleridge

In der Hitze des Gefechts sind Sie möglicherweise versucht, das „Blatt vor dem Mund“ wegzunehmen und loszulegen. Aber wenn Sie einen kühlen Kopf bewahren und sich an die Strategien zum Umgang mit der Wut halten, werden Sie entdecken, dass es sehr viel befriedigender ist, zusammen zu einer Lösung zu kommen, als dem Zorn lautstark Luft gemacht zu haben.

Den Kindern zuliebe

Und wie steht es mit dem Ärger, den Ihre Kinder empfinden? Es gibt nur wenige Dinge in Ihrem elterlichen Verantwortungsbereich, die sich auf das Leben Ihrer Kinder langfristiger auswirken werden als die Unterweisung darin, wie sie mit Ärger und Wut auf positive und konstruktive Weise umgehen können. Es ist tatsächlich so, dass Ihre Unterweisung und Führung unmittelbar beeinflussen, ob Ihre Kinder zukünftig intakte oder kaputte Beziehungen haben werden. (Fühlt sich irgendjemand unter Druck gesetzt?)

Egal, wie effektiv Ihre Strategien als Lehrer Ihrer Kinder sind – eines können Sie für Ihre Kinder nicht tun: Sie können die Wut nicht aus dem Leben Ihrer Kinder verbannen. Sie sollten es nicht einmal versuchen. Denken Sie daran, dass es normal und gut ist, Wut zu empfinden. Ihre Aufgabe ist es, Ihren Kindern dabei zu helfen, positiv damit umzugehen.

Um das zu erreichen, sollten Sie sich als Erstes darauf konzentrieren, das Liebesbedürfnis Ihrer Kinder zu erfüllen. Ihre Kinder müssen wissen, dass Sie sie bedingungslos lieben. Erst dann können Sie ihren Umgang mit der Wut beeinflussen. (Weitere Hinweise darauf, wie Sie Ihren Kindern bedingungslose Liebe zeigen können, finden Sie in Kapitel II.3.)

Erst wenn sich Ihre Kinder Ihrer Liebe sicher sind, können Sie ihnen dabei helfen, mit ihren Gefühlen auf eine gute Art umzugehen. Es gibt drei grundlegende Methoden, mit denen Sie Ihren Kindern einen positiven Umgang mit der Wut beibringen können:

- Leben Sie ihnen das richtige Verhalten vor.
- Begleiten Sie Ihre Kinder aktiv in Situationen, in denen sie wütend sind.
- Geben Sie Anweisungen.

Lassen Sie uns diese Methoden näher betrachten.

a) Leben Sie das richtige Verhalten vor

Ob Sie es mögen oder nicht – die meisten Kinder übernehmen den Umgang mit der Wut von ihren Eltern. Wenn Ihnen die Vorstellung Angst macht, dass Ihr Kind Ihr typisches Zornverhalten nachahmt, sollten Sie etwas dagegen tun. Lernen Sie, Ihre destruktive Umgangsweise mit Ihrer Wut zu ändern. Wenn Sie Ihren Kindern darin ein Vorbild sind, einen besseren Weg für den Umgang mit der Wut zu finden, wird das ihr Leben nachhaltig verändern.

Die meisten Kinder reagieren positiv, wenn ihre Eltern zugeben, dass sie ihre Art ändern müssen, mit Zorn umzugehen. Wenn Kinder beobachten, dass sich das Verhalten ihrer Eltern tatsächlich verändert, sind sie motiviert, ihre eigenen Umgangsformen mit Ärger und Wut zu prüfen und zu verbessern.

Familienaktion

✓ BEZIEHEN SIE IHRE KINDER in Ihre Bemühungen zur Bewältigung von Ärger mit ein. Bitten Sie sie um eine Liste, was sie tun können, wenn sie wütend sind, um einen Wutanfall zu vermeiden. Ein nahe liegender Vorschlag wäre, bis zehn zu zählen. Wenn Sie Ihre Kinder in der richtigen Weise dazu auffordern, werden sie wahrscheinlich auf kreative Ideen kommen („Kau ein Kaugummi, bis es nach gar nichts mehr schmeckt, bevor du etwas zu jemandem sagst, auf den du wütend bist"). Wenden Sie jede Woche einen ihrer Vorschläge an und berichten Sie Ihren Kindern, ob er Ihnen geholfen hat.

b) Begleiten Sie Ihre Kinder aktiv in Situationen, in denen sie wütend sind

Abgesehen davon, dass Sie Ihren Kindern das richtige „Zornverhalten" vorleben, können Sie auch aktiv werden, indem Sie die Kinder durch entsprechende Problemsituationen „hindurchsteuern". Dabei sollten Sie genauso vorgehen, wie wenn Sie Ihrem Kind beibringen, Fahrrad zu fahren, den Rasen zu mähen oder Auto zu fahren. Sie können nicht erwarten, dass Kinder von selbst lernen, mit Wut umzugehen. Außerdem müssen Sie ihre momentane Entwicklungsstufe berücksichtigen, um ihnen zu helfen weiterzukommen.

Es ist wichtig zu wissen, dass Kinder ihre Wut auf zweierlei Arten ausdrücken: durch ihre Worte und durch ihr Handeln. Jede Methode kann in positiver oder negativer Weise verwendet werden.

Ein Kind äußert seine Wut negativ, indem es ...

- jemanden schlägt,

- mit Gegenständen wirft oder
- die Türen knallt.

Sie sehen, dass diese Verhaltensweisen Spontanreaktionen sind – sofortige und unpassende Reaktionen auf Zorngefühle.

Auf der anderen Seite äußert ein Kind seine Wut positiv, indem es ...

- den Raum verlässt, bevor die Anspannung unerträglich wird,
- bis zehn zählt, bevor es auf eine zornige Person reagiert oder
- um den Häuserblock läuft, um einen klaren Kopf zu bekommen.

Alle diese Verhaltensweisen demonstrieren, wie weise es ist, innerlich „abzukühlen“, bevor man reagiert.

Auf der verbalen Ebene äußert ein Kind Wut in negativer Weise, indem es ...

- andere beschimpft,
- flucht oder
- schreit.

Sie sehen, dass Wut hier auf aggressive, angriffslustige Weise geäußert wird.

Auf positive Art äußert ein Kind seine Wut, indem es ...

- zugibt, dass es wütend ist,
- um eine Möglichkeit bittet, das Problem zu besprechen, oder
- einverstanden ist, später über die Situation zu reden.

Während Sie Ihre Kinder beim Umgang mit ihrer Wut begleiten, kann es für Sie frustrierend sein, dass Ihre Kinder sich öfter für negative als für positive Ausdrucksformen des Ärgers entscheiden. Lassen Sie sich nicht davon beeinflussen. Ihr Ziel ist nicht Vollkommenheit. Ihr Ziel ist vielmehr, Ihrem Kind dabei zu helfen, den Unterschied

Familienaktion

✓ FÜR KLEINE KINDER, die gerade alt genug sind, um den Unterschied zwischen positiven und negativen Ausdrucksformen von Wut zu verstehen, könnten Sie Zeichentrickfilme als Anschauungsmaterial verwenden. Sehen Sie sich zusammen mit Ihren Kindern die Zeichentrickfilme an, die sie am liebsten mögen. Achten Sie vor allem auf Szenen, in denen Figuren wütend werden oder versuchen, einen Konflikt zu lösen. Bitten Sie Ihre Kinder, bei jeder Situation in Worte zu fassen, was die Figuren falsch und was sie richtig gemacht haben.
Später können Sie die Grundsätze, die Ihre Kinder herausgefunden haben, auf ihren eigenen Umgang mit Wut übertragen.

zwischen einer negativen und einer positiven Art des Umgangs mit der Wut zu finden.

Sie sollten dabei jedoch nicht die Botschaft, die hinter der Wut steht, vernachlässigen. Wenn Ihr Kind Sie also mit wütender Stimme anschreit, müssen Sie darauf hören, was es sagt. Lassen Sie sich durch das Schreien nicht ablenken und nehmen Sie es sich nicht zu Herzen. Stellen Sie mit ruhiger Stimme Fragen, um herauszufinden, warum sich Ihr Kind so fühlt. Je mehr Fragen Sie stellen – je bewusster Sie versuchen herauszufinden, was in Ihrem Kind vorgeht –, desto wahrscheinlicher ist es, dass das Schreien aufhört und ein positives Gespräch entsteht.

Konzentrieren Sie sich nicht darauf, Ihr Kind zu beruhigen. Konzentrieren Sie sich stattdessen darauf herauszufinden, was es unfair oder ungerecht findet. Sie mögen mit Ihrem Kind nicht einer Meinung sein, aber darum geht es nicht. Es geht darum, in Ihr Kind „hineinzuhören". Wenn Ihr Kind glaubt, dass es eine Ungerechtigkeit gibt, wird sein Zorn nicht vergehen, bevor Sie seinen Worten nicht genau zugehört und sie verstanden haben. Sie müssen Ihr Kind wissen lassen, dass Ihnen seine Gefühle wichtig sind.

Nachdem Ihr Kind die Möglichkeit hatte, sich zu beruhigen, sollten Sie über Ihre Auseinandersetzung reden. Geben Sie zu, dass Sie Ihren Ärger oft auch nicht im Griff haben. Versuchen Sie, zusammen zu beschließen, wie Sie die nächste Situation, in der jemand wütend ist, gemeinsam bewältigen wollen. Vor allem sollten Sie Ihrem Kind deut-

Gute Frage

? Mein Sohn neigt dazu, mit Gegenständen zu werfen oder die Türen zuzuknallen, wenn er wütend ist. Was kann ich tun, um ihm zu helfen?

Befassen Sie sich erst mit seinem Zorn und dann mit seinem Verhalten. Sie könnten zum Beispiel sagen: „Ich sehe, dass du wütend bist, und ich würde gerne wissen, was dich stört. Aber wir können uns nicht in Ruhe unterhalten, wenn du mit Sachen wirfst. Möchtest du gerne einen Spaziergang machen und darüber reden?" Dadurch zeigen Sie, dass Sie sowohl die Wut Ihres Sohnes als auch sein destruktives Verhalten wahrnehmen, und geben ihm die Möglichkeit, sein negatives Verhalten unter seinen Bedingungen zu beenden.

lich machen, dass Sie immer ein offenes Ohr für seine Gedanken und Gefühle haben, egal wie sie geäußert werden. Ihr Kind ist möglicherweise mit den Entscheidungen, die Sie als Mutter oder Vater treffen, nicht immer zufrieden, aber es wird sie in Zukunft eher respektieren.

Jedes Mal, wenn Sie Ihr Kind erfolgreich in Situationen, in denen es wütend war, begleitet haben, wird es im Umgang mit seinem Ärger Fortschritte machen. Sie werden sehen, dass das Schreien und Brüllen mit der Zeit abnimmt. Und zwar aus folgendem Grund: Wenn Ihr Kind mehr und mehr davon überzeugt ist, dass Sie ihm zuhören wollen, wenn es seine Gedanken und Gefühle äußert, wird es keine Notwendigkeit sehen, Extremverhalten anzuwenden, um seine Meinung kundzutun.

c) Geben Sie Anweisungen

Die meisten Eltern sind versucht, mit diesem Schritt zu beginnen („Ich sage dir, wie du mit deinem Zorn umgehen kannst"). Doch Anweisungen werden am besten nur unterstützend eingesetzt, neben dem „Vorbildsein" und dem Begleiten des Kindes in Problemsituationen.

Es hängt vom Alter Ihrer Kinder ab, wie Sie Ihre Kinder unterrichten können. Mit kleineren Kindern können Sie gut Geschichten lesen und besprechen, in denen eine Figur Wut empfindet und sie in einer bestimmten Weise äußert. Mit älteren Kindern können lockere Gespräche die beste Strategie sein, um ihnen Anleitung zu geben. Sie könnten fragen: „Wie findest du meine Art, mit Wut umzugehen?" Indem Sie den Blick auf sich lenken, geben Sie dem Kind die Möglichkeit, offen und ehrlich zu sein. Nachdem Sie beide Ihre Schwachpunkte zugegeben haben, könnten Sie darüber reden, wie man auf eine bessere Art mit Wut umgehen kann.

Wenn Sie besonders abenteuerlustig sind, können Sie Ihrem Kind davon erzählen, dass Sie sich schon mehrmals von Ihrer Wut beherrschen ließen und es nachher bereuten. Ihr Kind wird aufmerksam zuhören, wenn Sie von Ihrem eigenen inneren Kampf mit der Wut berichten. Von Ihren Fehlern im Umgang mit der Wut zu hören, wird Ihrem Kind Mut machen. Es wird motiviert sein, selbst für einen besseren Umgang mit diesem Gefühl zu kämpfen.

Wenn Sie ganz gründlich sein wollen, dann sollten Sie sich bei Ihrem

Kind für einen Streit entschuldigen, den Sie kürzlich dadurch verursachten, dass Sie Ihrem Ärger freien Lauf ließen. Sie werden überrascht sein, was eine Entschuldigung für den Respekt, den Ihr Kind vor Ihnen hat, bewirken kann. Ihr Kind wird wahrscheinlich genau wissen, wo Sie im Unrecht gewesen sind. Wenn Sie es selbst zugeben, wird Ihre Beziehung dadurch wieder ins Reine kommen. Sie werden Ihrem Kind dadurch zeigen, wann es sich entschuldigen sollte.

> *»Jeder Mensch, der zornig ist, fühlt sich verletzt.«*
> Francis Bacon

Vergessen Sie nicht, dass es eine Kombination aus „Vorbildsein", liebevoller Begleitung und urteilsfreier Anleitung ist, durch die Ihr Kind Strategien zur Wutbewältigung lernt. Dieser Ansatz wird die seelische Gesundheit Ihres Kindes nachhaltig fördern.

Abschließende Bemerkungen zur Wut

Wenn Sie vermeiden wollen, dass Wut in Ihrer Familie Schaden anrichtet, müssen Sie vor allen Dingen wissen, wie man mit einem wütenden Menschen umgeht. Sie können die folgenden sieben Tipps in der nächsten Situation anwenden, in der Sie sich einem Familienmitglied gegenüber sehen, das „vor Wut kocht" – sei es Ihr Partner, Ihr Kind oder andere Verwandte.

- *Hören Sie Ihrem Gegenüber zu.* Das Beste, was Sie für einen aufgebrachten, geliebten Menschen tun können, ist zuzuhören. Wenn Sie verstehen, was die Verärgerung ausgelöst hat, können Sie die Tiefe der Zornesgefühle erfassen.
- *Hören Sie Ihrem Gegenüber zu.* Der zweite Grundsatz lautet wie der erste. Nachdem Sie die Sichtweise der wütenden Person gehört haben, sollten Sie sie bitten, das Gesagte noch einmal zu wiederholen – nicht um die Person noch wütender zu machen, sondern um zu zeigen, dass die Angelegenheit wichtig ist. Lassen Sie Ihr Gegenüber wissen, dass Sie wirklich verstehen wollen, was passiert ist.
- *Hören Sie Ihrem Gegenüber zu.* Nein, das ist kein Druckfehler. Nachdem die Darstellung wiederholt wurde, sollten Sie einige Fragen stellen, um sicher zu sein, dass Sie auch wirklich verstanden haben –

und um der betroffenen Person zu helfen, ihre Gefühle herauszulassen. Sie werden feststellen, dass Sie drei (und manchmal auch vier) Runden zuhören müssen, um die ganze Betroffenheit und Enttäuschung des aufgebrachten Menschen zu erfassen.

- *Versuchen Sie, die Situation Ihres Gegenübers zu verstehen.* Wenn Sie versuchen zu verstehen, was den Zorn des betroffenen Menschen ausgelöst hat, sollten Sie sich fragen: „Wäre ich in der gleichen Situation auch zornig?" Versuchen Sie sich mit dem anderen zu identifizieren, indem Sie sich in ihn hineinversetzen.
- *Drücken Sie Verständnis für seine Situation aus.* Erzählen Sie dem Betroffenen, was Sie beim dreimaligen Zuhören verstanden haben. Achten Sie darauf, dass Sie Mitgefühl und Empathie zeigen, während Sie Ihr Verständnis dessen, was die Wut auslöste, mitteilen. Auch wenn Ihr Gegenüber ein paar Dinge durcheinander gebracht hat, sollten Sie sich nicht bei Details aufhalten. Wenn Sie etwas klarstellen wollen, können Sie das später tun. Zu diesem Zeitpunkt sollten Sie einfach darauf achten, dass Sie die Gefühle des Betroffenen bestätigen. Sie könnten zum Beispiel sagen: „Ich kann verstehen, warum du deswegen wütend bist. Wenn ich du wäre, wäre ich sicher auch wütend."
- *Geben Sie Zusatzinformationen, die Licht auf die Angelegenheit werfen könnten.* Wenn Sie durch bestimmte Informationen oder eine andere Sichtweise die Wahrnehmung des wütenden Menschen von der Situation ändern können, sollten Sie sie auf freundliche, direkte Art weitergeben. Wenn Sie dem Betroffenen Zeit geben, sich zu beruhigen, ist die Wahrscheinlichkeit geringer, dass ihn diese Informationen beschämen oder kränken. Es kommt auf die Informationen an, die Sie weitergeben, ob Ihr Gegenüber an diesem Punkt merkt, dass Sie nichts Unrechtes getan haben, und sich dafür entschuldigt, wütend geworden zu sein.
- *Geben Sie mögliche Fehler zu und bereinigen Sie die Angelegenheit.* Wenn Sie erkennen, dass der Zorn Ihres Gegenübers berechtigt ist, sollten Sie Ihre Fehler zugeben und sich bei ihm entschuldigen. Ergreifen Sie dann die nötigen Schritte, um es wieder gutzumachen.

Sie sind nicht dafür verantwortlich, Wut zu vermeiden, sondern dafür zu sorgen, dass sie sich positiv auswirkt.

TEST

Halten Sie sich für einen Experten im Umgang mit Wut? Mit diesem Test können Sie Ihr Wissen überprüfen.

1. Welche der folgenden Aussagen trifft auf die Wut zu?
   a) Sie ist ein Zeichen von Schwäche.
   b) Sie ist eine Form der Gewalt.
   c) Sie ist ein gesundes Gefühl.
   d) Die Bibel sagt, dass sie Sünde ist.

2. Welcher der folgenden Ratschläge ist kein vernünftiges Prinzip zum Umgang mit Wut für Paare?
   a) Einigen Sie sich darauf, dass Sie versuchen wollen, eine Erklärung zu finden, bevor Sie den anderen verurteilen.
   b) Einigen Sie sich darauf, nur die Konflikte zu besprechen, die Sie beide für wichtig halten.
   c) Nehmen Sie sich vor, dass einer dem anderen die Bestätigung seiner Liebe gibt.
   d) Erklären Sie sich bereit, Ihre Wut voreinander zuzugeben.

3. Vernünftige Grundsätze zum Umgang mit der Wut können positive Auswirkungen haben. Sie sollen jedoch nicht:
   a) Erhitzte Diskussionen zwischen den Partnern verringern,
   b) dazu beitragen, dass sich die Partner im Gespräch öffnen,
   c) dazu beitragen, dass sich die Partner näher kommen,
   d) die Partner davon abhalten, wütend zu werden.

4. Welche der folgenden Methoden ist nicht empfehlenswert, wenn Sie Ihrem Kind helfen wollen, mit seiner Wut auf die richtige Art umzugehen?
   a) Geben Sie ihm berechtigten Anlass, zornig zu sein.
   b) Begleiten Sie Ihr Kind aktiv in Situationen, in denen es wütend ist.
   c) Leben Sie das richtige Verhalten vor.

d) Leiten Sie Ihre Kinder an.

5. Wie lernen die meisten Kinder, mit ihrer Wut umzugehen?
   a) Indem sie beobachten, wie ihre Eltern mit Wut umgehen.
   b) Indem sie nachahmen, was sie im Fernsehen sehen.
   c) Indem sie verschiedene Reaktionen ausprobieren, bis sie herausgefunden haben, welche die beste ist.
   d) Indem sie Ratgeber über den Umgang mit Wut lesen.

Antworten: 1c), 2b), 3d), 4a), 5a).

4 Nicht zum Einzelkämpfer werden

Hilfe für *Alleinerziehende*

Janice wartete, bis sie von den anderen Wanderern nicht mehr gehört werden konnten. „Also, wie geht es dir?“, fragte sie.

„Gut“, antwortete Kyra.

Janice sah sie durchdringend an. „Du, ich bin nicht die neugierige alte Dame aus der Nachbarschaft, sondern deine beste Freundin! Also, wie geht es dir wirklich?“

Kyra seufzte. „Als ich klein war, habe ich mir oft Wiederholungen von ‚Alice im Wunderland‘ angesehen. Man sollte meinen, dass ich daraus etwas über allein erziehende Eltern gelernt hätte.“

Janice lachte. „Ich erinnere mich daran, dass ich unmittelbar nach meiner Scheidung dachte, alle anderen Eltern in der Nachbarschaft würden hinter meinem Rücken über mich reden. Es kam mir vor, als ob die Leute mir ständig aufmunternde Ratschläge geben würden.“

Kyra stöhnte zustimmend.

„Hast du jemals diese Typen getroffen, die ‚nur das Beste‘ für dich wollen und Dinge sagen wie: ‚Sei froh, dass du nicht mehr mit ihm zusammen bist‘, oder: ‚Eine hübsche Frau wie Sie wird bestimmt nicht lange allein bleiben‘?“, fragte Janice.

„Oh ja!“, rief Kyra aus. „Und dann gibt es Leute, die sagen: ‚Lass es mich nur wissen, wenn ich irgendetwas für dich tun kann.‘ Manchmal habe ich Lust zu antworten: ‚Nun, du könntest jeden Abend gegen halb zehn vorbeikommen und meine siebenjährige Tochter beruhigen, die sich in den Schlaf weint, weil ihr Vater nicht da ist, um ihr einen Gutenacht-Kuss zu geben. Oder du könntest mir dabei helfen, eine Antwort für meinen neunjährigen Sohn zu finden, der mir sagt, dass sein Vater sicher noch da wäre, wenn ich eine bessere Ehefrau gewesen wäre.“

„Wenn du den wohlmeinenden Helfern jemals so etwas sagen würdest, wären sie in Windeseile verschwunden“, meinte Janice.

Kyra lachte und fügte hinzu: „Aber vor dem Verschwinden würden sie noch schnell anbieten, einen Nudelauflauf oder einen Kuchen vorbeizubringen."

*

Wann fühlten Sie sich als Alleinerziehender das letzte Mal einsam – verzweifelt – schuldig – panisch – überfordert – nicht qualifiziert – unbeliebt – gefangen – nicht anerkannt?

Wenn wir hier behaupten würden, dass man durch drei leichte Schritte zu einem erfolgreichen Alleinerziehenden wird, würden Sie dieses Buch wahrscheinlich im hohen Bogen in den Mülleimer werfen. Es ist ein anstrengender, niemals endender Prozess, sich um die körperlichen und seelischen Bedürfnisse der Kinder zu kümmern, während man gleichzeitig versucht, die Familie finanziell zu versorgen und den Haushalt in Ordnung zu halten. Es gibt keine Methode, diese Arbeit spielerisch zu bewältigen.

Das Ziel dieses Kapitels ist es, Ihnen zu zeigen, dass diese Arbeit bewältigt werden kann – und dass das Ergebnis, das Sie erzielen, Ihre große Anstrengung wert ist. Sie können als Alleinerziehender starke Beziehungen innerhalb der Familie fördern. Wir zeigen Ihnen Wege, wie Sie Ihre Familie emotional und sozial stärker machen können.

VORGEGRIFFEN

- Alleinerziehende müssen die Hilfe anderer in Anspruch nehmen – ob es nun Familienmitglieder, Freunde, Lehrer oder Gemeindemitglieder sind –, um die emotionalen Bedürfnisse ihrer Kinder zu erfüllen.
- Wenn man Kindern und Jugendlichen helfen will, sich vom Schock der Scheidung oder des Todes eines Elternteils zu erholen, bedeutet das, ihnen dabei zu helfen, verschiedene Trauerphasen zu durchleben, unter anderem die Phase der Wut, die Phase des Leugnens der Realität und die Phase des Verhandelns.
- Eltern, die ihre Kinder nicht bei sich wohnen haben, müssen es auf sich nehmen, deren Muttersprache der Liebe zu lernen, damit sie die begrenzte Zeit mit ihren Kindern optimal nutzen können.

Hilfe für trauernde Kinder

Auch wenn es selbstverständlich erscheint, möchten wir zunächst betonen, dass Sie nicht die einzige Person in Ihrer Familie sind, die damit zu kämpfen hat, dass sie in einer „Ein-Eltern-Familie" lebt. Vergessen Sie nicht, dass Ihre Kinder den gleichen Schmerz über Ihre Familiensituation empfinden. Untersuchungen haben gezeigt, dass Scheidungskinder mit Gefühlen der Angst, Wut und Sorge zu kämpfen haben, sogar noch zehn Jahre nach der Trennung ihrer Eltern.

> *»Nur Menschen, die allein sind, wissen, was Freundschaft bedeutet. Andere haben ihre Familie, aber für einen Menschen, der allein und in der Fremde lebt, sind Freunde alles.«*
> Willa Cather

Sie werden feststellen, dass der Prozess, in dem Ihre Kinder lernen, mit Ihrer Scheidung umzugehen, dem Trauerprozess nach dem Tod eines geliebten Menschen ähnelt. Kinder, die die Realität der Scheidung ihrer Eltern verarbeiten müssen, reagieren oft darauf, indem sie wütend sind, die Realität leugnen und mit ihren Eltern verhandeln.

Glücklicherweise lernen es die meisten Kinder schließlich, damit umzugehen, dass sich die Familie geteilt hat. Bei manchen geht das schneller als bei anderen. Für manche ist es schmerzhafter als für andere. Worauf es im Leben *Ihrer* Kinder am meisten ankommen wird, ist Ihre Bereitschaft, mit ihnen offen über ihren Verlust zu sprechen.

Um Ihren Kindern helfen zu können, müssen Sie zuerst die verschiedenen Phasen des „Trauerprozesses" kennen lernen. Lassen Sie uns einige Phasen, die Ihre Kinder durchleben, näher betrachten.

a) Leugnen der Realität

Die erste Reaktion Ihrer Kinder auf Ihre Scheidung wird wahrscheinlich die Weigerung sein, die Realität anzunehmen. Kein Kind will glauben, dass sich seine Eltern für immer getrennt haben oder dass ein Elternteil die Familie verlassen hat. Sie werden feststellen, dass Ihre Kinder reden werden, als ob Sie und Ihr Partner sich nur für eine Zeit lang getrennt hätten und irgendwann wieder zusammenkommen würden.

In dieser Phase werden Ihre Kinder wahrscheinlich große Angst haben und tiefe Trauer und Schmerz empfinden. Vielleicht weinen sie viel und hoffen, dies werde Sie und Ihren Partner dazu bewegen, sich wieder zusammenzutun. Es ist auch möglich, dass Ihre Kinder sich stark abgelehnt fühlen.

b) Wut

Auf die Phase der Realitätsverweigerung folgt häufig eine intensive Phase der Wut, oder die beiden Phasen laufen sogar parallel. Die Wut entsteht aus der Vorstellung, dass der abwesende Partner darin versagt hat, seine elterlichen Pflichten zu erfüllen. Diese Wut kann sich in Worten oder Handlungen zeigen oder unterdrückt werden, weil das Kind fürchtet, die Familiensituation dadurch schlimmer zu machen.

Ihre Kinder werden wütend werden, weil sie sich in ihrer Situation machtlos fühlen. Sie haben deshalb das Bedürfnis, loszuschlagen – gegen das fehlende Elternteil, gegen Sie oder gegen andere Familienmitglieder oder Freunde. Auch wenn Sie versucht sind, die gegen Sie gerichtete Wut übel zu nehmen, sollten Sie im Gedächtnis behalten, dass sich hinter der aggressiven Oberfläche ein tiefes Gefühl der Einsamkeit und der Enttäuschung verbirgt – der Enttäuschung des Kindes über seine momentane Unfähigkeit, mit jemandem über seine Probleme zu reden, der ihnen etwas bedeutet.

> *»Wenn du deine Türen verschlossen und das Licht gelöscht hast, solltest du niemals sagen, dass du allein bist. Denn du bist nicht allein: Gott ist in dir, und dein Talent ist in dir.«*
> Epiktet

Ihr Kind braucht es, sich geliebt zu fühlen, es muss wissen, dass es jemandem wirklich wichtig ist. Und weil es sich von dem abwesenden Elternteil vermutlich nicht geliebt fühlt, müssen Sie diese Verantwortung übernehmen.

c) Verhandeln

Nach Abstreiten und Wut werden Sie möglicherweise Hinweise auf die Phase des „Verhandelns" im Verhalten Ihrer Kinder entdecken. Es ist denkbar, dass sich Ihre Kinder in den Kopf gesetzt haben, sie könnten Sie und Ihren „Ex" wieder zusammenbringen. Möglichweise reden sie auf Sie und Ihren „Ex" ein, abwechselnd oder auch in Gegenwart des anderen. Sie bitten Sie, Ihre Meinungsverschiedenheiten beizulegen und wieder ein Paar zu werden, um der Familie willen. Um die Sache attraktiver zu machen, werden Ihre Kinder möglicherweise versprechen, sich gut zu benehmen, in der Schule Einsen zu schreiben oder etwas anderes Beeindruckendes zu tun – damit Sie beide wieder zusammenkommen.

Wenn das nicht hilft, könnten sich Ihre Kinder für schlechtes oder sogar gefährliches Verhalten entscheiden. Abhängig vom Kind könnte dieses schlechte Verhalten alles Mögliche mit einschließen: von Drogenmissbrauch bis zu sexueller Promiskuität, von Vandalismus bis zum Selbstmordversuch. Nicht alle Formen schlechten Verhaltens werden als „Köder" für die Eltern benutzt. Manche Scheidungskinder setzen auffälliges Verhalten ein, um herauszufinden, ob sich ihre Eltern wirklich um ihr Wohlergehen sorgen.

Gute Frage

? Wie kann ich meinem Sohn die Liebe geben, die er braucht, wenn er mir die Schuld für unsere Trennung gibt?

Es wird vielleicht nicht möglich sein, die Distanz zwischen Ihnen und Ihrem Sohn sofort zu überwinden. Bis Sie die Beziehung zu Ihrem Sohn wiederhergestellt haben, wäre es eine Möglichkeit, andere Familienmitglieder, wie die Großeltern, Tanten und Onkel, oder auch Lehrer und Gemeindeleiter zu bitten, die Lücke zu füllen. Wenn Sie diese wichtigen anderen Personen auf die vorrangige Liebessprache Ihres Sohnes aufmerksam machen, können diese Ihnen helfen, seine Bedürfnisse zu erfüllen.

d) Noch mehr Wut

Wenn alles Verhandeln nichts hilft, wird sich Ihr Kind vermutlich in noch größere Wut flüchten. Es ist wahrscheinlich, dass noch mindestens ein Jahr nach der Scheidung innere Kämpfe auftreten, mit denen

Gefühle von Wut, Schuld, Angst und Unsicherheit einhergehen. Das Ergebnis kann sein:

- schlechtere schulische Leistungen
- aggressiveres, negatives Sozialverhalten
- weniger Respekt für Erwachsene
- tiefe Einsamkeit.

In diesem Wechselbad der Gefühle müssen Sie das Bedürfnis Ihrer Kinder nach Liebe erfüllen und eine Art normales Familienleben für sie schaffen. (Ganz schön heftig, nicht?)

Vorlesen ist sehr wichtig!

Wenn Sie kleinere Kinder haben, gibt es eine gute Möglichkeit, ihnen mit ihren negativen Gefühle umgehen zu helfen: Sie lesen ihnen etwas vor. Zumindest hilft es ihnen, etwas zur Ruhe zu kommen. Ein Merkmal eines Kindes, das durch die Trennung seiner Eltern überfordert ist, ist seine Unfähigkeit, klar zu denken. Das Vorlesen kann ihm helfen, sich zu konzentrieren, damit es anfangen kann, die Gefühle von Schmerz und Verlust zu bewältigen.

Achten Sie darauf, dass Sie altersgemäße Bücher zum Vorlesen auswählen. Sie brauchen Bücher, die Ihre Kinder verstehen können. Außerdem sollten es Bücher sein, die Reaktionen hervorrufen. Wenn Sie diese Bücher zusammen lesen, sollten Sie Ihre Kinder ab und zu fragen, was sie denken. Nutzen Sie jede Möglichkeit zum Gespräch.

> *»Es ist schlimm anzunehmen, dass wir nichts für andere Menschen tun können – und es ist niederträchtig, sich nicht dafür anzustrengen.«*
> Edward Dahlberg

Wenn in dem Buch, das Sie vorlesen, eine Figur auftritt, die sich verloren vorkommt oder etwas verloren hat, was ihr wichtig ist, könnten Sie darüber reden, wie es ist, sich verloren vorzukommen oder etwas zu verlieren, das einem viel wert ist. Dieses Gespräch könnte dann vertieft werden, indem Sie darüber sprechen, wie viel Ihnen Ihr Partner bedeutet.

Wenn Sie die Figuren des Buches als Ausgangspunkt nehmen, können Sie schrittweise herausfinden, wie sich Ihre Kinder angesichts der Trennung von ihrem Vater oder ihrer Mutter fühlen, und ihnen helfen, manche ihrer Gefühle zu bewältigen.

Hilfe!

Sie können Ihr eigenes Bedürfnis nach Liebe nicht erfüllen. Ob Sie diese Erkenntnis in Panik geraten lässt oder Ihnen ein Gefühl der Erleichterung gibt, hängt davon ab, ob es ein Netz von Menschen gibt, die Sie umgeben und die Sie unterstützen. Wenn Sie eine solche „Hilfstruppe" nicht haben, müssen Sie eine ins Leben rufen. Dafür müssen Sie vielleicht zuerst Ihren Stolz überwinden.

Warten Sie nicht, bis jemand fragt, ob Sie Hilfe brauchen. Manche potenziellen Helfer halten sich vielleicht zurück, weil sie sich in Ihre Familie nicht einmischen wollen, und warten darauf, dass Sie ihnen ein Zeichen geben. Anderen ist Ihr Bedürfnis nach Hilfe vielleicht gar nicht bewusst. Wenn Sie warten, bis freiwillige Helfer auf Sie zukommen, dann werden Sie – und Ihre Kinder – möglicherweise lange warten müssen.

Deshalb müssen Sie die Initiative ergreifen, um ausgeglichene, zuverlässige, vertrauenswürdige und einfühlsame Menschen zu finden. Als Erstes sollten Sie im erweiterten Familienkreis nach solchen Menschen schauen. Wenn die Beziehung zu Ihren Verwandten gespannt ist, sollten Sie alles dafür tun, sich wieder nahe zu kommen. Jetzt ist nicht der richtige Zeitpunkt, um sich

Gute Frage

? Meine Tochter wurde kürzlich wegen einer anderen Frau von ihrem Mann verlassen. Sie ist nun allein mit ihren Zwillingssöhnen. Ich bin in Rente und wohne in der Nähe. Was kann ich am besten für sie tun?
Abgesehen davon, dass Sie ihr zuhören und sie trösten, können Sie ihr im Moment am besten damit helfen, ihr im Alltag beizustehen. Das kann bedeuten, Besorgungen für sie zu erledigen, Ihre Enkelkinder zum Sport zu bringen, das Essen für sie zu kochen usw. Außerdem können Sie ihr dadurch helfen, dass Sie eine enge Beziehung zu Ihren Enkeln aufbauen und ihnen ganz viel Liebe geben.

und den anderen etwas zu beweisen oder einen Groll gegen andere Familienmitglieder zu hegen. Es ist wichtig für Sie, dass sich Ihre Verwandten an Ihrem Familienleben beteiligen. Ihre Kinder brauchen die Liebe, die ihnen ihre Großeltern, Tanten, Onkel, Cousins und Cousinen geben können (ausgenommen natürlich Familienmitglieder, die eine körperliche oder seelische Bedrohung für Ihre Kinder darstellen).

Über Ihren Familienkreis hinaus werden Sie eine überraschend große Zahl von Menschen finden, die bereit sind, einem Alleinerziehenden zu helfen – einfach indem Sie sagen, was Sie brauchen. Manchmal bietet sich ein Nachbar oder ein Lehrer an, Ihnen zuzuhören oder Ihre Kinder zu unterstützen. Am besten können Sie in der Kirchengemeinde um Hilfe bitten. Treffen Sie sich mit Ihrem Pastor oder einem der anderen Verantwortlichen in der Gemeinde. Legen Sie Ihre Situation und Ihre Bedürfnisse sorgfältig dar. Viele Gemeinden haben einen Schwerpunkt in ihrer Arbeit, Alleinerziehenden zu helfen. Wenn das auf Ihre Gemeinde zutrifft, werden Sie voraussichtlich einfühlsame Menschen kennen lernen, die Ihr Leben und das Leben Ihrer Kinder bereichern werden.

Und wieder die Liebessprachen ...

Ohne Ihren Partner müssen Sie mehr tun, um das Bedürfnis Ihrer Kinder nach Liebe zu erfüllen. Und wenn Sie arbeiten und gleichzeitig versuchen, Ihren Haushalt zu bewältigen, bleibt nicht viel Zeit, um mit jedem von ihnen allein zu sein und ihnen Ihre Liebe zu zeigen.

Deshalb ist es wesentlich, dass Sie die Zeit, die Ihnen zur Verfügung steht, optimal nutzen. Dafür müssen Sie die Muttersprache der Liebe jedes Kindes lernen. Sie finden genauere Informationen über die fünf Liebessprachen in den Kapiteln I. 3-7 dieses Buches. Hinweise darauf, wie Sie die Grundlagen konkret anwenden, finden Sie in den Kapiteln 3-4 von Teil II. Wir werden diese Dinge hier nicht wiederholen. Stattdessen wollen wir noch einmal betonen, wie wichtig es ist, die Liebessprache Ihres Kindes fließend zu beherrschen.

Angenommen, die vorrangige Liebessprache Ihrer Tochter ist „gemeinsame Zeit" – und Sie überschütten sie mit „Anerkennung"!

Dadurch setzen Sie Ihre kostbare Zeit und Energie an der falschen Stelle ein. Sie werden mit Ihren Bemühungen trotzdem etwas erreichen, aber nicht so tief gehende und umwälzende Veränderungen hervorrufen, wie Sie es sonst erreichen würden. Wenn Sie die vorrangige Liebessprache Ihres Kindes sprechen, wird Ihr Umgang miteinander viel befriedigender und erfüllender sein.

Es ist ein absolutes Muss für Alleinerziehende, einen effektiven Weg zu finden, um den Kindern Liebe zu vermitteln.

Im Teenageralter angekommen

Wenn Ihre Kinder zu Teenagern werden, werden Ihnen nach und nach bestimmte Dinge auffallen, die Sie noch nie an ihnen gesehen haben. Bestimmte Gefühle, die Sie schon längst abgehakt hatten, feiern ihre dramatische Rückkehr im Leben Ihres Kindes, wenn es zum Teenager wird. Vielleicht fühlt es sich plötzlich gekränkt, wütend oder abgelehnt – Gefühle, die während der ganzen Kindheit möglicherweise keine große Rolle gespielt haben und die nun sein Selbstbewusstsein erschüttern. Das Ergebnis kann von Minderwertigkeitsgefühlen über Depressionen bis hin zu destruktivem Verhalten reichen.

Das Problem wird für Sie dadurch erschwert, dass Ihr Teenager diese Gefühle und das dadurch ausgelöste Verhalten vielleicht vor dem anderen Elternteil verheimlicht. Ihr Teenager fürchtet vielleicht, dass er die Beziehung, die er ohnehin für zerbrechlich hält, zerstören könnte. Oder er fürchtet die Meinung des anderen Elternteils.

> *»Wenn einzeln stehende Bäume überhaupt wachsen, dann wachsen sie zu starken Bäumen heran.«*
> Winston Churchill

Aus welchem Grund auch immer sich Ihr Teenager bei Ihrem „Ex“ anders verhält – Sie werden doch „der Dumme“ sein. Sie werden derjenige sein, der die Gefühlsstürme Ihres Teenagers am stärksten zu spüren bekommt. Und es ist nicht leicht, das zu akzeptieren – vor allem wenn Sie daran denken, dass Sie es sind, der einiges dafür aufgegeben hat und hart dafür arbeitet, Ihren Teenager zu versorgen.

Es ist normal, wenn Sie sich enttäuscht, verletzt und wütend fühlen, weil Ihr Teenager Sie anscheinend so unfair behandelt. Es ist nicht persönlich gemeint. Die starken Gefühle Ihres Teenagers sind Teil seines Strebens nach Unabhängigkeit. In dem Moment, wo sich Ihr Teenager der Erwachsenenwelt nähert, ist er gezwungen, sich mit der Ungerechtigkeit des Lebens auseinander zu setzen. Die daraus entstehenden Gefühle können sowohl für die Eltern als auch für den Teenager anstrengend sein. Glücklicherweise wird Ihr Teenager mehr und mehr lernen, diese Gefühle zu verarbeiten, und dadurch reifer werden. Leider jedoch geschieht dieser Reifungsprozess nicht über Nacht.

Wie Sie am besten auf Ihren Teenager eingehen können

Es kann schwierig sein, einen Weg zu finden, um mit den extremen Gefühlszuständen Ihres Teenagers umzugehen. Die Kommunikationsmethode, die an dem einen Tag zu funktionieren scheint, wird vielleicht am nächsten Tag eisiges Schweigen hervorrufen. Es gibt jedoch drei Strategien, die die Chancen erhöhen, dass Sie sich mit Ihrem Teenager besser verstehen.

a) Konzentrieren Sie sich auf die Gefühle Ihres Teenagers

Nehmen wir an, Ihr halbwüchsiger Sohn verbringt etwa 90 Prozent seiner Freizeit in seinem Zimmer, wo er fernsieht, Musik hört und ganz allgemein schmollt. Abgesehen vom Trübsalblasen scheint ihn wenig zu interessieren.

Wie würden Sie darauf reagieren? Wenn Sie wie die meisten Eltern sind, wird Ihr erster Impuls der „Fang an zu leben!-Impuls“ sein. Vielleicht reden Sie ihm zu, ein paar Freunde anzurufen und sich mit ihnen zu treffen. Vielleicht necken Sie ihn wegen seiner blassen Gesichtsfarbe und schlagen vor, hinaus in die Sonne zu gehen. Vielleicht fordern Sie sogar, dass er sich einen Job sucht.

Alle diese Reaktionen sind verständlich. Keine von ihnen dringt jedoch zum Kern des Problems vor. Diese Ansätze befassen sich mit dem *Verhalten* des Teenagers. Um ihn wirklich zu erreichen, müssen Sie sich auf seine *Gefühle* konzentrieren.

In Wahrheit hat sich Ihr Sohn vielleicht zurückgezogen, weil er deprimiert ist und sich abgelehnt fühlt. Anstatt ihm zu sagen, dass er nicht Trübsal blasen soll, versuchen Sie besser, ihn zu fragen, warum er sich so fühlt. Geben Sie ihm die Chance, Ihnen mitzuteilen, was in seinem Leben vorgeht.

Das soll nicht heißen, dass Sie erwarten sollen, dass Ihr Teenager redet wie ein Buch, nur weil Sie gefragt haben, was los ist. Die meisten Teenager sind nicht so einfach strukturiert. Möglicherweise werden Sie Ihre Nachforschungen in verschiedenen Gesprächen anstellen müssen, ein Stöhnen hier und eine einsilbige Antwort da zusammensetzen müssen wie die Teile eines Puzzles, bis Sie das ganze Bild haben.

Das Beste, was Sie tun können, ist, in Ihrem Zuhause eine Atmosphäre zu schaffen, in der es ihm leicht fällt zu reden – vor allem über die Ereignisse und Emotionen, die in Ihrer „Ein-Eltern-Familie“ mit den Umständen der Scheidung, des Todes oder des Verlassenwerdens zu tun haben. Indem Sie Ihrem Teenager erlauben, seine Gefühle zu zeigen, bereiten Sie den Weg für seelische Heilung. Bis alles ausgesprochen ist und verstanden wurde, wird es noch Kämpfe mit negativen Gefühlen geben.

b) Hören Sie zu und sagen Sie Ihrem Teenager die Wahrheit

Teenager werden jeden Tag mit Lügen oder unbewussten Unwahrheiten bombardiert. Angefangen von den falschen Versprechungen der Werbung über die Scheinwelt der Fotomodelle und Prominenten bis hin zu den unzuverlässigen Versprechen von Freunden und derjenigen, in die sie verliebt sind. Deshalb werden sie die Menschen, die ihnen wirklich die Wahrheit sagen – egal, wie verletzend diese Wahrheit sein mag – besonders respektieren.

Früher oder später wird Ihr Teenager Ihnen einige harte Fragen über seinen abwesenden Vater bzw. seine abwesende Mutter entgegenschleudern. Die Antworten, die ausreichten, als Ihr Kind noch kleiner war, werden nun nicht mehr genügen.

Abhängig von der Art Ihrer Trennung von Ihrem Partner und den individuellen Interessen Ihres Teenagers könnte er Sie fragen,

- wie das Leben war, als Ihre Familie noch intakt war,
- warum Sie und Ihr „Ex“ beschlossen haben, sich zu trennen,

- welche Gefühle Sie gegenüber Ihrem „Ex“ haben,
- ob Ihr „Ex“ ihn selbst wirklich liebt,
- was Ihr „Ex“ früher über ihn gesagt hat.

Es ist nicht einfach, diese Fragen zu beantworten, aber sie müssen trotzdem beantwortet werden. Ihr Teenager verdient die Wahrheit und er verdient es, die Wahrheit von *Ihnen* zu hören. Dies ist nicht der Ort für Entschuldigungen oder Beschönigen von Tatsachen.

Wenn Ihr Teen später herausfindet, dass Sie gelogen oder Informationen zurückgehalten haben, wird er Ihnen wahrscheinlich in Zukunft nicht mehr vertrauen. Und wenn die Wahrheit auch schmerzt, hat sie doch eine enorme Heilungskraft.

c) Respektieren Sie unrealistische Wünsche Ihres Teenagers

Die meisten der unrealistischen Wünsche und Erwartungen Ihres Teenagers werden sich um den Elternteil drehen, der abwesend ist („Ich wünschte, Papa würde Weihnachten nach Hause kommen“). Von dem, was Sie über Ihren „Ex“ wissen, könnte Ihre erste Reaktion sein, die Hoffnungen Ihres Teenagers zunichte zu machen („dein Papa wird sein Weihnachtsfest – ganz zu schweigen von seinem Weihnachtsgeld – für seine neue Frau und deren Kinder reservieren“). Ein viel besserer Ansatz wäre, die Wünsche anzuerkennen und zu bestätigen („du hättest gerne, dass dein Vater Weihnachten mit dir verbringt – das kann ich verstehen. Ich wünschte mir auch für dich, dass er Weihnachten kommen würde“).

> *»Es zu wagen, alleine zu leben, erfordert außergewöhnlichen Mut. Denn es gibt viele, die lieber ihrem bittersten Feind auf dem Schlachtfeld ins Auge sähen, als daheim in ihr eigenes Herz zu blicken.«*
> Charles Caleb Colton

Indem Sie auch auf unrealistische Wünsche Ihres Teenagers positiv reagieren, geben Sie ihm das Gefühl, ein Erwachsener zu sein. Sie akzeptieren seine Denkweise und versuchen nicht, sie zu ändern. Denken Sie daran: Ihr Ziel ist es, dass er Ihnen kontinuierlich seine Gedanken und Gefühle mitteilt. Um das zu erreichen, müssen Sie positiv reagieren. Außerdem werden Sie oft feststellen: Ihr

Teenager weiß, dass seine Wünsche unrealistisch sind; das Träumen ist für ihn ein Weg, mit der Situation umzugehen.

Hinweise für Eltern, bei denen die Kinder nicht wohnen

Auch wenn Sie Ihre Kinder nicht direkt versorgen, können Sie einen positiven Einfluss auf ihr Leben haben. Sie müssen jedoch lernen, einige gängige „Erziehungsfallen“ zu vermeiden, um mit Ihrem Kind die Beziehung aufzubauen, die es braucht.

Falle 1: Das „Disneyland-Papa“-Syndrom

Viele verbringen die Zeit, die sie für ihre Kinder zur Verfügung haben, im Freizeitpark, Fußballstadion oder Kino. Wenn Sie ein „Disneyland-Papa“ oder eine „Legoland-Mami“ sind, haben Sie sich für die Rolle des Entertainers entschieden und die Elternrolle abgelegt. In Ihrer gemeinsamen Zeit geht es darum, Spaß zu haben, und nicht, sich nahe zu sein.

Verstehen Sie das nicht falsch: Spaß zu haben ist in Ordnung. Aber der Spaß sollte nicht im Mittelpunkt stehen. Wenn Sie nur begrenzte Zeit zur Verfügung haben, sollten Sie das Beste daraus machen – in jeglicher Hinsicht. Wenn Sie die Alltagsprobleme und –situationen nicht kennen, mit denen Ihr Kind konfrontiert ist, müssen Sie sich Zeit nehmen, um etwas darüber zu erfahren. Ihre Kinder werden es genießen, mit Ihnen tolle Sachen zu unternehmen, doch die Momente, in denen Sie ihre seelischen Bedürfnisse erfüllen, werden ihnen wirklich gut tun.

Falle 2: Den Teenager ausnutzen

Wenn Sie Ihren Zeitplan so strukturieren, dass Ihr Teenager die Babysitterdienste für ein kleineres Geschwisterkind übernehmen kann, müssen Sie im Blick auf das Ziel seines Besuchs umdenken lernen. Ihr Teenager ist keine billige Arbeitskraft, die Ihnen einmal pro Woche das Leben erleichtert, indem er Dinge im Haus tut, die Sie nicht selbst tun wollen oder zu denen Sie bisher nicht gekommen sind.

Das soll nicht heißen, dass während der Besuche keine Arbeit getan wird. Man kann sich sogar sehr nahe kommen, wenn man zusammen im Garten arbeitet oder zusammen einkaufen geht.

Aber wenn Sie die Besuche Ihres Teenagers als Möglichkeit betrachten, die Dinge von jemand anders tun zu lassen, die eigentlich Sie tun müssen, wird Ihr Kind das merken – und es Ihnen übel nehmen.

Gute Frage

? Was soll ich tun, wenn meine halbwüchsige Tochter anfängt, vor mir ihren Vater zu kritisieren – vor allem, wenn ich mit ihr einer Meinung bin?
Behalten Sie Ihre Gedanken für sich. Hören Sie zu, was Ihre Tochter sagt, aber stimmen Sie nicht in die Kritik ein. Mischen Sie sich nicht ein. Fragen Sie sie, was Sie tun können, um ihr zu helfen, aber bringen Sie keine eigenen Ideen ein. Ihr Teenager braucht das offene Ohr eines mitfühlenden Erwachsenen, aber keinen, der ins Gemecker einstimmt.

Falle 3: Die Annahme, dass der Teenager seelisch stabil ist

Die Tatsache, dass es Ihrem Teenager gut zu gehen scheint, muss nicht heißen, dass es wirklich so ist. Wie bereits erwähnt: Viele Teenager zeigen dem Vater oder der Mutter, bei dem/der sie nicht wohnen, nur ungern ihre negativen Gefühle. Das bedeutet für Sie, dass Sie „hinter die Fassade“ blicken müssen, wenn Sie Anteil am Gefühlsleben Ihres Teenagers haben wollen.

Wenn es darum geht, über Gefühle zu reden, ist die Atmosphäre entscheidend. Wenn Sie also möchten, dass sich Ihr Teenager Ihnen gegenüber öffnet, müssen Sie in Ihrem Zuhause eine Atmosphäre schaffen, die ein tiefer gehendes Gespräch unterstützt. Am ehesten entsteht eine solche Umgebung, wenn Sie Ihren Teenager bewusst dazu einladen zu erzählen. Legen Sie die Karten auf den Tisch. Erkennen Sie an, dass die Entscheidung, sich von Ihrem „Ex“ zu trennen, Ihr Kind erschüttert und wahrscheinlich großen seelischen Aufruhr verursacht hat. Teilen Sie Ihrem Teenager mit, dass Sie wissen wollen, was in ihm vorgeht, seine positiven und seine negative Gefühle kennen wollen, und dass sein seelisches Wohlergehen Ihre oberste Priorität ist.

Das Wichtigste, was Sie als Elternteil, bei dem der Teenager nicht wohnt, tun können, ist, Ihre Besuche, Telefonanrufe und E-Mails optimal zu nutzen. Lassen Sie Ihren Teenager an dem, was Ihr Leben gerade ausmacht – an den positiven und negativen Dingen –, teilhaben und laden Sie Ihren Teenager ein, dasselbe zu tun. Wenn Sie ehrlich sind und sich verletzlich zeigen, wird Ihr Teenager sich Ihnen gegenüber vermutlich genauso verhalten.

> *»Wer Gutes tun will, klopft an. Wer liebt, findet die Tür bereits offen.«*
> Rabindranath Tagore

Nehmen Sie sich Zeit, seine Gedanken, Gefühle und Wünsche zu ergründen. Stellen Sie Fragen über das, was Sie nicht verstehen. Machen Sie deutlich, dass Sie Interesse am Leben Ihres Teenagers haben.

Schaffen Sie eine Beziehung, die von der Freiheit geprägt ist, über alles zu reden und alles zu fragen. Sie müssen nicht alle Antworten haben. Sie werden mehr Respekt bekommen, wenn Sie bereit sind zuzugeben, dass Sie nicht alle Antworten haben. Es reicht, wenn Sie bereit sind, dabei zu helfen, die Antworten zu finden.

Schließlich sollten Sie die Muttersprache der Liebe Ihres Teenagers lernen. Die Zeit, die Sie zusammen verbringen, ist begrenzt. Schöpfen Sie diese Zeit aus, indem Sie lernen, Ihre Liebe so weiterzugeben, dass sie direkt ins Herz geht.

Fünf Tipps zum Weiterkommen

Ob Sie nun derjenige sind, bei dem die Kinder wohnen, oder nicht: Sie können einiges tun, um Ihre verbesserungswürdige Familiensituation zu verbessern. Die folgenden fünf Tipps sollten Sie dazu berücksichtigen:

- Hören Sie zu!
- Bringen Sie Ihrem Teenager bei, mit seiner Wut konstruktiv umzugehen. (Weitere Informationen zu einem guten Umgang mit Wut finden Sie in Kapitel III. 3.)
- Schenken Sie ihm bedingungslose Liebe.
- Überlegen Sie sich, vielleicht einer Selbsthilfegruppe von Alleinerziehenden beizutreten.

- Halten Sie freundlich, aber unerbittlich an Grenzen fest.

Einige Gedanken zum fünften Tipp: Auch wenn es nicht so scheint und auch wenn es immer wieder Protest gibt – Ihr Teenager will, dass es zu Hause feste Grenzen gibt. In einer Phase, in der Ihre Familiensituation instabil ist, braucht er festen Halt und Kontinuität. Deshalb ist es wichtig, dass Sie darauf achten, was Sie Ihrem Teenager erlauben und was nicht.

Auch wenn Ihr Kind es wohl niemals zugeben wird, hat es das Bedürfnis nach der sicheren Gewissheit, dass Sie es davon abhalten werden, etwas zu tun, was es in Gefahr bringt oder ihm schadet.

Wenn möglich, beschließen Sie zusammen mit dem anderen Elternteil, in dieser Hinsicht zusammenzuhalten – das heißt, dass Sie sich beide an die gleichen Regeln halten. Dann werden Sie Ihrem Jugendlichen vermitteln, dass sein Wohlergehen Ihnen beiden gleichermaßen am Herzen liegt.

Familienaktion

✓ WENN SIE SICH auf jeden Besuch Ihres Teenagers etwas vorbereiten, können Sie sich jedes Mal etwas näher kommen – und gleichzeitig Dinge im Haus zusammen erledigen. Nehmen Sie sich ein „Projekt" vor, an dem Sie zusammen arbeiten können. In der einen Woche vielleicht, zusammen das Auto zu waschen. In einer anderen Woche, die Einfahrt in Ordnung zu bringen. In der nächsten Woche, ein Zimmer zu streichen. Achten Sie nur darauf, die Projekte so zu planen, dass Sie mit Ihrem Teenager eng zusammenarbeiten. Um eine größere Wirkung zu erzielen, könnten Sie Ihren Teenager die Musik auswählen lassen, die Sie sich bei der Arbeit anhören. Vielleicht mögen Sie die Musik nicht, aber sie kann zum Ausgangspunkt für ein Gespräch mit Ihrem Kind werden.

Gute Freunde

Am Ende dieses Kapitels möchten wir noch einmal betonen, dass Sie die Hilfe von Verwandten und Freunden in Anspruch nehmen sollten.

Wenn Ihre näheren Verwandten nicht weit weg wohnen und Sie glauben, dass sie einen positiven Einfluss auf das Leben Ihres Teenagers hätten, sollten Sie die Initiative ergreifen und um ihre Hilfe bitten. Ein Großvater, Onkel oder älterer Cousin (oder Großmutter, Tante oder ältere Cousine) kann das fehlende Elternteil mitunter ersetzen oder Ihrem Teenager die Art von ausgewogenem Umgang geben, den er braucht.

Wenn Ihre nähere Verwandtschaft nicht in der unmittelbaren Umgebung wohnt oder wenn Sie nicht davon überzeugt sind, dass sie einen guten Einfluss auf Ihren Teenager hätte, sollten Sie bei Freunden, Nachbarn oder Gemeindegliedern, denen Sie vertrauen können, nach Hilfe suchen.

Sie werden immer der wichtigste und positivste Einfluss im Leben Ihres Kindes sein! Aber Sie sollten nicht der *einzige* positive Einfluss sein. Deshalb sollten Sie nicht versuchen, fortwährend alles gleichzeitig zu sein. Und Sie sollten nicht zu stolz sein, Hilfe zu erbitten.

Es ist vielleicht die schwerste Aufgabe, die es gibt, als Alleinerziehender Kinder großzuziehen. Obwohl es nicht der Job war, auf den Sie sich beworben haben, sind Sie trotzdem dafür qualifiziert. Wenn Sie sich der Aufgabe widmen, Ihren Kinder die Führung und bedingungslose Liebe zu schenken, die sie brauchen, werden Sie Ihre Elternrolle erfolgreich ausfüllen. Auf diesem Weg werden Sie ein Vorbild sein, das Ihren Kindern für den Rest ihres Lebens Kraft geben wird!

Familienaktion

✓ WENN SIE AUS EINER „Ein-Eltern-Familie" kommen, könnten Sie sich Zeit nehmen und einen Brief an Ihren Vater oder Ihre Mutter schreiben, in dem Sie Ihre Liebe und Dankbarkeit für die Opfer ausdrücken, die er/sie gebracht hat, um Sie großzuziehen. Lassen Sie Ihren Vater/Ihre Mutter wissen, welche seiner/ihrer Eigenschaften und Gaben oder welche Aspekte der Erziehung Sie in Ihre eigene Familie übernehmen werden. Kurz, teilen Sie ihm/ihr mit, dass die harte Arbeit nicht umsonst war.

TEST

✎ Halten Sie sich für einen Experten, wenn es darum geht, ein guter Alleinerziehender zu sein? In diesem Test werden Sie sehen, ob Sie Recht haben.

1. Welche der folgenden Aussagen trifft auf einen Alleinerziehenden zu?
   a) Die seelischen Bedürfnisse der Mutter/des Vaters sind wichtiger als die der Kinder.
   b) Diese Art von Erziehung ist viel einfacher, als die meisten so genannten Experten glauben machen.
   c) Ein starker Alleinerziehender kann die Bedürfnisse der Kinder allein erfüllen, ohne die Unterstützung anderer.
   d) Die Erziehung wird vermutlich schwieriger werden, wenn die Kinder ins Teenageralter kommen.

2. Was gehört nicht zu einer der Trauerphasen, die Ihre Kinder möglicherweise nach der Scheidung ihrer Eltern oder dem Tod eines Elternteils durchleben?
   a) Verhandeln
   b) Leugnen der Realität
   c) Sicherheit
   d) Wut

3. Warum ist es so wichtig, Kinder nach der Scheidung ihrer Eltern oder dem Tod eines Elternteils etwas vorzulesen?
   a) Es hilft ihnen, manche der negativen Gefühle zu bewältigen, die sie durchleben.
   b) Es hilft ihnen zu verstehen, dass Traumwelten viel besser sind als die Wirklichkeit.
   c) Es ist eine gute Möglichkeit, die Zeit totzuschlagen, wenn Sie und Ihre Kinder zu Hause sind.
   d) Sie werden dadurch Pluspunkte im Wettstreit mit Ihrem „Ex“ um die Zuneigung Ihrer Kinder sammeln.

4. Welche der folgenden Handlungsweisen ist nicht geeignet, wenn Sie auf Ihren Teenager eingehen wollen?
   a) Sich auf seine Gefühle zu konzentrieren.
   b) Ihn zu warnen, nicht so zu werden wie der abwesende Partner.
   c) Ihm die Wahrheit zu sagen.
   d) Seine unrealistischen Wünsche zu respektieren.

5. Welcher der folgenden Tipps wäre für einen Alleinerziehenden am wenigsten hilfreich?
   a) Hören Sie Ihrem Teenager zu.
   b) Ziehen Sie in Betracht, einer Selbsthilfegruppe von Alleinerziehenden beizutreten.
   c) Geben Sie Ihrem Teenager bedingungslose Liebe.
   d) Geben Sie Ihrem Teenager im Blick auf die familiären Regeln viel mehr Freiheit, als er gewohnt ist.

Antworten: 1d), 2c), 3a), 4b), 5d).

5 Zusammen und doch *getrennt* – Eine Ehe während einer Zeit der Trennung aufrechterhalten

„Sieh jetzt nicht rüber – ich glaube, dass die beiden Frauen am Verkaufsstand ein Auge auf uns geworfen haben", sagte Lionel, während er sich Pommes in den Mund stopfte.

Tim balancierte seine Bratwurst und sein Mineralwasser vorsichtig auf den Knien, sah aber nicht hoch. „Ich glaube kaum, dass ich die Erlaubnis habe, auf so etwas zu reagieren", sagte er.

„Wie willst du das wissen?", fragte Lionel. „Gibt es etwa so etwas wie die ‚offiziellen Richtlinien für Männer, die von ihren Frauen getrennt leben'? Oder hat dir deine Frau gesagt, dass du keinen anderen Frauen nachschauen darfst?"

„Nein. Das ist eher eine dieser Grauzonen, über die niemand spricht", erklärte Tim. „Es gibt eine Menge Grauzonen, wenn man in meiner Situation ist."

„Zum Beispiel?", wollte Lionel wissen.

„Das Ausfüllen von Formularen", erwiderte Tim. „Ich habe vor ein paar Tagen einen Antrag für eine Kreditkarte ausgefüllt, und dort hieß es: ‚Familienstand: ledig, verheiratet, geschieden oder verwitwet'. Ich wusste nicht, was ich ankreuzen sollte."

„Du hättest einfach ‚getrennt lebend' hineinschreiben sollen", schlug Lionel vor.

„Ich hasse diesen Ausdruck", entgegnete Tim, während er seine Bratwurst aß und einen Blick auf die Anzeigetafel mit dem Spielstand warf. „Es hört sich an, als ob ich in einem Industrieunfall ein paar Gliedmaßen verloren hätte. Ich lebe *getrennt.*"

„Also, heraus mit der Sprache, wie ist es denn so, *getrennt* zu leben?", fragte Lionel.

„Ich weiß nicht recht", gab Tim zu. „Ich fühle mich wie im luftleeren Raum. Ich schwebe weder im Himmel einer glücklichen Ehe, noch befinde ich mich in der Hölle einer Scheidung."

Lionel grinste. „Wenn das Finanzamt dich also nach deinem Familienstand fragt, solltest du einfach sagen ..."

„Fegefeuer", ergänzte Tim.

*

Wir müssen uns eine Zeit lang trennen." Abhängig vom Zustand Ihrer Ehe können Ihnen diese Worte, von Ihrem Partner gesprochen, einen kalten Schauer über den Rücken jagen oder Anlass zu einem Freudentänzchen sein. Eine Trennung – das heißt Ihr Rückzug aus dem Alltag Ihres Partners – ist ein radikaler Schritt, aber ein Schritt, der unzählige Ehen gerettet hat.

VORGEGRIFFEN

- Eine zeitweilige Trennung von Ihrem Partner kann Ihnen die Zeit und den Freiraum geben, um Ihre Beziehung zu überdenken und Strategien zu entwerfen, wie Sie Ihre Liebe erneuern können.
- Ein wichtiger Schritt in der Bewertung Ihrer Ehe ist, sich selbst zu prüfen, denn dadurch werden Sie gezwungen, sich mit den Stärken und Schwächen auseinander zu setzen, die Sie in die Beziehung einbringen.
- Nicht, wie viel Liebe Sie für Ihren Partner fühlen, ist ausschlaggebend dafür, ob Ihre Ehe zu retten ist, sondern wie bereit Sie sind, liebevoll zu handeln.

Ob eine Trennung die richtige Lösung für Ihre Ehe ist, hängt davon ab, wie Sie an eine Trennung herangehen. Sie müssen dazu verstehen, was eine Trennung (nicht) ist – und was sie (nicht) bedeutet.

Betrachten Sie dieses Kapitel als einen Ratgeber zum Thema Trennung. (Wie die meisten Kapitel in diesem Buch müssen Sie es vielleicht gar nicht lesen. Aber wenn Sie die Notwendigkeit sehen oder sich nicht ganz sicher sind, dann lesen Sie weiter.) Wir befassen uns möglicherweise nicht mit jeder Ihrer Fragen zu Trennung und Versöhnung mit Ihrem Partner, aber wir versuchen, die wichtigsten Punkte zu behandeln, um Ihnen verstehen zu helfen, was eine Trennung für Ihre Ehe bedeutet.

a) Trennung oder keine Trennung – das ist hier die Frage

Die meisten Paare trennen sich, weil sie frustriert sind. Die Ehepartner sind es müde, gemeinsam zu leben, und brauchen Zeit für sich. Das ist sicher ein verständliches Gefühl. Es ist kein guter Grund, sich zu trennen, aber verständlich.

> »*Abwesenheit schärft die Liebe, Anwesenheit stärkt sie.*«
> Thomas Fuller

Wenn Ihnen Ihre Beziehung wichtig ist, Sie aber glauben, dass Sie sich zeitweilig trennen müssen – aus welchen Gründen auch immer –, ist es wesentlich, dass Sie eine konkrete Vorstellung davon haben, was Sie in der Zeit der Trennung herausfinden und erreichen wollen.

Bei einer Trennung stehen Sie vor einer Gabelung Ihres Lebensweges. Sie müssen einen Pfad auswählen, auf dem Sie in den Wochen und Monaten des Getrenntseins wandern werden. Wenn Sie den Pfad der Versöhnung wählen, müssen Sie ihn bis zum Ende gehen. Wenn Sie den Pfad der Scheidung wählen, müssen Sie bedenken, wohin Sie dieser Weg letztendlich führen wird und wen Sie auf diesem Weg verlieren werden. (Mehr Informationen zum Thema Scheidung finden Sie in meinem Buch „*Getrennt – für immer? – Trennung muss nicht das Ende sein*“, Marburg 1999, zurzeit vergriffen).

Welchen Pfad Sie auch wählen – Sie müssen verstehen, dass Ihr Partner in diesem Prozess nicht Ihr Feind ist. Ihre Feinde sind die Kräfte, die drohen, Ihre Ehe zu zerstören. Gleichgültigkeit, Wut und Misstrauen sind Feinde. Ihr Partner ist Ihr Mitstreiter in diesem Kampf.

b) Sich eine Trennung zunutze machen

Wenn Sie sich mit Ihrem Partner entscheiden, sich um Ihrer Ehe willen vorübergehend zu trennen, sollten Sie bestimmte Dinge beachten, damit die Trennung Ihre Beziehung nicht zugrunde richtet.

Als Erstes muss Ihnen bewusst sein, dass auf eine Trennung oft das trügerische Gefühl seelischen Friedens folgt. Wenn kampfesmüde Ehemänner und Ehefrauen endlich eine Weile allein sind, fällt ihnen zuerst die ungestörte Ruhe des Alleinseins auf. Sie erleben den Frieden, der aus dem Alleinsein kommt. Wenn Sie nicht klar denken, könnten Sie den Frieden, den Sie spüren, für einen Hinweis darauf halten, dass es die richtige Lösung ist, sich für immer voneinander zu trennen. Und plötzlich erscheint Ihnen die Scheidung noch attraktiver.

Wenn Ihre Beziehung mit Ihrem Partner von häufigen Kämpfen, Auseinandersetzungen und Gefühlsausbrüchen geprägt ist, wird Ihnen etwas Frieden und Ruhe natürlich attraktiv vorkommen. Aber das ist kein Zeichen, dass Sie Ihren Partner verlassen sollen. Es ist nur ein Vorgeschmack dessen, was Sie in Ihrer Ehe erreichen können!

In dieser Hinsicht kann eine zeitweilige Trennung hilfreich sein. Weit weg von den Konflikten und den Spannungen des Alltagslebens mit Ihrem Partner haben Sie einen klaren Kopf, um darüber nachzudenken, was in Ihrer Beziehung fehlt und was geändert werden kann.

Als Zweites sollte Ihnen bewusst sein, dass eine Ehe, die so kaputt ist, dass die Partner das Gefühl haben, sie sollten voneinander Abstand nehmen, nicht im Handumdrehen geheilt werden kann. Die Lösungen, die in diesem Buch vorgeschlagen werden, erfordern von Ihnen große Opfer und eine Menge Arbeit. Wenn Sie und Ihr Partner bereit sind, diese Opfer zu bringen und die Arbeit zu tun, können Sie Ihre Ehe retten. Sie können sogar erreichen, dass Ihre Ehe besser und stärker wird, als sie je gewesen ist.

Die Frage, die Sie sich stellen sollten, ist: „Werde ich daran arbeiten, mich mit meinem Partner zu versöhnen?“ Sie sehen, dass wir nicht fragen: „*Will* ich daran arbeiten, mich mit meinem Partner zu versöhnen?“ Die Antwort auf die zweite Frage könnte leicht „Nein“ lauten.

> *»Es war schon immer so, dass die Liebe bis zum Zeitpunkt der Trennung nicht ihre Tiefe kannte.«*
> Khalil Gibran

Denken Sie darüber nach. Wenn Sie jahrelang „gegen eine Wand geredet“ und alles versucht haben, um Ihre Ehe zu verbessern, während ein gleichgültiger Partner Ihre Bemühungen ignorierte, sind Sie wahrscheinlich schon fast ausgebrannt. Vermutlich ist das Letzte, was Sie wollen, mit Ihren Versöhnungsversuchen fortzufahren.

Wenn Sie diese Frage unabhängig von persönlichen Vorlieben betrachten, wird es klarer, worum es geht. Indem wir fragen „*Werden* Sie daran arbeiten, sich mit Ihrem Partner zu versöhnen?“, bitten wir Sie zu entscheiden, wie wichtig Ihnen die Beziehung ist. Wenn Ihre Beziehung für Sie einen hohen Stellenwert hat, werden Sie daran arbeiten, egal, ob Sie es *wollen* oder nicht.

Also fragen wir erneut: *Werden* Sie daran arbeiten, sich mit Ihrem Partner zu versöhnen? Werden Sie Ihre Zeit, Energie und Kraft dafür einsetzen herauszufinden, was getan werden kann, um Ihre Ehe zu retten und zu verbessern? Werden Sie die notwendigen konstruktiven Dinge tun, um eine engere und stärkere Beziehung zu bauen?

Wenn Sie das bejahen können, sollten Sie weiterlesen. Wenn Ihre Antwort „Nein" lautet, sollten Sie zu Kapitel 6 vorblättern, zu dem Abschnitt über die Scheidung.

Das Ziel im Blick behalten

Es gibt keine strengen Regeln darüber, wie man sich bei einer vorübergehenden Trennung verhält. Bestimmte Dinge sollten Sie beachten, wenn es Ihr Ziel ist, zu einer guten Beziehung zurückzufinden.

Wir sind auf sechs Richtlinien gekommen:

- Achten Sie auf Ihre Einstellungen und Handlungen.
- Vermeiden Sie jegliche romantische Beziehung mit einer anderen Person bzw. brechen Sie diese ab.
- Erkennen Sie, dass eine Scheidung nicht zum eigenen Glück führen würde.
- Begreifen Sie, dass Eheprobleme durch Ehepartner entstehen und nicht durch jemanden außerhalb der Ehe.
- Treffen Sie sich während der Zeit der Trennung nicht mit jemand anders.
- Gehen Sie das Ausfüllen von rechtlichen Papieren zur Trennung langsam an.

Wir wollen uns nun näher damit befassen, wie jedes dieser Prinzipien Ihre Beziehung zu Ihrem Partner verändern kann.

a) Achten Sie auf Ihre Einstellungen und Handlungen

Sie können es nicht vermeiden, sich eifersüchtig, verbittert oder betrogen zu fühlen. Sie können jedoch die Handlungen und Einstellungen wählen, die Sie gegenüber Ihrem Partner an den Tag legen. Wenn Sie Ihren negativen Gefühlen erlauben, Ihre Kommunikation zu beherrschen, werden Sie sicher nicht die Art von Signalen senden, die es attraktiv erscheinen lässt, wieder zusammenzukommen.

Das soll nicht heißen, dass Sie Ihren Partner nicht darauf aufmerksam machen sollten, wie Sie sich fühlen. Sie müssen nur den richtigen Anlass und die richtige Art dafür finden. Sie müssen zugeben, dass es einen großen Unterschied macht, zu sagen: „Ich fühle mich verletzt und etwas verärgert, wenn ich höre, dass du deinen Freunden erzählt hast, ich sei der Grund, warum du dich von mir getrennt hast", oder zu sagen: „Wenn du glaubst, dass ich mich mit den Lügen abfinde, die du hinter meinem Rücken verbreitest, dann kennst du mich schlecht. Aber das ist mir seit unserer Hochzeit natürlich sowieso klar."

Diese beiden Aussagen veranschaulichen den Unterschied zwischen dem Zugeben und dem Beherrschtwerden von Gefühlen. Wenn Sie Ihre Gefühle ehrlich zugeben – ohne sie Ihrem Partner ins Gesicht zu schleudern –, können Sie dadurch eine ähnliche Offenheit hervorrufen. Es wäre nicht übertrieben zu sagen, dass eine offene, im Blick auf Gefühle ehrliche Art der Kommunikation ein wichtiger Schritt hin zur Versöhnung ist.

Gute Frage

? Wie beendet man am besten eine Affäre? Zuerst müssen Sie den anderen Menschen auf Ihr Anliegen aufmerksam machen. Danach sollten Sie bekennen, dass Sie etwas Falsches taten, als Sie Ihr Eheversprechen brachen. Erklären Sie, dass Sie sich fest dazu entschlossen haben, an der Versöhnung mit Ihrem Partner zu arbeiten. Sie können dann eventuell noch einmal über Ihre Gefühle gegenüber dem anderen Menschen sprechen, aber Sie müssen Ihren Entschluss betonen, dass Sie lieber das tun wollen, was richtig ist, als das, wobei Sie sich gut fühlen.

b) Vermeiden Sie jegliche romantische Beziehung mit einer anderen Person bzw. brechen Sie diese ab

Viele eheliche Trennungen resultieren daraus, dass einer der Partner (oder beide) eine Affäre hat. Die Gründe für die Affäre können sich von Paar zu Paar unterscheiden („Durch sie fühle ich mich wieder jung", oder: „Ich kann mit ihm über Dinge reden, über die ich mit meinem Mann nicht reden kann"). Aber das Ergebnis ist fast immer dasselbe: Unglück. Der Druck und die Spannungen, die entstehen, wenn eine Ehe wegen einer Affäre zerbricht, überschatten die Affäre schon von Anfang an.

Ganz eindeutig richtet eine Affäre, unabhängig von ihrer Art, in einer Ehe großen Schaden an. Wenn Sie Interesse daran haben, Ihre Ehe zu retten, müssen Sie jegliche romantische Beziehung zu einem anderen Menschen abbrechen. Sie tun gut daran, zu Ihrem Partner zurückzugehen, Ihre Konflikte zu lösen, lieben zu lernen und die Freude an Ihrer Ehe wieder zu entdecken.

c) Erkennen Sie, dass eine Scheidung nicht zum eigenen Glück führen wird

Im Zusammenhang mit einer Affäre – oder bestimmten Umständen in Ihrer Ehe, die Sie veranlassen, eine Zeit von Ihrem Partner getrennt zu leben – werden Sie möglicherweise eine Scheidung ernsthaft in Betracht ziehen. Viele Menschen haben bei einer Trennung die Scheidung im Auge. Sie argumentieren, dass auf den kurzzeitigen Schmerz, der durch eine Scheidung entsteht, ein langfristiger Zustand des Glücks folgen wird.

Die Forschung weist darauf hin, dass das überhaupt nicht der Fall ist. Untersuchungen haben gezeigt, dass eine Scheidung nicht zu größerem Glück oder größerer Zufriedenheit für die Geschiedenen oder ihre Kinder führt. Es ist vielmehr so, dass der Schaden, der durch die Scheidung entstanden ist, lebenslange Folgen für die Geschiedenen und ihre Kinder haben wird.

> *»Manchmal erscheint einem die ganze Welt menschenleer, wenn ein einziger Mensch fehlt.«*
> Alphonse Lamartine

Diese Statistik kann auch hinzugezogen werden, um das Beenden außerehelicher Affären zu unterstützen. Wenn Sie sich in einer solchen Affäre befinden, ist es – von einem moralischen und wissenschaftlichen Standpunkt – das Beste, sie sofort abzubrechen, sich jedoch dabei aufrichtig, respektvoll und freundlich gegenüber dem involvierten Dritten zu verhalten. Wenn Sie die Beziehung nicht beenden, machen Sie eine Scheidung ein Stück wahrscheinlicher und Versöhnung unwahrscheinlicher.

d) Begreifen Sie, dass Eheprobleme durch Ehepartner entstehen und nicht durch jemanden außerhalb der Ehe

Für den Partner, der durch eine außereheliche Affäre betrogen wurde, kann es unendlich schwer sein zu entscheiden, wie er auf die Untreue reagieren soll. Die einzige Reaktion, die Sie (entweder als treuer oder als untreuer Partner) vermeiden sollten, ist, den „außenstehenden Dritten" für die Probleme in Ihrer Ehe verantwortlich zu machen.

Die harte Wahrheit ist, dass die Schwierigkeiten in Ihrer Ehe von Ihnen beiden verursacht wurden und von niemand anderem. Ungelöste Konflikte, unerfüllte Bedürfnisse und Egoismus sind nur einige der Probleme, die an einer Ehe nagen und einer außerehelichen Beziehung den Weg bereiten können.

Der zweite Teil dieser Gleichung ist: Da Sie beide die Schwierigkeiten in Ihrer Ehe verursacht haben, müssen Sie auch beide daran arbeiten, Ihre Ehe wieder in Ordnung zu bringen. Leider ist es keine effektive Versöhnungsstrategie, darauf zu warten, dass Ihr Partner wieder zu Ihnen zurückgekrochen kommt.

Wenn Ihre Zeit der Trennung zum Teil durch die Untreue Ihres Partners ausgelöst wurde, sollten Sie sich mit der Frage beschäftigen, wie Sie auf die Affäre reagieren werden. Sie haben genug Möglichkeiten. Sie könnten ...

- Ihren Partner mit Beschuldigungen überhäufen,
- versuchen, die außenstehende Person zu überreden, sich elegant aus dem Staub zu machen,
- Ihre Kinder dazu benutzen, dass sich Ihr Partner schuldig fühlt,
- einen Privatdetektiv anheuern, um an belastendes Beweismaterial zu kommen,
- selbst eine Affäre anfangen.

Sehr wahrscheinlich wird nichts davon zur Versöhnung beitragen. Deshalb schlagen wir eine direktere, aber möglicherweise schwierigere Möglichkeit vor.

Sie besteht aus drei Schritten:

• *Erklären Sie Ihrem Partner, wie tief verletzt Sie sind.* Sie sollten Ihrem Partner dabei helfen zu verstehen, welche Wirkung seine Affäre auf Sie und Ihre seelische Verfassung hatte – ohne dass Sie es zulassen, von Ihren Gefühlen überwältigt zu werden, und ohne dass Sie Strategien anwenden, um Schuldgefühle zu verursachen.

• *Geben Sie zu, wo Sie in Ihrer Beziehung bereits versagt haben.* Lassen Sie sich nicht zu gegenseitigen Schuldzuweisungen hinreißen. Sie sollten vielmehr die Bereiche nennen, in denen Sie gegenüber Ihrem Partner versagt haben, und sich dafür entschuldigen. Sie werden vielleicht nicht die Reaktion sehen, die Sie sich wünschen – zumindest nicht sofort –, aber darum geht es nicht. Es geht darum, dass Sie die Initiative ergreifen, um Ihre früheren Fehler zu korrigieren.

• *Bitten Sie um Versöhnung.* Sagen Sie Ihrem Partner, dass Sie hoffen und zuversichtlich sind, dass Sie beide Ihre Konflikte beenden und aus den Trümmern Ihrer Beziehung Neues bauen können. Wenn Sie diese Hoffnung formulieren, müssen Sie realistisch bleiben. Es nützt nichts, so an eine Versöhnung heranzugehen, dass man einfach so tut, als ob nichts geschehen ist, und zum alten Zustand zurückkehrt. Sie müssen zugeben, dass es nicht einfach sein wird, Ihre Beziehung wieder in Ordnung zu bringen. Gleichzeitig müssen Sie den Glauben bewahren, dass das Endergebnis alle Mühe wert ist.

> *»Abwesenheit lässt gewöhnliche Leidenschaften weniger werden und steigert die großen Leidenschaften, so wie der Wind eine Kerze ausbläst und ein Feuer auflodern lässt.«*
> François de la Rochefoucauld

Es liegt nahe, dass Ihre Bitte um Versöhnung Verlegenheit bei Ihrem Partner auslösen kann, wenn Ihr Partner sich noch in einer Affäre befindet. Dann ist es eben so. Sie sollten Ihren Partner aber nicht absichtlich festnageln. Tatsächlich sollten Sie überhaupt keine Reaktion erwarten. Die Hoffnung, die Sie für Ihre Beziehung haben, kann ähnliche Hoffnung in Ihrem Partner wecken. Achten Sie genau auf das richtige Timing. Denken Sie daran, dass Versöhnung nicht erzwungen werden kann. Sie können nur die Zukunftsaussichten in einem helleren Licht erscheinen lassen.

e) Treffen Sie sich während der Zeit der Trennung nicht mit jemand anders

Eine Zeit der Trennung von Ihrem Partner kann eine extrem einsame Zeit sein. Und da Sie sich in der Trennungszeit quasi als „unverheiratet" betrachten, könnten Sie in die Versuchung geraten, Trost und Gesellschaft bei einem charmanten und attraktiven Menschen des anderen Geschlechts zu suchen.

Bevor Sie wieder romantische Verabredungen eingehen, sollten Sie über die Konsequenzen nachdenken, die das auf Ihre Ehe hätte. Denn das würde passieren: Je öfter Sie sich mit anderen möglichen Partnern treffen, desto schwieriger wird die Versöhnung mit Ihrem Ehepartner werden.

Es erfordert eine Menge Zeit und Kraft, eine angefangene neue Beziehung wieder zu beenden, ganz zu schweigen von dem Gefühlsaufwand. Und je mehr Zeit, Anstrengung und Energie Sie einem Dritten zukommen lassen, desto weniger werden Sie in Ihre Ehe investieren.

Während Ihrer Trennungszeit brauchen Sie einen Freund viel dringender als einen neuen Flirt – einen bewährten Freund (oder zwei oder drei), dem Sie vertrauen können. Der ideale Freund ist jemand, der Ihnen helfen kann, auf das zu sehen, was im Leben wirklich zählt – nämlich Ihre Ehe und Ihre Familie –, und Ihnen hilft, Sie für eine Weile aus dem Haus und auf andere Gedanken zu bringen, indem er Sie zu einem Fußballspiel, ins Kino, in ein Restaurant oder anderswohin mitnimmt.

Diese Art Freund wird sich nicht nur Ihre Sorgen und Ängste anhören, sondern Ihnen auch die Last tragen helfen. Und so einen Freund finden Sie nicht beim Flirten.

f) Gehen Sie das Ausfüllen von rechtlichen Papieren zur Trennung langsam an

Trennungspapiere sind rechtliche Vereinbarungen, die von Paaren getroffen werden, um dafür zu sorgen, dass bestimmte Bereiche ihrer Beziehung – meistens die Kinder und ihre Geldangelegenheiten – während der vorübergehenden Trennung abgesichert sind.

Manche Paare entscheiden sich für diese rechtlichen Vereinbarungen (oder einen Ehevertrag), weil sie dadurch abgesichert sind. Andere Paare ziehen es vor, sie zu vermeiden, weil sie ihnen zu sehr wie Scheidungspapiere vorkommen. Ihre Entscheidung wird von Ihrer Situation abhängen.

Bevor Sie diese Entscheidung treffen, sollten Sie die Art Ihrer zeitweiligen Trennung erwägen. Ist es wahrscheinlich oder sogar sicher, dass Sie sich in ein paar Wochen wieder versöhnen werden? Wenn die Antwort „Ja" lautet, sollten Sie keine Trennungspapiere ausfüllen. Warum sollten Sie Geld für den Notar ausgeben?

Wenn Sie und Ihr Partner selbst eine für beide Seiten zufrieden stellende Vereinbarung darüber treffen können, wer für was verantwortlich ist und wie Sie mit Ihren Kindern umgehen werden, sollten Sie besser diesen Weg einschlagen. Wenn Sie sich auf ein Arrangement, mit dem beide einverstanden sind, nicht einigen können oder wenn Sie nach ein paar Wochen der Trennung keine Fortschritte im Versöhnungsprozess sehen, müssen Sie vielleicht eine Vereinbarung aufsetzen lassen. Das ist besonders wichtig, wenn Ihre finanzielle Situation eng ist oder wenn Ihre Kinder durch Ihre Trennung vernachlässigt werden.

Behalten Sie im Blick, dass solche rechtlichen Vereinbarungen nicht automatisch zum Scheidungsprozess führen müssen. Viele Paare zelebrieren das Verbrennen dieser Papiere, nachdem sie sich wieder miteinander versöhnt haben.

Gute Frage

? Einer meiner Kollegen ist richtig besorgt um mich. Er sagt, dass er sich gerne mit mir verabreden würde, um mich von meinen Eheproblemen abzulenken. Soll ich sein Angebot annehmen?

Nein. Ob es Ihnen bewusst ist oder nicht – Sie sind momentan seelisch sehr verletzlich. Leider gibt es viele Vertreter des anderen Geschlechts, die diese Art von Verletzlichkeit ausnutzen. Ihr Ziel ist es, Sie zur Befriedigung ihrer eigenen Wünsche zu benutzen – während sie vorgeben, sich um Sie und Ihre Probleme zu sorgen. Begeben Sie sich nicht in eine Lage, in der Sie ausgenutzt werden können. Ihr Kollege kann ehrliche Absichten haben, aber wahrscheinlich ist das nicht.

Persönlichkeitsentwicklung

Dieser Vorschlag wird Sie vielleicht überraschen: Eines der nützlichsten Dinge, die Sie während der Trennungszeit tun können, ist, Ihre eigenen Vorzüge und Schwächen zu prüfen und daraufhin positive Schritte zur Persönlichkeitsentwicklung zu unternehmen. Wenn Sie das für ein seltsames Konzept für die Trennungszeit halten, finden Sie es sicher auch komisch, dass sich manche Paare mit dem Ziel trennen, wieder zusammenzukommen. Das heißt aber nicht, dass nichts Gutes darin liegt.

> *»Wenn man sich selbst fremd ist, dann hat man sich auch von anderen entfremdet.«*
> Anne Morrow Lindbergh

Wenn Sie etwas über sich selbst lernen wollen, müssen Sie notwendigerweise Ihre ganze Persönlichkeit einer gründlichen Untersuchung unterziehen. Ihre Persönlichkeit wirkt sich nicht nur auf Ihren Lebensstil aus, sondern auch auf die Art, wie Sie mit anderen Menschen umgehen und auf sie reagieren – vor allem in der Beziehung zu Ihrem Partner.

Leider glauben viele Menschen, dass ihre Persönlichkeit ganz von ihrem DNS-Code abhängt. Sie glauben, dass ihre Persönlichkeit seit ihrer Geburt feststeht und nicht geändert werden kann. Deshalb fühlen sich manche Menschen in den weniger attraktiven Zügen ihrer Persönlichkeit gefangen. Sie glauben, dass sie nichts tun können, um ihre Verhaltensmuster zu ändern. Damit liegen sie falsch.

Es stimmt, dass es Tendenzen gibt, sich in einer bestimmten Weise zu verhalten. Aber es stimmt auch, dass man diese Tendenzen durchaus ändern kann. Werden Sie nicht zum Sklaven Ihrer Persönlichkeit! Betrachten Sie genau und ausgiebig, wer Sie sind und wie Sie sind. Finden Sie heraus, wo Ihre Stärken liegen, und lernen Sie, sie zu Ihrem Wohl und zum Wohle anderer zu nutzen. Finden Sie dann heraus, wo Ihre Schwächen liegen, und konzentrieren Sie sich darauf, wie Sie in diesen Bereichen wachsen und besser werden können.

Wenn Sie keine Ahnung haben, wo Sie in diesem Prozess der Selbsterkenntnis beginnen können, sollten Sie versuchen, die folgenden Fragen zu beantworten:

- Würden Sie Ihre Lebenseinstellung als positiv, negativ oder gleichgültig beschreiben?
- Sind Sie gegenüber anderen eher kritisch oder eher wohl wollend?
- Sind Sie sich selbst gegenüber eher kritisch oder eher wohlwollend?

- Sind Sie eher extrovertiert oder eher introvertiert?
- Sind Sie eher gesprächig oder eher schweigsam?
- Sind Sie geduldig oder ungeduldig?
- Behalten Sie Ihre Gefühle eher für sich oder teilen Sie sie mit?
- Sind Sie der Meinung, dass Ihre Einstellung und Ihre Verhaltensmuster zum Zusammenbruch Ihrer Ehe beigetragen haben? Wenn ja, in welcher Weise?

Die letzte Frage ist die Schlüsselfrage. Denn Ihr Ziel ist es ja nicht, nur deshalb Ihrer selbst bewusst zu werden, um sich besser kennen zu lernen. Ihr Ziel ist es, Ihre Selbsterkenntnis in die Beziehung zu Ihrem Partner einzubringen. Dafür sollen Sie die Stärken, die Sie in Ihre Ehe einbringen können, herausfinden, und die negative Wirkung, die Ihre Schwächen auf Ihre Ehe haben, minimieren.

Sie können außerdem Ihre Trennungszeit dafür nutzen, an einigen Ihrer Schwächen zu arbeiten. Wenn Sie wissen (oder nun lernen), dass Sie die Tendenz haben, Ihre Gefühle für sich zu behalten, könnten Sie die Zeit der Trennung nutzen, um sich daran zu gewöhnen, über Ihre Gedanken und Gefühle zu reden. Lassen Sie sich von einem Seelsorger oder Freund dabei helfen. Wenn Sie sich daran gewöhnt haben, mit diesem Menschen offen zu reden, wird es Ihnen leichter fallen, offen mit Ihrem Partner zu reden. Das könnte für Ihre Versöhnung miteinander wichtig sein.

Familienaktion

✓ UM ZU VERMEIDEN, dass Sie sich versehentlich über sich täuschen, könnten Sie dieselben Fragen Ihren Kindern stellen („Würdest du sagen, dass ich eher kritisch oder eher wohlwollend bin?"). Nur wenige Menschen kennen Sie besser als Ihre Kinder. Hören Sie zu, was sie Ihnen über Ihre Persönlichkeit sagen. Sie werden einiges über sich erfahren.

Den ersten Schritt machen

Wenn Sie sich in einer Sackgasse befinden, wenn sich jeder von Ihnen in seinem „Lager“ verschanzt hat und nicht bereit ist, sich in „Feindesland“ vorzuwagen, sind Sie so gut wie geschieden. Es ist verständlich und unter bestimmten Umständen sogar konstruktiv, Abstand voneinander zu bekommen. Doch wenn Sie Mauern aufrichten, wird sich nichts daran ändern, dass Sie getrennt bleiben.

Da dieses Kapitel unter dem Thema der Versöhnung steht, wollen wir uns damit beschäftigen, was Sie tun können, um die Mauern abzureißen, die Sie beide daran hindern, wieder zusammenzufinden. Glücklicherweise ist nur ein Mensch dazu notwendig, das Schweigen zu brechen und anzufangen, die Mauern abzutragen. Allerdings sind Sie, weil Sie dieses Buch lesen, der Kandidat, der dazu am ehesten infrage kommt!

Schon sind Sie dabei, Einwände zu erheben: „Ich? Warum sollte ich derjenige sein, der den ersten Schritt macht? Diese Trennung ist allein die Schuld meines Partners. Wenn er mehr für unsere Ehe getan hätte, wären wir nicht in der jetzigen Situation! Wenn irgendjemand den ersten Schritt machen sollte, dann mein Partner!“

Wenn diese Kritik in etwa Ihren Gefühlen entspricht, haben Sie wahrscheinlich guten Grund, um von Ihrem Partner zu fordern, den ersten Schritt zur Versöhnung zu machen, und nicht anders herum. Wir haben jedoch einen noch besseren Grund dafür, dass Sie Ihre Erwartungen ignorieren und das tun, was getan werden muss: Ihre Ehe wird sonst vielleicht nicht überleben.

Da wir schon beim Thema sind, sollten wir noch einen weiteren Punkt erwähnen: Es gibt in einer Beziehung keinen „Unschuldigen“. Wenn Sie Beziehungsprobleme haben, ist es deshalb, weil Sie beide Fehler gemacht haben.

Es wird Ihnen vermutlich nicht schwer fallen, die Fehler Ihres Partners zu finden, vor allem, wenn Ihr Partner schwerwiegende Fehler begangen hat, Ihnen zum Beispiel untreu war oder Sie finanziell geschädigt hat. Es wird schwieriger sein, Ihre eigenen Fehler zu finden. Ihre Fehler fallen Ihnen möglicherweise nicht mehr auf, weil Sie schon so lange damit gelebt haben.

Um Ihnen bei Ihrer Suche zu helfen, wollen wir die These aufstellen, dass Versagen in der Ehe meist in zweierlei Hinsicht auftritt:

- Die Bedürfnisse des Partners werden nicht erfüllt.
- Man tut oder sagt etwas, um den anderen zu verletzen.

Ehepartner versagen dabei, das zu tun, was sie füreinander tun sollten, und tun schließlich das, was sie einander *nicht* antun sollten.

Wenn Sie lange und gründlich über Ihre eigene Beziehung nachdenken, vor allem über Ihre Konflikte mit Ihrem Partner, werden Sie sicher einige Bereiche eingrenzen können, in denen Sie versagt haben. Dabei unterscheiden Sie sich in nichts von anderen nicht perfekten Ehepartnern in dieser Welt.

„Es war mein Fehler!“

Es reicht nicht, dass Sie Ihre Fehler und Ihr Versagen lediglich erkennen – Sie müssen es auch gegenüber Ihrem Partner bekennen. Viele Paare haben die Erfahrung gemacht, dass sie durch das Bekennen ihrer ehelichen „Sünden“ zur Versöhnung gekommen sind. Mit anderen Worten: Das Bekenntnis wird zum Anstoß für die Erneuerung der Beziehung.

Notieren Sie sich die Fehler und Schwächen, die Sie bei sich sehen. Reden Sie so konkret wie möglich darüber. Anstatt zu sagen: „Ich bin nicht sehr geduldig“, wäre es effektiver zu sagen: „Wenn wir streiten, gebe ich dir nie die Möglichkeit, deine Sichtweise zu erklären.“

Nachdem Sie Ihre negativen Eigenschaften offen gelegt haben, können Sie dafür um Vergebung bitten. Es muss keine dramatische Szene sein. Sie müssen sich nicht schluchzend Ihrem Partner zu Füßen werfen und um Vergebung betteln. Die einfachen, herzlichen Worte: „Es tut mir Leid, dass ich dir wehgetan und unserer Beziehung geschadet habe. Kannst du mir vergeben?“, reichen aus.

Auch wenn es – wie bereits erwähnt – vielen Paaren geholfen hat, ihre Fehler zuzugeben und um Vergebung zu bitten, müssen wir betonen, dass das keine Garantie für eine Versöhnung ist. Es wird Ihnen ein reines Gewissen geben. Ihr Partner entscheidet sich vielleicht dafür, Ihnen zu vergeben, vielleicht aber auch nicht. Er könnte in dem Moment kein Interesse an einer Versöhnung haben. Diese Dinge liegen nicht in Ihrer Hand. Nachdem Sie um Vergebung gebeten haben, haben Sie alles getan, was in Ihrer Macht steht, um die Vergangenheit zu bereinigen.

Sie können Ihren Partner auch nicht dazu zwingen, dasselbe zu tun und Ihnen gegenüber seine eigenen Fehler zuzugeben. Vielleicht wecken Sie durch Ihr Verhalten in Ihrem Partner den Wunsch, dasselbe zu tun – vielleicht aber auch nicht. Leider können Sie sich nicht miteinander versöhnen, ohne vorherige Fehler zugegeben zu haben.

Bis das geschehen ist, können Sie nur warten, beten und Ihrem Partner weiterhin Ihre Liebe zeigen – auch wenn Sie diese Dinge aus der Distanz tun müssen.

Familienaktion

✓ WENN IHR STOLZ oder Ihre Sturheit Sie davon abhält, die Initiative zu ergreifen, um sich mit Ihrem Partner zu versöhnen, sollten Sie Ihren Kindern Mitspracherecht erteilen. Fragen Sie sie, ob sie der Meinung sind, dass die Aussicht auf eine wieder vereinigte Familie es wert ist, den Stolz zu überwinden. Fragen Sie sie, ob die Perspektive, dass ihre Mutter und ihr Vater wieder zusammen sind, es wert ist, etwas zu tun, für das Sie sich nicht verantwortlich halten. Sicher werden Ihre Kinder mehr als bereit sein, Ihnen zu helfen, Ihre Prioritäten neu zu ordnen.

Bahn frei für die Liebe!

Wenn Sie getrennt lebende Partner fragen, warum sie sich getrennt haben, werden die meisten von ihnen vermutlich antworten: „Nach allem, was passiert ist, liebe ich meinen Partner einfach nicht mehr. Ich wünschte, ich könnte es, aber ich kann es nicht." Die Annahme hinter einer solchen Antwort ist, dass die Liebe etwas ist, was man *fühlt*. Es wird so argumentiert: Wenn man keine Gefühle der Liebe mehr hat, kann man nichts dagegen tun.

Wie wir an anderer Stelle in diesem Buch zeigten, ist das eine zweifelhafte Argumentation. Liebe ist nicht etwas, das wir *fühlen*, sondern etwas, wofür wir uns *entscheiden*. Den Partner zu lieben heißt, zu entscheiden, dass seine Interessen für Sie an erster Stelle stehen – sogar vor Ihren eigenen. Wenn Sie diese Entscheidung einmal getroffen haben, werden Sie entsprechend handeln, um Ihre Liebe zu zeigen.

Wenn Sie getrennt leben, fühlen Sie sich sicher enttäuscht, verletzt, abgelehnt, einsam, wütend, frustriert oder feindselig. Keines dieser Gefühle sollte Sie davon abhalten, Ihrem Partner Liebe zu zeigen.

Vielleicht fragen Sie sich, wie Sie ganz praktisch Liebe zeigen können, wenn Sie doch voneinander getrennt sind. „Liebe auf Entfernung" ist möglich. Alles, was Sie dafür brauchen, ist Ihr Einsatz.

Die folgenden Vorschläge können Sie dazu anregen, Ihrem Partner während der Trennungszeit Liebe zu zeigen. Sie können sie sich zunutze machen oder eigene Ideen entwickeln.

Wenn Sie sich dazu entschlossen haben, Ihrem Partner Liebe zu geben, können Sie ...

- Geduld an den Tag legen, indem Sie kein Zeitlimit für Ihre Versöhnung setzen. Lassen Sie Ihren Partner wissen, dass Sie bereit sind, so lange wie nötig darauf zu warten, dass Ihre Beziehung erneuert wird;
- Freundlichkeit zeigen, indem Sie notwendige Aufgaben übernehmen, um Ihrem Partner das Leben zu erleichtern. Wenn es für Sie nicht durchführbar oder ratsam ist, körperlich zu arbeiten, könnten Sie anrufen oder eine E-Mail schicken, um zu zeigen, dass Sie an ihm interessiert sind und er Ihnen wichtig ist;
- Interesse an Ihrem Partner zeigen, indem Sie gemeinsame Unternehmungen organisieren – vorausgesetzt, Ihr Partner ist mit der Idee einverstanden. Tun Sie etwas, das Sie beide mögen. Während Sie zusammen sind, sollten Sie höflich und respektvoll sein. Tun Sie die „kleinen Dinge", die Ihr Partner schätzt.

Wir haben bereits darauf hingewiesen, dass Sie eine Versöhnung mit Ihrem Partner große Opfer und Mühe kosten wird. Deshalb ist es wichtig, daran zu denken, dass das Endergebnis – eine erneuerte, von Liebe geprägte Ehe – jede Arbeit und Anstrengung wert ist.

> *»Stunden der Liebe haben Flügel, Stunden ohne sie haben Krücken.«*
> Colley Cibber

In diesem Kapitel haben wir uns damit beschäftigt, was zu einer Zeit der Trennung dazugehört, und Strategien entworfen, mit denen Sie auf eine Versöhnung mit Ihrem Partner hinarbeiten können. Letztlich werden Sie und Ihr Partner die große Frage beantworten müssen: *Werden wir wieder zusammenkommen oder uns scheiden lassen?* Wir werden beide Optionen in Kapitel 6 näher betrachten.

TEST

Könnten Sie eine Beziehung während einer Zeit der Trennung aufrechterhalten? Mit diesem Test können Sie Ihre Kenntnisse überprüfen.

1. Welche Aussage trifft nicht auf eine eheliche Trennung zu?
   a) Sie tut sowohl intakten als auch kaputten Beziehungen gut.
   b) Sie bringt oft ein trügerisches Gefühl seelischen Friedens mit sich.
   c) Durch sie wird nicht immer die Versöhnung der Ehepartner erreicht.
   d) Sie kann Ihnen helfen, die Probleme in Ihrer Beziehung klarer zu erkennen.

2. Welcher der folgenden Ratschläge würde Ihnen am wenigsten helfen, wenn Ihre Trennungszeit sinnvoll sein soll?
   a) Treffen Sie sich während der Zeit der Trennung nicht.
   b) Versuchen Sie sich so weit wie möglich von Ihrem Partner zu entfernen.
   c) Gehen Sie das Ausfüllen von juristischen Papieren zur Trennung langsam an.
   d) Achten Sie auf Ihre Einstellungen und Handlungen.

3, Welche der folgenden Reaktionen ist keine konstruktive Reaktion auf die Untreue Ihres Partners?
   a) Um Versöhnung zu bitten.
   b) Die Fehler, die Sie in Ihrer Beziehung bisher gemacht haben, zuzugeben.
   c) Es Ihrem Partner zurückzuzahlen, indem Sie selbst eine außereheliche Affäre beginnen.
   d) Ihrem Partner zu erklären, wie tief verletzt Sie sind.

4. Welche der folgenden Fragen würde Ihnen am wenigsten helfen, sich weiterzuentwickeln?
   a) „Bin ich ein geduldiger oder ein ungeduldiger Mensch?"
   b) „Bin ich gegenüber anderen eher wohlwollend oder kritisch?"
   c) „Werde ich eher schweigen, wenn ich mich verletzt fühle, oder werde ich es den anderen wissen lassen?"
   d) „Bin ich eher ein Hundemensch oder ein Katzenmensch?"

5. Welche der folgenden Aussagen ist richtig?
   a) Um Liebe zu zeigen, muss man nicht Liebe fühlen.
   b) Bis Sie nicht tief in Ihrem Herzen Liebe fühlen, gibt es keinen Grund für Sie und Ihren Partner, eine Versöhnung zu versuchen.
   c) Wenn Sie und Ihr Partner zugelassen haben, dass Ihre Beziehung bis zu dem Punkt abgebröckelt ist, dass Sie sich trennen wollen, ist es wahrscheinlich, dass Sie sich von vornherein nie richtig geliebt haben.
   d) Liebe bedeutet, dass man sich nie entschuldigen muss.

Antworten: 1a), 2b), 3c), 4d), 5a).

6 Ist das dein letztes Wort? – Über die *Zukunft der Ehe* entscheiden

Robin lächelte Elena nervös zu, als er ihr die Speisekarte reichte. „Das war's dann wohl, nicht?", fragte er. „Der große Showdown. Die Stunde der Abrechnung."

„Und die tausend Klischees, die damit verbunden sind", fügte Elena hinzu.

„Ruft dich deine Mutter immer noch jeden Tag an, um zu erfahren, ob ich wieder eingezogen bin?", fragte Robin.

„Was meinst du denn?", erwiderte Elena, während sie die Vorspeisen überflog.

„Ich schätze, wir haben die Sache mit der Trennung bis zum Letzten ausgereizt", sagte Rex. „Wie lang war es nun eigentlich – zweieinhalb Monate?"

„Nein, so lange nicht", sagte Elaine. „Ich nehme an, es waren eher dreiundsiebzig Tage, dreizehn Stunden und elf Minuten."

Robin blickte von seiner Speisekarte auf.

„Nicht, dass irgendjemand mitgezählt hätte", fügte sie hinzu.

„Und was willst du nun machen?", fragte Robin.

Elena lachte.

„Was ist so lustig?"

„Ich wollte dir dieselbe Frage stellen", erklärte sie. „Dann fiel mir auf, dass sich bei uns seit unserer Kennenlernzeit nicht viel verändert hat. Wenn du dich erinnerst, bestanden die meisten unserer damaligen Gespräche vorwiegend aus zwei Sätzen: ‚Was willst du machen?', Und: ‚Ich weiß nicht. Was willst du denn machen?' Wir haben den größten Teil unserer gemeinsamen Zeit damit verbracht herauszufinden, *was wir machen wollten*."

Robin lachte. „Ich hatte immer Angst, ich würde alles ruinieren, wenn ich die falsche Entscheidung treffen würde – und dass du mich nie mehr wieder sehen wolltest."

Er hielt einen Augenblick inne und dachte über die Bedeutung seines letzten Satzes nach. Elena sah auf die Uhr. „Nun ist der erste komische Augenblick schon nach viereinhalb Minuten entstanden", erklärte sie.

„Wie damals", sagte Robin und erhob sein Glas.

„Die Kinder haben auch ihre Meinung geäußert, was du dir wahrscheinlich schon gedacht hast", sagte Elena.

„Und mit welchem Ergebnis?", fragte Robin.

„Es handelte sich um einen einstimmigen Beschluss", erklärte Elena, „der aber erst nach einer heftigen Debatte erfolgte."

„Wer brachte Gegenargumente?", fragte Robin.

„Jimmy", sagte Elena. "Er sitzt auf deinem Platz am Tisch, so dass er fernsehen kann, während er isst, und er will diesen Platz nicht aufgeben."

„Die Opfer, die man für seine Familie bringen muss", sagte Robin mit einem Lächeln und schüttelte den Kopf.

„Ronja und John haben ihm eine Stunde lang ins Gewissen geredet und gesagt, wie wichtig es für uns alle sei, wieder zusammen zu sein, und dass die drei Kinder alles tun müssten, was sie könnten, um uns beiden das Leben leichter zu machen."

„Das war nett von ihnen", sagte Robin.

„Und als das nicht half, nahmen sie ihn in die Mangel und rubbelten sein Gesicht solange auf dem Teppich, bis er schließlich einverstanden war", fuhr sie fort.

Robin lächelte und warf Elena einen langen Blick zu. „Und was willst *du* nun machen?", fragte er.

„Ich weiß nicht", erwiderte sie. „Was willst *du* denn machen?"

*

In Kapitel 5 haben wir die Vor- und Nachteile einer Trennungszeit betrachtet. In diesem Kapitel bringen wir das Thema zum Abschluss. An einem bestimmten Punkt, nach Wochen oder sogar Monaten der Trennung werden Sie eine Entscheidung über die Zukunft Ihrer Ehe treffen müssen. Werden Sie Ihrer Beziehung noch einmal eine Chance geben oder werden Sie sie durch eine Scheidung endgültig beenden?

Das ist natürlich keine Frage, die man auf die leichte Schulter nehmen sollte. Die Entscheidung, zu der Sie kommen, wird große Auswirkungen auf Ihr Leben haben – und vor allem auf das Leben Ihrer Kinder. Um Ihnen dabei zu helfen, eine Entscheidung zu treffen, werden wir die Faktoren und Konsequenzen, die jede der beiden Möglichkeiten mit sich bringt, genauer betrachten.

VORGEGRIFFEN

- Versöhnung verlangt einen Entschluss, eine bewusste Entscheidung, das Eheversprechen zu bestätigen und aktiv zu versuchen, sich wieder näher zu kommen und zu einer erfüllten Ehe mit Ihrem Partner zu finden.
- Die Entscheidung, zu Ihrem Partner zurückzukehren, ist ein Schritt des Glaubens, weil Sie sich vielleicht nicht vorstellen können, dass Sie wieder Liebe für ihn empfinden, Ihre Meinungsverschiedenheiten beilegen und sich wieder nahe kommen können.
- Versöhnung ist nicht immer möglich, denn es gehören zwei dazu, und keiner kann den anderen dazu zwingen, zum anderen zurückzukehren.

Möglichkeit 1: Versöhnung

Wenn Sie Versöhnung für die richtige Entscheidung halten – unabhängig davon, was zwischen Ihnen in der Vergangenheit vorgefallen ist oder was Sie momentan gegenüber dem anderen *empfinden* –, verdienen Sie große Anerkennung. Eine Scheidung ist eine extrem attraktive Möglichkeit für Leute, die ihre Ehe satt haben. Es erfordert eine Menge Mut, Entschlossenheit und Hingabe, dem Drang, „reinen Tisch zu machen", zu widerstehen und mit einem „Problempartner" im Schlepptau noch einmal von vorne anzufangen.

Seien wir ehrlich. Sie finden wahrscheinlich, dass es sehr viel schwerer ist, zusammenzuleben, als getrennt zu bleiben – zumindest für eine gewisse Zeit. Wenn Sie keine Gefühle der Liebe mehr füreinander haben, werden Ihre Schwierigkeiten miteinander sicherlich noch zunehmen.

Es ist eine Sache, mit jemandem wieder zusammenzukommen, nach dem Sie tief drinnen immer noch verrückt sind. Es ist etwas ganz anderes, zu versuchen, mit jemandem eine Beziehung wieder aufzubauen, der nicht mehr allzu viel Leidenschaft in Ihnen weckt.

Versöhnung fordert eine Entscheidung. Wenn Sie warten, bis Sie dazu *inspiriert* werden, mit Ihrem Partner wieder zusammenzukommen, oder bis Sie sich *motiviert* fühlen, an Ihrer Beziehung zu arbeiten, werden Sie vermutlich eine ganze Zeit alleine essen müssen. Sie müssen sich dafür *entscheiden*, Ihr Eheversprechen zu bestätigen, und aktiv versuchen, wieder zu Nähe und Erfüllung in Ihrer Beziehung zurückzufinden.

Es ist ein Glaubensschritt, sich für Versöhnung mit Ihrem Partner zu entscheiden. Sie haben keine Garantie dafür, dass Ihre emotionale Liebe füreinander zurückkehren wird. Sie haben keine Garantie dafür, dass es Ihnen jemals gelingen wird, sich in Ihrer Beziehung wieder nahe zu kommen.

Die ersten Glaubensschritte in diese Richtung zu gehen, kann verständlicherweise eine beängstigende Vorstellung sein. Aber glücklicherweise wird echte Entschlossenheit zur Versöhnung gewöhnlich belohnt.

Denken Sie daran, dass Sie sich dabei nicht dafür entscheiden, zu der Art von Beziehung zurückzukehren, die Sie hatten, als Sie sich trennten. Bei Versöhnung geht es nicht darum, dass man aus einer schlechten Situation das Beste macht. Versöhnung bedeutet nicht, dass man sein Glück aufgibt und den Rest seines Lebens leidet. Wenn Sie sich für die Versöhnung mit Ihrem Partner entscheiden, entscheiden Sie sich dafür, daran zu arbeiten, dass Ihre Beziehung tief und erfüllend wird.

a) Wenn Sie sich für Versöhnung entschieden haben

Nun haben Sie also die Entscheidung für eine Versöhnung getroffen. Was nun? Wie werden Sie Ihre Beziehung erneuern? Wo sollen Sie anfangen?

Wenn Sie unsicher sind, was Sie als Nächstes tun sollen, sollten Sie drei Schritte in Betracht ziehen: 1) Beten Sie. 2) Sagen Sie Ihrem Partner, wie Sie sich entschieden haben. 3) Geben Sie Ihrem Partner Zeit, zu einer Entscheidung zu finden.

Lassen Sie uns diese drei Schritte betrachten.

Beten Sie

Wenn Sie an Gott glauben und an die Kraft des Gebets (so wie ich), sollten Sie darauf achten, dass jeder Ihrer Schritte im Gebet gegründet ist. Wenn Sie Christ sind, gilt für Sie: Je mehr Sie an Gott festhalten, desto besser sind Sie dafür gerüstet, die schwierigen Entscheidungen zu treffen, die eine Versöhnung mit sich bringt.

Verbringen Sie intensive Zeiten im Gebet. Legen Sie Ihre Zweifel, Sorgen und Ängste im Blick auf Ihre Beziehung vor Gott ab. Bekennen Sie ihm die Bereiche, in denen Sie versagt haben, und bitten Sie ihn um Vergebung. Erzählen Sie ihm von Ihren positiven und negativen Gefühlen hinsichtlich einer Versöhnung. Danken Sie ihm dafür, dass er Ihnen eine zweite Chance für Ihre Ehe gegeben hat.

Bitten Sie Gott, Ihnen zu helfen, so zu werden, wie er Sie gewollt hat. Bitten Sie um Kraft und Durchhaltevermögen, damit Sie tun können, was Sie tun müssen, bevor Sie sich versöhnen können. Bitten Sie um Geduld, Weisheit und Mitgefühl für das Gespräch mit Ihrem Partner und für den Versuch, Ihre kaputte Beziehung wieder aufzubauen. Bitten Sie um Gottes Führung auf dem Weg zur Versöhnung.

Sagen Sie Ihrem Partner, wie Sie sich entschieden haben

Wenn Sie sich versöhnen wollen, bleibt ja die Frage: Wie sagen Sie's ihm? Welche Methode Sie wählen, hängt vorwiegend von den konkreten Umständen Ihrer Trennung ab. Wenn möglich, sollte das erste Gespräch über Versöhnung nicht telefonisch oder per E-Mail, sondern in Gegenwart des anderen erfolgen.

Eine gute Möglichkeit wäre, Ihren Partner zum Abendessen einzuladen. Wenn der richtige Augenblick gekommen ist, entweder während des Essens oder danach, sollten Sie sagen, dass Sie viel über Ihre Ehe nachgedacht und gebetet haben. Sprechen Sie über ein paar Dinge, die Sie über sich selbst gelernt haben, konkrete Bereiche, in denen Sie zuließen, dass Ihre Gefühle und Einstellungen Ihr Verhalten diktierten. Lassen Sie Ihren Partner wissen, dass Sie entschlossen sind, nicht wieder zum Spielball Ihrer Gefühle zu werden und Ihre Einstellungen zu ändern. Geben Sie zu, dass Sie in vielerlei Hinsicht versagt haben, und bitten Sie dafür um Vergebung.

Verschweigen Sie nicht, dass Sie sich mit einem Buch beschäftigt haben, das Ihnen zu der Entscheidung verholfen hat, an Ihrer Ehe zu arbeiten. Betonen Sie, dass Sie wissen: Sie können das nicht alleine. Sprechen Sie Ihren Wunsch aus, mit ihm Hand in Hand zu arbeiten, um Ihre Beziehung schöner und tiefer zu machen.

Geben Sie Ihrem Partner Zeit, zu einer Entscheidung zu finden

Machen Sie deutlich, dass Sie keine sofortige Antwort erwarten. Wenn Ihr Partner über Ihren Entschluss überrascht ist oder wenn er sich Versöhnung überhaupt nicht vorstellen kann, wird es vielleicht eine Weile dauern, bis er dazu Stellung nehmen kann.

Am besten bitten Sie Ihren Partner, über die Situation nachzudenken und zu beten. Seien Sie dafür offen, über alle Fragen und Bedenken hinsichtlich einer Versöhnung zu sprechen.

Dann sollten Sie sich zurückziehen und Ihrem Partner so viel Zeit und Freiraum geben, wie er braucht, um über Ihre Beziehung nachzudenken, zu lesen oder zu beten. Bitten Sie Ihren Partner, Sie anzurufen, um ein Treffen zu planen, bei dem Sie Ihren nächsten Schritt diskutieren können.

Auch wenn Ihr Partner offen für eine Versöhnung ist, werden Ihre Beziehungsprobleme nicht im Laufe eines Abends verschwinden. Sich damit auseinander zu setzen, wie Sie an der Erneuerung Ihrer Beziehung arbeiten können, ist nur der erste Schritt auf dem langen Weg zur Versöhnung.

Gute Frage

? Was soll ich tun, wenn mein Partner sich nicht mit mir treffen will?

Versuchen Sie es immer wieder. Es ist extrem wichtig, dass Sie sich persönlich mit Ihrem Partner zusammensetzen, um mit ihm über Versöhnung zu sprechen. Wenn er anscheinend abgeneigt ist, sich mit Ihnen zu treffen, oder dafür eine Erklärung fordert, sollten Sie weiterhin betonen, dass Sie es vorziehen, nicht am Telefon darüber zu sprechen. Sie sollten jedoch ein Treffen mit Ihrem Partner nicht erzwingen und ihn auch nicht in eine „Falle" locken. Teilen Sie ihm nur weiterhin Ihren Wunsch mit und geben Sie Ihrem Partner die Möglichkeit, darauf einzugehen. Wenn Sie dabei eine positive Einstellung bewahren, wird Ihr Partner früher oder später zustimmen, sich persönlich mit Ihnen zu treffen.

b) Der Weg zur Versöhnung

Angenommen, Ihrem Partner gefällt Ihre Vorstellung von Versöhnung. Angenommen, er stimmt dem Gedanken zu, an der Erneuerung Ihrer Ehe zu arbeiten. Angenommen, Ihr Partner drückt die Bereitschaft aus, mit Ihnen daran zu arbeiten, die Dinge zu ändern, die in Ihrer Beziehung geändert werden müssen, und die Dinge zu fördern, die gefördert werden müssen. Angenommen, Ihr Partner freut sich darauf, wieder mit Ihnen zusammenzukommen.

> *»Man kann nicht zweimal in denselben Fluss steigen, denn ständig fließen neue Wasser hinzu.«*
> Heraklit

Ende gut, alles gut? Sie ziehen wieder zusammen, schließen Ihre Kindern weinend in die Arme, unternehmen einen Familienausflug nach Fantasialand und sind glücklich bis an Ihr Lebensende.

Wenn Hollywood einen Film über Ihre Ehe drehen würde, könnte er tatsächlich so enden. Doch solange das nicht geschieht, müssen Sie akzeptieren, dass man sich nicht im Handumdrehen versöhnen kann.

Sie sollten vor allem vermeiden, möglichst schnell wieder zusammenzuleben. Ihr Ziel kann nicht sein, „zusammenzukommen“. Ihr Ziel ist vielmehr, eine neue Beziehung zu schaffen. Dafür müssen Sie die Konflikte, Missverständnisse, Frustrationen und unerfüllten Bedürfnisse betrachten und bewältigen, die Ihre bisherige Beziehung abstürzen ließen.

c) Wenden Sie sich an einen Therapeuten

Das Wichtigste, was Sie für Ihre Beziehung nach einer Phase des Getrenntseins tun können, ist, einen ausgebildeten Seelsorger oder Therapeuten in den Versöhnungsprozess einzubeziehen. Wenn Ihnen in Ihrer Gegend keine Therapeuten bekannt sind, können Sie sich an Ihren oder einen anderen Pastor oder die örtliche Familienberatungsstelle wenden, um eine Empfehlung zu erhalten. Wenn Ihr Pastor in der Eheberatung ausgebildet ist, kann er Ihnen möglicherweise selbst helfen.

Es ist gut möglich, dass Sie eine Art Befreiung in Ihrer Beziehungssituation erleben, wenn Sie sich mit einem Pastor oder Therapeuten treffen, um an Ihrem Kommunikationsverhalten zu arbeiten. Sie werden lernen, sich mit Ihrem Partner über bestimmte Themen zu einigen, über die Sie sich bisher nie einigen konnten. Sie werden auch lernen, dem anderen die Freiheit einzuräumen, bei bestimmten Themen anderer Meinung zu sein, während Sie gleichzeitig eine freundliche und liebevolle Haltung gegenüber dem anderen bewahren.

Überlassen Sie es Ihrem Therapeuten, den Zeitpunkt zu bestimmen, wann Sie wieder zusammenziehen. Manche Therapeuten werden nach drei bis vier Gesprächsterminen sagen, dass Sie so weit sind, wieder zusammenzuwohnen. Andere warten vielleicht ab, bis Sie zwölf oder mehr Gespräche bestritten haben. Es ist wichtig, dass Sie bei diesem Thema den Rat Ihres Therapeuten beachten. Überstürzen Sie nichts! Langsam und stetig werden Sie Ihrem Ziel näher kommen.

Das Zusammenleben ist nicht die „Ziellinie" Ihrer Versöhnung. Ihre Verantwortung für die Erneuerung Ihrer Beziehung wird nicht damit enden, dass Sie wieder zusammenziehen. Die körperliche Nähe wird für neue Spannungen in Ihrer Ehe sorgen. Ihr Therapeut wird Ihnen dabei helfen, dass Sie während dieser kritischen Zeit eine offene, liebevolle Art der Kommunikation aufrechterhalten.

Um Ihrer Ehe willen ist es wichtig, dass Sie Strategien zur Konfliktlösung verinnerlichen und im Alltag offen und ehrlich miteinander sprechen. Machen Sie es sich zur Gewohnheit, gemeinsam Bücher und Zeitschriftenartikel über den Aufbau einer guten Beziehung zu lesen und zusätzliche Strategien und Prinzipien zu diskutieren, die Sie in Ihre Ehe einbeziehen können.

Gute Frage

? Wie lange sollten wir uns nach unserer Versöhnung noch mit dem Therapeuten treffen?

Im Idealfall wird die Entscheidung, die Therapie zu beenden, zusammen mit dem Therapeuten getroffen. Es wäre ein schwerwiegender Fehler, die Therapie vorzeitig zu beenden. Setzen Sie sie fort, bis Sie das Gefühl haben, dass Sie sich ausreichend mit ungelösten Konflikten beschäftigt und Fähigkeiten zum Umgang mit Konflikten entwickelt haben.

Wirkliche Versöhnung kann nur dadurch erreicht werden, dass Sie die „Gesundheit" und das Wachstum Ihrer Beziehung zu Ihrer obersten Priorität machen.

Möglichkeit 2: Scheidung

Wenn Sie die Scheidung von Ihrem Partner für das Richtige halten, sollten Sie noch einmal nachdenken. Bedenken Sie die Auswirkungen auf Ihr Gefühlsleben, die eine Scheidung für beide Seiten mit sich bringt. Bedenken Sie die finanzielle Belastung und das rechtliche Tauziehen, das unweigerlich erfolgt, wenn man eine Ehe beenden will. Überlegen Sie, ob es das Beste für Sie und Ihre Kinder ist, sich für immer von Ihrem Partner zu trennen.

Bleiben Sie nicht dabei stehen, wie vordergründig attraktiv und bequem es ist, Ihre Eheprobleme ein für alle Mal hinter sich zu lassen, sondern betrachten Sie das gesamte, düstere Panorama der Scheidung.

Wenn Sie all das getan haben und immer noch überzeugt sind, dass die Scheidung die einzig wahre Möglichkeit ist, sollten Sie hier weiterlesen.

Wenn Sie sich für die Versöhnung entschieden hatten, aber mit einem Partner zu tun haben, der diese Möglichkeit ausgeschlossen hat, müssen Sie der Scheidung ins Auge sehen, ob Sie wollen oder nicht. Denn immer erfordert eine Versöhnung die Beteiligung zweier Menschen. Sie können Ihren Partner nicht dazu zwingen, wieder mit Ihnen zusammenzukommen.

Es gibt ein paar Dinge, mit denen Sie sich auseinander setzen müssen, damit Ihre Scheidung nicht schlimmer wird, als sie ohnehin schon ist.

a) Kein Scheidungskrieg

Wenn Ihr Partner Ihre Bitte um Versöhnung ignoriert hat, sind Sie möglicherweise versucht, die Scheidung mit juristischen Mitteln zu blockieren. Es gab eine Zeit, in der ein Partner die Scheidung verhindern konnte, indem er die Zustimmung verweigerte. Heute ist das Scheidungsrecht liberaler und es ist einfacher, eine Ehe zu beenden – egal, wie der andere darüber denkt. Das Einzige, was Sie mit Sicherheit dadurch erreichen würden, dass Sie Ihre Zustimmung verweigern, ist, das Portemonnaie Ihres Anwalts zu füllen.

Und schließlich: Auch wenn Sie Ihre Scheidung gerichtlich blockieren könnten, würde das nichts an der Tatsache ändern, dass Ihr Partner kein Interesse daran hat, sich mit Ihnen zu versöhnen. Leider liegt es in der Natur der Sache, dass sich derjenige durchsetzt, der sich vom anderen trennen will. Es wird Ihr Leid nur vergrößern, wenn Sie versuchen, diese Trennung auf rechtlichem Wege zu verhindern.

b) Vom Umgang mit dem Recht

Durch eine Scheidung wird nicht nur eine emotionale und körperliche Beziehung beendet, sondern auch ein Rechtsverhältnis aufgelöst. Und bei Rechtsfragen braucht man Anwälte.

Sie haben drei Möglichkeiten, im Scheidungsverfahren rechtlich vorzugehen. Sie können ...

- ganz auf einen Anwalt verzichten,
- sich einen gemeinsamen Anwalt mit Ihrem Partner nehmen,
- sich einen eigenen Anwalt nehmen.

Lassen Sie uns die Vor- und Nachteile dieser drei Möglichkeiten betrachten.

Wenn Sie erwägen, auf einen Anwalt zu verzichten: Bestimmte Aspekte des Scheidungsrechts sollen die rechtliche Abwicklung der Beendigung der Ehe erleichtern. Um eine „unkomplizierte" Scheidung zu haben, muss sich ein Paar an bestimmte Vorschriften halten. Auch dann ist das Verfahren noch kompliziert genug.

Im Allgemeinen gilt: Es ist vernünftig, sich bei einer Scheidung an einen Anwalt zu wenden.

• *Wenn Sie erwägen, sich einen gemeinsamen Anwalt zu nehmen:* Wenn Sie und Ihr Partner sich gütlich einigen können – wenn Sie bereit sind zusammenzuarbeiten, um aus einer schlechten Situation das Beste zu machen –, können Sie sich dafür entscheiden, beide von dem gleichen Anwalt vertreten zu werden. Wenn Sie das tun, werden Sie die meisten unangenehmen Aspekte einer Scheidung vermeiden können und viel Geld sparen.

Bevor Sie sich auf einen Anwalt festlegen, sollten Sie Ihre „Hausaufgaben" machen. Lesen Sie alles über die rechtliche Seite der Scheidung, was Ihnen in die Finger kommt. Es ist auch eine gute Idee, mit Freunden oder Bekannten zu reden, die eine Scheidung hinter sich haben. Bitten Sie sie darum, Ihnen eine Vorstellung davon zu geben, wie eine gütliche Einigung aussehen kann.

Beachten Sie eines: Wenn Ihr Partner die Scheidung in die Wege geleitet hat, wird sein Anwalt *seine* Interessen vertreten. Wenn Sie sich im Voraus beim Umgang mit Finanzen, Grundbesitz oder Umgangsrecht nicht einigen konnten, werden Sie definitiv einen eigenen Anwalt benötigen, der Ihre Interessen vertritt.

- *Wenn Sie erwägen, sich einen eigenen Anwalt zu nehmen:* Der beste Weg, zu der Übereinkunft zu kommen, die Sie brauchen, um für sich und Ihre Kinder sorgen zu können, könnte es sein, sich an einen eigenen Anwalt zu wenden. Ihr Ziel ist dabei nicht, Ihren Partner über den Tisch zu ziehen – auch wenn Ihr Anwalt Sie dabei unterstützen würde –, sondern das zu tun, was für alle Beteiligten richtig und fair ist.

c) Die Kinder haben Vorrang

Ihr erster Impuls könnte sein, Ihre Kinder vor der unangenehmen Realität der Scheidung abzuschirmen, indem Sie lügen oder ihnen wichtige Informationen vorenthalten. Diesen Fehler sollten Sie um jeden Preis vermeiden! Die Kinder werden doch irgendwann die Wahrheit herausfinden, und wenn sie entdecken, dass Sie ihnen gegenüber unaufrichtig waren, wird ihr Vertrauen und ihr Respekt Ihnen gegenüber stark darunter leiden.

Auch wenn es das Schwerste ist, was Sie jemals getan haben, schulden Sie es Ihren Kindern, sich mit ihnen zusammenzusetzen und ihnen ausführlich zu erklären, wie es um Ihre Ehe steht. Im Idealfall ist das etwas, das Sie und Ihr Partner zusammen tun.

Nachdem Sie Ihren Kindern erklärt haben, was eine Scheidung für die ganze Familie bedeutet, müssen Sie ihnen zwei Dinge versi-

Familienaktion

✓ IN DER ZEIT nach der Trennung sollten Sie versuchen, das Alltagsleben Ihrer Kinder so normal wie möglich verlaufen zu lassen. Wenn es für Sie machbar ist, sollten Sie versuchen, zumindest ein paar Monate nach der Scheidung in Ihrer bisherigen Wohnung wohnen zu bleiben. Bedenken Sie, dass eine Scheidung traumatisch genug ist. Sie sollten das Ausmaß an Belastung, die Ihre Kinder tragen, nicht noch zusätzlich erhöhen, indem Sie sie etwa einem Umzug in eine neue Wohngegend, dem Zurücklassen von Freunden oder einem Schulwechsel aussetzen.

chern: 1) Die Scheidung ändert nichts an Ihrer Liebe für sie, und 2) sie tragen in keiner Weise Schuld an Ihrer Trennung.

Es ist ungemein wichtig, dass Ihre Kinder an diesem kritischen Punkt Ihre Liebe spüren. Vergessen Sie nicht, dass das Gefühl der Sicherheit, das Ihre Kinder haben, direkt von der Liebe abhängt, die sie empfangen. Wenn Sie mitten im Scheidungsverfahren sind und dabei versäumen, Ihren Kindern Ihre Liebe zu zeigen, kann das Ergebnis sein, dass sie für ihr weiteres Leben emotional verunsichert sind.

Auf eines legen wir in diesem Buch besonderen Wert: Wenn Sie Ihren Kindern Liebe geben, bedeutet das mehr, als zu sagen: „Ich hab dich lieb." Es bedeutet, dass Sie herausfinden, wodurch genau sich Ihre Kinder geliebt fühlen, und es ihnen zu geben. Es bedeutet, sich mit ihnen in ihrer vorrangigen Liebessprache zu unterhalten.

Abgesehen von der Liebe, die Sie Ihren Kindern geben, werden sie nach einer Scheidung Regeln und Konsequenz brauchen. Die Grenzen, die Sie setzen, werden Ihren Kindern langfristig dabei helfen, sich sicher zu fühlen. Während sich so viele Dinge verändern, brauchen sie die Beständigkeit, die Regeln vermitteln. Wenn Sie Ihre Regeln lockern, werden Sie – auch wenn Sie es gut meinen – Ihren Kindern die falsche Botschaft vermitteln.

Im Idealfall werden Sie und Ihr Partner zusammenarbeiten, um identische Regeln für Ihre Kinder aufzustellen, und zwar im Hinblick auf ...

- die Schlafenszeit,
- die Erledigung von Hausaufgaben,
- das Taschengeld,
- den Zeitpunkt, an dem Ihr Kind zu Hause sein muss,
- Musik,
- Kino,
- Fernsehen.

Oft lockert ein Partner nach einer Scheidung die Regeln, um als der Elternteil betrachtet zu werden, mit dem man „Spaß haben" kann. Doch auch wenn die Kinder die Freiheit, die sie von einem Elternteil erhalten, genießen mögen, werden sie sich letztlich dadurch verunsichert fühlen.

Der Zukunft ins Auge sehen

Egal, für welche Möglichkeit Sie sich entscheiden, Versöhnung oder Scheidung – es ist wichtig, dass Sie nicht zulassen, dass Fehler, die Sie in der Vergangenheit gemacht haben, Ihre Haltung gegenüber der Zukunft beeinflussen. Wenn Sie sich dafür entschieden haben, sich mit Ihrem Partner zu versöhnen, können Sie die Freude erfahren, die durch eine „neugeborene“ Beziehung entsteht.

Während Sie und Ihr Partner lernen, Vergangenes zu vergeben, sich Ihre Gefühle anzuvertrauen, sich dafür zu entscheiden, den anderen verstehen zu wollen und Ihre Liebe füreinander zu fördern, werden Sie eine Nähe und Erfüllung in Ihrer Ehe finden, die Sie bisher nie erfahren haben.

Lassen Sie uns noch einmal betonen: Es wird nicht einfach sein, Nähe und Zufriedenheit mit Ihrem Partner zu erreichen. Es könnte sogar schmerzhaft sein, sich ehrlich mit vergangenen Gefühlen zu befassen. Sie werden merken, dass Sie in Ihrer Beziehung ab und zu in alte, destruktive Gewohnheiten zurückfallen. Das ist nur natürlich. Der Schlüssel zu erfolgreicher Versöhnung liegt darin, diese Tendenzen bei sich festzustellen und mit ihnen umzugehen, bevor sie die Chance haben, in Ihrer Ehe dazwischenzufunken.

Wie wir in diesem Kapitel bereits gezeigt haben, können auch Ihre aufrichtigsten Bemühungen keine Versöhnung *garantieren.* Ihr Partner hat immer die Freiheit, Ihre Bemühungen zur Erneuerung Ihrer Ehe abzulehnen.

Was bedeutet das für Sie? Was Ihre Beziehung betrifft, müssen Sie sich keine Schuld mehr geben. Nachdem Sie Ihre vergangenen Fehler vor Ihrem Partner und vor Gott bekannt und jede Anstrengung im Hinblick auf Versöhnung unternommen haben, werden Sie der Zukunft mit einem guten Gewissen ins Auge sehen können – einer Zukunft mit unbegrenzten Möglichkeiten für persönliches Weiterkommen und Glück.

Deshalb ist es wichtig, dass Sie sich Ihre Zukunft nicht von Ihrer Vergangenheit verderben lassen. Um Sie davor zu bewahren, sollten Sie ein paar wichtige Dinge beachten:

- Schützen Sie sich vor Depressionen, indem Sie negativen Gedanken über Ihre Ehe keinen Raum geben.
- Lassen Sie es nicht zu, dass Bitterkeit Ihr Leben beherrscht.

- Lassen Sie es nicht zu, dass Selbstmitleid im Mittelpunkt Ihres Denkens steht.
- Suchen Sie Gemeinschaft mit Freunden.
- Kapseln Sie sich nicht von anderen ab, indem Sie eine „Weltuntergangsstimmung“ an den Tag legen.
- Quälen Sie sich nicht mit Warum-Fragen über Ihre Ehe.
- Verpassen Sie mit Sorgen um die Zukunft nicht die Gegenwart.

Der einzig vernünftige Weg, Ihr Leben nach einer Scheidung fortzusetzen, ist, immer nur einen Tag nach dem anderen zu leben. Mit den Sorgen und Möglichkeiten von heute haben Sie genug zu tun. Es hat keinen Sinn, Sorgen darüber anzuhäufen, wie es Ihnen morgen oder in zehn Jahren gehen wird. Lassen Sie den morgigen Tag und die nächsten zehn Jahre für sich selber sorgen. Im Hier und Jetzt sollten Sie über wichtigere Dinge nachdenken, über Fragen wie ...

- Was kann ich heute tun, um meine persönliche Situation zu verbessern?
- Worüber muss ich heute beten?
- Mit wem sollte ich heute reden?
- Was muss ich heute erledigen?
- Von wem kann ich heute Zuwendung bekommen?

Letztlich läuft es darauf hinaus: Sie können die Vergangenheit nicht ändern und die Zukunft nicht voraussagen, deshalb können Sie auch das Beste aus der Gegenwart machen!

Vergessen Sie nicht, dass Sie dafür verantwortlich sind, was Sie aus Ihrem Leben machen. Sie können natürlich Ihrem Partner die Schuld geben oder der Frau, die eine Beziehung zu Ihrem Partner hat, oder Ihren Eltern – doch die Verantwortung für Erfolg oder Versagen in Ihrem Leben liegt letztlich bei Ihnen.

Es ist wichtig, das einzusehen, weil das heißt, dass Sie nicht unglücklich sein müssen, weil jemand Sie widerlich behandelt hat. Sie können entscheiden, wie Sie auf die positiven und negativen Ereignisse in Ihrem Leben reagieren wollen.

Wenn Sie es lernen, sich diese Einstellung anzueignen, werden Sie sich mit der Zeit immer weniger als Opfer Ihrer Lebensumstände fühlen. Schließlich werden Sie sich selbst beweisen können, dass Sie – mit Gottes Hilfe – ein Leben aufbauen können, dass produktiv und erfüllend ist!

TEST

Was kommt nach einer vorübergehenden Trennung der Ehepartner? In diesem Test können Sie überprüfen, wie viel Sie über die möglichen nächsten Schritte in der Ehe wissen.

1. Welche der folgenden Aussagen trifft nicht auf eine Versöhnung zu?
   a) Es reicht, wenn sich lediglich ein Partner dafür einsetzt.
   b) Sie ist so gut wie immer der Scheidung vorzuziehen.
   c) Sie ist oft schwerer zu erreichen als eine Scheidung.
   d) Sie erfordert die Unterstützung eines ausgebildeten Therapeuten oder Beraters.

2. Welche der folgenden Strategien ist nicht empfehlenswert, wenn Sie sich dafür entschieden haben, sich mit Ihrem Partner zu versöhnen?
   a) Teilen Sie Ihrem Partner Ihren Entschluss in einem persönlichen Gespräch mit.
   b) Warten Sie, bis Ihr Partner das Gespräch darauf bringt, bevor Sie Ihren Entschluss erwähnen.
   c) Beten Sie.
   d) Geben Sie Ihrem Partner Zeit, zu einem eigenen Entschluss zu kommen.

3. Welche der folgenden Aussagen trifft auf eine Scheidung zu?
   a) Ihre Kinder haben die Folgen einer Scheidung in etwa einem Jahr überwunden.
   b) Man braucht dafür einen Anwalt.
   c) Damit wird nicht nur eine emotionale und körperliche Beziehung beendet, sondern auch ein Rechtsverhältnis aufgelöst.
   d) Der Versuch, eine Scheidung anzufechten, ist oft erfolgreich.

4. Welche der folgenden Strategien wird Ihren Kindern nicht helfen, wenn Sie sich scheiden lassen?
   a) Behalten Sie unabänderliche und relativ strenge Regeln im Familienleben bei.
   b) Vermitteln Sie ihnen durch ihre vorrangige Liebessprache Ihre Liebe.
   c) Sagen Sie ihnen ehrlich, was in Ihrer Ehe vorgeht.
   d) Ziehen Sie sofort in ein neues Haus oder eine neue Wohnung, um ihnen einen Neuanfang zu ermöglichen.

5. Welche der folgenden Ratschläge sind für jemanden wichtig, der sich von einer Scheidung erholt?
   a) Versuchen Sie, regelmäßig mit Freunden zusammen zu sein.
   b) Lassen Sie es nicht zu, dass Bitterkeit Ihr Leben beherrscht.
   c) Lassen Sie es nicht zu, dass Selbstmitleid im Mittelpunkt Ihres Denkens steht.
   d) Suchen Sie sich einen neuen Partner.

Antworten: 1a), 2b), 3c), 4d), 5a-c).

Anhang 1

Häufige *Fragen* zum Thema

Liebe, Ehe, Familie ... und Schwiegereltern

Die folgenden Fragen werden mir oft bei Konferenzen oder in Beratungsgesprächen gestellt.

Wie kann ich meinen Mann dazu bringen, mehr mit mir zu reden?

Gehen Sie schrittweise vor. Überfallen Sie ihn nicht mit dem Satz: „Ich wünschte, du würdest mehr reden." Darauf kann er nicht positiv reagieren. Es klingt, als ob Sie ihn verurteilen. Beginnen Sie damit, „kleine" Fragen zu stellen, und geben Sie sich mit „kleinen" Antworten zufrieden. Vor dem Laufen kommt das Krabbeln. Wenn er sich daran gewöhnt hat, seine eigene Stimme zu hören, wird er mehr reden können.

Werden Sie eine gute Zuhörerin. Wenn Ihr Mann redet, sollten Sie ihm Ihre ungeteilte Aufmerksamkeit widmen. Machen Sie seine Ideen nicht herunter. Sagen Sie lieber: „Das ist eine interessante Idee. Wie würde es deiner Meinung nach funktionieren, wenn wir sie in unserem Leben umsetzen würden?" Teilen Sie ihm Ihre Meinung mit, aber nur, wenn er danach fragt. Wenn er die Erfahrung macht, dass er sich jedes Mal, wenn er Ihnen von einer Idee erzählt, eine Predigt anhören muss, wird er Ihnen seine Gedanken nicht länger anvertrauen.

Nach einigen Wochen könnten Sie Folgendes ausprobieren:

- Fragen Sie ihn, ob er bereit ist, eine tägliche gemeinsame „Zeit des Austauschs" einzuräumen, in der Sie sich gegenseitig von ein oder zwei Erlebnissen des Tages und von Ihren Gefühlen darüber erzählen. Wenn er sich darüber beschwert, dass diese Zeiten zu lange dauern, sollten Sie ein Zeitlimit setzen, zum Beispiel bei zehn Minuten bleiben.
- Versuchen Sie es damit, sich über ein Buch auszutauschen. Wählen Sie ein Buch, das ihn Ihrer Meinung nach interessieren würde,

und fragen Sie ihn, ob er bereit wäre, jede Woche ein Kapitel zu lesen. Sie lesen dasselbe Kapitel und am Ende der Woche erzählt einer dem anderen von einem Aspekt, der ihm an diesem Kapitel gefallen oder aus dem er gelernt hat.

Wann soll ich die störenden Angewohnheiten meines Partners ansprechen und wann soll ich darüber hinwegsehen?

Weil wir Menschen sind, sind wir verschieden. Manche dieser Unterschiede können ziemlich anstrengend sein. Meiner Meinung nach sollten Sie einen Weg finden, störende Angewohnheiten anzusprechen und um eine Verhaltensänderung zu bitten. Fangen Sie jedoch bei sich selbst an! Ich schlage vor, dass Sie Ihren Partner einmal in der Woche bitten: „Nenne mir eine konkrete Sache, die ich in meinem Leben ändern soll, damit es für dich einfacher wird!“ Dann sollten Sie versuchen, so gut es geht daran zu arbeiten, sich in diesem Bereich zu ändern. Nachdem Sie das einige Wochen getan haben, wird Ihr Partner wahrscheinlich anfangen, Sie um dasselbe zu bitten. Jetzt können Sie ihn bitten, sich zu ändern – aber nicht öfter als einmal in der Woche.

Vergessen Sie nicht, dass Sie Ihren Partner nicht zwingen können, sich zu ändern. Sie können jedoch eine Atmosphäre erzeugen, in der es zum Lebensstil gehört, an sich zu arbeiten. Sich zu streiten, Forderungen zu stellen und einander zu manipulieren, sind keine positiven Mittel, um Veränderung zu erreichen.

Wir sind beide voll berufstätig. Doch wenn ich nach Hause komme, fange ich an, das Abendessen vorzubereiten, während mein Mann sich sofort aufs Sofa legt. Wie kann ich ihn dazu auffordern, sich an der Hausarbeit zu beteiligen?

Setzen Sie das Sofa in Brand! Und dann drücken Sie ihm den Feuerlöscher in die Hand. Tun Sie das eine Woche lang an jedem zweiten Tag. Er wird sich nicht länger auf das Sofa setzen.

Nun, das ist eine Möglichkeit, aber nicht die, die ich empfehlen würde. Ich rate auch davon ab, ihn anzuschreien und ihn einen faulen Hund zu nennen.

Wir haben alle Verhaltensmuster, die wir über die Jahre entwickelt haben. Manche von ihnen sind in der Ehe hilfreich (zum Beispiel, dass Sie anfangen, das Abendessen vorzubereiten), und manche wirken sich nachteilig aus. Das Problem ist, dass uns diese Verhaltensmuster nicht unbedingt bewusst sind, bis wir darauf aufmerksam gemacht werden. Aber das Wichtige ist, *wie* Sie Ihren Partner darauf aufmerksam machen.

Ich schlage vor, dass Sie einen „Monat zur Verbesserung der Ehe" ausrufen. Sagen Sie zu Ihrem Partner: „Ich habe über uns nachgedacht, und ich möchte nicht, dass wir mehr und mehr in eine leblose Ehe treiben. Ich möchte nicht nur die Durchschnitts-Ehefrau sein. Ich möchte eine außergewöhnliche Ehefrau sein! Wärst du bereit, mir im nächsten Monat jede Woche einen Vorschlag zu machen, wie ich eine bessere Ehefrau sein könnte? Ich würde dir einen Vorschlag machen, wie du ein besserer Ehemann sein könntest, und wir beide würden uns weiterentwickeln. Bist du offen für diesen Vorschlag?" Wenn er einwilligt, sind Sie auf dem Weg zur positiven Veränderung. In einer dieser Wochen können Sie ihm mitteilen, wie Sie sich sein Verhalten nach dem Nach-Hause-Kommen wünschen. Er wird das nicht als Nörgeln empfinden, weil es Teil Ihres Abkommens für diesen bestimmten Monat ist.

Ich habe es versucht, aber ich genieße Sex wirklich nicht. Ich tue meinem Partner lediglich einen Gefallen damit. Wie kann ich das ändern?

Ein Mangel an Interesse und Genuss an der Sexualität in der Ehe ist ein häufiges Problem. Gewöhnlich sind verschiedene Faktoren für die fehlende Freude am Sex verantwortlich. Manchmal liegen die Wurzeln dieses Problems im sexuellen Missbrauch im Kindesalter. Erwachsene, die als Kind missbraucht wurden, kämpfen so gut wie immer damit, Sex positiv zu erleben. Aber nicht nur Menschen, die sich vor der Ehe in sexueller Hinsicht ausgenutzt fühlten, sondern auch die, die wegen einer Schwangerschaft zur Heirat gedrängt wurden, haben häufig Probleme mit der Sexualität in der Ehe. Manchmal liegt es jedoch daran, wie der Partner mit Sex umgeht. Derbe Sprache oder ein Verhalten, das keine Rücksicht auf die Gefühlslage des Partners nimmt, kann das emotionale Interesse des anderen am Sex vollkommen erlahmen lassen.

Am besten suchen Sie einen christlichen Seelsorger auf, der auf diesem Gebiet geschult ist, und beginnen, die Probleme zu analysieren und nach Lösungen zu suchen. Sex ist ein wichtiger Teil der Ehe und kann nicht ignoriert werden.

Wie kann ich ihn/sie dazu bringen, öfter Sex mit mir zu haben, und gleichzeitig dafür sorgen, dass wir es beide genießen?

Dass beide Partner sexuelle Erfüllung finden, ist ein Prozess. Es geschieht nicht automatisch. Einer der besten Wege, das zu lernen, ist, sich gut zu informieren. Ich schlage vor, dass Sie beide jede Woche ein Kapitel aus einem Buch lesen (zum Beispiel von Ed und Gaye Wheat: „Hautnah", Asslar, 12. Auflage 2001). Diskutieren Sie am Ende jeder Woche die Vorschläge, die im jeweiligen Kapitel gemacht werden. Das Ziel ist, die männliche und weibliche Sexualität zu verstehen und zu entdecken, wie Sie im sexuellen Bereich einander Freude bereiten können.

Sie sollten eine liebevolle Haltung haben und die Zufriedenheit des anderen anstreben. Teilen Sie einander Ihre Wünsche mit, aber zwingen Sie Ihrem Partner nie ein bestimmtes Verhalten auf. Wie oft sich Ihr Partner Sex wünscht, wird davon abhängen, wie Sie mit ihm umgehen. Offene Gespräche in einer liebevollen Atmosphäre werden zur sexuellen Erfüllung beider Partner helfen.

Wie kann ich die geistliche Dimension unserer Ehe fördern, wenn ich mich nicht wohl dabei fühle, laut zu beten?

Beten Sie still miteinander. Es ist einfach: Sie halten sich an den Händen, schließen die Augen, beten still und sagen laut „Amen", damit Ihr Partner weiß, wann Sie fertig sind. Halten Sie die Hand Ihres Partners fest, bis auch er „Amen" sagt. Wenn Sie das sechs Monate lang tun, werden Sie Ihre Schwierigkeiten eines Abends vergessen und einfach laut beten. Sie werden die Hemmschwelle überwunden haben und von da an laut beten. Doch auch wenn Sie fortfahren, still zu beten, wird es Ihrer Ehe helfen. Wenn Sie in der Kirche zusammensitzen, können Sie sich, während der Pastor betet, auch an den Händen halten und leise mitbeten.

Ich habe vor kurzem geheiratet, hatte aber davor lange allein gelebt. Wie können wir ein gemeinsames Leben aufbauen? Wie kann ich die Entscheidungen meines Partners für mich annehmen, wenn ich meine Entscheidungen so lange allein getroffen habe?

Mit dieser Frage haben Sie einen der größten Unterschiede zwischen dem Verheiratetsein und dem Singlesein angesprochen. Als Single tun Sie das, was Sie tun wollen, und zwar dann, wenn Sie es tun wollen. Wenn man verheiratet ist, ist das unmöglich. Warum? Weil zwei eins geworden sind. Es ist nicht länger „deine Sache“ oder „meine Sache“, sondern vielmehr „unsere Sache“. Jetzt müssen Sie berücksichtigen, welche Auswirkungen Ihr Handeln auf Ihren Partner hat. Vergessen Sie nicht, dass Liebe bedeutet, auf die Interessen des anderen zu achten.

Das heißt nicht, dass Sie jede Minute zusammen verbringen müssen, aber es bedeutet, dass Sie den anderen auf dem Laufenden halten. Sie sind nun ein Team, und die Mitglieder eines Teams müssen zusammenarbeiten. Es geht nicht, dass einer alle Entscheidungen trifft. Es bedeutet vielmehr, dass man Entscheidungen zusammen trifft, damit jeder von Ihnen mit dem, was geschieht, einverstanden ist. Wenn Sie den Eindruck haben, dass darunter Ihre Unabhängigkeit leidet, dann haben Sie Recht. Nähe und Unabhängigkeit schließen einander aus.

Wir haben geheiratet, weil ich schwanger war. Jetzt habe ich das Gefühl, einen großen Fehler gemacht zu haben. Kann ich mich scheiden lassen, oder muss ich durchhalten?

Sie scheinen anzunehmen, dass Sie nur diese Alternativen haben: Entweder in der Ehe auszuharren und den Rest Ihres Leben unglücklich zu sein, oder sich scheiden zu lassen und glücklich zu sein. Ich möchte eine dritte Möglichkeit einbringen, die sehr viel hoffnungsvoller ist: Arbeiten Sie an Ihrer Ehe, damit sie zu einer guten Ehe wird!

Viele Menschen beginnen eine Ehe unter ungünstigen Bedingungen. Bei Ihnen war es eine Schwangerschaft. Bei anderen waren es emotionale Abhängigkeit, der Wunsch, einer bedrückenden Familiensituation zu entfliehen, fehlgeleitete romantische Gefühle und viele andere Faktoren. Wenn Sie einen schlechten Start in die Ehe hatten oder aus den falschen Motiven geheiratet haben, heißt das noch lange nicht, dass Sie keine gute Ehe haben können!

Jedes Paar kann mit Gottes Hilfe eine erfolgreiche Ehe aufbauen. Im Gebet, im Lesen der Bibel und ergänzenden Büchern und in einer weisen Beratung liegt Hoffnung. Erkennen Sie, dass die Bibel die Grundlagen für das Bauen einer christlichen Ehe gelegt hat! Bücher, die auf der jüdisch-christlichen Sicht der Ehe basieren, können auch sehr hilfreich sein. Außerdem können Sie sich an einen ausgebildeten Seelsorger wenden. Gott kann Heilung bringen, wenn Sie in der Vergangenheit versagt haben, und er gibt Hoffnung für die Zukunft. Nehmen Sie die Hilfe in Anspruch, die sich Ihnen bietet, und Ihre Ehe kann zu der Ehe werden, die Sie immer ersehnt haben.

Wir sind jetzt ein Jahr verheiratet, und ich bin nicht mehr „verliebt“. Was haben wir falsch gemacht?

Diese Frage habe ich mir im ersten Ehejahr auch gestellt. Ich hatte gehört, dass der Zustand der Verliebtheit für immer anhalten wird, wenn man nur „richtig verliebt“ ist. Das war eine Fehlinformation. In Wirklichkeit ist die emotionale Besessenheit, die wir im Allgemeinen „Verliebtheit“ nennen, ein vorübergehender Zustand. Die Wissenschaft weist darauf hin, dass die durchschnittliche Zeitspanne für die Verliebtheitsphase zwei Jahre beträgt. Da wir uns verlieben, bevor wir heiraten, wachen die meisten Paare spätestens innerhalb des ersten Ehejahres aus diesem Zustand auf. Wir vermissen die „Schmetterlinge im Bauch“ und halten unseren Partner nicht länger für perfekt. Wir bemerken vielmehr, dass wir ja so unterschiedlich sind, und fragen uns: „Wieso sind wir jemals zusammengekommen?“

Damit beginnt die zweite und wichtigere Phase der Liebe: Das Lernen der Liebessprache des anderen. Um die emotionale Liebe am Leben zu erhalten, wenn wir uns nicht mehr im Hochgefühl der Verliebtheit befinden, müssen wir die jeweilige Liebessprache des anderen lernen. Erinnern Sie sich? Die fünf Liebessprachen sind Anerkennung, Geschenke, praktische Hilfe, gemeinsame Zeit und Körperkontakt. Wenn Sie diesen Schritt einmal gemacht haben, werden Sie sich beide geliebt fühlen und das Hochgefühl der Verliebtheit kaum vermissen. Ihr „Liebestank“ wird dadurch gefüllt sein, dass Ihr Partner Ihnen regelmäßig seine Liebe zeigt.

Mein Partner fügt mir seelische Verletzungen zu. Alle meine Freunde raten mir, ihn zu verlassen. Wann ist es in Ordnung zu gehen?

Verletzungen, die oft durch Beschimpfungen entstehen, verschwinden selten mit der Zeit. Das Problem wird auch nicht dadurch gelöst, dass Sie Ihren Partner verlassen. Sie brauchen einen Plan und Menschen, die Sie dabei unterstützen, damit Sie mit dem Konzept der „harten Liebe“ konstruktiv vorgehen können. „Harte Liebe“ kann letztlich erfordern, dass Sie sich eine Zeit lang trennen, aber als therapeutische Vorgehensweise und nicht, um Ihren Partner zu verlassen. Ein solcher Schritt sollte niemals ohne den Rat eines christlichen Therapeuten oder Pastors unternommen werden. Versuchen Sie es nicht im Alleingang! Wenden Sie sich an die, die eine professionelle Ausbildung und Erfahrung darin haben, Menschen mit Eheproblemen zu helfen.

Mir ist Konsequenz in der Erziehung unserer Kinder wichtig, aber mein Mann lacht nur darüber und unterstützt mich nicht dabei. Wie soll ich mit dieser Situation umgehen?

Es kommt häufig vor, dass Ehepartner im Blick auf Konsequenz verschiedener Meinung sind, und zwar aus dem einfachen Grund, dass sie in unterschiedlichen Familien aufgewachsen sind. Wir tendieren dazu, so wie unsere Eltern vorzugehen. Wenn wir der Ansicht sind, dass sie uns damals unfair behandelt haben, tendieren wir dazu, den entgegengesetzten Weg einzuschlagen.

Wie können wir mit diesen Unterschieden umgehen? Wahrscheinlich werden Sie in diesen Dingen nie zu einer völligen Übereinstimmung mit Ihrem Partner kommen, aber Sie können eine praktikable Lösung finden. Es fängt damit an, dass jeder von Ihnen eine Liste anfertigt, und zwar mit grundlegenden Regeln, die er für das Kind wichtig findet, und mit den Konsequenzen, die das Überschreiten dieser Regeln mit sich bringen soll. In einer „Elternkonferenz" sollten Sie über diese Listen sprechen, die Regeln übernehmen, über die Sie einer Meinung sind, und versuchen, sich über die anderen zu einigen. (Beide müssen die Bereitschaft zum Kompromiss mitbringen. Bestehen Sie nicht darauf, dass Ihr Weg der einzig richtige ist!) Wenn Sie sich geeinigt haben, müssen Sie darauf achten, dass Ihr Kind die Regeln und mögliche Folgen einsieht. Wenn die Regeln missachtet werden, müssen Sie konsequent eingreifen. Freundlichkeit und Strenge sind die richtige Kombination, um Disziplin anzuwenden.

Ich habe das Gefühl, dass immer ich es bin, die unseren Kindern gegenüber streng sein muss. Mein Partner steht immer als „der Gute" da. Wie können wir dahin kommen, dass wir an einem Strang ziehen?

Oft erziehen wir unsere Kinder verschieden, weil wir aus verschiedenen Elternhäusern kommen. Am deutlichsten wird das in der Frage, welche Folgen das Übertreten von Regeln für die Kinder haben soll. Die meisten Eltern streiten sich darüber, wie streng sie ihren Kindern gegenüber sein sollen. Die Lösung liegt darin, dass man diese Tatsache annimmt und einen Plan entwirft, wie man mit der Unterschiedlichkeit der Erziehungsstile umgeht.

Man könnte beispielsweise als Erstes ein Buch über Konsequenz in der Erziehung lesen. Sie würden beide das Buch lesen, und zwar ein Kapitel pro Woche, und anschließend darüber diskutieren. Ein zweiter Schritt besteht darin, sich als Eltern zusammenzusetzen und über Ihren gegenwärtigen Kampf mit konsequentem Durchsetzen von Regeln zu sprechen. Solch ein Gespräch würde bedeuten, dass Sie die Regeln benennen, die Sie für wichtig halten, und diskutieren, welche Konsequenzen für die Überschreitung dieser Regeln Sie beide für angemessen halten. Wenn Sie sich über die Konsequenzen nicht einigen können, sollten Sie verhandeln. Seien Sie bereit, sich in der Mitte zu treffen. Wenn die Regeln und Konsequenzen einmal feststehen, sollten Sie sie Ihrem Kind mitteilen. Damit ist allgemein bekannt, was passieren wird, wenn eine Regel missachtet wird. Das hält Sie beide davon ab, in der Hitze des Gefechts überzureagieren. Freundlichkeit, Strenge und Konsequenz sind drei Schlüsselbegriffe für eine gelingende Erziehung.

Es fällt mir schwer, auf mein Kind einzugehen. Wir haben nicht viele gemeinsame Interessen. Wie kann ich auf ein Kind eingehen, das ganz anders ist als ich?

Wir alle sind verschieden. Wenn wir nicht bereit sind, uns auf die Interessen des anderen einzulassen, werden wir nie eine enge Beziehung entwickeln. Am Anfang der Kindheit müssen wir uns den Interessen des Kindes zuwenden. Wenn die Kinder im Sandkasten spielen, begeben wir uns in die Welt der Sandburgen. Später können wir sie mit in unsere Welt nehmen. Aber der Prozess muss immer in zwei Richtungen gehen.

Das Schöne daran ist, dass unsere Welt dadurch größer wird. Wenn sich Ihr Kind für Sport interessiert, Sie jedoch nie besonders sportbegeistert waren, werden Sie im Sport eine ganz neue Welt entdecken. Das Ziel ist es, die Interessen und Begabungen, die das Kind mitbringt, zu fördern, und es gleichzeitig an Lebensbereiche heranzuführen, an denen es nur wenig interessiert ist. Auf diese Weise kann ein Mensch seine Persönlichkeit weiter entfalten.

Meinem Partner wurde eine Arbeitsstelle in einem anderen Teil des Landes angeboten, und meine Eltern sind wütend, weil wir erwägen, von ihnen wegzuziehen. Was sollen wir tun?

Da ich selbst Großvater bin, kann ich die Gefühle Ihrer Eltern verstehen. Es ist schön, die Kinder und Enkelkinder in der Nähe zu haben. Sie sollten Ihre Entscheidung jedoch nicht von den Wünschen Ihrer Eltern abhängig machen. Genauso wenig sollten Sie eine Entscheidung mit dem Ziel treffen, ihnen zu zeigen, dass sie nicht über Ihr Leben bestimmen können. Sie können die Entscheidung, die Arbeitsstelle anzunehmen oder abzulehnen, nur unter Berücksichtigung vieler Faktoren fällen. Wenn Sie und Ihr Partner zu dem Schluss kommen, dass die Stelle richtig ist, muss er sie annehmen.

In diesem Fall schlage ich vor, dass Sie Verständnis für die Gefühle Ihrer Eltern zum Ausdruck bringen. Versichern Sie ihnen, dass Sie sie so oft wie möglich besuchen werden, und halten Sie Kontakt über das Telefon und das Internet. Lassen Sie sich jedoch nicht durch Tränen von Ihrem Vorhaben abbringen! Denken Sie an das Bibelwort, dass, wer heiratet, „Vater und Mutter verlassen wird", damit beide eins werden (Matthäus 19,5).

Wie soll ich unsere freien Tage planen, wenn sowohl meine Eltern als auch meine Schwiegereltern erwarten, dass wir zu ihnen kommen? Wie sollen wir allen gerecht werden?

Gehen Sie nach dem Prinzip vor, dass Ihre Zeit zwischen Ihren Eltern und Ihren Schwiegereltern gerecht aufgeteilt wird. Das ist allerdings nicht immer einfach zu verwirklichen. Es kann bedeuten, dass Sie Weihnachten mit der Familie des einen und Ostern mit der Familie des anderen verbringen, und abmachen, dass Sie es das folgende Jahr umgekehrt machen. Wenn beide Elternpaare in derselben Stadt wohnen, können Sie sie jeweils einen halben Tag besuchen, vorausgesetzt, beide Elternpaare laden Sie ein.

Es gibt auch eine Zeit, in der Sie eigene Traditionen entwickeln sollten. Wenn die Kinder älter werden, wird es oft schwieriger, die Ferientage bei den Eltern oder Schwiegereltern zu verbringen. Vielleicht ist dann die Zeit da, wo die Eltern in *Ihr* Haus kommen. Denken Sie daran, dass es unmöglich ist, beide Elternpaare zufrieden zu stellen. Versuchen Sie sich daran zu halten, beide gerecht zu behandeln. Wenn jedoch ein Elternpaar unglücklich ist, liegt es nicht bei Ihnen, es glücklich zu machen. Sie sollten sie freundlich und respektvoll behandeln, aber sie bei den Entscheidungen, die Sie mit Ihrer Familie treffen, nicht mitreden lassen.

Es heißt, dass wir unsere Eltern verlassen und „einander anhangen" sollen, aber mein Partner hat ein so enges Verhältnis zu seiner Familie, dass ich mir oft überflüssig vorkomme.

Sie kommen sich überflüssig vor, weil Ihr emotionales Bedürfnis nach Liebe von Ihrem Partner nicht gestillt wird. Sie haben das Gefühl, dass ihm seine Eltern wichtiger sind als Sie. Die Antwort darauf liegt jedoch nicht darin, dass Sie Ihrem Partner wütende Vorträge darüber halten, dass er zu sehr an seiner Familie „klebt". Wenn Sie das tun, vertreiben Sie Ihren Partner. Er wird daraufhin noch lieber mit seinen Eltern zusammen sein, weil Eltern liebevoll und gütig sind, während Sie wütend und fordernd sind.

Besser wäre, sich darauf zu konzentrieren, das Bedürfnis nach emotionaler Liebe, das Sie beide haben, zu erfüllen. Reden Sie nicht über seine Eltern. Finden Sie heraus, wodurch sich Ihr Partner geliebt fühlt, und teilen Sie ihm Ihrerseits mit, wodurch Sie sich geliebt fühlen. Entdecken Sie die Liebessprache des anderen! Wenn Sie beide regelmäßig die Muttersprache der Liebe des anderen sprechen, wird Ihr Partner Ihnen gegenüber positive Gefühle entwickeln. Sie werden feststellen, dass er weniger Zeit mit seinen Eltern und mehr Zeit mit Ihnen verbringt. Wenn das nicht der Fall ist, können Sie mit ihm über die Situation sprechen. Ihr Partner wird Sie nun eher verstehen, weil er sich von Ihnen tief geliebt fühlt. Wenn Sie diesen Weg der Liebe nicht gehen, werden Sie unentwegt über seine Eltern streiten und schließlich Ihre Ehe zerstören.

Ich möchte meine Eltern ehren, aber sie versuchen ständig, uns gute Ratschläge zu geben. Wie kann ich sie wissen lassen, dass wir unsere Entscheidungen allein treffen müssen?

Drei Dinge sind hier wichtig. Erstens müssen Sie verstehen, dass es Ihre Eltern gut meinen. Sie beabsichtigen nicht, Sie unglücklich zu machen. Sie versuchen, Sie vor falschen Entscheidungen zu bewahren. Zweitens ist es gut möglich, dass Ihre Eltern klüger sind als Sie, weil sie schon mehr Lebenserfahrung gesammelt haben. Drittens stimmt es, dass Ihre Eltern nicht über Ihr Leben bestimmen sollen, nachdem Sie geheiratet haben.

Wie fügen wir nun diese drei Dinge zusammen und machen das Beste daraus? Ich schlage vor, dass Sie Ihre Eltern um Rat fragen, bevor sie die Möglichkeit haben, selbst einen Rat zu geben. Sie ergreifen die Initiative, indem Sie nach ihrer Meinung fragen. Anschließend sollten Sie um Gottes Weisheit bitten. Dann sollten Sie die Sache, um die es geht, mit Ihrem Partner besprechen (einschließlich des Ratschlags Ihrer Eltern) und zu zweit zu der Entscheidung kommen, die Sie für die Beste halten. Wenn Ihre Eltern anderer Meinung sind, sollten Sie ihnen mitteilen, dass Sie dankbar für ihren Rat sind und ihn hilfreich fanden, aber dass Sie das tun wollen, was Sie für richtig halten. Belassen Sie es dabei. Versuchen Sie nicht, mit Ihren Eltern zu streiten. Mit der Zeit werden sie Sie als erwachsenen Menschen betrachten und Ihre Klugheit respektieren.

Wenn eine Entscheidung sich als falsch entpuppt, sollten Sie es zugeben und sie so schnell wie möglich rückgängig machen. Versuchen Sie nicht, diese Entscheidung durchzuhalten – nur um zu beweisen, dass Sie Recht hatten. Zur Vertiefung empfehle ich Ihnen mein Buch: „... und dann war da noch Liebe – Neuer Schwung für Ihre Ehe", Marburg 1999.

Hilfe! Wir haben unser erstes Kind bekommen und meine Mutter redet uns ständig in unsere Erziehung herein.

Es hilft immer, sich bewusst zu machen, dass Ihre Mutter gute Absichten hat. Erkennen Sie ihr Bemühen an, Ihnen zu helfen. Vielleicht sind manche ihrer Ideen wirklich gut! Sie sollten ihre Vorschläge nicht einfach abtun, nur weil sie Ihre Mutter ist. Auf der anderen Seite sollten Sie es nicht zulassen, dass Ihre Mutter Ihnen vorschreibt, wie Sie erziehen sollen. Sie und Ihr Partner sind dafür verantwortlich, Ihr Kind zu erziehen.

Ich schlage vor, dass Sie Ihre Mutter nach ihren Vorstellungen fragen. Danken Sie ihr anschließend für ihre Offenheit. Dann sollten Sie und Ihr Partner das tun, was Sie für das Beste für Ihr Kind halten. Wenn Ihre Mutter gekränkt ist, weil Sie ihren Rat nicht angenommen haben, könnten Sie sagen: „Ich kann das verstehen, Mama, und ich bin wirklich dankbar für deinen Rat, aber wir müssen das tun, was wir für das Beste für unser Kind halten. So haben du und Papa es doch auch gemacht, oder? Und ich finde, dass du es bei mir ziemlich gut hingekriegt hast!" Ihre Mutter ist vielleicht nicht glücklich darüber, aber sie wird lernen, sich zurückzuhalten und zu warten, bis Sie sie um Rat bitten. Es wäre klug von Ihnen, das auch zu tun.

Die Kinder sind aus dem Haus. Was nun? Wie soll unsere Ehe aussehen, nachdem unsere Kinder ausgezogen sind?

An dieser Stelle zeigt sich, worauf Sie sich in den vergangenen zwanzig Jahren konzentriert haben. Wenn Sie sich auf Ihre Kinder konzentriert haben, müssen Sie vielleicht wieder bei Null anfangen und Ihre Ehe erneuern. Wenn Sie sich aufeinander konzentriert haben, während Sie die Kinder großzogen, werden Sie in der zusätzlichen Zeit, die Ihnen jetzt zur Verfügung steht, zu einer noch tieferen ehelichen Zufriedenheit gelangen.

Was auch immer Ihre Situation ist – jetzt ist die Zeit, den Zustand Ihrer Ehe zu bewerten und Schritte hin zum gemeinsamen Wachstum zu unternehmen. Ich schlage vor, dass Sie ein Wochenend-Seminar zur Vertiefung der ehelichen Beziehung besuchen. Das wird Ihnen Ideen vermitteln, wie Sie an Ihrer Ehe weiterarbeiten können. Zusätzlich könnten Sie ein Ehebuch lesen, und zwar so, dass Sie jede Woche ein Kapitel lesen und dann darüber diskutieren.

Es ist nun wirklich an der Zeit, dass Sie beide sich auf Ihre Ehe konzentrieren! Sie sollten nicht einfach vor sich hinleben und annehmen, dass sich alles Weitere von selbst entwickelt.

ANHANG 2

GESPRÄCHSANREGUNGEN FÜR PAARE

Die folgenden Anregungen zum Gespräch und Vorschläge für kleinere Vorhaben werden Ihnen bei Ihrer Absicht helfen, die Liebessprache Ihres Partners so wirksam wie möglich anzuwenden. Sie werden dadurch außerdem alle fünf Liebessprachen verstehen und sprechen lernen (denn die meisten Menschen mögen es, Liebe durch alle fünf Sprachen zu empfangen) und Ihre eigene Liebessprache erkennen.

Vor dem Gespräch sollten Sie den Fragebogen am Schluss dieses Buches ausfüllen. Dadurch können Sie Ihre Muttersprache der Liebe und die Art, in der Ihr Partner am besten Ihre Bedürfnisse erfüllen kann, in Worte fassen. Ihr Partner kann dasselbe tun.

Wie Sie Ihre Muttersprache der Liebe entdecken

Wir teilen die Liebe, die wir für den Partner empfinden, oft in unserer eigenen Liebessprache mit und denken dabei weniger an *seine* Liebessprache. Erinnern Sie sich an die Situationen, in denen Sie das Gefühl hatten, dem Partner Ihre Liebe überzeugend mitgeteilt zu haben. Haben Sie da Ihre Liebessprache oder die Ihres Partners verwendet? Sind Sie bereit, sich vorzunehmen, mit Ihrem Partner in seiner vorrangigen Liebessprache zu sprechen?

Wenn Sie immer noch Probleme damit haben, Ihre eigene Liebessprache zu verstehen, kann es sein, dass Ihr „Liebestank" entweder leer oder überfüllt ist. Machen Sie eine Bestandsaufnahme Ihrer tiefsten Gefühle und finden Sie heraus, ob das eine oder das andere zutrifft. Wenn Ihr „Tank" leer ist, sollten Sie sich fragen: „Habe ich mich jemals geliebt gefühlt?" Wenn Sie diese Frage bejahen können, dann überlegen Sie, wann das war. Wodurch fühlten Sie sich geliebt? Ihre Antwort wird Ihnen Aufschluss über Ihre Liebessprache geben.

Wenn Ihr „Liebestank" nicht sehr gefüllt ist, sollten Sie sich an die Zeit erinnern, in der Sie und Ihr Partner sich kennen gelernt haben.

Das wird Ihnen erkennen helfen, welches ein effektiver Liebesbeweis war, und das Geheimnis der Liebessprache lüften. Dann werden Sie wissen, warum Ihr „Liebestank" eher leer als voll ist, und Sie können daran arbeiten, Ihren Umgang miteinander zu verbessern.

Vielen Paaren gelingt es nicht, dass beide den Sex genießen. Wir konzentrieren uns auf Technik, Häufigkeit und Abwechslung beim Sex. Es geht jedoch oft eher um unseren emotionalen „Liebestank". Denken Sie über Ihre Beziehung und darüber nach, wie Sie sich mehr auf die emotionale Seite konzentrieren können, um dadurch die körperliche Seite zu verbessern.

Tipps für das Lernen der Liebessprache 1: Anerkennung

Geben Sie Ihrem Partner einen Abend Zeit, um mit Ihnen über seine Träume, seine Interessen und seine Begabungen zu reden. Ermuntern Sie ihn durch gutes Zuhören, konkret zu werden. Nachdem Sie sich in Ihren Partner hineinversetzt haben, sollten Sie ihm liebevoll und ehrlich Mut machen und Ihre Hilfe dafür anbieten, dass er diese Ziele auf irgendeine Art erreichen kann.

Vertrautheit kann verschiedene Formen der Verachtung oder der Respektlosigkeit erzeugen. Prüfen Sie anhand der letzten Woche bestimmte Aspekte Ihrer Beziehung: Haben Sie in ruppigem Ton gesprochen, eine sarkastische Haltung und eine kritische Einstellung an den Tag gelegt? Haben Sie nur das gesehen, was Ihr Partner falsch gemacht hat? Bereinigen Sie diese Dinge und bitten Sie um Vergebung!

Prüfen Sie, wie Sie in Ihrer Beziehung miteinander kommunizieren. Bedeuten Ihre Worte Bitten, Vorschläge und Ratschläge? Oder klingen sie mehr nach Forderungen, Erpressungsversuchen oder gar Drohungen? Denken Sie daran, dass die Entscheidungsfreiheit, der freie Wille und das freiwillige Für-einander-da-Sein Schlüsselaspekte der Liebe sind. Wie können Sie den verbalen Umgang mit Ihrem Partner verbessern?

Es gibt unendlich viele Wege, auf freundliche, vertraute und unterstützende Weise mit dem Partner zu reden. Wie schon im Kasten „Gute Frage" auf Seite 70 vorgeschlagen wurde, könnten Sie in einem Notizbuch festhalten, wie Sie Ihren Partner auf kreative und gute Art auch in kleinen Dingen ermutigen können. Es ist sehr hilfreich, dazu Ratgeber und geistliche Literatur hinzuzuziehen. Geben Sie Ihrem Notizbuch zum Beispiel den Titel: „Bestätigung für den Partner".

Tipps für das Lernen der Liebessprache 2: Gemeinsame Zeit

„Mein Beruf fordert mich so", könnte eine Entschuldigung dafür sein, keine gemeinsame Zeit mit dem Partner zu verbringen. Doch beruflicher Erfolg und materieller Fortschritt können die innere Nähe zum Ehepartner nicht ersetzen. Entwerfen Sie mit Ihrem Partner einen Plan, wie Sie Ihre Verpflichtungen in der Balance halten können, um gemeinsame Zeit füreinander zu finden. Sie sollten dabei zu Opfern bereit sein.

Erinnern Sie sich an das letzte größere Problem oder die letzte Herausforderung, der sich Ihr Partner gegenübersah. Schreiben Sie auf, auf welche Weise es Ihnen besser gelungen wäre, a) weniger Ratschläge zu geben und mehr Mitgefühl zu zeigen, b) mehr Verständnis zu zeigen und weniger Lösungen anzubieten, c) mehr Fragen zu stellen und weniger Antworten zu geben, d) mehr Aufmerksamkeit dem Menschen und weniger Aufmerksamkeit dem Problem zu widmen.

Finden Sie heraus, wie wichtig es für Ihre Ehe ist, gemeinsam etwas zu unternehmen. Benennen Sie drei gemeinsame Erfahrungen, die Sie näher zusammenbrachten und zu einer Quelle schöner gemeinsamer Erinnerungen wurden. War „gemeinsame Zeit" ein Teil dieser Aktivitäten? Planen Sie ein neues Vorhaben, das zu einem „Erinnerungsschatz" werden kann.

Sprechen Sie ehrlich über die Gefühle, die Sie haben. Wann hat der richtige Umgang mit Gefühlen dazu beigetragen, dass eine gute Lösung für ein Problem gefunden oder dass ein positives Ereignis abgerundet wurde? Unterdrücken oder fürchten Sie im Allgemeinen Ihre Gefühle? Bauschen Sie Ihre Gefühle auf, verfälschen Sie Ihre Gefühle? Wie greifen Ihre Gefühle und die Ihres Partners ineinander? Wie können Sie die emotionale Seite Ihrer Verständigung verbessern?

Tipps für das Lernen der Liebessprache 3: Geschenke

Der Wert eines Geschenks liegt im Auge des Betrachters. Es kann vorkommen, dass Sie ein Geschenk, das Sie bekommen haben, nicht sehr schätzen. Sie sollten die gute Absicht des Gebers berücksichtigen und umdenken lernen, damit Sie die Liebe erkennen, die der Geber dadurch zum Ausdruck bringt.

Vielleicht denken Sie, dass Geschenke und Finanzen nicht viel miteinander zu tun haben. Doch wenn Geschenke Ihr wertvollster „Besitz“ sind, können Sie sie als eine Art Sparkonto oder Sicherheit betrachten. Sehen Sie sich Ihr „Budget“ noch einmal an und geben Sie Ihrem Partner in uneigennütziger Weise viel davon ab.

Wenn Ihr Partner die Sprache der Geschenke spricht, kann das heißen, dass Sie Ihre eigenen Prioritäten für den Augenblick zurückstellen müssen. Sie sollten sich Situationen der letzten Jahre ins Gedächtnis rufen, in denen sich Ihr Partner nach einem Geschenk von Ihnen oder nach dem Geschenk Ihrer Gegenwart sehnte, aber enttäuscht wurde. Nehmen Sie sich vor, das nächste Mal zugunsten Ihres Partners zu entscheiden!

Denken Sie daran: Wenn Sie „sich selbst schenken“ wollen, heißt das nicht, dass Sie nur körperlich anwesend sind. Versuchen Sie eine Woche lang, Ihrem Partner mindestens eine wichtige Begebenheit oder ein Gefühl Ihres Tages mitzuteilen. Bitten Sie Ihren Partner, dasselbe zu tun.

Tipps für das Lernen der Liebessprache 4: Praktische Hilfe

Auch wenn wir die Bitten des Partners erfüllen wollen, möchten wir es oft auf unsere Art und unter unseren Bedingungen tun. Dem anderen mit Liebe zu dienen bedeutet, dass Sie die Erwartungen Ihres Partners erfüllen. Bitten Sie Ihren Partner, die Aufgaben, um die er Sie bittet, konkret zu beschreiben, und führen Sie sie so aus, wie er es Ihnen beschrieben hat.

Wählen Sie drei einfache Aufgaben, die Sie nicht besonders mögen, aber von denen Sie wissen, dass sich Ihr Partner darüber freuen würde, wenn sie erledigt wären. Überraschen Sie Ihren Partner damit, dass Sie diese Aufgaben erledigen, ohne darum gebeten worden zu sein.

Viele Paare haben das Gefühl, dass sie zwar eine geschlechtsspezifische Rollenverteilung in ihrer Beziehung überwunden haben, aber dass trotzdem eine unterbewusste Voreingenommenheit da ist. Sprechen Sie auch im Hinblick auf Ihre Herkunftsfamilie darüber, wie sehr es Ihnen am Herzen liegt, dass die Aufgaben geteilt werden.

Viele Probleme rühren von dem Mythos her, dass wir in der Ehe nicht mehr vom Partner „umworben" werden müssen. Erinnern Sie sich an das starke Gefühl von Liebe und Nähe, das durch die praktische Hilfe Ihres Partners während Ihrer Kennenlern-Zeit entstand? Um zu diesem Gefühl der Nähe zurückzufinden, sollten Sie einander wieder so unterstützen wie damals – dann werden Sie sehen, ob diese Dinge wirklich zusammenhängen.

Tipps für das Lernen der Liebessprache 5: Körperkontakt

Unterlassen Sie alle negativen Formen des Körperkontakts! Wenn Sie Ihrem Partner jemals körperlich wehgetan haben, auch nur ansatzweise, sollten Sie um Vergebung bitten und Selbstbeherrschung üben. Wenn andere Formen des Körperkontakts Ihren Partner gestört haben, sollten Sie diese Formen nicht mehr anwenden und sie durch positive und angenehme Berührungen ersetzen.

Vielleicht haben Sie und Ihr Partner noch nie offen darüber geredet, welche Art von Berührungen Sie angenehm finden. Sprechen Sie über die emotionalen, sexuellen und psychischen Dimensionen, die mit den verschiedenen Bereichen des Körpers verbunden sind.

Listen Sie auf, unter welchen Umständen, an welchen Stellen und in welcher Weise bestimmte Berührungen die körperliche Seite Ihrer Beziehung fördern würden. Zum Beispiel: Welche Art von Berührung wünschen Sie sich, wenn Sie ins Auto steigen oder aus dem Auto aussteigen? Wenn sich jeder etwas anderes vorstellt, könnten Sie dadurch zu der Kompromisslösung kommen, dass jeder versucht, zuerst den Wünschen des anderen nachzukommen.

Ein Tod, eine schwere Krankheit oder dergleichen kann eine Krisensituation sein, die große emotionale Auswirkungen hat, aber auch die kleinen, täglichen Belastungen. Entwerfen Sie einen Plan, wie Sie dem anderen durch liebevolle und zärtliche Berührungen begegnen können, und nicht durch Schweigen oder nichts sagende Worte.

Anhang 3

Fragebogen für Paare

Wie gut kennen Sie Ihre eigene Liebessprache und die Ihres Partners?

Ein entscheidendes Kennzeichen einer intakten Familie sind Ehepartner, die gegenseitig ihre bevorzugte Liebessprache kennen.

Sie können diesen Fragebogen ausfüllen, um zu testen, wie weit Sie beide Ihre Liebessprache kennen.

Ihr Partner füllt dann den Fragebogen auf der Rückseite aus. Sehen Sie nicht nach, was der andere eingetragen hat, bevor Sie beide fertig sind.

Die 5 Sprachen der Liebe

- ♦ **Anerkennung**
- ♦ **Gemeinsame Zeit**
- ♦ **Geschenke**
- ♦ **Praktische Hilfe**
- ♦ **Körperkontakt**

Bevor Sie über Ihre eigene bevorzugte Liebessprache nachdenken, beantworten Sie bitte (jeder für sich) die folgenden Fragen:

- Worum bitten Sie in Ihrer Partnerschaft am häufigsten?
- Was gibt Ihnen am meisten das Gefühl, geliebt zu sein?
- Was verletzt Sie sehr?
- Was wünschen Sie sich in Ihrer Partnerschaft am meisten?

Das sind Hinweise auf Ihre eigene Liebessprache.

Was ist Ihre bevorzugte Liebessprache? ____________________

____

Woraus schließen Sie das? ____________________

____

____

Was, denken Sie, ist die hauptsächliche Liebessprache Ihres Partners? ____________________

Woraus schließen Sie das? ____________________

____

____

Nennen Sie drei Dinge, mit denen Sie gerne Ihre Liebe zu Ihrem Partner in Ihrer eigenen Liebessprache ausdrücken (Worte oder Taten). ____________________

____

____

Nennen Sie drei Dinge, mit denen Sie Ihre Liebe in der Liebessprache Ihres Partners ausdrücken, soweit Sie sie kennen. __________

____

____

____

Sprechen Sie mit Ihrem Partner über Ihre Antworten. Versprechen Sie ihm, auf seine Bedürfnisse mehr in der Weise einzugehen, wie er es sich wünscht, als wie Sie sich dies vorgestellt haben.

Was ist Ihre bevorzugte Liebessprache? ______________________

____

Woraus schließen Sie das? ____________________________

____

____

Was, denken Sie, ist die hauptsächliche Liebessprache Ihrer Partnerin? ______________________________________

Woraus schließen Sie das? ____________________________

____

____

Nennen Sie drei Dinge, mit denen Sie gerne Ihre Liebe zu Ihrer Partnerin in Ihrer eigenen Liebessprache ausdrücken (Worte oder Taten). ______________________________________

____

____

Nennen Sie drei Dinge, mit denen Sie Ihre Liebe in der Liebessprache Ihrer Partnerin ausdrücken, soweit Sie sie kennen. ________

____

____

____

Sprechen Sie mit Ihrer Partnerin über Ihre Antworten. Versprechen Sie ihr, auf ihre Bedürfnisse mehr in der Weise einzugehen, wie sie es sich wünscht, als wie Sie sich dies vorgestellt haben.